I0762548

EL LIBRO DE LA ANTROPOLOGÍA

EL LIBRO DE LA ANTROPOLOGÍA

DK LONDRES

EDICIÓN DE ARTE
Duncan Turner

COORDINACIÓN EDITORIAL
Helen Fewster

EDICIÓN
Tom Booth, Becky Gee, Annie Moss y Miezan Van Zyl

ILUSTRACIÓN
James Graham

PRODUCCIÓN EDITORIAL
Robert Dunn

CONTROL DE PRODUCCIÓN
Meskerem Berhane

COORDINACIÓN DE ARTE
Michael Duffy

DIRECCIÓN EDITORIAL
Ángeles Gavira Guerrero

DIRECCIÓN DE ARTE
Maxine Pedliham

DIRECCIÓN DE PUBLICACIONES
Georgina Dee

DIRECCIÓN DE DISEÑO
Phil Ormerod

DIRECCIÓN EJECUTIVA
Liz Gough

SANDS PUBLISHING SOLUTIONS

DISEÑO
Simon Murrell

EDICIÓN
David y Sylvia Tombesi-Walton

Estilismo
STUDIO 8

DE LA EDICIÓN EN ESPAÑOL

SERVICIOS EDITORIALES
deleatur, s.l.

TRADUCCIÓN
José Luis López Angón

COORDINACIÓN DE PROYECTO
Cristina Sánchez Bustamante

DIRECCIÓN EDITORIAL
Elsa Vicente

Este libro se ha impreso con papel certificado por el Forest Stewardship Council™ como parte del compromiso de DK por un futuro sostenible.
Para más información, visita www.dk.com/uk/information/sustainability.

Publicado originalmente en Gran Bretaña en 2025 por Dorling Kindersley Limited
20 Vauxhall Bridge Road,
London SW1V 2SA

Parte de Penguin Random House

002-337249-Apr/2026

Título original: *The Anthropology Book*
Primera edición 2026

ISBN 979-8-2171-3544-8

Impreso en China

www.dkespañol.com

COLABORADORES

NOTA DEL EDITOR

Las citas y los nombres de organizaciones que aparecen en este libro conservan el lenguaje y la terminología de su época. Parte de este lenguaje está ahora obsoleto y se considera insensible, inapropiado u ofensivo. Las opiniones expresadas en las citas históricas no reflejan las opiniones de la editorial ni las de nuestros colaboradores.

Este libro también incluye algunas ideas y actitudes históricas que hoy se consideran problemáticas o reduccionistas y que, por lo tanto, han quedado desacreditadas. Se ha hecho todo lo posible para garantizar que estas ideas se presenten únicamente con el fin de ilustrar con precisión el desarrollo de la antropología a lo largo de la historia. Ni la editorial ni nuestros colaboradores respaldan o aprueban tales ideas o creencias.

SUSAN PATTIE (CONSULTORA)

Es investigadora asociada del University College de Londres (Reino Unido). Escritora, editora y gestora de proyectos, fue cofundadora y antigua directora del Instituto Armenio de Londres. Entre sus publicaciones destacan la etnografía *Faith in History: Armenians Rebuilding Community* (1996) y *The Armenian Legionnaires: Sacrifice and Betrayal in WWI* (2018).

MIRUNA ACHIM

Es profesora de la Universidad Autónoma Metropolitana-Cuajimalpa (México). Su investigación se centra en la museografía y la historia de la creación de colecciones, con un interés particular en el arte, la ciencia y la política mesoamericanos. También es becaria de la Biblioteca Beinecke de la Universidad de Yale y de la Smithsonian Institution.

PHILIPPE BLOUIN

Escritor, traductor y antropólogo, es doctorando en la Universidad McGill (Canadá). Ha investigado las filosofías políticas tradicionales de los kanien'kehá:ka (mohawk) con el fin de desarrollar un marco para comprender las luchas indígenas contra el desarrollo. Entre sus publicaciones recientes se encuentra «Stirring the Ashes: How Mohawk Mothers Fight Against Representation» (2024).

LARA BRAFF

Doctorada en Desarrollo Humano Comparado por la Universidad de Chicago (EE. UU.), es profesora de Antropología en el Grossmont College de California. Es autora de un capítulo y coeditora de un libro de texto de acceso libre sobre antropología biológica: *Explorations: An open invitation to Biological Anthropology* (2019).

STACEY CAMP

Stacey Camp es profesora asociada de Antropología y directora del Programa de Arqueología del Campus de la Universidad Estatal de Míchigan (EE. UU.). Sus publicaciones estudian cómo las diferentes facetas de la identidad de los migrantes —raza, clase, género y ciudadanía— dan forma a su percepción del consumismo y la cultura material.

PHILIP J. CARR

Profesor de Antropología y profesor jefe Calvin McGhee de Estudios Nativos Americanos en la Universidad del Sur de Alabama (EE. UU.), trabaja en estrecha colaboración con la facción poarch de la nación creek y con la nación choctaw de Oklahoma en temas relacionados con el pasado y la arqueología pública.

ANA CHIRITOIU

Antropóloga social, es investigadora en la Universidad de Uppsala (Suecia) y editora de la revista *Anthropology Matters Journal* para la Asociación de Antropólogos Sociales británica. Su investigación incluye el parentesco y la política entre el pueblo romaní.

CHRISTA CRAVEN

Es profesora de Antropología y Estudios de la Mujer, Género y Sexualidad en el College of Wooster (EE. UU.), y cofundadora de la especialidad Estudios Queer Globales de dicha institución. También es miembro del consejo editorial de la revista *Feminist Anthropology*.

ANITA DATTA

Anita Datta es investigadora asociada en la Escuela de Música y Arte Dramático Guildhall (Reino Unido), donde investiga las experiencias del público en las representaciones artísticas. En su investigación anterior, durante su estancia en la Universidad de Durham (Reino Unido), exploró la producción de conocimiento, el género y la sexualidad.

LIVIA FILOTICO

Es doctoranda en antropología en la Universidad McGill (EE. UU.). Su investigación analiza cómo los jabalíes generan y alteran el significado de mitos, paisaje y vida cotidiana en la Roma actual, rastreando las formas en que seres no humanos hacen inteligible el mundo.

ALEX GOLUB

Es profesor asociado de Antropología en la Universidad de Hawái en Manoa (EE. UU.). Su iinvestigación se centra en la antropología política, en particular en la minería y el cambio social en Papúa Nueva Guinea.

EMANUELA GRAMA

Profesora asociada del departamento de Historia de la Universidad Carnegie Mellon (EE. UU.), está especializada en la historia de Europa Central y Oriental en el siglo XX. Su investigación se centra en la política urbana, la memoria y el cambio cultural en Rumanía.

TIM HARRIS

Escribe sobre temas diversos, entre ellos historia, geografía, política y naturaleza, desde hace más de treinta años. Estudió geografía en la universidad y tiene un interés especial en el desarrollo y la evolución del colonialismo.

BEN HILDRED

Investigador asociado posdoctoral en la Universidad de Durham (Reino Unido), analiza la idea de que el deporte pueda utilizarse para el bien social. También es fundador y director de la Red Internacional de Antropología del Deporte.

AMANDA KEARNEY

Amanda Kearney es profesora de Antropología en la Universidad Estatal de San Diego (EE. UU.) y profesora honoraria de Antropología en la Universidad Nacional de Australia. Durante los últimos 25 años ha realizado trabajo de campo etnográfico en Australia, Brasil y Japón.

ROBERT L. KELLY

Profesor de Antropología en la Universidad de Wyoming (EE. UU.), es una autoridad de renombre internacional en arqueología y etnología de las sociedades cazadoras-recolectoras. Fue presidente de la Sociedad Estadounidense de Arqueología entre 2001 y 2003, y editor de *American Antiquity*, revista insignia de la sociedad, entre 2015 y 2018.

JANAKA LEWIS

Profesora y administradora de la Universidad de Carolina del Norte en Charlotte (EE. UU.), también forma parte de la junta directiva de la organización sin ánimo de lucro Freedom School Partners y es miembro del comité asesor de Women + Girls Research Alliance.

HAYLEY MACGREGOR

Es profesora de Antropología Médica y Salud Global en el Instituto de Estudios sobre el Desarrollo de la Universidad de Sussex (Reino Unido). Se formó como médica en Sudáfrica, donde realizó su trabajo de campo sobre la experiencia de los trastornos mentales en asentamientos urbanos de bajos ingresos para obtener el doctorado en Antropología por la Universidad de Cambridge.

FRAN MARKOWITZ

La antropóloga cultural Fran Markowitz es profesora emérita de la Universidad Ben-Gurion del Neguev (Israel). Sus investigaciones sobre racialización, etnicidad y comunidad, así como sobre diásporas y géneros etnográficos, la han llevado a Israel, EE. UU., Rusia y Bosnia-Herzegovina.

OANA MATEESCU

Profesora adjunta de la Universidad Babes-Bolyai (Rumanía), su investigación se centra en la tecnología, el trabajo, la creatividad y el urbanismo.

JACQUELINE MESSING

Es profesora del Departamento de Antropología de la Universidad de Maryland-College Park (EE.UU.). Su investigación se centra en cuestiones de lenguaje, ideología y racismo en México y EE. UU. Entre sus publicaciones se encuentra «Language Acquisition, Shift, and Revitalization in Latin America and the Caribbean» (2016).

KATIE NELSON

Antropóloga y educadora, fue galardonada con el premio Educadora del Año de la Junta de Síndicos del Estado de Minesota en 2022. Se especializa en la migración en la evolución humana y en migración, identidad, pertenencia y ciudadanía en EE. UU., México y Marruecos contemporáneos.

SIBUSISIWE NXONGO

Es doctora por la Universidad de Johannesburgo con una tesis sobre la historia de las mujeres negras en la investigación social en Sudáfrica en el siglo XX. Es profesora en la Universidad de Sudáfrica y miembro de la Sociedad Histórica del África Austral. Sus intereses de investigación se centran en las historias intelectuales transnacionales de las mujeres negras sudafricanas.

SEAN P. O'NEILL

Profesor de Antropología en la Universidad de Oklahoma (EE. UU.), está especializado en las lenguas indígenas de América. Entre sus publicaciones recientes se encuentran *Dictionary of the Ponca People* (2019) y «Linguistic Relativity in the Age of Ontology» (2019).

NEERJA M. PATHAK

Doctoranda y tutora en la Universidad de Edimburgo (Reino Unido), su investigación incluye un estudio etnográfico sobre la práctica del cambio de nombre de las mujeres tras el matrimonio en India.

JAN KETIL SIMONSEN

Es profesor del Departamento de Geografía y Antropología Social de la Universidad Noruega de Ciencia y Tecnología. Ha realizado una amplia investigación de campo en Zambia sobre cambio social y cultural y fue editor de *Norsk Antropologisk Tidsskrift*.

CHUCK STURTEVANT

Antropólogo político y documentalista, es profesor titular en la American University de Washington D. C. (EE. UU.). Sus investigaciones incluyen los estudios indígenas y los estudios latinoamericanos.

ERICA L. WILLIAMS

Es profesora de Antropología y directora del Departamento de Sociología y Antropología del Spelman College en Atlanta (EE. UU.). Entre sus publicaciones se encuentra *Sex Tourism in Bahia: Ambiguous Entanglements* (2013).

CONTENIDO

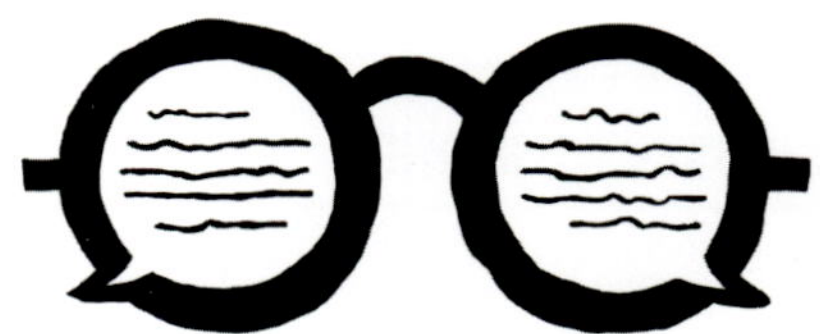

ANTROPOLOGÍA DE POSGUERRA
1950–1980

ANTROPOLOGÍA MODERNA
1980–2000

ANTROPOLOGÍA CONTEMPORÁNEA
DE 2000 EN ADELANTE

INTROD

CCIÓN

La antropología es el estudio de la vida humana desde sus inicios hasta el caleidoscopio de culturas que conforman nuestro mundo contemporáneo. Es holística, ya que explora todos los aspectos de lo que significa ser humano a lo largo del tiempo y el espacio. Esta disciplina ha recorrido un largo camino desde sus inicios, cuando algunos antropólogos se asociaron con el colonialismo, recopilando datos para ayudar a los proyectos imperialistas de sus gobiernos. Al mismo tiempo, otros utilizaron sus habilidades para promover las causas o necesidades de los pueblos que estudiaban. A lo largo del siglo xx, y hasta la actualidad, la antropología ha estado a la vanguardia de la justicia social, con el objetivo de promover el entendimiento entre los pueblos del mundo y sobre ellos.

Una ciencia social

La antropología es una ciencia social comparativa que busca conocer a los pueblos en su propio contexto. Exige que los investigadores se pongan en el lugar de otros, ya sean pueblos contemporáneos o aquellos que nos precedieron. Es «comparativa» en el sentido de que los antropólogos investigan, por ejemplo, por qué los pueblos de diferentes regiones del mundo adoptan diferentes enfoques o actitudes hacia una costumbre social como el matrimonio, el cuidado de los niños o los asuntos económicos. Los contextos físicos, sociales y económicos influyen en las relaciones, las transacciones y las creencias, y los antropólogos incorporan estos factores a su estudio global. El aspecto comparativo de la antropología no consiste en juzgar qué camino es mejor, sino cómo y por qué las personas toman diferentes caminos en la creación de sus entornos socioculturales, hábitos y sistemas de creencias.

Actitud imparcial

Una de las ideas más importantes de la antropología es el enfoque relativista. Mientras que la tolerancia presenta «nuestra» forma de vida como la mejor, aunque puedan existir otras, el relativismo considera que las distintas formas de vida y sistemas de creencias son diferentes, pero ni mejores ni peores que otras. Todas merecen respeto y dignidad, un aspecto clave de la «diversidad».

Sin embargo, la antropología no está totalmente exenta de valores. Hay casos específicos en los que es necesario emitir un juicio; suelen darse en momentos de gran agitación, cuando la vida cotidiana se ha visto trastornada, las personas están en peligro y es necesario hacer frente a acciones destructivas. Así, por ejemplo, los antropólogos considerarían las acciones de la Alemania nazi como un crimen contra la humanidad. Pero, también en este caso, los antropólogos recurren al aspecto comparativo para comprender por qué y cómo se normaliza lo que podría considerarse un comportamiento altamente desviado. En términos generales, en la vida cotidiana en todo el mundo existen enfoques muy diferentes de las actividades humanas comunes, y es útil pensar en ellos como posibles adaptaciones a historias distintas y entornos físicos diversos.

Puntos de vista alternativos

El etnocentrismo, que consiste en juzgar otras culturas utilizando el propio marco de referencia, es lo contrario del enfoque relativista. En nuestros primeros años aprendemos a comprender el mundo a través de las actitudes y acciones de quienes nos rodean, pero este proceso suele ser mucho más variado de lo que nos hacen creer las generalizaciones sobre los grupos culturales. Al igual que la composición genética de nuestra familia puede producir miembros muy diferentes, aunque emparentados, nuestros enfoques intelectuales y espirituales de la vida

a menudo se desarrollan de manera muy distinta a los de nuestros padres y otras personas que nos rodean, aunque mantengan fuertes conexiones y similitudes. Esto significa que las culturas, y los individuos que las componen, están en constante evolución, cambio y adaptación.

En antropología no hay sociedades «más avanzadas» o «más civilizadas» que otras. No existe una jerarquía social de sociedades. Los primeros antropólogos, como Franz Boas, padre de la antropología estadounidense, demostraron que esta no era una descripción válida de las culturas y el cambio cultural. Si bien la antropología utiliza la comparación y el contexto para situar sus hallazgos, no se trata de una comparación crítica, sino que trastoca y desestabiliza las jerarquías sociales, dirigiendo la mirada hacia nosotros mismos a la vez que a los otros.

Cuestiones raciales

Los antropólogos consideran el concepto de «raza» como una construcción social, no como un hecho biológico. La raza no tiene una base genética: ningún gen alinea a una persona con una raza u otra. Es importante destacar que la genética y la cultura no se superponen: no hay pruebas de que los genes prediganｏ sean responsables de los patrones culturales. Sin embargo, las categorías populares de lo que se denomina raza, basadas normalmente en interpretaciones de las diferencias físicas, tienen consecuencias en la vida real. Es fundamental reconocer que el racismo es real, por artificial que sea el constructo. Las palabras «primitivo» y «salvaje», usadas a menudo en las primeras décadas de la antropología, fueron cuestionadas por muchos incluso entonces. En aquella época se creía que el término «primitivo» describía la simplicidad de la vida, pero ocultaba un juicio común sobre las capacidades mentales o sociales. Boas luchó contra ese racismo, al igual que Bronisław Malinowski, quien escribió sobre la complejidad y las habilidades de la llamada «vida simple».

Etnografía y etnología

La etnografía combina un método de investigación esencial y diversas formas de escribir sobre la cultura de un pueblo. Su método más importante es la observación participante. Por lo general, el etnógrafo vive con la gente en su entorno, aprende su idioma, participa en la vida cotidiana y, cuando se le permite, observa sus interacciones. Una vez obtenido el permiso de la gente, el etnógrafo toma notas y graba entrevistas, eventos, música y otros sonidos a su alrededor. A menudo, especialmente en años recientes, el etnógrafo decide centrarse en un aspecto concreto de la vida de las personas. Puede tratarse de sus creencias religiosas, sus costumbres alimentarias, su sistema económico, la música y los sonidos que son importantes para ellos, o muchos otros aspectos.

La etnología es un concepto genérico que engloba la antropología social y cultural comparada y sus teorías. Muchos países europeos cuentan con institutos de etnología o antropología cultural; a menudo tienen museos que presentan las sociedades campesinas tempranas de su nación y analizan su propio pasado. La etnología y la etnografía suelen combinarse en la antropología social y cultural.

Campos de estudio

En muchos países, el estudio de la antropología se centra en la antropología social y cultural contemporánea. Este libro adopta un enfoque holístico, que incluye la antropología biológica (antes conocida como física) o evolutiva, la arqueología y la antropología lingüística. En conjunto, estas amplias categorías proporcionan diversas perspectivas que nos ayudan a comprender la vida en la Tierra a lo largo del tiempo y nuestro lugar en el mundo. La interacción »

entre estas ramas ha permitido a la antropología realizar importantes contribuciones a los estudios destinados a comprender los conceptos de raza y racismo.

Herramientas de investigación

El trabajo de campo de observación participante suele apoyarse en métodos etnográficos como entrevistas, recopilación de relatos de vidas, cuestionarios abiertos, fotografías y grabaciones de personas, acontecimientos y entorno. El estudio de objetos materiales –fotografías antiguas, libros, artesanía importante para la población, cartas y otros objetos a partir de los cuales el antropólogo puede aprender sobre el pasado y el presente– puede aportar una dimensión adicional. Además, los etnógrafos utilizan el análisis del parentesco y crean árboles genealógicos para tratar de comprender las relaciones dentro de los grupos.

Muchos de estos métodos son comunes a las diversas ramas de la antropología, pero pueden utilizarse de maneras distintas. Algunos se introdujeron durante las primeras etapas de la antropología académica y se desarrollaron con el tiempo. Cada área de la antropología tiene un conjunto de herramientas particular, pero también toma prestados otros métodos de aprendizaje. Cada proyecto comienza con una revisión de la literatura al respecto, una investigación profunda, el aprendizaje del idioma local cuando es necesario y el contacto con otras personas que estudian al pueblo o la zona.

Ramas de la antropología

La arqueología abarca la prehistoria, pero se extiende hasta el presente. Quienes estudian las sociedades antiguas se basan en la excavación de huesos de animales y humanos, cerámica, vidrio y artefactos humanos. Herramientas de todo tipo, para cazar, cocinar y fabricar, ayudan a construir una imagen de la vida humana primitiva antes de que comenzara la escritura. Los antropólogos también utilizan restos materiales para estudiar culturas más recientes.

La antropología biológica incluye varias subramas que difieren ampliamente entre sí, pero que comparten métodos para estudiar la evolución humana. La primatología, el estudio de nuestros parientes animales más cercanos, utiliza técnicas de observación a largo plazo tanto en el entorno natural de los primates como en condiciones controladas. El pasado prehistórico es estudiado por los paleoantropólogos, que se centran en la evolución humana usando evidencias halladas en restos fósiles. Hoy en día, la genética molecular amplía las capacidades de los antropólogos que estudian cómo se han desarrollado los seres humanos y otros primates. La antropología forense también utiliza restos óseos para conocer la vida humana, a menudo en relación con hechos criminales, pero sus técnicas también se emplean para comprender cuestiones históricas.

La antropología lingüística utiliza una serie de métodos para estudiar la comunicación humana y la forma en que la cultura se transmite de generación en generación, así como para demostrar la pertenencia a determinados grupos, ya sean sociales, étnicos o de otro tipo. Los antropólogos de esta rama utilizan la observación, las entrevistas, las grabaciones audiovisuales, y se centran en los aspectos pragmáticos del uso del lenguaje en contextos concretos. El lenguaje, como sistema simbólico de comunicación, es universal, pero los sonidos varían mucho: incluyen chasquidos, tonos particulares, acentos diversos y muchas otras diferencias. El lenguaje corporal, o comunicación no verbal, también es algo universal, pero igualmente variado, por lo que se necesitan métodos tanto auditivos como visuales para ayudar a comprender el uso de cualquier lenguaje, además de tener en cuenta el entorno histórico, político y social.

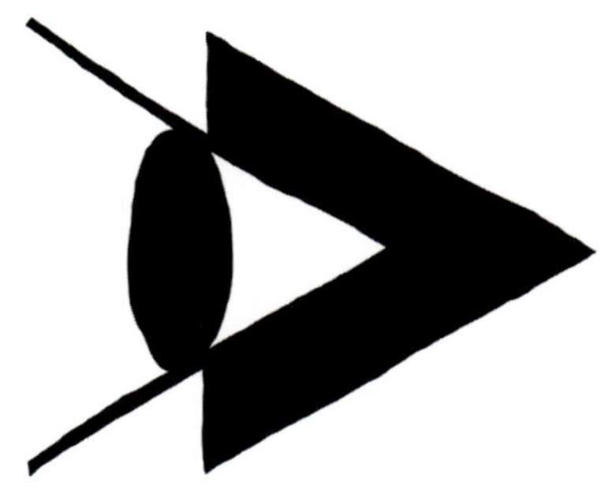

En las últimas décadas, la antropología ha desarrollado otras especialidades y subdisciplinas. La antropología aplicada aporta un enfoque práctico en el que antropólogos de todas las ramas colaboran para hallar formas de mejorar problemas de salud pública, asistencia médica, negocios, gestión de los recursos, cambio climático, salud mental y otros. La antropología médica es un área tanto teórica como práctica que examina variables tales como la forma en que diferentes poblaciones se ven afectadas por diversas enfermedades, cómo se entiende la enfermedad en poblaciones específicas, o qué se puede aprender de las formas no occidentales de tratar la enfermedad.

Conceptos de cultura

El término «cultura» tiene un significado amplio en antropología. Todo es relevante, no solo la «alta» cultura, como la ópera o las obras expuestas en un museo, sino todo lo que las personas hacen, creen y crean. Cultura es el mundo en el que crecemos, las personas que nos rodean, el sistema educativo, los sonidos, tanto naturales como artificiales, nuestros idiomas, los hábitos de crianza, la política, la economía… La lista es interminable. Ningún grupo o pueblo tiene más o menos cultura que otro, y ninguna cultura es más avanzada que otra. Si bien las culturas tienen ciertos tabúes que no se deben traspasar, existe gran variedad dentro de esas normas compartidas que se dan por sentadas como «sentido común» y que se aprenden inconscientemente. En la práctica cotidiana, gentes de todas partes expanden los límites y hacen excepciones.

La diversidad de la vida humana a lo largo del tiempo y el espacio comparte aspectos universales, generalidades y particularidades. Los universales auténticos son pocos. Los bebés humanos de todo el mundo son dependientes durante un largo periodo. El cerebro humano es complejo y nos permite comunicarnos a través de símbolos y lenguaje, utilizar herramientas y procesar información. Compartir la comida también es universal, y las personas de todo el mundo viven en grupos o unidades familiares. La composición de las familias y las normas de conducta dentro de esa unidad varían, pero una norma aparentemente universal es la prohibición del incesto: las relaciones sexuales con un pariente cercano; sin embargo, la definición de «cercano» no es la misma en todas las culturas.

Las generalidades son costumbres o rasgos de las culturas que se encuentran en muchos lugares, pero no en todos. Suelen deberse a la difusión, la propagación de información y costumbres a medida que las personas viajan, interactúan o se alinean mediante guerras y conquistas. Algunas invenciones aparecen de forma independiente, normalmente cuando las condiciones físicas y sociales son parecidas y los pueblos encuentran soluciones similares.

Las particularidades son aspectos inusuales o únicos de una cultura. Los antropólogos reflexionan sobre por qué los distintos pueblos conceden mayor importancia a ciertos aspectos. Así, algunas culturas hacen gala de una gran riqueza en las bodas, mientras que otras unen a las parejas en un ritual sencillo y privado. En ciertas culturas, la muerte merece la mayor muestra de riqueza para honrar al difunto.

La antropología muestra que la cultura es compartida y presenta patrones. No es innata, sino que se aprende desde el nacimiento. Está compuesta por símbolos e influye en nuestras percepciones y comportamientos asociados con los impulsos biológicos y lo que consideramos naturaleza y «natural». Se puede utilizar de forma creativa y cambia con el tiempo. Las culturas –y las subculturas dentro de ellas– no están aisladas ni son autónomas, sino que son adaptables y difusas, y se comparten a diferentes niveles y de distintas maneras en todo el mundo. ■

ANTROP
TEMPRA
ANTES DE 1918

OLOGÍA
NA

1355

El erudito marroquí Ibn Battuta **documenta** sus viajes por el **mundo islámico**.

1859

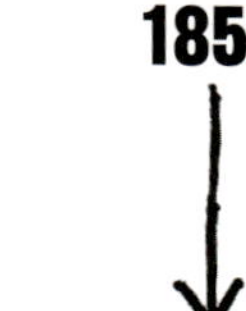

Charles Darwin articula sus ideas sobre la **evolución** en *El origen de las especies.*

1877

Lewis Henry Morgan sugiere que las **sociedades** pasan por tres **etapas de desarrollo** hasta alcanzar la **civilización**.

1890

James Frazer publica su teoría sobre el desarrollo del **pensamiento humano**.

Desde los tiempos más remotos, los seres humanos han sentido fascinación por las costumbres y prácticas de otros pueblos. Comerciantes, viajeros, misioneros y peregrinos –como el erudito marroquí del siglo XIV Ibn Battuta– registraron sus experiencias en tierras extranjeras y comentaron lo que veían en diferentes sociedades. Muchos de estos relatos no solo ofrecen información sobre las personas y los lugares observados, sino que a menudo proporcionan también comentarios que revelan algo sobre los propios visitantes.

Sin embargo, la disciplina académica de la antropología es relativamente reciente. Surgió a finales del siglo XIX y principios del XX, y se consideraba «la ciencia de la historia». En una época en que científicos como Charles Darwin comenzaban a demostrar que la historia natural podía clasificarse de determinadas maneras y seguía ciertos procesos, no sorprende que los antropólogos, basándose en informes superficiales sobre encuentros coloniales, trataran de identificar leyes y procesos similares para explicar el funcionamiento de las sociedades y cómo las civilizaciones pasaron de ser comunidades de cazadores-recolectores a ciudades con estructuras de poder organizativas y funciones administrativas. Entre ellos se encontraban Émile Durkheim, quien sugirió que los rituales compartidos de la religión –que él consideraba una parte universal de la experiencia humana– contribuían a mantener unidas a las sociedades, y el lingüista Ferdinand de Saussure, que buscaba elementos comunes en la estructura de las lenguas humanas.

Desarrollo lineal

Muchos de los primeros escritores sobre antropología, entre ellos Lewis Henry Morgan y James Frazer, tenían puntos de vista etnocéntricos. Consideraban que la civilización occidental era fundamentalmente superior e intelectualmente más avanzada que otros sistemas. Creían que las sociedades «primitivas», como las de los lugares colonizados, progresarían naturalmente hacia este ideal y se alejarían de los sistemas «salvajes» de cazadores-recolectores y de las creencias basadas en la magia para convertirse en sociedades «civilizadas» complejas, dotadas de lo

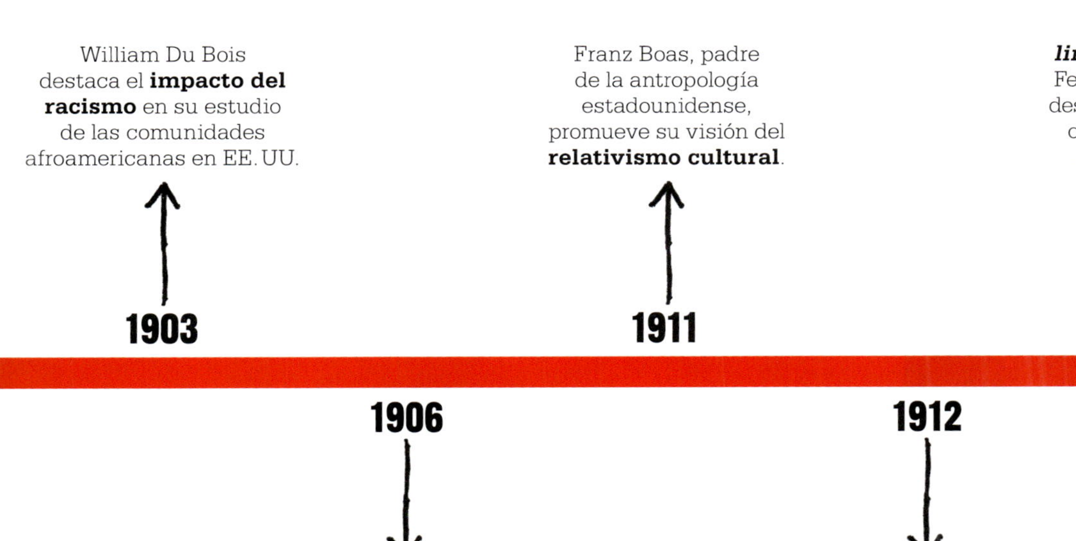

que ellos consideraban procesos de pensamiento racionales y científicos.

Este pensamiento, que en el siglo XIX estaba profundamente arraigado en la conciencia occidental, se hizo evidente en la discriminación descrita por W. E. B. Du Bois en *Las almas del pueblo negro*, publicado en 1903. Du Bois cuestionó la idea de que una raza pudiera ser biológicamente superior o inferior a otra, y destacó los logros de los negros, a pesar de los obstáculos históricos y sociales a los que se enfrentaban.

Du Bois no fue el único en cuestionar el enfoque etnocéntrico. Así, por ejemplo, en su trabajo de campo con los todas en el sur de India, W. H. R. Rivers observó que su investigación revelaba más similitudes que diferencias con los europeos. Sin embargo, fue la obra de Franz Boas y su visión del relativismo cultural lo que tuvo una profunda influencia y ofreció un marco alternativo para estudiar las distintas culturas.

Puntos de diferencia

Inspirado por su trabajo de campo con comunidades indígenas en Canadá, Boas se convenció de que cada cultura tiene unas normas éticas y sociales que reflejan sus propias creencias, y que estas deben ser tratadas con respeto. Al expresar el concepto de relativismo cultural, Boas adoptó el punto de vista de que ninguna cultura era mejor que otra, y que la civilización occidental no era superior a otras formas de vida, sino simplemente diferente. Esas otras formas de vida no debían juzgarse o medirse según los estándares occidentales, sino considerarse por sus propios méritos y en el contexto de sus propias creencias. Boas argumentó que, en lugar de establecer comparaciones con los sistemas occidentales, los antropólogos debían aspirar primero a comprender las culturas indígenas tal y como ellas se comprenden a sí mismas.

Referido con frecuencia como el «padre de la antropología», Franz Boas es una figura destacada en esta disciplina. Desarrolló un enfoque multidisciplinar de la materia que abarcaba sus aspectos culturales, biológicos, arqueológicos y lingüísticos, y animó a sus alumnos –muchos de los cuales llegarían a ser antropólogos eminentes– a adoptar su enfoque holístico y a rechazar las ideas etnocéntricas del pasado. ■

VIAJAR TE CONVIERTE EN UN NARRADOR DE HISTORIAS

LOS PRIMEROS RELATOS DE VIAJES

EN CONTEXTO

OBRA CLAVE
Ibn Battuta, *Al Rihla (A través del islam)*, 1355

RAMA
Protoantropología

ANTES
629 d. C. El monje budista, viajero y traductor chino Xuanzang viaja entre China e India, documentando las interacciones entre ambos países.

1271 El comerciante y explorador veneciano Marco Polo comienza sus viajes por la Ruta de la Seda. Es uno de los primeros europeos en visitar China, donde conoce al emperador mongol Kublai Kan. Sus viajes posteriores lo llevan al desierto de Gobi, Jerusalén y Afganistán.

DESPUÉS
1492 El navegante y colonizador genovés Cristóbal Colón navega hacia el Caribe. Reclama el territorio para España y diezma a las poblaciones indígenas.

Una de las fuerzas que ha impulsado el desarrollo de la antropología como rama del conocimiento es la curiosidad innata por saber cómo viven otros pueblos. Los primeros antropólogos recopilaron relatos de viajeros, misioneros y comerciantes para comprender la diversidad cultural de otras partes del mundo.

Uno de los primeros viajeros destacados, Muhammad ibn Abdallah Ibn Battuta (1304–1369), fue un erudito musulmán de la ciudad marroquí de Tánger, que viajó extensamente, tomando notas sobre lo que veía.

Las gentes [de India], incluso el mismo sultán, siempre que se dirigen a un árabe le dan el tratamiento de «señor» [sayyidī], como señal de respeto hacia este pueblo.
Ibn Battuta

Un registro escrito

Ibn Battuta tenía la intención de viajar solo a La Meca para realizar la peregrinación sagrada del *hach*. Sin embargo, acabó viajando durante treinta años por el mundo islámico, incluyendo partes de Europa, África, el Sureste Asiático, India y China. Cuando finalmente regresó a Marruecos, el sultán Abu Inan Faris le encargó que documentara sus experiencias.

En el relato de viajes resultante, *Al Rihla* («el viaje»; traducido en español como *A través del islam*), Battuta hacía observaciones sobre las costumbres y tradiciones de los pueblos que había encontrado, describiendo sus estructuras familiares, vestimenta y alimentación, así como sus sistemas políticos, judiciales y económicos, su educación y sus prácticas religiosas. Su obra inauguró la literatura de viajes árabe, que narraba la historia de pueblos y lugares, con comentarios sobre las diferentes culturas. ■

Véase también: Orígenes de la cultura 32–33 ▪ Definir la etnicidad 130–131 ▪ Cultura material 154–155

VIVIERON LIBRES, SANOS, BUENOS Y FELICES

EL «BUEN SALVAJE»

EN CONTEXTO

OBRA CLAVE
Jean-Jacques Rousseau, *Discurso sobre el origen y fundamentos de la desigualdad entre los hombres* (1755)

RAMA
Protoantropología

ANTES
1580 El ensayo «De los caníbales» del filósofo francés Michel de Montaigne ofrece una crítica mordaz de los europeos que denigran a las naciones «regidas por las leyes naturales».

1651 El filósofo inglés Thomas Hobbes defiende un gobierno fuerte liderado por un soberano absoluto para frenar lo que él considera el apetito natural humano por la competencia feroz y constante.

DESPUÉS
1991 El antropólogo haitiano Michel-Rolph Trouillot afirma que los antropólogos deben rebatir y superar las ideas sobre el «buen salvaje».

El concepto del «buen salvaje» –una persona que no ha sido corrompida por la «civilización»– refleja la idea de que las personas que habitan en sociedades rurales o preindustriales viven en paz con la naturaleza y entre ellas. La figura del «salvaje», noble o no, apareció en la literatura europea en el siglo XV e influyó en la teoría antropológica temprana. La idea suele asociarse con el filósofo político francés Jean-Jacques Rousseau (1712–1778), que cuestionó los planteamientos de Thomas Hobbes de los primeros humanos como salvajes ferozmente competitivos cuya vida era breve y brutal.

Una armonía natural

Rousseau describió un «estado natural» del ser humano que era moralmente neutro y pacífico. Imaginaba a los primeros humanos como seres solitarios y autosuficientes, con un sentido innato de la libertad, la supervivencia y la compasión por los demás. Insistió en que no había fundamento para la visión de Hobbes de los primeros humanos como seres despiadados y crueles y en que, antes de la aparición de la propiedad privada, la tierra y los recursos eran abundantes y estaban al alcance de todos.

Obras de arte como *Nafea faa ipoipo* (¿Cuándo te casarás?), pintada en Tahití en 1892 por el artista francés Paul Gauguin, estaban influidas por las ideas europeas sobre las sociedades preindustriales.

Las ideas occidentales del «buen salvaje» se utilizaron para sostener discursos racistas y coloniales que hoy son objeto de crítica por describir las culturas de las sociedades indígenas como «salvajes». ■

Véase también: Evolución unilineal 26–27 ▪ Cultura y personalidad 70–73 ▪ Evolución multilineal 104–107 ▪ La ética de la antropología 248–249

SE ARROJARÁ LUZ SOBRE EL ORIGEN DEL HOMBRE

LA TEORÍA DE LA EVOLUCIÓN

EN CONTEXTO

OBRA CLAVE
Charles Darwin, *El origen de las especies* (1859)

RAMA
Antropología biológica

ANTES
***C.* 850** Según Al-Jahiz, los animales con rasgos ventajosos tienen más probabilidades de sobrevivir y reproducirse.

1830 El geólogo Charles Lyell introduce la idea del tiempo geológico profundo, y propone que las características de la Tierra se forman a lo largo de vastos periodos de tiempo.

DESPUÉS
1942 Julian Huxley desarrolla la «síntesis moderna», que combina la evolución darwiniana con la genética mendeliana.

1972 Los paleontólogos Stephen Jay Gould y Niles Eldredge desarrollan la idea del «equilibrio puntuado», que sugiere que la evolución puede producirse en brotes repentinos.

La teoría de Charles Darwin sobre la evolución por selección natural es una de las ideas científicas más influyentes de todos los tiempos. Basándose en el trabajo de estudiosos muy anteriores, como el erudito árabe Al-Jahiz y el filósofo griego Aristóteles, Darwin sintetizó una teoría que explicaba cómo las especies se adaptan y cambian a lo largo de generaciones.

Darwin nació en Inglaterra en 1809 en el seno de una familia rica y culta. En aquella época, la sociedad británica tenía muy asumidas teorías como el creacionismo –la creencia de que toda la vida fue creada por Dios– y la idea de que las especies eran fijas e inmutables. Sin embargo, la familia de Darwin fomentó su interés por la ciencia y su curiosidad por la naturaleza.

Un viaje de descubrimiento

En 1831, a los 22 años, Darwin zarpó en un viaje por Sudamérica a bordo del HMS *Beagle*. Como naturalista de la expedición, se le encomendó la tarea de estudiar la biología de las regiones y recolectar especímenes. Sus observaciones en lugares como Brasil, Argentina, Chile y las islas Galápagos inspirarían su revolucionario trabajo sobre la evolución.

Darwinismo social

A fines del siglo XIX, pensadores como el británico Herbert Spencer empezaron a aplicar las ideas de Darwin sobre la selección natural a las sociedades humanas.

Spencer, que en *Principios de biología* (1864) acuñó el concepto de «supervivencia del más apto», argumentaba que las sociedades evolucionan mediante un proceso de selección natural, en el que los individuos más fuertes y capaces prosperan, mientras que los débiles perecen. Tal perspectiva se hacía eco de ideales capitalistas como la competencia y el individualismo. Según los darwinistas sociales, los esfuerzos por aliviar la pobreza alteraban el orden natural y obstaculizaban el progreso.

Las ideas de Spencer alimentaron el movimiento seudocientífico de la eugenesia, que buscaba «mejorar» la humanidad animando a los miembros «más aptos» de la sociedad a tener más hijos y limitando la reproducción entre los «no aptos».

Véase también: Evolución unilineal 26–27 ▪ La síntesis evolucionista 86–87 ▪ Orígenes de la humanidad 94–101 ▪ Evolución multilineal 104–107 ▪ Secuenciación de ADN antiguo 290–291 ▪ Entierros humanos 306

Darwin observó la notable diversidad de las especies que encontró y señaló que las especies que vivían cerca unas de otras a menudo presentaban solo ligeras variaciones, mientras que las que se encontraban más alejadas entre sí mostraban diferencias más drásticas. En algunos casos, especies que a primera vista parecían distintas resultaron estar estrechamente relacionadas; una idea que moldeó su pensamiento sobre cómo evolucionan las especies.

Además de estudiar los organismos vivos, Darwin también recogió fósiles. Entre sus hallazgos había fósiles de armadillos extintos que más tarde comparó con especies de armadillos vivos. El descubrimiento de ambos en la misma región geográfica le llevó a cuestionar las teorías vigentes, como el catastrofismo, propuesto por el naturalista francés Georges Cuvier, que sugería que las especies eran exterminadas por desastres repentinos y sustituidas por otras nuevas. En su lugar, Darwin empezó a considerar la posibilidad de que las especies cambiaran gradualmente.

Su observación de la diversa fauna de las islas Galápagos, que incluía 13 especies distintas de pinzones, cada una con un pico de forma única, despertó su curiosidad por cómo se forman las nuevas especies y, finalmente, le llevó a desarrollar una teoría de la selección natural.

Por considerable que sea la diferencia entre el espíritu del hombre y el de los animales más elevados, es solo una diferencia de grado y no de especie.

Charles Darwin

***El origen del hombre* (1871)**

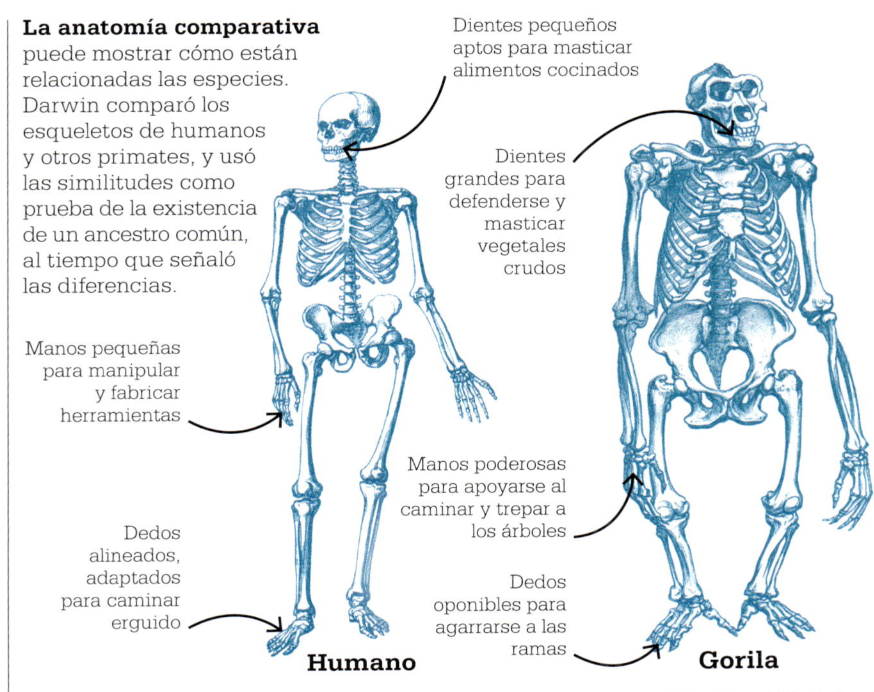

La anatomía comparativa puede mostrar cómo están relacionadas las especies. Darwin comparó los esqueletos de humanos y otros primates, y usó las similitudes como prueba de la existencia de un ancestro común, al tiempo que señaló las diferencias.

Rasgos competitivos

Tras más de veinte años de investigación, Darwin publicó *El origen de las especies* en 1859, en el que sugería que, dentro de cualquier población, los individuos compiten por la supervivencia. Cada individuo tiene rasgos ligeramente distintos. Algunos son ventajosos, pues ayudan al organismo a sobrevivir, reproducirse con éxito y transmitir estos rasgos a sus crías. Los individuos con rasgos menos ventajosos o desventajosos son más propensos a morir sin reproducirse, lo que significa que, con cada generación que pasa, estos rasgos desventajosos se vuelven más raros dentro de la población en su conjunto. A medida que los individuos con rasgos ventajosos continúan reproduciéndose, aumenta la presencia de esos rasgos en la población. Con el tiempo, estos pequeños cambios se acumulan y dan lugar al desarrollo de una nueva especie.

La teoría de la evolución de Darwin tuvo implicaciones de gran alcance. Desafió creencias religiosas arraigadas al sugerir que los seres humanos son parte del mundo natural y están sujetos a los mismos procesos evolutivos que otras especies. En *El origen del hombre* (1871), aplicó su teoría a la humanidad. Propuso que la evolución humana también está impulsada por la selección natural. Fue una idea muy controvertida, pero con el tiempo se aceptó como el principal modelo evolutivo en biología y una perspectiva fundamental en antropología biológica. ▪

UNA SECUENCIA UNIVERSAL DE LA EVOLUCIÓN SOCIAL

EVOLUCIÓN UNILINEAL

EN CONTEXTO

OBRA CLAVE
Lewis Henry Morgan, *La sociedad primitiva* (1877)

RAMA
Antropología social y cultural

ANTES
1859 *El origen de las especies* de Charles Darwin fomenta las especulaciones sobre la evolución humana.

1864 Herbert Spencer introduce en *Principios de biología* el concepto de «supervivencia del más apto».

DESPUÉS
1884 Friedrich Engels publica *El origen de la familia, la propiedad privada y el Estado*, que incorpora el trabajo de Morgan a la teoría marxista.

1920 En «Los métodos de la etnología», el antropólogo estadounidense Franz Boas rechaza la evolución unilineal y aboga por comprender las culturas en sus propios términos.

A mediados del siglo XIX, los estudiosos occidentales eran cada vez más conscientes de la diversidad cultural de la humanidad. El antropólogo estadounidense Lewis Henry Morgan ideó un marco para categorizar y comprender esta variedad de sociedades y modos de vida. Aunque su enfoque se considera hoy defectuoso, Morgan sentó gran parte de las bases del pensamiento antropológico posterior.

Morgan estaba fascinado por la Confederación Haudenosaunee, formada por naciones indígenas iroquesas del noreste de Norteamérica, y escribió una influyente etnografía sobre ellas en 1851. Este estudio despertó el interés por los sistemas de parentesco, es decir, las formas en que las sociedades organizan las relaciones por sangre, matrimonio y descendencia. El parentesco sería un tema central en la obra posterior de Morgan, pues creía que ofrecía una visión de la evolución de las instituciones y estructuras sociales humanas.

Morgan registró los pormenores de la vida doméstica y la cultura material de los pueblos indígenas de Norteamérica, como muestra esta ilustración de una portadora de agua zuñi en *La vida doméstica de los aborígenes americanos* (1881).

Explicar la diversidad

En *La sociedad primitiva* (1877), Morgan intentó explicar las razones de la diversidad cultural racionalizando el proceso de desarrollo humano y basándose en la idea preexistente de que las sociedades evolucionaban y maduraban con el tiempo. Al igual que muchos de sus contemporáneos, Morgan era etnocéntrico y creía que la civilización occidental era inherentemente superior y que la historia de la humanidad representaba un progreso constante hacia este ideal. A diferencia de Darwin, Morgan no

Véase también: La teoría de la evolución 24–25 ▪ Orígenes de la cultura 32–33 ▪ Relativismo cultural 34–41 ▪ Parentesco y orden social 68–69 ▪ Revoluciones en la prehistoria 74–75 ▪ Materialismo cultural 124

creía que los seres humanos descendieran de los simios: veía la historia como un proceso de avance moral e intelectual, más que como el resultado de la selección natural.

En esa época, la arqueología era aún una rama emergente, por lo que estudiosos como Morgan se basaban en el método comparativo para reconstruir el pasado. Si, como él suponía, todas las sociedades seguían el mismo camino hacia la «civilización» a través de etapas específicas de desarrollo, entonces las comunidades «primitivas» contemporáneas, como ejemplos vivos del pasado, podían, por comparación, ofrecer a las sociedades occidentales la visión de un modo de vida anterior.

Pasos hacia la civilización

Morgan identificó tres etapas clave del desarrollo: salvajismo, barbarie y civilización, cada una definida por distintos modos de subsistencia, tecnología, parentesco y gobernanza. Pensaba que estas etapas reflejaban la evolución de la inteligencia y las instituciones. Según Morgan, los avances tecnológicos eran impulsados por el aumento de la inteligencia y se basaban lógicamente en descubrimientos anteriores; el carro, por ejemplo, era un desarrollo de la rueda. Del mismo modo, las instituciones se desarrollaron a partir de lo que denominó «gérmenes de pensamiento». Morgan sostenía que las primeras sociedades se organizaron primero en función del sexo y, más tarde, mediante redes de parentesco, como linajes y clanes. Finalmente, a medida que las sociedades entraban en la tercera etapa, se centraron en torno al territorio o la propiedad, desarrollando sistemas avanzados de gobierno.

Muchas de las ideas de Morgan reflejan su prejuicio sobre la superioridad de los pueblos europeos y se han demostrado erróneas. Del mismo modo, los antropólogos ya no comparten los supuestos del método comparativo: no hay reliquias prehistóricas ni pueblos olvidados por el tiempo. Sin embargo, Morgan dejó un importante legado: contribuyó a establecer el parentesco como una rama de estudio y planteó la pregunta de por qué las sociedades humanas siguen caminos históricos diferentes. ■

La teoría del desarrollo de Morgan

«SALVAJISMO»
Las bandas de los primeros humanos cazan y recolectan alimentos, y dependen de herramientas básicas para sobrevivir.

«BARBARIE»
Las comunidades se asientan, desarrollan la agricultura, domestican animales y forjan herramientas de metal.

«CIVILIZACIÓN»
Surgen sociedades complejas con registros escritos, gobiernos organizados y tecnología innovadora.

Lewis Henry Morgan

Nacido en 1818 en el estado de Nueva York (EE. UU.), Lewis Henry Morgan comenzó su carrera como abogado, pero su pasión era la historia humana y la diversidad cultural. En 1843 creó una organización de hombres blancos dedicada a preservar el espíritu de la Confederación Haudenosaunee. Con la ayuda de Ely Parker, miembro de la nación seneca, Morgan elaboró una descripción completa de la Confederación.

Morgan recopiló datos sobre muchos sistemas de parentesco de los indígenas mientras hacía trabajo de campo en el oeste de EE. UU. Sus escritos influyeron en Karl Marx y Charles Darwin, y contribuyeron a convertir el parentesco en un tema central de la antropología estadounidense.

Morgan apoyó el sufragio femenino y la educación de las mujeres, y legó su patrimonio a la Universidad de Rochester para crear una universidad femenina.

Otras obras clave

1851 *La Liga de los Ho-dé-no-sau-nee o iroqueses.*
1871 *Sistemas de consanguinidad y afinidad de la familia humana.*

NUESTRAS SEMEJANZAS CON EL SALVAJE SON MUCHO MÁS NUMEROSAS QUE NUESTRAS DIFERENCIAS

NATURALEZA UNIVERSAL DE LA RELIGIÓN

EN CONTEXTO

OBRA CLAVE
James Frazer,
***La rama dorada* (1890)**

RAMA
Antropología social y cultural

ANTES
1793 El filósofo alemán Georg W. F. Hegel publica un ensayo en el que analiza la naturaleza universal de la religión, contrastando sus aspectos objetivos y subjetivos, y los principios de la religión popular.

1871 El antropólogo británico Edward B. Tylor recopila material de todo el mundo con el objetivo de conocer los orígenes del ser humano y los procesos de la evolución cultural.

DESPUÉS
1937 Basándose en su trabajo de campo, el antropólogo británico E. E. Evans-Pritchard sostiene que la brujería es un sistema de creencias coherente y lógico, similar a las religiones del mundo.

A fines del siglo XIX, el antropólogo social británico James Frazer trabajaba en una época en que el concepto de evolución era una novedad: era el tema subyacente de muchos estudios de ciencias sociales y de gran parte de la investigación científica, y estimulaba un replanteamiento del sentido de la vida. Gran coleccionista de datos, Frazer era un «antropólogo de salón»; no realizaba trabajo de campo y recopilaba gran parte de su material escribiendo a misioneros, a otros antropólogos y a viajeros, preguntándoles sobre las personas que encontraban. De este modo, pudo interpretar y comparar una gama más amplia de material sobre religión, magia, ritos, prácticas y creencias que los antropólogos anteriores.

Evolución del pensamiento

En *La rama dorada: magia y religión* (1890), Frazer explora la evolución de las creencias humanas en las culturas a lo largo del tiempo, comparando mitologías y describiendo un desarrollo lineal que, según él,

Haciendo referencia a *La rama dorada* (1834) de J. M. W. Turner, Frazer exploró la idea de que el asesinato sacrificial de un rey o sacerdote reflejaba la muerte en la cosecha y el renacimiento en la primavera.

Véase también: Raíces sociales de la religión 42–43 ▪ Funcionalismo biopsicológico 50–55 ▪ Sistema de creencias locales 78–79

Frazer planteó la hipótesis de que el pensamiento humano pasa por **tres etapas** de desarrollo.

La **magia** implica intentos prácticos de **controlar o imitar la naturaleza** y otros acontecimientos.

Las ideas religiosas **se desarrollan a medida que fracasan los métodos mágicos**. La **gente** recurre a poderes superiores **y crea rituales y sacrificios para apaciguarlos**.

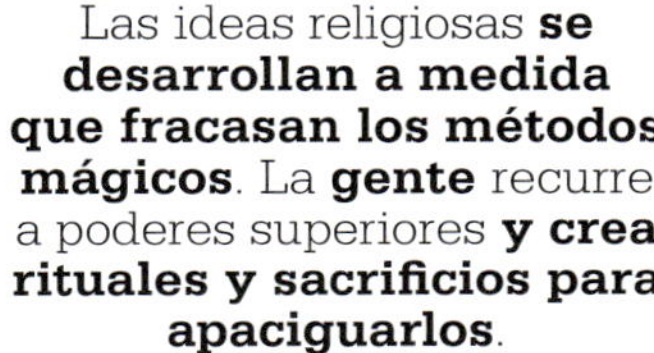

El pensamiento científico –basado en la evidencia y probado por los resultados de experimentos– **desafía a la religión** con su enfoque racional.

era válido en todo el mundo. Su teoría era que el pensamiento humano evolucionaba a través de tres etapas: de lo mágico a lo religioso y de ahí a lo científico. Para Frazer, la ciencia era el futuro evidente y sustituiría a la religión y la magia por el pensamiento racional. Influido por las teorías evolucionistas de la época y por la obra de G. W. F. Hegel, E. B. Tylor y otros, Frazer abrió una nueva perspectiva para analizar los puntos en común que encontró entre diferentes civilizaciones, pasadas y presentes.

Recepción e influencia

La rama dorada fue muy popular cuando se publicó, pero fue criticada por algunos antropólogos y posteriormente rechazada por muchos. Las teorías de Frazer sobre la evolución de la religión en todo el mundo fueron cuestionadas por quienes habían realizado trabajo de campo y habían llegado a conclusiones muy diferentes. Edmund Leach fue uno de los críticos más vehementes, señalando que gran parte de la información de *La rama dorada* se había adaptado para ajustarse a las ideas preconcebidas de Frazer. Además, algunas personas se ofendieron por la inclusión de la resurrección de Cristo como un simple ejemplo más de folclore o religión «pagana». Sin embargo, la obra fue muy apreciada como contribución a la literatura y al folclore. Es sabido que inspiró a escritores como T. S. Eliot, Robert Graves y W. B. Yeats, así como al psicoanalista Sigmund Freud. ■

La pregunta de si nuestra personalidad consciente sobrevive después de la muerte ha sido respondida afirmativamente por casi todas las razas humanas.

James Frazer

James George Frazer

Nacido en Glasgow (Escocia) en 1854, Frazer estudió clásicas y filosofía en la Universidad de Glasgow. Luego se trasladó al Trinity College de Cambridge, con el que estuvo vinculado durante el resto de su vida. Fue elegido cuatro veces miembro del Trinity Title Alpha Fellowship y nombrado caballero en 1914. En 1921 se crearon cátedras de antropología social en su nombre en las universidades británicas de Cambridge, Oxford, Glasgow y Liverpool. Su obra más conocida, *La rama dorada*, se basa en sus esfuerzos por comprender el desarrollo de las sociedades humanas y la religión en todo el mundo. Introdujo un método comparativo de amplio alcance, buscando similitudes en todo el mundo y explorando las estructuras profundas de la mente humana. Sus últimos libros se centraron en aspectos de la religión, como el totemismo. Murió en 1941.

Otras obras clave

1887 *Totemismo.*
1918 *El folclore en el Antiguo Testamento.*
1936 *Aftermath* (suplemento a *La rama dorada*).

IGUALDAD NO SE DEBE CONFUNDIR CON IDENTIDAD

LUCHA CONTRA LA SEGREGACIÓN RACIAL

EN CONTEXTO

OBRA CLAVE
W. E. B Du Bois, *Las almas del pueblo negro* (1903)

RAMA
Antropología social y cultural

ANTES
1857 El presidente del Tribunal Supremo de EE. UU. Roger B. Taney decreta que los negros no pueden obtener la ciudadanía.

1896 En el caso Plessy contra Ferguson, una sentencia del Tribunal Supremo de los EE. UU. permite la segregación racial en lugares públicos.

DESPUÉS
1911 En *La mentalidad del hombre primitivo*, Franz Boas desafía las creencias racistas sobre la inteligencia.

1964 La Ley de Derechos Civiles estadounidense prohíbe la segregación pública y la discriminación legal por motivos de raza, color, religión o sexo.

En *Las almas del pueblo negro*, un estudio sobre la vida de los negros en EE. UU., W. E. B. Du Bois afirmó que la experiencia de la segregación racial, o lo que él denominó «línea de color», sería el tema clave del siglo xx. Aunque Du Bois era sociólogo, las ideas de su pionera investigación sobre las comunidades negras estadounidenses influyeron de forma importante en otras disciplinas, incluida la antropología.

La doble conciencia

La discriminación racial era un problema mundial, pero en EE. UU. era especialmente evidente tras la guerra de Secesión (1861–1865), cuan-

La **población esclava** de los estados del Sur es **liberada** al final de la guerra de Secesión estadounidense.

→ Se establecen **escuelas, propiedad de la vivienda**, **un sistema bancario** y **reparación legal** para los antiguos esclavos negros.

→ A pesar de estos avances, la **hostilidad** de algunos blancos hacia los negros **aumenta**.

→ Los negros son legalmente libres, pero los **prejuicios raciales** los mantienen **esclavizados por la sociedad**.

→ **Los prejuicios no pueden eliminarse mediante la legislación; el problema del siglo xx es el problema de la «línea de color».**

Véase también: Relativismo cultural 34–41 ▪ La fluidez de los sistemas sociales 102–103 ▪ Inglés vernáculo 116–119 ▪ El papel del inglés vernáculo afroamericano 254–255

W.E.B. Du Bois

William Edward Burghardt Du Bois nació en Massachusetts (EE.UU.), en 1868. Estudió en la Universidad Fisk de Nashville y en la Universidad Friedrich Wilhelm de Berlín. En 1895 se convirtió en el primer afroamericano en obtener un doctorado en la Universidad de Harvard. Fue nombrado profesor de Economía e Historia en la Universidad de Atlanta en 1897. Durante su estancia allí, publicó *El Negro de Filadelfia: un estudio social* (1899), el primer estudio sociológico detallado sobre una comunidad afroamericana. En 1910 dejó la universidad y se convirtió en miembro fundador de la Asociación Nacional para el Progreso de las Personas de Color (NAACP). Editó su revista, *Crisis*, durante 24 años. En 1934 regresó a la Universidad de Atlanta como presidente del Departamento de Sociología, donde permaneció hasta 1944. Se trasladó a Ghana para trabajar en la *Enciclopedia Africana* en 1961. Murió en 1963.

Otras obras clave

1920 *Darkwater: Voices from within the Veil.*
1939 *Black Folk, Then and Now.*

do la esclavitud fue sustituida de hecho por la segregación. En su análisis, Du Bois describe con viveza el impacto psicológico del racismo. Utiliza la imagen de un velo para representar la separación entre los dos mundos, el de los blancos y el de los negros. El mundo que se encuentra tras el velo es el mundo negro, separado y oculto. En esta imagen, los afroamericanos viven con una «doble conciencia». Al no poder tener una conciencia real de sí mismos, solo son capaces de verse «a través de la revelación del otro mundo [el blanco]». Según él, los negros siempre tienen la sensación de «medir su alma con la cinta métrica de un mundo que los mira con desprecio y lástima».

Estados duales

Du Bois también describe un estado de «dualidad» causado por la segregación. Una persona negra, dice, es simultáneamente «un estadounidense, un negro; dos almas, dos pensamientos, dos luchas irreconciliables; dos ideales en guerra en un cuerpo oscuro». La historia de los afroamericanos, afirma, es la historia de la lucha por unir estas dos almas en una sola. Du Bois no aboga por «africanizar» EE.UU. ni por «blanquear» el alma negra. Más bien, dice que un afroamericano desea «ser negro y estadounidense, sin ser maldecido y escupido por sus semejantes, sin que se le cierren en las narices las puertas de la oportunidad».

El análisis de Du Bois contradecía el de Booker T. Washington, un influyente líder de la comunidad negra, que recomendaba a los negros aceptar temporalmente la segregación para poder acceder a oportunidades y desarrollar una situación económica que les granjeara el respeto de los blancos.

Una nueva narrativa

En su lucha contra la «línea de color», Du Bois cuestionó las ideas sobre la inferioridad o superioridad biológica de ciertas razas, ampliamente aceptadas en los círculos científicos y académicos. Documentó las habilidades y los logros de los negros, así como los factores históricos y sociales que se interponían en su camino, y halló un aliado en el antropólogo germano-estadounidense Franz Boas, quien se basó en el trabajo de Du Bois para criticar la jerarquía racial. ■

La NAACP (Asociación Nacional para el Progreso de las Personas de Color) luchó por los derechos civiles de los negros a lo largo del siglo XX.

LA SIMILITUD DE LAS COSTUMBRES

ORÍGENES DE LA CULTURA

EN CONTEXTO

OBRA CLAVE
W. H. R. Rivers, *The Todas* (1906)

RAMA
Antropología social y cultural

ANTES
1871 En un ejemplo de antropología de salón, *Cultura primitiva*, de E. B. Tylor, se basa en los relatos escritos de viajeros para describir otras culturas.

1888 Alfred Cort Haddon viaja al estrecho de Torres y lleva a cabo una investigación etnográfica entre los isleños.

DESPUÉS
1914 Bronisław Malinowski desarrolla el trabajo de campo de observación participante, que deviene la metodología antropológica estándar.

1924 William James Perry sostiene que Egipto fue el enclave original de la innovación cultural y que ciertos rasgos se difundieron desde allí.

A finales del siglo XIX, el estudio de las diferentes culturas comenzó a ser menos etnocéntrico, pues los científicos europeos viajaban a lugares lejanos donde podían conocer de primera mano los pueblos locales. Uno de esos científicos fue el psicólogo W. H. R. Rivers, que en 1898 se unió a la expedición de Cambridge a las islas del estrecho de Torres, entre Australia y Papúa Nueva Guinea. Rivers recopiló genealogías locales que revelaban la base social, más que biológica, del sistema de clasificación familiar de los isleños.

A continuación, Rivers consiguió financiación para realizar un proyecto entre los todas, una sociedad pastoril y poliándrica de India. Su trabajo de campo culminó en *The Todas*, donde describe todos los aspectos de la vida de los todas: prácticas de subsistencia, creencias sobrenaturales, normas de socialización, costumbres de nacimiento y muerte, reglas de parentesco y matrimonio, así

El trabajo de campo etnográfico entre los todas del sur de India llevó a Rivers a demostrar las similitudes entre aquellos y los europeos.

Véase también: Los primeros relatos de viajes 22 ■ Relativismo cultural 34–41 ■ Parentesco y orden social 68–69

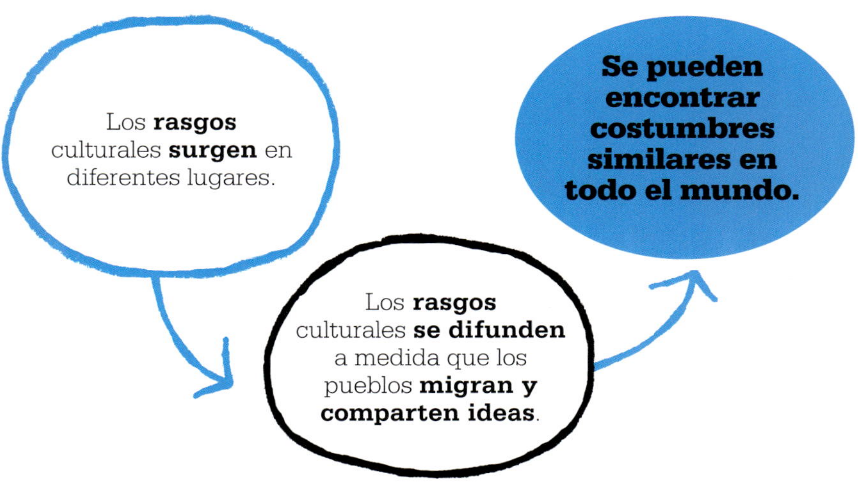

como su organización social. Mientras realizaba su trabajo de campo en India, Rivers comprendió que el etnocentrismo había llevado con frecuencia a los estudiosos a exagerar las diferencias culturales. Frente a este sesgo, realizó experimentos psicológicos que demostraban empíricamente las profundas similitudes entre los todas y los pueblos europeos, concretamente en lo relativo a sus sistemas sensoriales.

Difusión moderada

Según los evolucionistas sociales del siglo XIX, algunas culturas podían «progresar» más rápido que otras por una capacidad innata para la innovación. En contraste, los difusionistas de inicios del XX desplazaron el debate a la consideración de cómo los rasgos culturales podían ser inventados o adoptados. Los difusionistas extremos opinaban que los rasgos culturales surgían en una sociedad y se extendían a los grupos vecinos, que adoptaban algunos de estos rasgos. Pero Rivers adoptó un enfoque moderado: argumentó que la capacidad de inventar nuevos rasgos no podía atribuirse a una sola sociedad, y sugirió que estos se creaban en distintos lugares y se difundían a medida que las gentes migraban, compartiendo sus costumbres con otros grupos. El difusionismo moderado de Rivers, junto con su trabajo empírico, contribuyó a una nueva corriente académica sobre las culturas no europeas que enfatizaba las similitudes, en vez de las diferencias, y el relativismo en vez del etnocentrismo. ■

Parece existir una identidad de ideas que impulsa las costumbres de pueblos muy diferentes entre sí en cuanto a su entorno y condiciones de vida.
W. H. R. Rivers

W. H. R. Rivers

William Halse Rivers Rivers nació en Inglaterra en 1864. Se formó como médico, cirujano y psiquiatra. Durante gran parte de su vida se dedicó a la investigación médica y neurológica, contribuyendo a la comprensión de los sentidos, el sistema nervioso y los efectos de los estimulantes. Abogó por tratar con humanidad a los pacientes con enfermedades mentales, que, en el siglo XIX, a menudo eran sometidos a restricciones físicas en los manicomios. A partir de 1898 empezó a llevar a cabo investigaciones antropológicas, primero en el estrecho de Torres y luego en India. Uno de sus muchos logros fue el desarrollo del método genealógico, en el que se registran diagramas de parentesco individuales para comprender mejor una sociedad determinada. Murió en 1922.

Otras obras clave

1899 *Two New Departures in Anthropological Method.*
1914 *«Kinship and Social Organization».*
1923 *Medicine, Magic and Religion.*

LA CIVILIZACIÓN NO ES ALGO ABSOLUTO

RELATIVISMO CULTURAL

EN CONTEXTO

OBRA CLAVE
Franz Boas, *La mentalidad del hombre primitivo* (1911)

RAMA
Antropología social y cultural

ANTES
1836 Wilhelm von Humboldt escribe sobre la conexión entre lenguaje y visión del mundo.

1871 Edward Tylor describe la cultura como algo construido en torno al conocimiento, las creencias, el arte, la moral, la ley y las costumbres.

DESPUÉS
1962 Claude Lévi-Strauss sostiene que la lógica del pensamiento humano sigue patrones similares en todas las culturas.

1972 Laura Nader publica «Up the Anthropologist», en el que afirma que los antropólogos deben estudiar tanto a las comunidades poderosas como a las marginadas.

Vestido con la indumentaria tradicional inuit, Franz Boas compartió la vida cotidiana de este pueblo.

Franz Boas es considerado una de las figuras más influyentes de la antropología moderna. Su trabajo desafió las suposiciones raciales y evolutivas que habían configurado la disciplina en el siglo XIX, y sentó las bases de un nuevo enfoque basado en el trabajo de campo riguroso y el respeto por las diferencias culturales. Su influencia fue especialmente fuerte en Norteamérica, donde formó a toda una generación de antropólogos, pero sus ideas marcaron la antropología en todo el mundo.

El principio central de la visión de Boas era el relativismo cultural, la idea de que cada cultura debe entenderse en sus propios términos, en lugar de juzgarse según normas externas. Este revolucionario enfoque desplazó el foco de la antropología de las comparaciones entre sociedades a los estudios detallados de sistemas culturales concretos. Con su apoyo a las lenguas y tradiciones indígenas, Boas estableció la antropología como una disciplina dedicada a comprender y defender la integridad de las culturas en una época dominada por la expansión colonial y el racismo «científico», que trataba de explicar las diferencias culturales e intelectuales a través de la biología.

El relativismo cultural de Boas se oponía directamente a las ideas dominantes de su época: el etnocentrismo, que supone que la propia cultura es superior a las demás; las teorías evolucionistas unilineales como las de Lewis Henry Morgan, que clasificaban a las sociedades de «primitivas» a «civilizadas»; y el determinismo biológico. Sus estudios demostraron que la raza no determina la cultura y que las sociedades humanas no pueden clasificarse en términos de progreso. Aunque el relativismo cultural ha sido debatido y matizado desde entonces, sigue siendo la contribución más duradera de la antropología al estudio de la diversidad humana.

Nunca se ha establecido una relación estrecha entre la raza y la personalidad.
Franz Boas

Viaje a la antropología

Franz Boas nació en Alemania en 1858 en el seno de una familia judía, en una época en que las comunidades judías del norte de Europa estaban ganando mayores libertades sociales y culturales tras siglos de marginación. Esta creciente emancipación, junto con los movimientos globales por la igualdad, influyó profundamente en Boas y en sus contemporáneos judíos, como Albert Einstein y Sigmund Freud.

Boas se formó inicialmente en física y geografía, y se doctoró en física en 1881 en Alemania. Sin embargo, su carrera tomó un nuevo rumbo después de una expedición a la isla de Baffin, en la región ártica de Canadá, en 1883, para estudiar el impacto del entorno físico en los inuit que vivían allí. Durante más de un año, Boas vivió entre los inuit y se sumergió en su vida

Véase también: Evolución unilineal 26–27 ▪ Funcionalismo biopsicológico 50–55 ▪ La cultura moldea el comportamiento 62–67 ▪ Cultura y personalidad 70–73 ▪ Estructuralismo 108 ▪ Estudiar hacia arriba 138–139 ▪ Descripción densa 146–153

cotidiana: aprendió inuktitut para comunicarse eficazmente, registró las rutas migratorias estacionales y documentó las estrategias de supervivencia para soportar el invierno ártico. Grabó historias orales, mitos y canciones, prestando especial atención a cómo la narración reforzaba los lazos comunitarios y transmitía conocimientos ecológicos. Esta implicación en la vida de los inuit, que iba mucho más allá de la mera observación, marcó el inicio de su compromiso con el trabajo de campo etnográfico.

Un nuevo enfoque

Las experiencias vividas por Boas entre los inuit le llevaron a cuestionar la creencia predominante de que el comportamiento humano estaba determinado sobre todo por la geografía. Observó que la sociedad inuit no estaba estructurada solo por su entorno, sino también por sistemas de creencias, tradiciones orales y conocimientos culturales. Y argumentó que la vida humana está tan moldeada por las ideas y la imaginación como por el entorno físico. Después de desplazar su atención de la geografía a la cultura, Boas exploró cómo las personas entienden su mundo a través de figuras religiosas, fuerzas míticas y una sabiduría heredada. Vio esto reflejado en las ricas tradiciones literarias y orales de las sociedades humanas, donde historias, canciones y expresiones artísticas dan un sentido a la vida.

Ampliando su trabajo con los inuit, en las décadas de 1880 y 1890 Boas llevó a cabo un extenso trabajo de campo con el pueblo kwakiutl (hoy conocido como kwakwaka'wakw) de la costa noroeste del Pacífico, principalmente en la Columbia Británica (Canadá). Inmerso en su sociedad, documentó con detalle su lengua, rituales y estructuras sociales junto a George Hunt, un mediador cultural de ascendencia tlingit y británica, criado en la comunidad kwakiutl.

Por ejemplo, el estudio de Boas sobre el *potlatch* –un complejo sistema de intercambio de dones y negociación de estatus que las autoridades coloniales tachaban de «derrochador»– reveló su papel en el mantenimiento de la cohesión social, la redistribución de los recursos y la preservación de las historias orales. Al demostrar la sofisticación de la cultura kwakiutl, que desafiaba los estereotipos occidentales sobre las sociedades «primitivas», Boas cuestionó las teorías antropológicas que clasificaban las culturas jerárquicamente. Este trabajo subrayó la importancia de comprender las culturas en sus propios términos y sentó las bases de los métodos etnográficos modernos. »

Etnocentrismo

El etnocentrismo se basaba en informes de segunda mano y **rara vez se involucraba directamente** con las culturas.

↓

Creía que las sociedades progresaban a través de **las mismas etapas de desarrollo**, con la sociedad occidental en la «cima».

↓

El trabajo misionero, la educación colonial y el gobierno **impusieron los valores occidentales**.

↓

Otras culturas solían considerarse «inferiores».

Relativismo cultural

Los antropólogos deben **sumergirse por completo** en una cultura, viviendo en la comunidad.

↓

Considera que las diferentes sociedades tienen **culturas radicalmente diferentes** que determinan el comportamiento.

↓

Cuestiona ideas occidentales **como los roles de género fijos y la moralidad.**

↓

Las culturas deben entenderse en sus propios términos.

Esta máscara komokwa es un ejemplo del tipo de arte kwakwaka'wakw que documentó Franz Boas, quien desafió la visión eurocéntrica de las culturas indígenas como «primitivas».

Con el tiempo, Boas desarrolló un amplio enfoque científico para el estudio de la humanidad conocido como antropología de cuatro ramas (o campos), que comprende la antropología cultural, la antropología biológica, la arqueología y la lingüística. Este enfoque interdisciplinario se nutría de las humanidades, en especial de la historia, la música y los estudios lingüísticos, al tiempo que abordaba casi todos los aspectos de la vida humana. La visión de Boas ayudó a establecer estas subdisciplinas, que contribuyen a una comprensión más completa de la historia colectiva de la humanidad más allá de las fronteras de una región, nación, continente o contexto cultural.

Desafiando el racismo

A finales del siglo XIX y principios del XX, las teorías seudocientíficas sobre la raza dominaban el discurso académico y público. Los estudiosos medían cráneos, comparaban rasgos faciales y afirmaban que estas diferencias «demostraban» la superioridad de los europeos blancos. El racismo «científico» se utilizó para justificar el colonialismo, la segregación y las leyes que restringían la inmigración. En su raíz estaba la creencia de que la biología determinaba no solo los rasgos físicos, sino también la inteligencia, la moralidad y los logros culturales: una visión que Boas empezó a desmontar mediante una meticulosa investigación.

Basándose en el trabajo de campo que llevó a cabo entre los kwakiutl y los inuit, donde vio la cultura como un producto de las ideas y no solo del entorno, Boas argumentó que raza, cultura y biología eran distintas. Insistió en que las diferencias físicas entre los grupos eran superficiales y no influían en la capacidad intelectual o cultural. Para demostrarlo, utilizó las herramientas del racismo «científico» en su contra. En 1911 publicó un estudio en el que analizaba la forma de la cabeza de los inmigrantes y de sus hijos nacidos en EE. UU. Descubrió que las medidas craneales variaban ligeramente entre generaciones y dedujo que en ello influían el entorno y la alimentación. Estos hallazgos socavaron la idea de los «tipos» raciales fijos y demostraron que la biología estaba determinada por la experiencia vivida, y no solo por la herencia.

Boas amplió estas ideas en la obra *La mentalidad del hombre primitivo* (1911), donde escribió: «La civilización no es algo absoluto, sino [...] relativo». Demostró que todos los grupos humanos comparten la misma capacidad de innovación, aunque sus prioridades culturales puedan diferir. Por ejemplo, las complejas historias orales de las comunidades indígenas requerían una memoria y una habilidad para el relato que rivalizaban con la alfabetización europea, lo cual refutaba las afirmaciones sobre el «primitivismo» indígena. Este trabajo sentó las bases para que la antropología moderna rechazara la creencia de que la biología dicta el comportamiento humano.

Franz Boas representa un ritual de iniciación invernal kwakiutl que simboliza la transformación del estado salvaje al orden comunitario.

En un plano más práctico, Boas desarrolló una serie de nuevos métodos de investigación. Utilizó el análisis estadístico para poner de manifiesto los defectos de las investigaciones racistas, como el muestreo sesgado o la elección selectiva de datos. Cuando los eugenistas afirmaban que ciertos grupos eran «naturalmente» menos inteligentes, Boas señalaba que esos estudios ignoraban factores como la pobreza, la educación y la discriminación. Su insistencia en el rigor de las pruebas no solo transformó la antropología, sino también los debates públicos sobre inmigración e igualdad. Su investigación sirvió, por ejemplo, para criticar las cuotas de inmigración en EE. UU., dirigidas a grupos considerados «biológicamente inferiores».

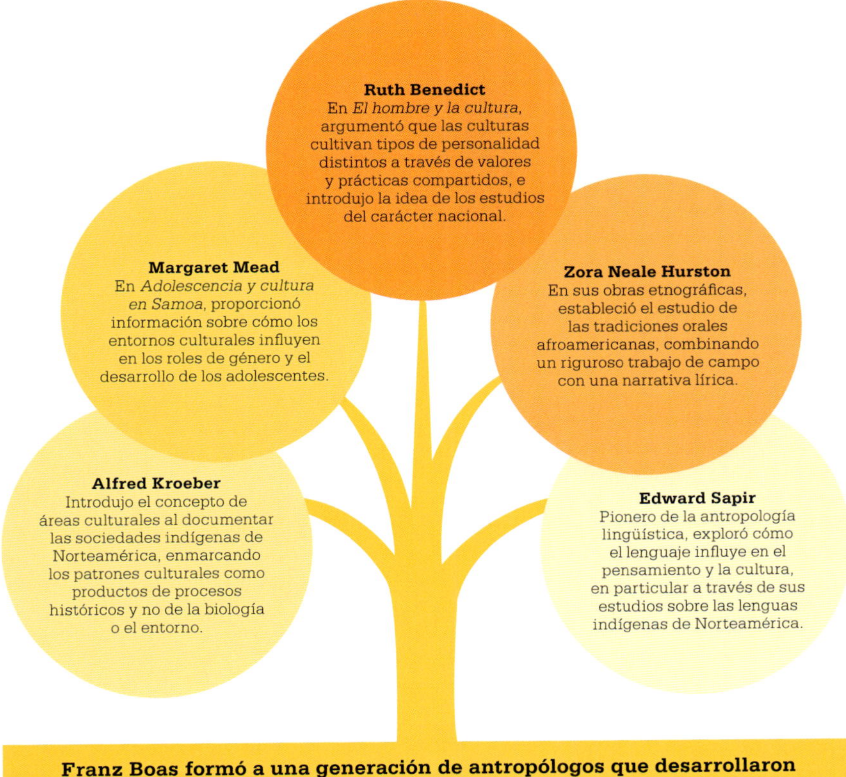

Franz Boas formó a una generación de antropólogos que desarrollaron sus ideas y realizaron importantes contribuciones a la disciplina.

Paisajes sonoros culturales

La influencia de Boas se extendió mucho más allá de la antropología, hasta el estudio de la música y el lenguaje, subrayando su importancia en relación con la identidad cultural. Argumentó que ambos son expresiones vitales de identidad y deben entenderse en sus propios términos.

En el ámbito de la música, Boas sentó las bases de lo que a mediados del siglo XX se convertiría en la etnomusicología. Animó a sus alumnos a transcribir y analizar las letras de las canciones, centrándose en su significado narrativo y cultural, en lugar de compararlas con las tradiciones occidentales. Este enfoque influyó en estudiosos como el etnomusicólogo George Herzog, cuyos estudios sobre las tradiciones musicales indígenas y populares contribuyeron a establecer la disciplina. Hoy en día, la etnomusicología sigue llevando la marca del enfoque boasiano, con su énfasis en el contexto social, la estructura narrativa, el análisis lingüístico y el relativismo cultural.

En el ámbito lingüístico, Boas estudió la gramática inuit, cuestionando la idea de que era primitiva. Su investigación contribuyó al *Handbook of American Indian Languages*, un importante trabajo de documentación de las lenguas indígenas. Al integrar el análisis lingüístico con la reflexión cultural, Boas y sus alumnos subrayaron la importancia de estudiar las lenguas dentro de sus propios marcos culturales.

Particularismo histórico

Basándose en su extenso trabajo de campo y en sus estudios sobre lenguaje y música, Boas desarrolló el concepto de particularismo histórico para desafiar las generalizaciones sobre la cultura humana. Argumentó que cada sociedad se desarrolla de manera única dentro de su propio contexto histórico, con independencia de las influencias externas. Un aspecto central de esta perspectiva era el rechazo de la ilusión del «nominalismo», es decir, la suposición de que los conceptos que comparten nombre, como «matrimonio» o «música», deben ser fundamentalmente iguales en todas las culturas.

Boas sostenía que los elementos culturales deben entenderse dentro de su contexto social completo, en lugar de aislarse y compararse superficialmente. Destacó la diversidad de las lenguas indígenas documentando meticulosamente sus »

George Hunt

Nacido en 1854 en Fort Rupert (Canadá), Hunt era hijo de un comerciante de pieles británico y una mujer tlingit de Alaska. Creció hablando con fluidez tanto el kwak'wala como el inglés, y se convirtió en el principal colaborador de Franz Boas en la documentación de la cultura del pueblo kwakiutl (kwakwaka'wakw).

Hunt trabajó con Franz Boas durante más de 40 años, especialmente durante la expedición Jesup al Pacífico Norte (1897–1902), ayudando a registrar extensamente la lengua, las costumbres y las estructuras sociales de los kwakiutl, incluidas las ceremonias *potlatch* (entonces prohibidas por las autoridades canadienses), y desempeñó un papel fundamental en su difusión a un público más amplio. Asimismo, ayudó a organizar exposiciones sobre los kwakiutl, como la de la Exposición Universal de Chicago de 1893.

Aunque en su día fueron ignoradas en los círculos académicos, las contribuciones de Hunt se consideran hoy en día esenciales para el estudio de las culturas de la costa noroeste del Pacífico.

patrones sonoros y estructuras subyacentes. Del mismo modo, sus estudios sobre tradiciones musicales contribuyeron a establecer la idea de que las formas musicales deben analizarse en sus propios términos, en vez de juzgarse según los modelos occidentales.

Aunque reconocía el hecho del contacto cultural y las influencias externas, Boas consideraba que cada cultura era un sistema distinto que se comprendía mejor a través de su propio idioma y sus propias narrativas. Así desafiaba las teorías universalistas y señalaba la importancia de la diversidad cultural.

Boas propugnó una etnografía científicamente sólida que diera prioridad a las perspectivas de las comunidades estudiadas. Este enfoque dio lugar a relatos etnográficos detallados, a menudo registrados en lenguas locales y moldeados por los puntos de vista indígenas, lo que garantizaba una representación más precisa y respetuosa de la cultura en cuestión.

La escuela boasiana

El legado de Boas va mucho más allá de su propia investigación. Como profesor y mentor, formó a una generación de académicos que transformaron la antropología en una disciplina rigurosa y comprometida socialmente. Sus alumnos propusieron nuevos métodos y teorías, integrando los principios boasianos –como el relativismo cultural, el trabajo de campo meticuloso y el escepticismo hacia las grandes teorías– en los cimientos de la antropología moderna.

Uno de los primeros discípulos de Boas, Alfred Kroeber, fundó el departamento de antropología de la Universidad de California en Berkeley, que se convirtió en un importante centro de investigación etnográfica. Kroeber estudió

La existencia de cualquier raza pura con dotes especiales es un mito, al igual que la creencia de que hay razas cuyos miembros están condenados a la inferioridad eterna.

Franz Boas

Race and Democratic Society **(1945)**

los patrones culturales a lo largo del tiempo, argumentando que la cultura opera como una fuerza colectiva –lo que denominó «superorgánico»– moldeada por la historia y el lenguaje más que por la biología. El trabajo que realizó con las comunidades indígenas de California, incluido el último miembro superviviente de los yahi, contribuyó a documentar y preservar sus prácticas culturales.

Otro de sus alumnos, Edward Sapir, lingüista y antropólogo, revolucionó el estudio de las lenguas indígenas de Norteamérica. Demostró que el lenguaje refleja visiones culturales del mundo únicas, una idea ampliada posteriormente en la hipótesis de Sapir-Whorf. Sapir también tendió puentes entre antropología y psicología al explorar la interacción entre la creatividad individual y las tradiciones culturales, y su interés por la música y la poesía sentó las bases de la etnomusicología.

Ruth Benedict y Margaret Mead, dos de las alumnas más influyentes de Boas, aplicaron sus ideas al estudio de la psicología y la cultura. En *El hombre y la cultura* (1934),

Benedict argumentó que las sociedades desarrollan «personalidades» distintas a través de valores, costumbres y prácticas compartidas. Por su parte, la investigación de Mead en Samoa cuestionó muchas suposiciones occidentales sobre la adolescencia y el género. Juntas constituyeron la escuela de «Cultura y Personalidad», que evolucionó hasta convertirse en la antropología psicológica moderna.

Varios de los alumnos y colaboradores de Boas impulsaron la antropología en nuevas direcciones. George Hunt, por ejemplo, trabajó estrechamente con Boas durante décadas, asegurando que las voces de los kwakwaka'wakw contribuyeran a la disciplina.

Zora Neale Hurston, una de las primeras antropólogas negras y célebre novelista, que estudió con Boas en la Universidad de Columbia, documentó el folclore afroamericano en los estados del sur de EE. UU. Por su parte, George Herzog fue pionero en el estudio de la música no occidental a través de grabaciones y análisis de tradiciones indígenas americanas y africanas.

Legado intelectual

Boas rechazó los marcos teóricos rígidos e insistió en que la antropología debía dar prioridad a las pruebas sobre las generalizaciones. Desconfiaba de los dogmas e instaba a sus alumnos a basar sus ideas en el trabajo de campo y el contexto cultural. Este énfasis en la observación meticulosa por encima de la teoría abstracta permitió a sus alumnos innovar sin renunciar a sus principios fundamentales: la teoría, subrayaba, debe surgir del rigor empírico, no de nociones preconcebidas.

Boas advirtió contra las comparaciones interculturales superficiales, y alumnos suyos como Alfred Kroeber y George Herzog refinaron los métodos comparativos basándolos en la especificidad cultural. Herzog, por ejemplo, comparó las distintas tradiciones musicales atendiendo primero a sus significados sociales únicos. Esta metodología equilibrada influyó en estudiosos posteriores como Claude Lévi-Strauss, cuyas teorías estructuralistas integraron la atención de Boas a los detalles con una visión comparativa más amplia.

La obra de Boas ha tenido un impacto duradero. Su influencia, así como la de sus alumnos, se extiende hasta nuestros días en áreas de investigación como los derechos civiles y el respeto a la neurodiversidad dentro de las comunidades humanas. A pesar de las reacciones negativas que suscitaron sus innovadoras contribuciones a la antropología, su obra continúa siendo muy leída. El legado de Boas perdura, fomentando la defensa de la diversidad humana en todas sus formas. ■

Lo que constituye la cortesía, la modestia, los buenos modales y las normas éticas no es universal.

Franz Boas

Prólogo a *Adolescencia y cultura en Samoa*, de Margaret Mead (1928)

La Exposición Universal exhibió la modernidad estadounidense: su «Ciudad Blanca» enmascaró complejos debates sobre el progreso humano y las diferencias culturales.

La Exposición Universal de Chicago

En la Exposición Universal de Chicago de 1893, que conmemoró el 400.° aniversario de la llegada de Colón a América, se presentaron exposiciones etnográficas de culturas de todo el mundo. Franz Boas comisarió junto con George Hunt la exposición antropológica de la feria, en la que se mostraron las culturas indígenas del noroeste del Pacífico a través de artefactos, reconstrucciones de viviendas y actuaciones en directo del pueblo kwakiutl. Su presentación tenía por objeto destacar la sofisticación de las tradiciones indígenas, pero algunos consideraron que las exhibiciones reforzaban el discurso dominante de la feria sobre la superioridad occidental.

Boas siguió realizando exposiciones que mostraban el contexto cultural y hacían hincapié en el relativismo cultural. Su enfoque revolucionó los museos antropológicos de todo el mundo, si bien algunos han cuestionado si sus exposiciones escapaban realmente de la dinámica de poder de las prácticas de recolección coloniales.

LA SOCIEDAD ES EL ALMA DE LA RELIGIÓN

RAÍCES SOCIALES DE LA RELIGIÓN

EN CONTEXTO

OBRA CLAVE
Émile Durkheim, *Las formas elementales de la vida religiosa* (1912)

RAMA
Antropología social y cultural

ANTES
1890 El británico James Frazer sostiene que la religión evoluciona a partir de la magia y luego da paso al pensamiento científico.

DESPUÉS
1937 Según el británico E. E. Evans-Pritchard, la religión se alinea con otros valores y estructuras dentro de una sociedad.

1969 El británico Victor Turner escribe sobre los ritos de paso y su papel en la sociedad.

1973 El estadounidense Clifford Geertz sostiene que la religión debe ser entendida dentro de su contexto cultural e histórico.

A principios del siglo xx, los sociólogos empezaron a investigar cómo la religión da forma a la sociedad. El francés Émile Durkheim fue uno de los primeros en estudiar los aspectos sociales de la religión. Sostenía que esta no es solo un conjunto de creencias o rituales, sino que es una fuerza poderosa que da forma y refleja la vida colectiva de la sociedad.

Durkheim veía la religión como un aspecto universal de la experiencia humana, profundamente entrelazado con el tejido de la vida social. Adoptando un enfoque comparativo, estudió una variedad de prácticas religiosas de todo el mundo y observó que todas las religiones tienen un rasgo fundamental en común: separan lo sagrado de la vida cotidiana. Los espacios y objetos sagrados se consideran especiales y esencialmente diferentes de las cosas cotidianas, a las que Durkheim se refería como «lo profano».

Una experiencia colectiva

Según Durkheim, la religión se origina en los grupos sociales humanos y funciona como una actividad colectiva, más que individual. Sugirió que, cuando las personas se reúnen, sus rituales las hacen sentir conectadas con algo espiritual o superior a ellas mismas, y encuentran consuelo y unidad en esa experiencia. Esto las anima a repetir estos rituales y a asociarlos con símbolos específicos, como plantas o animales, que les sirven de recordatorio de ese sentimiento espiritual. Estos rituales compartidos forman gra-

Realizado por un artista kwakiutl en Canadá, este tótem representa animales y seres sobrenaturales. Durkheim sostenía que un tótem es un símbolo tanto de un dios como de la sociedad que lo creó.

Véase también: Naturaleza universal de la religión 28–29 ▪ Sistema de creencias locales 78–79 ▪ Estructuralismo 108 ▪ Pureza y sociedad 120

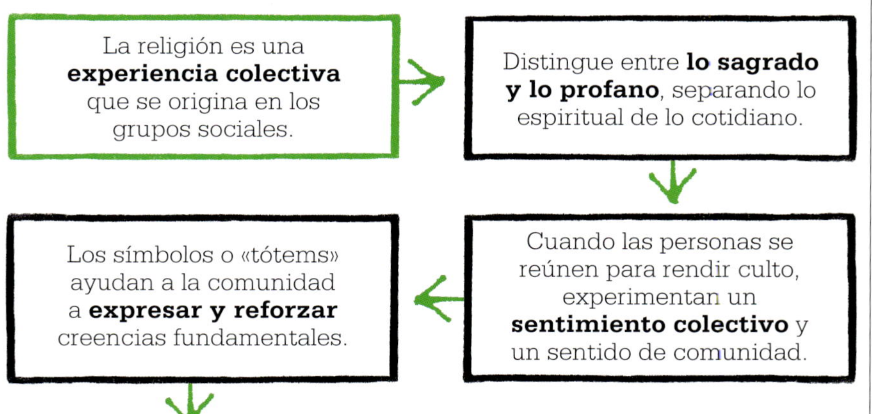

La religión mantiene unida a la sociedad, reflejando y reforzando sus creencias.

dualmente un sistema religioso, que cada persona del grupo puede experimentar individual y colectivamente. Con el tiempo, la religión alcanza una entidad propia y perdura incluso después de la desaparición de sus primeros practicantes. Refleja los sentimientos y valores de la sociedad en su conjunto.

Satisfacción de necesidades

Durkheim veía la religión como un sistema que se adapta para satisfacer las necesidades de las personas dentro de una cultura. Eleva a los individuos y aborda sus necesidades espirituales, mentales e incluso físicas. Así, por ejemplo, ciertas tareas cotidianas, como comer, pueden convertirse en parte de la tradición religiosa. Cuando las necesidades de las personas y la comunidad cambian, el propósito del sistema religioso también cambia y se ajusta para satisfacer sus nuevas necesidades.

Según Durkheim, esta adaptabilidad revela cómo los sistemas religiosos reflejan la evolución de los sentimientos y creencias de una sociedad. Sin embargo, aunque consideraba la religión como un constructo humano, no la veía como algo impostado o falso. Por el contrario, la consideraba como una fuerza poderosa que promueve la cohesión social y como un tema valioso para la investigación científica. Creía que el estudio de la religión podía revelar los valores profundos y los lazos que mantienen unidas a las sociedades. ■

Si la religión ha engendrado todo lo esencial de la sociedad es porque la idea de sociedad es el alma de la religión.
Émile Durkheim

La antropología de la religión

Los antropólogos se han interesado por las prácticas religiosas desde los inicios de la disciplina. Aunque las teorías y perspectivas sobre la religión han cambiado a lo largo del último siglo, los antropólogos siguen estudiando la relación entre las experiencias religiosas de la gente y los contextos sociales y culturales que las originan.

Los investigadores en este campo estudian la forma en que las creencias religiosas abordan preocupaciones comunes a todos los seres humanos, como los orígenes de la humanidad o su lugar y su función en el universo, examinando las narrativas que crean los pueblos para responder a estas profundas preguntas.

Los antropólogos de la religión también analizan las formas en que las creencias y los rituales religiosos aparecen en la vida cotidiana. La religión surge y evoluciona de formas distintas a lo largo del tiempo y el espacio, y los estudiosos tratan de comprender su significado, contexto y evolución a nivel local.

El Día de Muertos en México proporciona a las comunidades un ritual colectivo que aborda la cuestión de la mortalidad.

UNA SERIE DE DIFERENCIAS DE SONIDOS COMBINADA CON UNA SERIE DE DIFERENCIAS DE IDEAS

LA ESTRUCTURA DEL LENGUAJE

EN CONTEXTO

OBRA CLAVE
Ferdinand de Saussure, *Curso de lingüística general* (1916)

RAMA
Antropología lingüística

ANTES
1689 El filósofo inglés John Locke ofrece una influyente teoría del significado, sugiriendo que las palabras emparejan sonidos con ideas asociadas.

1836 El alemán Wilhelm von Humboldt propone una teoría de la relatividad lingüística, junto con una búsqueda de los principios de una gramática universal.

DESPUÉS
1921 Edward Sapir publica una respuesta a Saussure con un análisis de la gran diversidad de lenguas del mundo.

1947 Claude Lévi-Strauss publica *Las estructuras elementales del parentesco*, inspirado en el estructuralismo de Saussure.

El famoso lingüista suizo de principios del siglo xx Ferdinand de Saussure fue uno de los primeros estudiosos en abordar la cuestión de la lingüística general más allá del ámbito de una sola familia de lenguas estrechamente relacionadas. Saussure siguió una línea de pensamiento más abstracta para considerar qué era lo que unía a todas las lenguas. La obra más destacada de Saussure describe las estructuras que definen todos los idiomas humanos y constituye la base de su teoría de los signos, conocida como semiótica. Para Saussure, cualquier idioma es un sistema de signos, y cada signo está compuesto por un significante y un significado. El significante no es la palabra o el sonido en sí, sino la imagen mental de la palabra o el sonido. El significado es nuestro concepto mental de lo que representa el signo.

El hermano de Saussure, René, también era lingüista y pudo influir en Ferdinand con su tesis sobre la formación de palabras en esperanto.

Desencadenantes sonoros

Saussure se fijó en los pares bidireccionales entre aspectos relacionados de la estructura lingüística, comenzando por el plano del sonido, sobre el que se impone el significado. Por ejemplo, la palabra «árbol» sugiere en castellano una planta con raíces profundas y una copa de ramas. El signo de una modalidad sensorial, como el sonido, desencadena un proceso psicológico relacionado que evoca la idea de lo que es un árbol. Otros idiomas tienen nombres diferentes para este grupo de organismos, con un sentido quizá diferente de sus interrelaciones como clase de plantas, pero todos los idiomas son un sistema de relaciones entre el significante y el significado.

Véase también: Lenguaje y cognición 88–89 ▪ Estructuralismo 108 ▪ Las reglas del lenguaje 109 ▪ Inglés vernáculo 116–119 ▪ Ritual y lenguaje 166

A partir de ahí, Saussure identificó muchas otras áreas significativas de estructura paralela, empezando por la oposición entre el lenguaje en el presente (sincrónico) y el lenguaje a medida que cambia a lo largo del tiempo (diacrónico). Aunque las estructuras del lenguaje pueden parecer rígidas en un momento dado, es evidente que cambian a lo largo de la historia, hasta tal punto que idiomas vecinos a menudo se vuelven ininteligibles entre sí con el paso del tiempo, pasando gradualmente de dialectos a idiomas distintos. Por ejemplo, las palabras y las reglas gramaticales del inglés de la época del *Beowulf* (*c.* 975–1025) difieren profundamente de las del inglés moderno, hasta el punto de que estos textos históricos son casi ininteligibles para los hablantes actuales.

Un sistema lingüístico compartido (lengua) permite a los hablantes individuales producir y comprender enunciados (habla).

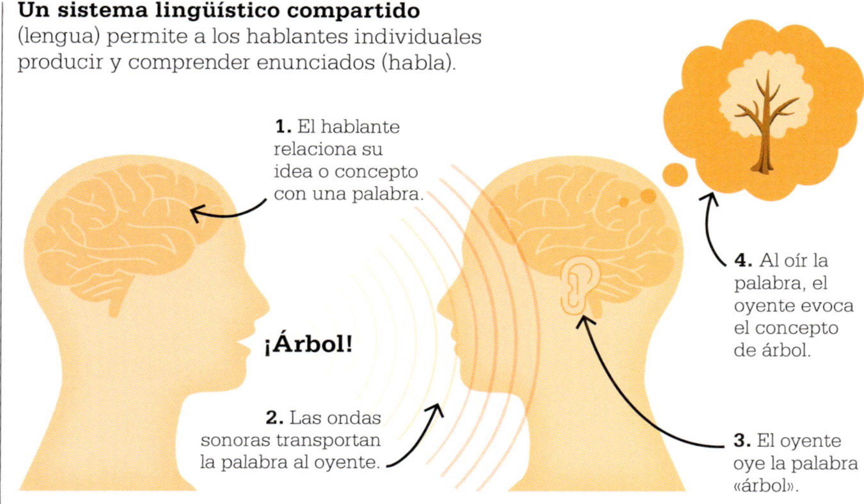

Emparejamiento de opuestos

Para Saussure, otro emparejamiento de aparentes opuestos se desarrolla con la relación entre los signos que pueden sustituirse entre sí (paradigma) y la forma en que los elementos se ordenan para transmitir significado (sintagma). Esta oposición puede ilustrarse con una frase sencilla, en la que un sustantivo y un verbo pueden emparejarse de diferentes maneras para crear una frase con un mensaje. Una frase como «los leones rugen» une tres palabras en sentido sintagmático, creando una combinación significativa. Sin embargo, este mensaje puede transformarse fácilmente con la sustitución de una sola palabra. Con la construcción paralela «los motores rugen», ahora hay una metáfora en la frase, que compara el sonido de una máquina con el rugido de un león. El significado se transmite seleccionando los signos adecuados y presentándolos en el orden correcto.

El trabajo de Saussure demostró que existe una profunda relación entre la estructura y el significado, y esta fórmula semiótica comenzó a explicar toda la comunicación entre los seres humanos. ■

Ferdinand de Saussure

Nacido en Suiza en 1857, Saussure se convirtió en uno de los gigantes del pensamiento moderno gracias a su interés por la estructura del lenguaje. Estudió sánscrito, lenguas indoeuropeas y lingüística en Ginebra, París y Leipzig. En 1891 regresó a Suiza para dar clases en la Universidad de Ginebra. Murió en 1913. En 1916, las notas tomadas por sus alumnos durante sus clases de lingüística se publicaron póstumamente como *Curso de lingüística general*. Los escritos y enseñanzas de Saussure dieron origen a la lingüística contemporánea y, con su enfoque en los rasgos estructurales comunes a todas las lenguas humanas, inspiraron muchos avances en el análisis del discurso, que se centra en los mensajes que transmite el lenguaje en términos semióticos.

Otras obras clave

1879 *Mémoire sur le système primitif des voyelles dans les langues indo-européennes.*

ANTROPO
DE ENTRE
1918–1950

OGÍA
GUERRAS

1922

Bronisław Malinowski muestra la importancia de la metodología de la **observación participante**.

1925

Marcel Mauss examina las **dinámicas sociales** y los **rituales** que entran en juego en el **intercambio de dones**.

1928

Margaret Mead estudia el **desarrollo emocional** de los adolescentes en diferentes **contextos culturales**.

1931

Alfred Radcliffe-Brown explora la importancia del **parentesco** en el mantenimiento del **orden social**.

1934

Ruth Benedict analiza el **vínculo psicológico** entre las **normas culturales** y los **rasgos de personalidad** individuales.

1936

V. Gordon Childe sostiene que los **cambios** en las **sociedades humanas tempranas** fueron impulsados por la **economía**.

Los años entre las dos guerras mundiales fueron decisivos para la antropología, que en este periodo empezó a definirse como una disciplina moderna, desarrollando nuevos métodos, teorías y cuestiones. Mientras que los antropólogos previos solían basarse en relatos de segunda mano o breves visitas a lugares lejanos, una nueva generación de académicos empezó a tomarse en serio el trabajo de campo. Muchas de las ideas más influyentes de esta época surgieron de prolongados estudios inmersivos, cuyos autores vivían entre las comunidades que estudiaban.

Enfoque inmersivo

Una de las figuras más influyentes del periodo fue Bronisław Malinowski, que realizó trabajo de campo en las islas Trobriand durante la I Guerra Mundial. Su trabajo estableció un nuevo estándar para la investigación etnográfica: en lugar de observar desde la distancia, Malinowski opinaba que el antropólogo debía vivir con el pueblo que estudiaba, aprender el idioma local y participar en las actividades cotidianas. Este enfoque, conocido como «observación participante», pronto devino clave en la disciplina.

A partir de su trabajo en el Pacífico, Malinowski desarrolló una teoría conocida como funcionalismo. Sostenía que cada aspecto de una sociedad –sus estructuras de parentesco, prácticas religiosas o intercambios económicos– cumplía una función. Según el funcionalismo biopsicológico, las instituciones se desarrollan en respuesta a necesidades humanas básicas, como la necesidad de alimento, refugio y pertenencia social.

Otros antropólogos, como Alfred Radcliffe-Brown, desarrollaron ideas similares, considerando la sociedad no en términos de necesidades individuales, sino como un sistema que mantiene el orden social a través de roles y relaciones. Para Radcliffe-Brown, el parentesco, es decir, las formas en que las personas están relacionadas entre sí, era particularmente importante para configurar la cohesión de las sociedades.

El legado de Boas

El periodo de entreguerras también vio la expansión de la antropología en nuevas direcciones fuera de Europa. En EE. UU., la influencia de Franz Boas siguió marcando la disciplina. Su enfoque del relativismo cultural –la idea de que cada sociedad debe entenderse en sus propios términos– sentó las bases de importantes estu-

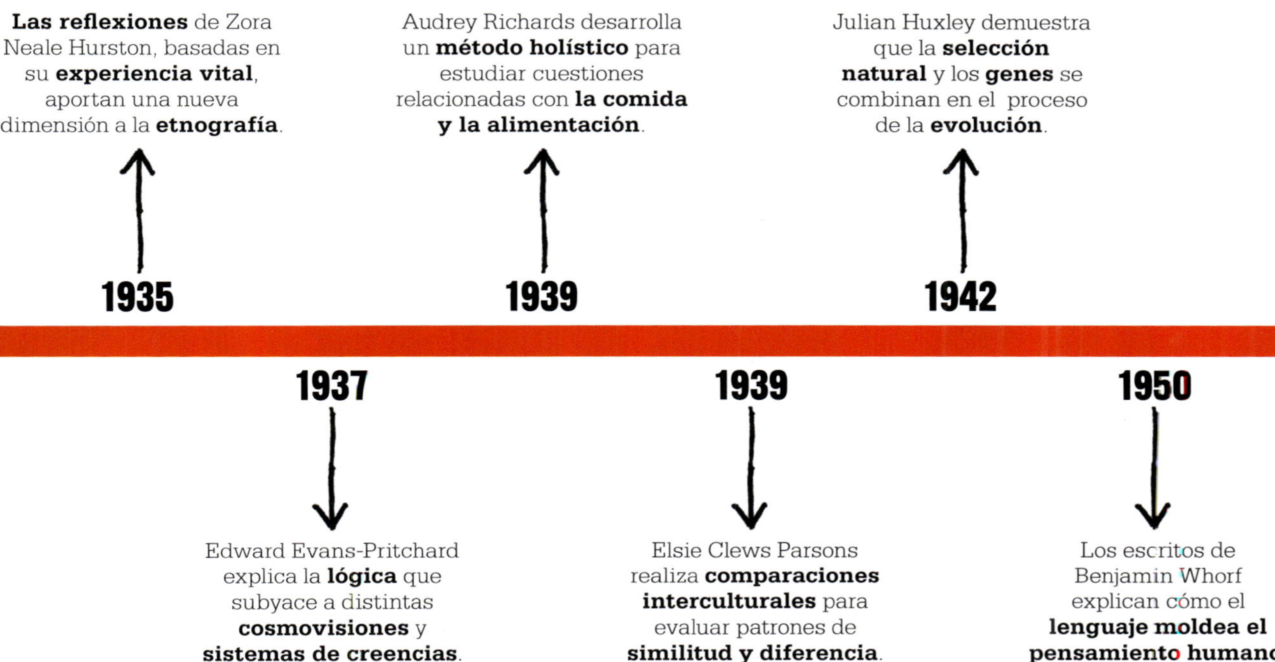

dios realizados por alumnos suyos. Margaret Mead y Ruth Benedict, por ejemplo, exploraron cómo los entornos culturales moldeaban la personalidad y los valores de las personas. La investigación de Mead sobre las adolescentes de Samoa llegó a la conclusión de que las normas sexuales no eran universales, sino que estaban condicionadas culturalmente. Benedict, por su parte, desarrolló la idea de que cada cultura tiene una personalidad distinta, moldeada por sus creencias y valores compartidos.

Otra alumna de Boas, Zora Neale Hurston, realizó un trabajo pionero entre las comunidades afroamericanas. Formada en antropología, pero también escritora y folclorista, utilizó su propia voz y sus experiencias para reflexionar sobre su trabajo de campo, una forma temprana de lo que hoy se conoce como autoetnografía.

Patrones en la historia

Durante el mismo periodo, la arqueología se fue sistematizando. Estudiosos como V. Gordon Childe combinaron las pruebas arqueológicas con los conocimientos de la antropología para trazar patrones en la historia de la humanidad. Childe introdujo conceptos como el de la revolución neolítica, que designa el paso de la caza y la recolección a la agricultura y los asentamientos permanentes. También contribuyó a vincular los cambios en la cultura material con transformaciones sociales más amplias.

La antropología lingüística también avanzó. Basándose en el legado de Boas, Benjamin Whorf argumentó que el lenguaje moldea el pensamiento, es decir, que las palabras y la gramática de una lengua influyen en la forma en que sus hablantes perciben y comprenden el mundo. Esta idea suscitó importantes cuestiones sobre la relación entre lenguaje y cultura.

En Francia, Marcel Mauss ofreció nuevas perspectivas sobre la cohesión social. Describió cómo los sistemas de reciprocidad –dar y recibir bienes, favores o apoyo– crean vínculos sociales duraderos. Tal intercambio, argumentó, no es simplemente una cuestión económica, sino que busca establecer confianza y compromiso a lo largo del tiempo.

En todos estos avances destacaba una idea: el reconocimiento de que las sociedades deben entenderse en sus propios términos. Ya fuera estudiando rituales, economías, lenguas o rutinas cotidianas, los antropólogos de este periodo desarrollaron nuevas formas de entender cómo vive la gente. ■

CÓMO SE ADAPTARON LAS NORMAS A LA VIDA

FUNCIONALISMO BIOPSICOLÓGICO

EN CONTEXTO

OBRA CLAVE
Bronisław Malinowski, *Los argonautas del Pacífico occidental* (1922)

RAMA
Antropología social y cultural

ANTES
1891 Según la teoría de la «analogía orgánica» de Herbert Spencer, las sociedades son como organismos biológicos.

1898 Una expedición británica al estrecho de Torres, entre Australia y Nueva Guinea, es uno de los primeros trabajos de campo antropológicos de primera mano.

DESPUÉS
1957 Excolegas de Malinowski reevalúan su trabajo en el libro *El hombre y la cultura*.

1967 La viuda de Malinowski publica su diario privado, que revela sus prejuicios etnocéntricos y da lugar a un escrutinio de su legado.

Antes del siglo XX, los estudios antropológicos se basaban en gran medida en los relatos escritos de exploradores, misioneros y comerciantes. Estas narraciones reflejaban los puntos de vista etnocéntricos de sus autores y atendían a intereses específicos; por ejemplo, los informes de misioneros describían a los pueblos indígenas como «salvajes» que necesitaban la salvación cristiana. Dado que los llamados «antropólogos de salón» analizaban estos relatos sin hacer ningún trabajo de campo, sus estudios reiteraban los estereotipos de sus fuentes.

Esto empezó a cambiar a finales de la década de 1890, cuando el antropólogo alemán Franz Boas adoptó la práctica del trabajo de campo de observación participante. Luego, en la segunda década del siglo XX, Bronisław Malinowski continuó el trabajo de Boas para sacar la antropología «fuera del salón».

Observación participante

Frente a la costa oriental de Papúa Nueva Guinea se encuentran las islas Trobriand, un archipiélago de 28 atolones de coral. Malinowski pasó largas temporadas allí entre 1915 y 1918, y su investigación dio lugar a varias contribuciones perdurables a la antropología, entre ellas el desarrollo del funcionalismo biopsicológico.

Quizá la comprensión de la naturaleza humana, bajo una forma lejana y extraña, nos permita aclarar nuestra propia naturaleza.
Bronisław Malinowski

A diferencia de otros antropólogos de su época, Malinowski decidió sumergirse por completo en la vida de los trobriandeses. Residió entre ellos en sus aldeas, aprendió su idioma, habló con ellos, participó en sus prácticas y, al cabo, llegó a apreciar su visión del mundo.

Sus experiencias sentaron las bases de la metodología de la observación participante, que consiste en estudiar una cultura sumergiéndose por completo en ella. Mientras parti-

Bronisław Malinowski

Nacido en Cracovia (Polonia) en 1884, Bronisław Malinowski estudió matemáticas y filosofía en la universidad, antes de realizar un posgrado en antropología en la London School of Economics (LSE). La inspiración para convertirse en antropólogo le llegó al leer *La rama dorada* (1890), de James Frazer, que examina los sistemas mágicos, religiosos y científicos a lo largo del tiempo.

Inicialmente quería estudiar los sistemas de intercambio entre los aborígenes australianos; pero durante su estancia allí a mediados de la década de 1910, centró su atención en los pueblos de Melanesia, concretamente en los isleños de Trobriand.

Tras la I Guerra Mundial enseñó en la LSE durante dos décadas. La II Guerra Mundial estalló cuando él se encontraba en un año sabático en EE. UU., lo cual lo obligó a permanecer allí hasta su muerte en 1942.

Otras obras clave

1926 *Estudios de psicología primitiva.*

Véase también: La teoría de la evolución 24–25 ▪ Evolución unilineal 26–27 ▪ Relativismo cultural 34–41 ▪ Parentesco y orden social 68–69 ▪ Sistema de creencias locales 78–79

Los antropólogos de salón **leen relatos** escritos por **exploradores**, colonos y misioneros.

Las expediciones al estrecho de Torres, Nueva Guinea y otros destinos llevan a los antropólogos a realizar **trabajo de campo**.

Los estudios y **observaciones** realizados «desde el salón» mantienen al antropólogo **distanciado de la gente**.

El trabajo de campo de inmersión total y observación participante revela una perspectiva desde dentro.

cipa en la vida cotidiana de un pueblo, el antropólogo realiza observaciones detalladas y las registra como notas de campo. El objetivo es comprender las creencias y prácticas de esas gentes desde su propia perspectiva, en lugar de basarse en el punto de vista de un extraño o en relatos de segunda mano.

Etnografía moderna

La investigación de campo de Malinowski en las islas Trobriand dio como resultado su libro *Los argonautas del Pacífico occidental* (1922). Considerado la primera etnografía moderna, ha sido elogiado por su exhaustiva descripción de otra sociedad desde el enfoque del relativismo cultural. La obra comienza con una introducción a la metodología de la observación participante y al propósito de la etnografía: comprender otra cultura desde el punto de vista émico (interno). A continuación, se centra en la unidad fundamental de la vida en Trobriand: la aldea. Malinowski describe cómo su estructura social se basa en un sistema de parentesco matrilineal y clanes totémicos liderados por jefes gobernantes.

En la aldea, la subsistencia se basaba en la horticultura a pequeña escala, y el ñame tenía un significado especial más allá de servir como fuente de alimento. Los trobriandeses construían casas para los ñames en el centro de la aldea; los jefes tenían varias casas para los ñames, más elaboradas.

Malinowski también documentó las creencias y prácticas mágicas de los trobriandeses, en particular la magia destinada a garantizar la producción hortícola y la pesca, así como el papel de la magia en las explicaciones de la muerte y la enfermedad.

El circuito kula

Varios capítulos de *Los argonautas* están dedicados al circuito kula, un sistema ritualizado de intercambio en toda la región. Los isleños pasaban años construyendo canoas que usaban en estas expediciones comerciales circulares. Para garantizar un viaje seguro, los viajeros realizaban rituales mágicos antes de zarpar. Viajaban de isla en isla, intercambiando brazaletes de conchas blancas *(mwali)* y collares de conchas rojas *(soulava)*. Al llegar a cada isla, »

Malinowski, vestido de blanco, come con un grupo de trobriandeses. Creía que participar en los rituales cotidianos facilitaría una mejor comprensión de la cultura local.

No existen pueblos,
por primitivos que sean,
sin religión o magia.
Bronisław Malinowski
Magia, ciencia, religión **(1925)**

Un grupo de trobriandeses posan frente a una cabaña. Al fondo se ve la tienda de Malinowski, montada cerca del centro de la aldea.

los viajeros se reunían con sus socios comerciales e intercambiaban los regalos de forma preestablecida. No todo el mundo podía participar en estos intercambios: estaban reservados a quienes ya tenían cierta riqueza y estatus.

Al investigar las funciones culturales del kula, Malinowski descubrió que, aunque los brazaletes y los collares no tenían valor monetario, sí tenían un gran valor social. En las sociedades occidentales, el intercambio de bienes tiene un propósito económico: la acumulación de bienes permite mostrar riqueza y posición social, pero para los trobriandeses, el intercambio de joyas servía para construir y mantener las relaciones sociales en una cultura en la que estas, más que el dinero, permitían a las personas alcanzar un estatus elevado.

Una nueva teoría de la cultura

El trabajo de campo de Malinowski le llevó a desarrollar una nueva teoría de la cultura conocida como funcionalismo biopsicológico, que difería de las dos teorías predominantes: el evolucionismo social y el difusionismo.

Los evolucionistas consideraban que las culturas eran más o menos «civilizadas» en función de sus cualidades inherentes; las sociedades europeas eran la cima de una trayectoria evolutiva a la que aspiraban las sociedades «primitivas», con diversos grados de éxito. Los difusionistas afirmaban que los rasgos culturales solo se desarrollaban en ciertos centros privilegiados de innovación. Así, el australiano Grafton Elliot Smith sostenía que todos los rasgos culturales surgieron en Egipto y luego se difundieron a otros lugares. Y los alemanes Friedrich Ratzel y Fritz Graebner afirmaban que los rasgos culturales surgieron en unos pocos centros culturales y se difundieron a través de la migración. Desde un punto de vista difusionista, solo unas pocas culturas eran innovadoras, mientras que las demás adoptaban o adaptaban rasgos preexistentes.

Tanto el evolucionismo social como el difusionismo son teorías

Este brazalete fue adquirido por Malinowski en las islas Trobriand. La pieza principal está hecha de concha de *Conus*, y los colgantes, de semillas de plátano y cuentas de vidrio.

diacrónicas que se centran en los antecedentes históricos de formas culturales actuales. Además, ambas expresan puntos de vista etnocéntricos sobre la superioridad europea, sin reconocer que las variaciones sociales son igualmente válidas. Por el contrario, el trabajo de campo de observación participante permitió a Malinowski realizar análisis sincrónicos y holísticos para explicar cómo funciona una cultura para los individuos que la integran.

Un enfoque doble

El funcionalismo biopsicológico de Malinowski se basaba en dos conceptos clave: necesidades e instituciones. Las necesidades abarcan los requisitos biológicos y psicológicos que todos los seres humanos comparten, como la seguridad, el crecimiento y la salud.

Estas necesidades son innatas y universales, pero las respuestas sociales a ellas varían según la cultura. Por ejemplo, todos tenemos la necesidad biológica de comer, pero las necesidades nutricionales no se satisfacen solo a nivel individual: implican un sistema de adquisición de alimentos, un contexto para su consumo, normas políticas sobre su distribución y decisiones culturales sobre lo que se considera comestible (las culturas judía y musulmana, por ejemplo, prohíben el consumo de carne de cerdo).

El otro concepto clave es el de las instituciones: formas de organización social que comprenden personas, un acta fundacional, un conjunto de normas, actividades y un aparato material. Cada institución –familia, educación o gobierno– dirige las respuestas sociales que satisfacen las necesidades individuales.

Mientras que la teoría de Malinowski insistía en las necesidades individuales, otra versión del funcionalismo, desarrollada por su contemporáneo Alfred Radcliffe-Brown, se centraba más en las necesidades sociales. Según el funcionalismo estructural de Radcliffe-Brown, las partes de la sociedad funcionan para mantener la sociedad en su conjunto. Los individuos son intercambiables: el papel de una persona puede ser desempeñado por otra, siempre y cuando la sociedad persista.

Críticas al funcionalismo

Aunque el funcionalismo ofrece una perspectiva más relativista desde el punto de vista cultural que las teorías anteriores, no tiene en cuenta los rasgos culturales que pueden no satisfacer una necesidad o mantener el orden social. Ciertos aspectos de la cultura pueden ser significativos, simbólicos o históricos, pero carecen de un propósito identificable. Asimismo, algunos creen que el funcionalismo pone demasiado énfasis en la cohesión de la cultura, pasando por alto la disfunción social y los conflictos interculturales.

A pesar de estas críticas, las contribuciones metodológicas y teóricas de Malinowski fueron fundamentales para una antropología basada en la observación participante y el relativismo cultural. ■

Alumnos de Malinowski

El impacto de Malinowski en la antropología se puede medir por el trabajo de sus alumnos, que se basaron en sus contribuciones.

Promotor del análisis de la sociedad mediante datos empíricos obtenidos a través del trabajo de campo, el sudafricano Meyer Fortes utilizó enfoques funcionalistas para comprender los sistemas políticos de varias sociedades africanas.

La británica Lucy Mair trabajó en Uganda analizando el cambio y el desarrollo social, y E. E. Evans-Pritchard realizó un extenso trabajo de campo entre las sociedades nuer y azande de África. Aunque influido por Malinowski, su método de investigación se acercaba más al funcionalismo estructural de Radcliffe-Brown. Evans-Pritchard señaló cómo la cultura sostiene la sociedad en su conjunto, atendiendo a las necesidades colectivas más que a las biológicas o psicológicas individuales.

El funcionalismo biopsicológico aduce una respuesta cultural a una serie de necesidades humanas básicas. La necesidad de comodidad corporal se satisface universalmente con un refugio, pero la forma que este adopta, los materiales que se usan y otros aspectos similares están determinados por la cultura.

Necesidad básica	→	Respuesta social
Metabolismo	→	Adquisición de alimentos
Reproducción	→	Sistema de parentesco
Comodidad corporal	→	Formas de refugio
Seguridad	→	Protección
Movimiento	→	Actividades
Crecimiento	→	Entrenamiento
Salud	→	Higiene

FORJANDO PATRIA A PARTIR DE DOS METALES

EL MOVIMIENTO INDIGENISTA

EN CONTEXTO

OBRA CLAVE
Manuel Gamio, *La población del valle de Teotihuacán* (1922)

RAMA
Antropología social y cultural

ANTES
1585 Se publica el *Códice Florentino*, un relato de la cultura y la historia de los pueblos indígenas de México.

1910 Comienza la Revolución mexicana. Es el inicio de una década de lucha por la reforma social y política.

DESPUÉS
1940 Se celebra en México el Primer Congreso Indigenista Interamericano para promover la difusión de las ideas indigenistas en Latinoamérica.

1979 Ángel Palerm publica *Antropología y marxismo*, que destaca el papel de la lucha de clases en la sociedad mexicana.

A inicios del siglo XX surgió en Latinoamérica el indigenismo, un movimiento que abogaba por los derechos y el reconocimiento cultural de los pueblos indígenas. Empleando diversos medios, como la literatura, las artes visuales y la antropología, el movimiento pretendía abordar las injusticias históricas sufridas por las comunidades indígenas desde la llegada de los españoles en la década de 1490.

Construyendo una nación

La Revolución mexicana de 1910 desencadenó una ola de nacionalismo que abrazó el mestizaje, la mezcla de la herencia indígena y española. Rechazando las influencias estadounidenses y europeas, los intelectuales mexicanos promovieron una identidad nacional basada en esta herencia mixta. Esto no se reflejó solo en la expresión artística y la celebración de la cultura indígena; también en políticas gubernamentales como los programas educativos y la reforma agraria. Los antropólogos, en particular Manuel Gamio, tuvieron un papel clave en la configuración de esta ideología. Estudiaron las comunidades indígenas y documentaron sus lenguas, costumbres y estructu-

Para incorporar al indio, no pretendamos «europeizarlo».
Manuel Gamio

Los murales de Diego Rivera en el Palacio Nacional de Ciudad de México incluyen imágenes de la historia y el folclore de los pueblos indígenas.

Véase también Relativismo cultural 34–41 ▪ Sistema de creencias locales 78–79 ▪ La fluidez de los sistemas sociales 102–103 ▪ Ritual y lenguaje 166

El **indigenismo fomenta el respeto** por las culturas indígenas.

El **apoyo educativo empodera** a las comunidades indígenas respetando su cultura.

El **desarrollo económico** permite **prosperar** a las comunidades indígenas.

La **participación política** da voz a las comunidades indígenas en la **toma de decisiones**.

El indigenismo ayuda a crear una identidad nacional inclusiva.

ras sociales. Gamio también ayudó al gobierno a crear instituciones para facilitar la asimilación de los grupos indígenas en la sociedad mexicana y en la vida económica del país, así como su integración en el Estado nación.

La influencia de Gamio se extendió más allá de México y sentó un precedente para muchos otros países latinoamericanos, como Perú. Al igual que su homólogo mexicano, el movimiento indigenista peruano buscaba integrar a las poblaciones indígenas en la sociedad moderna, al tiempo que abordaba el legado del pasado colonial del país. Sin embargo, el gobierno peruano no acogió plenamente el movimiento. Esto llevó a intelectuales como José Carlos Mariátegui a vincular las luchas indígenas con cuestiones de clase más amplias y a abogar por un cambio revolucionario, imaginando un futuro socialista agrario arraigado en las tradiciones incas.

¿Un enfoque paternalista?

El indigenismo es elogiado a menudo por crear una plataforma para debatir las cuestiones indígenas, pero también ha sido criticado por operar dentro de las nociones coloniales de jerarquía racial. Aunque su objetivo era romper los estereotipos nocivos, en ocasiones reforzó otros. Además, a veces pasó por alto la autonomía de los grupos indígenas y la complejidad de sus comunidades. Si bien el indigenismo potenció una identidad nueva y más inclusiva, a menudo usó métodos paternalistas para lograrlo. ■

Manuel Gamio

Nacido en Ciudad de México en 1883, Gamio fue un antropólogo pionero, conocido sobre todo por su activismo y su labor en favor de la preservación de las culturas indígenas de México.

Tras estudiar arqueología en Ciudad de México, obtuvo un doctorado en antropología en la Universidad de Columbia con Franz Boas, asimilando sus ideas sobre el relativismo cultural. A su regreso a México, Gamio dirigió varios proyectos arqueológicos, entre ellos las excavaciones en Teotihuacán. Sin embargo, a partir de 1925, centró su atención en la promoción de los derechos indígenas.

En la década de 1930, Gamio ocupó cargos en la Secretaría de Agricultura y en el Instituto de Investigaciones Sociales. En 1942 fue nombrado director del Instituto Indigenista Interamericano, donde trabajó hasta su muerte en 1960.

Otras obras clave

1916 *Forjando patria.*
1931 *El inmigrante mexicano: la historia de su vida.*
1935 *Hacia un México nuevo.*

EQUILIBRAR LAS CUENTAS

EL CONCEPTO DE RECIPROCIDAD

EN CONTEXTO

OBRA CLAVE
Marcel Mauss, *Ensayo sobre el don* (1925)

RAMA
Antropología social y cultural

ANTES
1893 El sociólogo francés Émile Durkheim explora las raíces de la cohesión social en *La división del trabajo social*.

1902 En *Human Nature and the Social Order*, el sociólogo estadounidense Charles Cooley sugiere que el orden social surge del yo individual.

DESPUÉS
1958 El francés Claude Lévi-Strauss desarrolla la teoría del estructuralismo.

1986 Según el francés Louis Dumont, el individualismo es una fuerza dominante en la sociedad y la filosofía occidentales modernas.

En 1925, el antropólogo francés Marcel Mauss exploró el fenómeno universal de dar y recibir regalos en *Ensayo sobre el don: Forma y función del intercambio en las sociedades arcaicas*. El núcleo de su investigación era la cuestión de si un objeto regalado tiene el poder de inspirar a quien lo recibe a responder del mismo modo y devolverlo.

La investigación de Mauss se remontaba a las sociedades precapitalistas, y tenía en cuenta antiguas leyes romanas, germánicas e indoeuropeas. También examinaba distintas prácticas culturales de sociedades indígenas modernas de Norteamérica, Polinesia

Véase también: Relativismo cultural 34–41 ▪ Funcionalismo biopsicológico 50–55 ▪ Parentesco y orden social 68–69 ▪ El valor de los objetos 206–207

¿Cuál es la regla de derecho y de interés que hace que [...] el presente recibido se devuelva obligatoriamente?
Marcel Mauss

y Melanesia a través de los hallazgos etnográficos de contemporáneos como Malinowski y Radcliffe-Brown. Mediante esta amplia investigación, Mauss desarrolló una visión del don que ilustra una teoría de las relaciones sociales.

En las sociedades capitalistas contemporáneas, las personas suelen considerar el intercambio en términos puramente económicos. Al vender un artículo, un individuo quiere recibir un precio justo por él o, mejor aún, un beneficio que aumente su riqueza. Incluso cuando se hace un regalo «gratuito», se espera recibir un regalo de igual valor en un futuro no muy lejano. Sin embargo, cuando se realiza un intercambio, rara vez se trata solo de una cuestión económica.

La naturaleza recíproca del intercambio de dones es especialmente evidente en Navidad. El intercambio de regalos es una muestra de agradecimiento y un ritual que consolida las relaciones.

Enriquecimiento mutuo

En las sociedades germánicas premercantiles, la gente utilizaba una institución conocida como *Gaben*, del verbo *geben*, que significa «dar». El *Gaben* tenía lugar después de acontecimientos importantes de la vida, como bautizos y bodas, cuando los invitados recompensaban a los anfitriones con regalos que superaban los gastos ocasionados por la celebración. Estas recompensas estaban destinadas a mantener la cohesión social.

El derecho germánico también incluía un «compromiso», el *Wadium*. Junto con la venta o préstamo de un artículo, una persona transfería un objeto de escaso valor económico pero con un valor personal a modo de prenda, como una moneda, un alfiler o un guante. El receptor conservaba esta prenda como un vínculo físico »

Marcel Mauss

Considerado el padre de la etnología francesa, Mauss nació en el departamento de Vosges (noreste de Francia), en 1872. Antes de dedicarse a la sociología y la antropología, estudió filosofía en la Universidad de Burdeos, donde fue alumno de su tío, Émile Durkheim. Juntos publicaron la revista *L'Année Sociologique* y desarrollaron una nueva «sociología del conocimiento», que analizaba el contexto cultural del conocimiento.

Gran parte de su carrera se vio afectada por los acontecimientos políticos europeos. Socialista activo, fue miembro del Partido de los Trabajadores francés, y en 1931, fue nombrado catedrático de sociología en el Collège de France. Sin embargo, su carrera académica se vio truncada por la invasión alemana de Francia y las leyes antisemitas que le impidieron, por ser judío, trabajar en el mundo académico. Murió en 1950.

Otras obras clave

1902 *Esbozo de una teoría general de la magia.*

Negarse a dar, olvidarse de invitar, así como negarse a recibir, equivale a declarar la guerra, significa rechazar la alianza y la comunión.
Marcel Mauss

entre ambos, que servía como recordatorio para cumplir su parte del contrato devolviendo lo que debía.

El intercambio de dones en India también implica reciprocidad, pero, según la ley hindú clásica, esto puede no ocurrir en el mundo presente. Por ejemplo, los alimentos o las tierras fértiles que se regalan se devolverán al donante, en mayor cantidad, en la próxima vida, si no en el plazo de un año. Así pues, la donación enriquece tanto al donante como al receptor.

Esencia espiritual

Para comprender cómo y por qué los objetos intercambiados crean esta conexión, Mauss recurrió al concepto maorí de *hau*: «espíritu» o «alma». Los maoríes creen que el *hau* impregna el bosque y otros elementos de la naturaleza, pero también puede impregnar los objetos materiales. Las sociedades capitalistas modernas tienden a considerar los objetos como cosas sin alma con un valor económico. Mauss, sin embargo, consideró la posibilidad de que los objetos pudieran contener esencias sobrenaturales: las almas de sus propietarios originales, a quienes anhelan volver. Así pues, las posesiones «conservan» sus orígenes, y cuando una persona recibe un regalo, también recibe una parte del donante. Dado que aceptar algo «es aceptar una parte de la esencia espiritual [del donante]», es fundamental devolverlo para restablecer el equilibrio moral. Cuando no se da esta reciprocidad, se interpreta como un rechazo, no ya del don, sino del donante.

Mauss sugirió que el concepto de *hau* también estaba presente en el sistema de intercambio de las islas

Los maoríes creen que los objetos contienen en su interior el *hau*, o alma, de sus propietarios: en el caso de este garrote wahaika, ricamente decorado, el espíritu de un valiente guerrero.

Trobriand, archipiélago situado frente a la costa de Papúa Nueva Guinea. Allí, a principios del siglo XX, el antropólogo polaco Bronisław Malinowski documentó una institución local conocida como kula: los individuos atravesaban en canoa kilómetros de mar abierto para intercambiar brazaletes por collares, o viceversa, con socios designados en otra isla. Los participantes eran hombres de estatus, cuya posición se elevaba a medida que acumulaban más piezas de joyería. Sin embargo, los objetos en sí mismos tenían poco valor económico. Su valor era social: contenían la esencia *(hau)* de sus antiguos propietarios, lo que conectaba a cada destinatario con todas las personas que los habían poseído anteriormente.

Donación competitiva

El intercambio de joyas de los trobriandeses unía a las islas en un todo social integrado. En una cultura en la que las relaciones podían mejorar el estatus de una persona

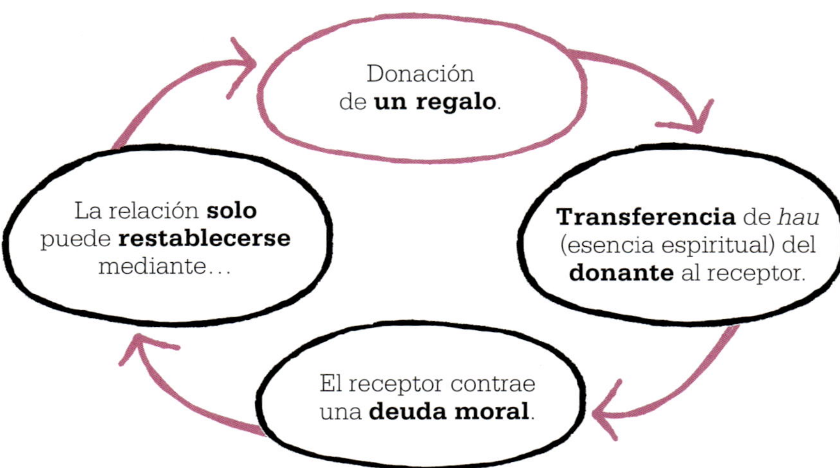

más que el dinero, estas conexiones tenían gran importancia. Sin embargo, el intercambio de bienes también puede poner de relieve la desigualdad y la discordia. Mauss consideró estos aspectos en el contexto del *potlatch*, una ceremonia de intercambio de dones cuyo nombre indígena americano significa «dar».

El *potlatch* se celebra en muchas culturas, entre ellas las haida y tlingit del Noroeste del Pacífico americano. En estas sociedades jerárquicas, el jefe tiene más riqueza material y un estatus social más elevado que el pueblo llano. Esta riqueza se exhibe en el *potlatch*, una gran fiesta a la que el jefe invita a los miembros de su propio grupo, junto con gente y jefes de los grupos vecinos. En este festival con música, baile y banquete, el jefe regala todas sus posesiones. Lo que no regala, lo destruye, prendiendo fuego a sus pertenencias en una ostentosa demostración de poder.

Cuando el *potlatch* llega a su fin, el jefe declara que su generosidad ha avergonzado al jefe del grupo vecino, cuyo pueblo ha recibido mucho más de él que de su propio líder. El jefe vecino se ve entonces obligado a organizar un *potlatch* aún mayor, que requerirá años de planificación y preparación. No corresponder en su generosidad sería deshonroso para él y provocaría desconfianza entre los grupos. Así se inicia una serie interminable de *potlatch* que se puede describir como una «competición de generosidad», en la que cada jefe se esfuerza por dar más de lo que su grupo ha recibido.

Un fenómeno social

Mauss miró más allá de la economía del intercambio y concluyó que los objetos inspiran ciclos de dar y recibir a medida que pasan de unas personas a otras. Por esta razón, argumentó, los dones no son gratuitos: cada regalo conlleva la obligación moral de devolverlo. Es mediante la circulación de las cosas, junto con su esencia personal, como los regalos pueden considerarse «fenómenos sociales totales». Al unir instituciones –como la religión y la ley– con el estatus personal, el honor y el prestigio de un individuo, el intercambio de dones se convierte en un mecanismo crucial mediante el cual los seres humanos crean y mantienen lo único que tiene valor real: las relaciones sociales. ■

Los dones *potlatch* a lo largo del tiempo

Dones del siglo XIX

Pieles de animales, cajas de madera talladas con intrincados diseños, canoas, esteras de corteza de cedro, aceite de pescado

Dones del siglo XX

Esteras, muebles, tallas, aceite de pescado, harina, azúcar

Dones del siglo XXI

Joyas de plata, toallas y telas, aceite de pescado, harina, azúcar, café

Capital social

Las reglas que rigen el intercambio de dones reconocidas por Mauss ayudaron a sentar las bases del trabajo del sociólogo Pierre Bourdieu. En la década de 1960, este observó que personas de la misma clase social solían tener la misma visión del mundo, y gustos y valores comunes. Creía que estas similitudes surgían de una disposición compartida, o «habitus»: de alguna forma, a esas personas habían llegado a gustarles y disgustarles las mismas cosas, y esto les daba un sentido de pertenencia a una clase. En *Bosquejo de una teoría de la práctica* (1977), exploró cómo el posicionamiento social ayuda a las personas a adaptarse a las estructuras sociales con las que se encuentran. Sugirió que el habitus de un individuo se compone de diferentes cantidades de capital económico, social y cultural, y que la capacidad de controlar los sistemas culturales y simbólicos de forma que reproduzcan las estructuras sociales dominantes puede dar a las personas el poder de mejorar sus oportunidades en la vida.

Los jóvenes profesionales que almuerzan al aire libre responden a la situación de acuerdo con las normas aceptadas de comportamiento social.

LA NATURALEZA HUMANA ES MALEABLE HASTA EXTREMOS CASI INCREÍBLES

LA CULTURA MOLDEA EL COMPORTAMIENTO

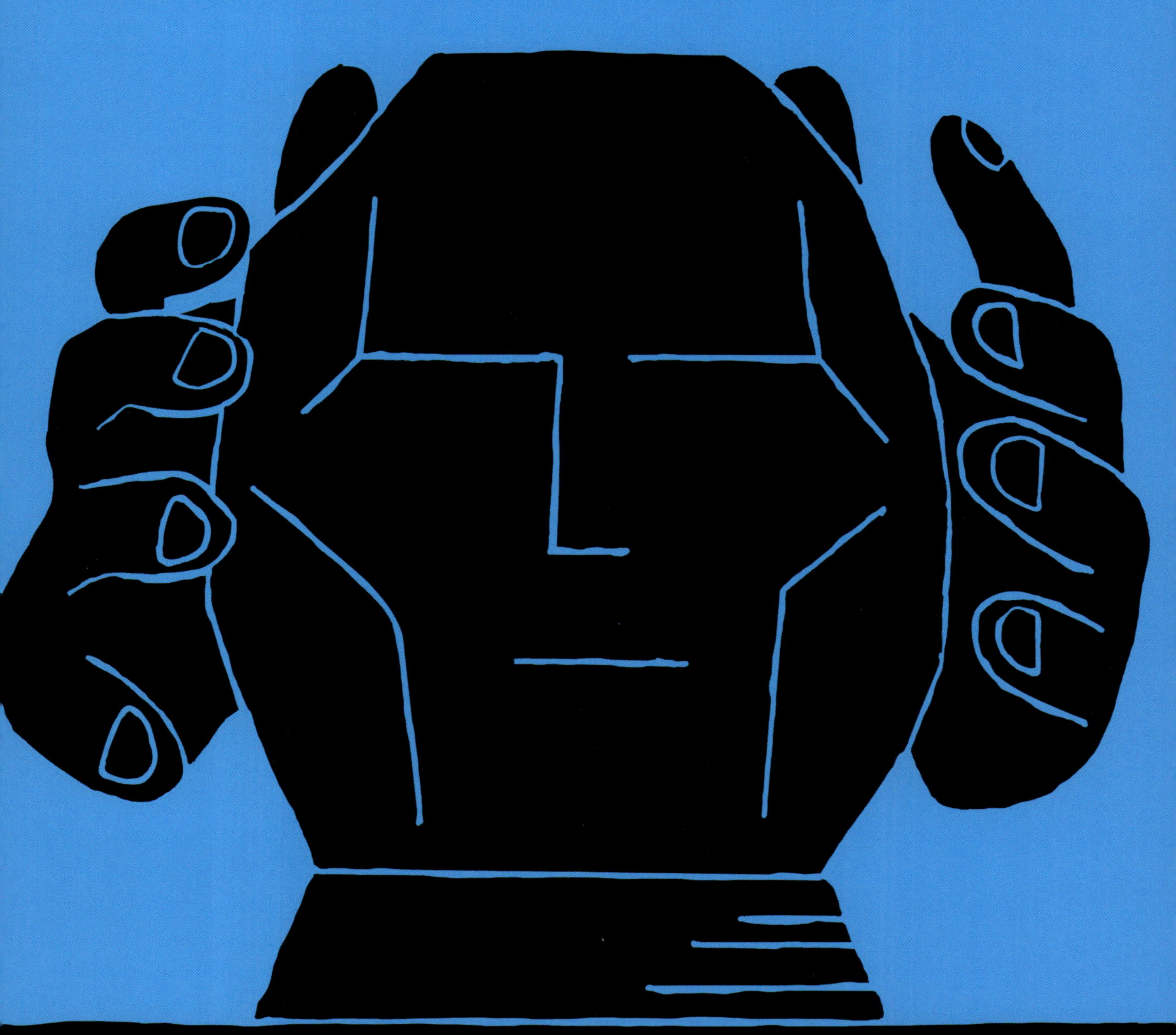

EN CONTEXTO

OBRA CLAVE
Margaret Mead, *Adolescencia y cultura en Samoa* (1928)

RAMA
Antropología social y cultural

ANTES
1911 En *La mentalidad del hombre primitivo*, Franz Boas cuestiona que algunas culturas sean superiores a otras.

1922 La etnografía de A. R. Radcliffe-Brown *The Andaman Islanders* muestra cómo las instituciones sociales ayudan a mantener la estabilidad y la cohesión.

DESPUÉS
1955 Para Claude Lévi-Strauss, el comportamiento humano está determinado por estructuras culturales subyacentes.

1983 En *Margaret Mead and Samoa*, Derek Freeman refuta las conclusiones de Mead y critica su enfoque relativista cultural del trabajo de campo.

He tratado de responder al interrogante que me llevó a Samoa: las perturbaciones que afligen a nuestros adolescentes ¿se deben a la naturaleza de la adolescencia misma o a los efectos de la civilización?
Margaret Mead

En la década de 1920, la antropóloga estadounidense Margaret Mead se sumergió en una sociedad de la Samoa Americana, en el Pacífico Sur. Su investigación transformó la forma en que los científicos sociales veían la adolescencia y la cultura, y sigue resonando hoy. Mead reveló que el comportamiento y el desarrollo emocional pueden estar determinados por el contexto cultural, y cuestionó la idea de que la biología es el único factor que impulsa esa etapa crítica de la vida. Su trabajo contradecía el etnocentrismo: la suposición de que todas las sociedades siguen las mismas etapas de desarrollo, basadas normalmente en las normas occidentales.

Debates culturales

En la época en que Mead realizaba su trabajo de campo en Samoa, los antropólogos mantenían un intenso debate sobre hasta qué punto la cultura determina el comportamiento. Algunos estudiosos seguían influenciados por teorías racistas obsoletas, a las que Mead se oponía. Otros, especialmente en Europa, estaban influidos por el funcionalismo estructural, que enfatizaba cómo instituciones sociales como la familia, la religión o los sistemas políticos satisfacían las necesidades de los individuos y del grupo cultural en general. Los funcionalistas estructurales, como Malinowski y Radcliffe-Brown, se centraban en las formas en que estas instituciones estabilizaban la sociedad. Su enfoque comparativo buscaba identificar las estructuras sociales comunes a todas las sociedades y tendían a destacar las similitudes entre culturas de todo el mundo en lugar de explorar sus diferencias.

En EE. UU., Margaret Mead y sus compañeros, bajo la tutela de Franz Boas, encabezaron un nuevo tipo de antropología basada en el relativismo cultural. Su enfoque desafiaba la creencia arraigada en el funcionalismo estructural de que algunas culturas eran mejores que otras. En cambio, Boas y sus seguidores creían que cada cultura debía entenderse en sus propios términos y no debía juzgarse desde la perspectiva de otras. Rechazaban la idea de que algunas culturas o rasgos fueran más avanzados, complejos o racionales, y cuestionaban las suposiciones sobre la superioridad de las culturas occidentales, típicas del enfoque funcionalista estructural. Boas y sus seguidores estaban más interesados en comprender las prácticas culturales dentro de su contexto histórico y social que en buscar universales humanos.

De la teoría a la práctica

El trabajo de Mead ilustraría vívidamente esta perspectiva. Demostró que la vida podía experimentarse de maneras muy distintas según las normas culturales, y su investigación reformuló el modo en que los antropólogos abordaban el estudio del desarrollo humano.

Animada por Boas, a los 23 años, Mead se embarcó en su primera gran expedición de trabajo de campo en

La observación participante era clave en la investigación de Margaret Mead en Samoa. Esto implicaba vivir junto a las adolescentes que estaba estudiando y vestirse como ellas.

Véase también: Relativismo cultural 34–41 ▪ Funcionalismo biopsicológico 50–55 ▪ Cultura y personalidad 70–73 ▪ Estructuralismo 108 ▪ Ritos de paso 126–129 ▪ Antropología feminista 140–145

la Samoa Americana, un territorio estadounidense en el Pacífico Sur. Su objetivo final era explorar cómo la cultura, más que la biología o la naturaleza, moldea los comportamientos y las visiones del mundo. Durante los nueve meses que duró su investigación etnográfica, principalmente en la isla de Ta'u, Mead se sumergió por completo en la cultura samoana. Vivió en la comunidad, participando en las rutinas diarias y en las interacciones sociales para comprender mejor sus prácticas culturales, y lo documentó todo. Entrevistó a 68 chicas samoanas, de entre 9 y 20 años, de tres pueblos de la isla. También habló con otros miembros de la comunidad, incluidos los progenitores de las chicas y los ancianos del pueblo.

Explorando la adolescencia

Como parte de su investigación, Mead se propuso explorar las perspectivas sobre infancia, adolescencia, roles de género y experiencias sexuales entre las chicas samoanas. Le interesaba especialmente saber si sus experiencias durante la adolescencia eran tan difíciles, tumultuosas y angustiosas como las de las adolescentes estadounidenses, con el objetivo más amplio de establecer si la adolescencia era un periodo igualmente estresante en diferentes culturas.

Mead llegó a la conclusión de que la adolescencia de las chicas samoanas era un periodo relativamente despreocupado, muy diferente de la época conflictiva que vivían las adolescentes occidentales. Las chicas de la isla experimentaban poco estrés psicológico y mantenían un mayor equilibrio emocional que sus homólogas estadounidenses. Mead atribuyó esto a la estabilidad y la armonía que percibía en la cultura samoana, que carecía de los valores conflictivos y los tabúes vergonzosos comunes en EE. UU. Según ella, su estudio demostraba que eran los factores culturales, y no las fuerzas biológicas, los que provocaban el estrés emocional y psicológico de las adolescentes.

Durante su trabajo de campo, observó que los roles de género eran particularmente flexibles en la »

¿Es la adolescencia **universalmente estresante**?

↓

La adolescencia parece ser **tranquila** en Samoa.

↓

Hay **actitudes abiertas hacia la sexualidad**.

↓

Los roles de género son flexibles.

↓

Las normas occidentales no son universales.

Margaret Mead

Nacida en Filadelfia (EE. UU.) en 1901, Margaret Mead creció en una familia de educadores y se vio influida por las ideas progresistas de sus padres. Obtuvo el doctorado en la Universidad de Columbia, donde estudió con Franz Boas.

Su trabajo de campo en Samoa, publicado en 1928 con el título *Adolescencia y cultura en Samoa*, le valió una gran atención pública, que ella aprovechó para promover causas progresistas. Durante la II Guerra Mundial contribuyó al esfuerzo bélico ayudando a los responsables políticos de su país a comprender mejor a las naciones aliadas. Más tarde, hizo trabajo de campo en Nueva Guinea y Bali, donde su uso de filmaciones ayudó a establecer la nueva disciplina de la antropología visual. Ocupó varios cargos destacados y fue presidenta de la Asociación Antropológica Americana y del Instituto de Cine Antropológico. Falleció en 1978.

Otras obras clave

1935 *Sexo y temperamento en tres sociedades primitivas.*
1949 *Masculino y femenino.*
1970 *Un golpe al racismo.*

sociedad samoana. Descubrió que los individuos de ambos sexos expresaban una gama más amplia de identidades y roles que los típicos en Occidente. La adolescencia en Samoa, señaló Mead, no estaba marcada por crisis y tensión, sino que era «el desenvolvimiento armónico de un conjunto de intereses y actividades que maduraban lentamente». Las chicas samoanas se enfrentaban a pocos conflictos internos y no les preocupaban cuestiones existenciales ni ambiciones inalcanzables. Sus aspiraciones, según Mead, eran «comunes y satisfactorias»: tener muchos amantes antes de casarse dentro de su aldea y formar una familia con muchos hijos cerca de sus parientes.

Choque cultural

Cuando Mead publicó estos hallazgos en *Adolescencia y cultura en Samoa*, generó una gran controversia. Era una época de transición cultural en EE. UU., en la que se cuestionaban los valores conservadores tradicionales en torno a la familia y el papel de la mujer. Su obra tocó un punto sensible, pues la sociedad estadounidense parecía cada vez más preocupada por la adolescencia y los cambios en las costumbres sociales y sexuales.

La investigación de Mead contradecía la creencia predominante, promovida en un estudio del psicólogo estadounidense G. Stanley Hall, de que la adolescencia era una etapa de la vida marcada por la confusión psicológica. A mucha gente le escandalizó la idea de que solo las barreras culturales impedían a la sociedad estadounidense adoptar la actitud más relajada y permisiva hacia la sexualidad propia de las comunidades samoanas. Aún más chocante resultaba la idea de que los adolescentes pudieran mantener relaciones sexuales antes del matrimonio y que esto se considerara una parte normal del proceso de maduración, lo cual desafiaba normas morales profundamente arraigadas.

Dado que nuestra civilización está entretejida con hebras tan diversas, se encontrará que las ideas que acepta cualquier grupo contienen numerosas contradicciones.

Margaret Mead

El trabajo de campo de Mead en la década de 1930, primero en Nueva Guinea, donde estudió los roles de género, y luego en Bali, donde investigó la formación de la personalidad, puso de relieve la gran variabilidad del comportamiento humano. Su investigación en estos lugares reforzó aún más su convicción del poder de la cultura para moldear las normas sociales.

Activista pública

Tras la II Guerra Mundial, la reputación de Mead como académica la ayudó a consolidarse como una voz pública destacada en cuestiones como los roles de género, la vida familiar y los cambios sociales que se estaban produciendo en EE. UU. A medida que las opiniones sobre adolescencia, sexualidad y diversidad cultural evolucionaron en EE. UU. durante las décadas de 1950 y 1960, las ideas de Mead en *Adolescen-*

La era del rock and roll de las décadas de 1950 y 1960 trajo consigo cambios culturales. Los escritos de Mead resonaron entre los jóvenes, que desafiaban las normas sociales tradicionales y deseaban expresar su sexualidad de forma más abierta.

cia y cultura en Samoa resonaron entre un nuevo público.

Sin embargo, su trabajo siguió atrayendo críticas. Los conservadores expresaron su preocupación por la influencia que podría tener en el cambio de valores sociales, mientras que otros académicos cuestionaron sus métodos de investigación. Entre ellos destacó el antropólogo neozelandés Derek Freeman, quien, en la década de 1980, argumentó que Mead había tergiversado la cultura samoana y malinterpretado sus datos.

A pesar de estas críticas, *Adolescencia y cultura en Samoa* sigue siendo una de las etnografías clave de la antropología, especialmente en el estudio de la adolescencia, la cultura y el desarrollo humano, y sigue influyendo en el debate sobre cómo la cultura determina la identidad.

A lo largo de su carrera, Mead desafió constantemente el etnocentrismo y enfatizó la importancia de ver las culturas en sus propios términos. Sus escritos ayudaron a establecer la antropología como una herramienta clave para abordar los desafíos sociales, y su obra sigue inspirando una apreciación más amplia de la diversidad cultural y las complejidades de las sociedades humanas. ■

Un golpe al racismo

Margaret Mead se comprometió a hacer la antropología accesible al público en general. Esta dedicación a transmitir los conocimientos antropológicos en un lenguaje accesible es una parte clave de su legado.

Un golpe al racismo (1970) es un ejemplo de esa antropología dirigida al gran público. El libro se basaba en una conversación grabada con el escritor y activista estadounidense James Baldwin, ampliamente conocido por su novela autobiográfica *Ve y dilo en la montaña* (1953) y sus escritos sobre raza, política y sexualidad. Su extensa conversación abordó temas como la injusticia social, los derechos civiles, el racismo y la importancia de la diversidad cultural en EE. UU. Baldwin ofreció reflexiones personales sobre estas cuestiones, mientras que Mead aportó perspectivas interculturales. Su objetivo era utilizar su diálogo para salvar las diferencias culturales y fomentar un mayor entendimiento mutuo.

Los escritos de James Baldwin retaban a los estadounidenses a enfrentarse a las cuestiones del racismo y la desigualdad.

UNA COMPLEJA RED DE RELACIONES SOCIALES

PARENTESCO Y ORDEN SOCIAL

EN CONTEXTO

OBRA CLAVE
A. R. Radcliffe-Brown, *The Social Organization of Australian Tribes* (1931)

RAMA
Antropología social y cultural

ANTES
1895 El sociólogo francés Émile Durkheim publica *Las reglas del método sociológico*, donde defiende que los hechos sociales se deben tratar como cosas.

DESPUÉS
1949 Claude Lévi-Strauss publica *Las estructuras elementales del parentesco*, donde afirma que el incesto es un tabú universal que contribuye a apuntalar las estructuras sociales.

2024 El sociólogo del pueblo kamilaroi Jamie Sorby publica «Kinship and Cultural Strengths», que sitúa el parentesco en el centro de la cultura de los pueblos aborígenes.

El antropólogo británico Alfred Reginald Radcliffe-Brown se propuso crear una rama llamada «sociología comparada» basada en la observación empírica, con la esperanza de establecer las «leyes» generales que rigen el funcionamiento de las sociedades. Su énfasis en la observación empírica –la información basada en la experiencia directa– era compartido por otros antropólogos como Boas y Malinowski, y su enfoque era riguroso y sistémico. Estudió las estructuras de parentesco de los aborígenes de Australia Occidental, convencido de que la sociedad podía entenderse mediante la comparación con los organismos naturales, ya que ambos son entidades completas formadas por partes relacionadas entre sí.

El anciano ngarrindjeri Sumner realiza una ceremonia de humo WugulOra (que significa «una pandilla»). «Pandilla» es un término de parentesco aborigen que designa a una familia o comunidad.

Terminología diferente

El parentesco era un tema central para los antropólogos, muchos de los cuales creían que las funciones y obligaciones del mismo mantenían la paz en ausencia de una política o una regulación gubernamental formales. Los observadores anteriores de los pueblos indígenas de Australia habían notado que la terminología del parentesco difería de la occidental, ya que algunos pueblos llamaban «padre» al hermano del padre. Esta práctica se percibía como promiscua e implicaba que los aborígenes no reconocían las familias nucleares.

Radcliffe-Brown desestimó estas especulaciones y utilizó material de campo para demostrar que los pueblos aborígenes sí reconocían la familia nuclear. También demostró que ciertos términos de parentesco se usaban para clasificar a los parientes de un lado u otro de la fami-

Véase también: La fluidez de los sistemas sociales 102–103 ▪ Etapas de la organización social 160–161 ▪ Estudios sobre el parentesco 192 ▪ Ideologías de parentesco 218–219

lia. Este uso de la terminología del parentesco, que más tarde se conoció como una forma de «terminología prescriptiva», indicaba cómo debía comportarse uno con los parientes y esbozaba sus derechos y obligaciones. Radcliffe-Brown razonó que para poblaciones nómadas como estas, que viajaban a través del desierto, era crucial establecer relaciones cuando se encontraban con otros grupos, y que estas relaciones se organizaban en un sistema de clasificación.

La sociedad tiene ciertas **formas aceptadas** de **actuar** y de **ser**.

Quienes se desvían de estas **normas sociales** son **excluidos**, **avergonzados** o **castigados**.

Los individuos siguen las normas sociales para **preservar** sus **relaciones cercanas**.

Los sistemas de parentesco mantienen el orden social.

Prescripciones sociales

A partir de datos detallados de sus propias observaciones y las de otros viajeros, Radcliffe-Brown trazó una amplia tipología de los sistemas de parentesco aborígenes, centrándose en dos prototipos, kariera y arrente, llamados así por los grupos de población que los utilizaban. Se fijó en las prescripciones matrimoniales y en la codificación de las líneas de descendencia en estos grupos, así como en el lenguaje, la posesión de la tierra y la cosmología. Analizó en detalle numerosas reglas: con quién debía casarse una persona, cómo se debía llamar a los parientes de ambos lados de la familia y qué se podía esperar de los primos, sobrinos o nietos. Así, demostró que estas prescripciones regulaban los sistemas de solidaridad no solo dentro de la familia, sino también dentro del grupo más amplio, de la nación y más allá.

Un impacto duradero

Los antropólogos actuales sostienen que las sociedades no son tan similares a los organismos naturales como creía Radcliffe-Brown, ni sus funciones tan mecánicas como él pensaba. A pesar de ello, muchas de sus otras ideas fueron cruciales para oponerse a los enfoques dominantes de la época, en particular el evolucionismo y el difusionismo, que consideraban primitivas a las sociedades no occidentales. Radcliffe-Brown argumentó que esto implicaba una valoración moral que no tenía cabida en una ciencia rigurosa de la sociedad, y trató de refutar las especulaciones históricas sobre los orígenes de las prácticas sociales. ■

Sociedades complejas

Históricamente, los antropólogos occidentales consideraron a los pueblos aborígenes australianos entre las sociedades más simples de la Tierra. Este concepto erróneo se basaba en gran medida en la prioridad que Occidente daba a la cultura material. Estos pueblos no parecían tener muchas posesiones materiales, lo cual es típico de los pueblos nómadas, por lo que sus sociedades se percibían como simples. Sin embargo, esta visión no tenía en cuenta la intrincada organización social de las comunidades aborígenes ni el profundo conocimiento de las ciencias, como la cosmología y la aerodinámica, adquiridos por estos pueblos durante decenas de miles de años.

En la actualidad, los antropólogos pueden realizar observaciones más informadas y matizadas de las prácticas de los aborígenes australianos, que reconocen la complejidad y sofisticación de estas sociedades tan antiguas.

Los indígenas australianos usaron bumeranes durante miles de años. Pese a su simple apariencia, esta herramienta es aerodinámica y se cree que fue el primer ingenio volador del mundo.

UNA PAUTA COHERENTE DE PENSAMIENTO Y ACCIÓN

CULTURA Y PERSONALIDAD

EN CONTEXTO

OBRA CLAVE
Ruth Benedict, *El hombre y la cultura* (1934)

RAMA
Antropología social y cultural

ANTES
1872 En *El nacimiento de la tragedia*, el filósofo Friedrich Nietzsche analiza dos impulsos culturales opuestos: el apolíneo y el dionisíaco.

1901 Sigmund Freud contribuye a la comprensión de la personalidad individual con *Psicopatología de la vida cotidiana*.

DESPUÉS
1939 Abram Kardiner, psiquiatra estadounidense, sostiene que se puede identificar una «estructura básica de la personalidad» en personas de la misma cultura.

1940 Benedict repudia los estereotipos raciales de las culturas en *Raza: Ciencia y política*.

La «personalidad» de un individuo puede considerarse como un conjunto único de rasgos –su forma de pensar, sentir y actuar– que lo distingue de los demás. En algunos casos, quienes viven en el mismo grupo social comparten no solo estilos de vida similares, sino también gustos, actitudes e incluso rasgos de personalidad. En la década de 1930, la antropóloga estadounidense Ruth Benedict empezó a explorar los vínculos entre la personalidad individual y la cultura.

El concepto de personalidad se popularizó en EE. UU. y Europa a principios del siglo xx. Por entonces,

Véase también: Relativismo cultural 34–41 ▪ La cultura moldea el comportamiento 62–67 ▪ Lenguaje y cognición 88–89

Según Freud, la mente humana puede compararse con un iceberg, cuya mayor parte se encuentra sumergida bajo el agua. La pequeña porción que sobresale del agua representa la mente consciente, y la gran parte sumergida es el inconsciente.

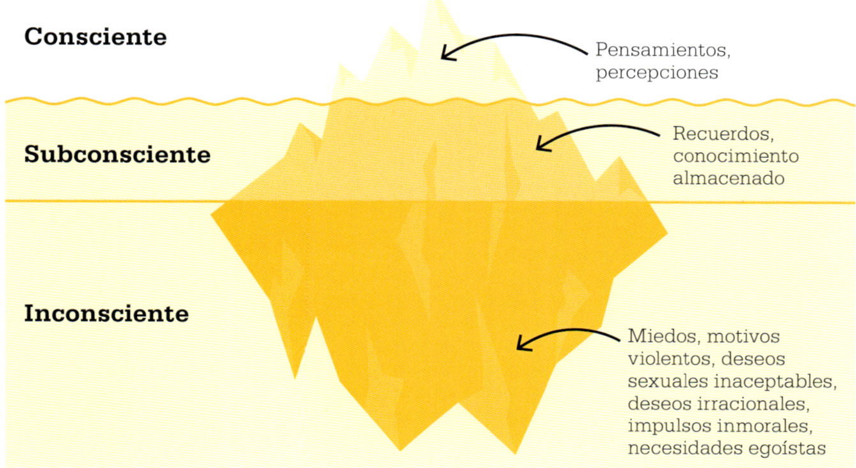

mucha gente leía las obras del médico austriaco Sigmund Freud, cuyas teorías cambiaron la percepción del funcionamiento de la mente humana, así como las ideas sobre el comportamiento y el desarrollo humanos.

La contribución de Freud

Según Freud, la mente humana está compuesta en su mayor parte por el inconsciente. Los impulsos, deseos y miedos arraigados que dan forma a la mente consciente se hallan en el inconsciente. Sin embargo, el inconsciente nos resulta inaccesible, salvo a través de los sueños, la hipnosis y la novedosa técnica freudiana del psicoanálisis. Freud propuso que, a medida que el niño se desarrolla, aprende a controlar los impulsos e instintos inconscientes y avanza a través de etapas psicosexuales. Si no avanza, el niño puede quedarse estancado en una de estas etapas, lo que puede afectar a su personalidad hasta bien entrada la edad adulta.

En medio del creciente interés por la psicología freudiana, algunos antropólogos empezaron a preguntarse si las teorías del médico austriaco podían aplicarse fuera de las sociedades blancas occidentales. Querían saber si los niños se desarrollaban de manera diferente en otras culturas y, de ser así, si madurarían hasta convertirse en adultos »

Las lentes a través de las cuales las diversas naciones contemplan la vida son muy distintas.
Ruth Benedict

Ruth Benedict

Nacida en Nueva York en 1887, Benedict estudió literatura en el Vassar College y publicó obras de poesía. Más tarde estudió antropología, primero con Elsie Clews Parsons y luego con Franz Boas en la Universidad de Columbia de Nueva York, donde obtuvo su doctorado en 1923.

El interés de Benedict por la literatura influyó en su trabajo antropológico, que se inspiró en los tropos literarios y la mitología. En 1924 impartió su primer curso de antropología en la Universidad de Columbia. Entre sus alumnos se encontraba Margaret Mead, con quien trabó amistad.

Entre los años 1925 y 1940, Benedict editó el *Journal of American Folklore*, y más tarde fue nombrada presidenta de la Asociación Antropológica Americana, pocos meses antes de su repentina muerte en 1948.

Otras obras clave

1935 *Zuni Mythology.*
1946 *El crisantemo y la espada: patrones de la cultura japonesa.*

con rasgos de personalidad distintivos. Estas preguntas dieron lugar a la «escuela de cultura y personalidad», encabezada por Ruth Benedict.

Cultura y personalidad

Benedict recibió una profunda influencia de su profesor Franz Boas, el «padre de la antropología estadounidense», quien enfatizaba la importancia del trabajo de campo para respaldar sus opiniones sobre el relativismo cultural y la idea de que ninguna cultura es mejor o peor que otra.

Como muchos otros antropólogos estadounidenses de las primeras décadas del siglo XX, Benedict se sintió atraída por los pueblos indígenas vecinos. Inicialmente, su investigación se centró en el folclore y la religión de esos pueblos, pero su interés se desplazó hacia cuestiones psicológicas cuando empezó a explorar la posible conexión entre la cultura y la personalidad.

En su exitoso libro *El hombre y la cultura (Patterns of Culture)*, Benedict amplió la dicotomía previamente planteada por Nietzsche en *El nacimiento de la tragedia*, basada en la mitología griega, para desarrollar dos tipos culturales básicos: «apolíneo» y «dionisíaco», cada uno de los cuales resumía las características del dios correspondiente.

Tengo la fe de un científico en que el comportamiento [...] es comprensible si el problema [...] puede ser respondido mediante la investigación.

Ruth Benedict

Discurso pronunciado en 1946

Apolo, dios del sol, las artes y la verdad, se asociaba con la calma y la moderación, por lo que Benedict argumentó que las personas que vivían en una cultura apolínea serían racionales, ordenadas y con autocontrol. Por el contrario, Dionisos, dios del vino, la fiesta y el éxtasis religioso, se asociaba con el desenfreno y el comportamiento incontrolado; Benedict sugirió que quienes vivían en una cultura dionisíaca serían exuberantes y apasionados.

Teniendo en cuenta estos tipos culturales opuestos, Benedict estudió tres culturas: zuñi, kwakiutl y dobu. Los zuñi, uno de los diversos grupos pueblo del suroeste de EE. UU., eran agricultores cuyo *ethos* se centraba en los ciclos de la naturaleza, que los sustentaban material y espiritualmente. Según Benedict, los zuñi rara vez expresaban emociones fuertes, como la ira o los celos, y evitaban los conflictos incluso cuando estaban justificados. Sus danzas y ceremonias eran estructuradas, reflejando el sentido del orden que impregnaba sus vidas. Para Benedict, los zuñi ejemplificaban el tipo cultural apolíneo.

Variaciones dionisíacas

Luego analizó a los kwakiutl, pescadores y cazadores que vivían a lo largo de la costa noroeste del Pacífico canadiense. Para este estudio, se basó en los escritos de Boas, su mentor, que trabajó con este grupo durante más de treinta años y describió muchas de sus costumbres, entre ellas el ritual del *potlatchs*.

El *potlatchs* era iniciativa de un jefe, que pasaba años, o décadas, acumulando bienes. Luego invitaba a su pueblo y a grupos vecinos a una gran fiesta en la que regalaba (o destruía) todas sus posesiones. El exceso de este ritual desafiaba la lógica económica dominante en EE. UU., que valoraba la acumulación de bienes materiales, no su pér-

Rasgos culturales apolíneos		Rasgos culturales dionisíacos	
Autocontrol	No se expresan emociones fuertes y el comportamiento racional es la norma.	**Caos**	Lo habitual es el conflicto, más que el consenso, y tiende a resolverse con la violencia más que con el diálogo.
Moderación	El comportamiento no es excesivo ni destructivo; los rituales no son exuberantes.	**Exceso**	Comportamiento frenético y desenfrenado, y excesos en la comida, las fiestas y el sexo.
Individualismo	Se hace hincapié en la moderación personal, la disciplina y el equilibrio.	**Pasión**	Se expresan emociones fuertes; los rituales son exuberantes y se estimulan con sustancias estupefacientes.
Orden	Las normas son importantes; se fomenta la rutina y cada cosa tiene su lugar.	**Desorden**	La sociedad tiene pocas reglas o rutinas.

Las ceremonias *potlatch* de los pueblos de la costa noroeste de Norteamérica consistían en la redistribución de la propiedad en una exhibición patente de generosidad para reforzar las relaciones jerárquicas.

dida. Sin embargo, Boas descubrió que el *potlatchs* tenía una finalidad social: el jefe elevaba su estatus y ganaba prestigio a través del acto de dar. Además, su generoso regalo de dones comprometía a los jefes vecinos, obligándolos a celebrar *potlatchs* aún mayores, lo que daba lugar a un ciclo interminable de regalos. Para Benedict, el exceso y el dramatismo de la ceremonia del *potlatchs* ejemplificaban una especie de frenesí dionisíaco.

Dada la gran cantidad de culturas existentes en el mundo, Benedict consideraba poco probable que pudiera encontrar la misma versión de los tipos culturales apolíneo y dionisíaco, y constató su suposición al fijarse en el pueblo dobu de Papúa Nueva Guinea. La creencia en la magia y la brujería impregnaba todos los aspectos de la vida de los dobuanos, hasta tal punto que Benedict los consideró paranoicos y desconfiados, y creía que sus relaciones interpersonales estaban contaminadas por esa falta de confianza. El temor de los dobuanos la llevó a caracterizarlos como dionisíacos, aunque de una manera distinta al supuesto desenfreno de la cultura kwakiutl.

Patrones culturales

Basándose en estos estudios, Benedict afirmó que cada cultura selecciona, entre un sinfín de posibilidades, un conjunto de rasgos de personalidad que idealizar e inculcar a sus hijos. Estos rasgos caracterizan a las personas y se proyectan hacia el exterior, a su cultura, dando forma a rituales, cosmovisiones e instituciones. La personalidad ideal se entrelaza así con la cultura en una pauta (o patrón) valorada socialmente.

El argumento básico de Benedict era que cultura y personalidad se reflejan entre sí: la cultura es la personalidad «en grande» y la personalidad es la cultura «en pequeño». Si una cultura idealiza la calma, sus gentes aprenderán a controlar las emociones fuertes; sus políticos optarán por el consenso en lugar de la discusión; y sus dioses serán benévolos. Así, la personalidad idealizada es interiorizada por los individuos y exteriorizada en la vida social.

Los críticos señalaron que *El hombre y la cultura* ignoraba las variaciones dentro de una cultura y perpetuaba los estereotipos. Además, una cultura podía parecer tranquila o salvaje según quién la estudiara y según el ámbito de la vida en el que decidiera centrarse. De hecho, Benedict enfatizó los aspectos más tranquilos de la vida de los zuñi, como los rituales agrícolas, y se fijó en cambio en la exuberancia de las ceremonias *potlatchs* de los kwakiutl; si hubiera estudiado otros aspectos, podría haber llegado a conclusiones distintas. Los críticos también pusieron en duda la idea de que la enorme diversidad cultural pudiera reducirse a solo dos tipos polarizados.

A pesar de sus evidentes deficiencias, el trabajo de Benedict hizo dos contribuciones particularmente significativas. Ayudó a establecer el «configuracionismo», es decir, la teoría de que los elementos culturales interactúan entre sí, lo que significa que una cultura es más que la suma de sus partes. Y además fomentó el relativismo cultural al mostrar cómo cada cultura produce individuos distintivos bien adaptados a su contexto particular. ■

Ningún hombre mira jamás el mundo con ojos prístinos. Lo ve a través de un conjunto definido de costumbres e instituciones y modos de pensar.

Ruth Benedict

LA CULMINACIÓN DE UN CAMBIO PROGRESIVO

REVOLUCIONES EN LA PREHISTORIA

EN CONTEXTO

OBRA CLAVE
V. Gordon Childe, ***Los orígenes de la civilización*** **(1936)**

RAMA
Arqueología

ANTES
1865 El arqueólogo británico John Lubbock acuña los términos «paleolítico» y «neolítico».

1867 El filósofo alemán Karl Marx publica el primer volumen de *El capital*.

1917 Estalla la Revolución de Octubre en Rusia, lo que contribuye a la difusión de las ideas marxistas.

DESPUÉS
1972 En *Europa y la gente sin historia*, Eric Wolf utiliza un marco marxista para analizar los efectos del capitalismo en sociedades no europeas.

1989 Cae el Muro de Berlín, y dos años más tarde se desintegra la Unión Soviética.

A inicios del siglo XX, los arqueólogos luchaban por reconstruir la prehistoria humana. Aún no existían técnicas como la datación por radiocarbono, lo que dificultaba determinar la edad exacta de yacimientos o artefactos. La mayoría de los arqueólogos centraban sus estudios en yacimientos o regiones concretos. Pero el arqueólogo australiano V. Gordon Childe adoptó un enfoque distinto: buscó conectar esos hallazgos para construir una imagen más amplia de la historia temprana de la humanidad.

Como socialista, Childe veía reflejados en la prehistoria los cambios revolucionarios descritos por Karl Marx. Según Marx, la historia está determinada por las condiciones materiales, y las fuerzas económicas determinan estructuras sociales como los sistemas políticos o las jerarquías de clase. Childe reconoció que la migración y la difusión de nuevas ideas desempeñaban un papel importante en el cambio social, pero, al igual que Marx, creía que la economía era la fuerza motriz de la evolución social.

Momentos decisivos

Influido por el análisis de la revolución industrial del historiador británico Arnold Toynbee y por los escritos de Friedrich Engels sobre las

El asentamiento de Skara Brae, en Escocia, fue considerado por Childe como una prueba de la existencia de estructuras sociales complejas en las comunidades neolíticas.

Véase también: Evolución unilineal 26–27 ▪ La fluidez de los sistemas sociales 102–103 ▪ Arqueología procesual 136–137 ▪ Capitalismo global 186–187

Principios de la antropología marxista

Enfoque holístico
Todos los aspectos de la vida humana –la economía, la política y la ideología– son influidos por las condiciones materiales.

Lucha de clases
La historia es impulsada por conflictos entre clases económicas, como la clase dominante y la clase trabajadora.

Poder y desigualdad
La clase dominante explota a trabajadores y recursos, manteniendo su dominio sobre la clase trabajadora.

Motor de cambio
Los cambios son el resultado de transformaciones en los sistemas económicos, en especial de modificaciones en la forma en que la sociedad produce bienes.

Modo de producción
Las sociedades se entienden a través del sistema económico –como el capitalismo o el feudalismo– mediante el cual se producen los bienes.

primeras sociedades, Childe acuñó los términos «revolución neolítica» y «revolución urbana» para describir dos momentos clave de la historia de la humanidad: la domesticación de los animales y el surgimiento de las ciudades. Según él, ambos acontecimientos conllevaron profundos cambios sociales, tal y como había predicho Marx. La revolución neolítica introdujo nuevas estructuras sociales, ya que las personas pasaron a relacionarse entre sí de formas nuevas; así, los linajes familiares y la propiedad de la tierra cobraron cada vez más importancia. La revolución urbana conllevó el desarrollo de los mercados, la especialización artesanal, la aparición de la escritura y el dinero, pero también una creciente desigualdad social.

Una revolución no violenta

Childe rechazó las ideas racistas asociadas a la evolución unilineal, el modelo intelectual de su época. Él creía que el factor impulsor del cambio era el modo de producción de una sociedad. Aunque la lucha de clases era clave en la filosofía marxista, desempeñaba un papel secundario en la interpretación de la historia de Childe. En su opinión, el cambio social era revolucionario, pero no violento. ■

Vere Gordon Childe

Nacido en Sídney (Australia) en 1892, Childe abrazó el socialismo en su juventud y lo sostuvo durante toda su vida. Después de estudiar arqueología en Oxford, trabajó en la Universidad de Edimburgo. En 1947 fue nombrado director del Instituto de Arqueología de Londres.

Childe es conocido sobre todo por la excavación de Skara Brae, en las islas Orcadas (Escocia). Utilizó sus hallazgos para respaldar su interpretación marxista del cambio histórico. También fue pionero en la síntesis de la arqueología de Europa y Asia occidental, lo que permitió una comprensión más coherente de los desarrollos prehistóricos en estas regiones.

A través de varios libros, Childe hizo accesible la prehistoria al gran público, centrándose en los orígenes de la domesticación de plantas y animales y en el surgimiento de las sociedades estatales. Murió en 1957.

Otras obras clave

1922 *Nacimiento de las civilizaciones orientales.*
1925 *Los orígenes de la sociedad europea.*
1942 *Qué sucedió en la historia.*

EL ESPECIERO DE CADA HOMBRE SAZONA SU PROPIA COMIDA

AUTOETNOGRAFÍA

EN CONTEXTO

OBRA CLAVE
Zora Neale Hurston, *Mules and Men* (1935)

RAMA
Antropología social y cultural

ANTES
1887 Franz Boas afirma que las prácticas culturales se deben entender en su propio contexto. Esta teoría se conoce como relativismo cultural.

1903 W. E. B. Du Bois estudia los problemas de racismo y segregación racial que sufre su propia comunidad.

DESPUÉS
1945 Paul Felix Lazersfield establece la investigación cualitativa: el estudio de fuentes, como relatos personales, no basadas en datos cuantitativos.

2012 Se populariza la «autoetnografía colaborativa», en la que varios expertos interpretan estudios autoetnográficos sobre el mismo tema.

Como prolífica escritora y folclorista, la antropóloga estadounidense Zora Neale Hurston aportó una forma de investigación antropológica autorreflexiva que incorporaba sus propias experiencias y el folclore de las comunidades afroamericanas para articular una extensa crítica social. Su trabajo fue un ejemplo temprano de lo que hoy se conoce como «autoetnografía» (pues el término no se utilizó hasta 1975). La autoetnografía se entiende hoy como la conexión entre las experiencias personales de un antropólogo y prácticas culturales más amplias, y se reconoce en el campo de la antropología como un método de investigación cualitativa.

Influencias renacentistas

El mentor de Zora Hurston, el eminente antropólogo germano-estadounidense Franz Boas, fomentó su interés por el estudio antropológico del folclore. Llevó a cabo un trabajo de campo para Boas en el ba-

El Cotton Club era un animado local para músicos y artistas que celebraba el talento de la población negra durante el Renacimiento de Harlem.

Véase también: Relativismo cultural 34–41 ▪ Etnografía reflexiva 162–165 ▪ Antropología en casa 170–171 ▪ Etnografía crítica 270–271

Etnografía

El investigador estudia un **grupo cultural independiente** para comprender sus creencias y prácticas.

Participa en **eventos culturales**, realiza **entrevistas** y **hace observaciones** basadas en lo que descubre.

El investigador pretende realizar un **análisis objetivo** de sus hallazgos.

La etnografía estudia la sociedad de los otros.

Autoetnografía

El investigador se propone comprender **temas culturales generales** mediante el análisis de **sus propias experiencias**.

Elabora **relatos personales**, a menudo con un estilo narrativo, para explorar sus **propias perspectivas**.

El investigador pretende **criticar** su **propia comprensión** e interpretación de los temas culturales.

La autoetnografía estudia el yo dentro de la sociedad.

rrio neoyorquino de Harlem, donde entre las décadas de 1910 y 1930 surgió un vibrante movimiento cultural que celebraba la cultura negra y que exploró la identidad y la historia negras a través del arte, la interpretación, la música y la escritura (el llamado Renacimiento de Harlem).

Hurston, escritora clave del movimiento, estudió y contribuyó a las expresiones literarias y artísticas de identidad racial, de género y sexual durante ese periodo, y enriqueció su obra con ideas extraídas de sus propias experiencias.

Estudiando lo familiar

Más tarde, Hurston regresó a su ciudad natal, Eatonville (Florida), el primer municipio negro incorporado a los EE. UU., para continuar sus investigaciones sobre el folclore. Allí se basó en sus experiencias y en la amplia tradición oral afroamericana para escribir un lúcido tratado acerca de la cultura afroamericana en el sur de EE. UU. El libro resultante, *Mules and Men*, fue también la primera recopilación de folclore afroamericano realizada por una escritora afroamericana. ■

Zora Neale Hurston

Nacida en Eatonville (Florida) (o quizá en Nosatulga, Alabama) en 1891, Zora Neale Hurston fue antropóloga, escritora y una figura importante del Renacimiento de Harlem. Estudió en la Universidad Howard entre 1918 y 1924, antes de trasladarse a Nueva York en 1925. Allí alcanzó el éxito como escritora y asistió al Barnard College, donde se graduó en 1928. Además de su trabajo etnográfico, Hurston escribió varias novelas, producciones musicales y obras de teatro. En 1939 recibió un doctorado *honoris causa* por el Morgan State College. Entre 1947 y 1948 viajó a Honduras para estudiar las comunidades negras de Centroamérica. Hacia el final de su vida escribió menos y trabajó como criada, bibliotecaria, reportera y profesora sustituta hasta su muerte en 1960.

Otras obras clave

1934 *Jonah's Gourd Vine.*
1937 *Sus ojos miraban a Dios.*
1938 *Tell My Horse.*

LA BRUJERÍA TIENE SU PROPIA LÓGICA

SISTEMAS DE CREENCIAS LOCALES

EN CONTEXTO

OBRA CLAVE
E.E. Evans-Pritchard, *Brujería, magia y oráculos entre los azande* (1937)

RAMA
Antropología social y cultural

ANTES
1909 El etnólogo británico Robert Ranulph Marett expone la noción del «mana», o energía natural.

1922 Durante su trabajo de campo entre los trobriandeses, Bronisław Malinowski observa que los isleños utilizan la magia para hacer frente a la incertidumbre.

DESPUÉS
1970 En *The Kababish Arabs*, el saudí Talal Asad examina la política de una tribu nómada sudanesa.

1976 El sociólogo indio M. N. Srinivas publica *The Remembered Village*, un estudio sobre la estructura social y el sistema de castas de India.

A finales de la década de 1920, el antropólogo británico Edward Evan Evans-Pritchard realizó un trabajo de campo entre el pueblo azande de África central. Su territorio, Zandelandia, comprendía partes de tres países modernos: República Centroafricana, República Democrática del Congo y Sudán del Sur.

El pueblo azande era un grupo social diferenciado con sus propias jefaturas políticas, identidad étnica y tradiciones culturales. En un libro basado en su investigación, *Brujería, magia y oráculos entre los azande*, Evans-Pritchard explicó la lógica subyacente a su sistema de creencias aparentemente ilógico basado en la brujería.

La brujería tiene [...] sus propias reglas de pensamiento, y estas no excluyen la causación natural. La creencia en la brujería es bastante consecuente con [...] la percepción racional de la naturaleza.
E. E. Evans-Pritchard

La magia azande

Durante el siglo XIX, Zandelandia cayó bajo el control de tres administraciones coloniales diferentes: belga, francesa y anglo-egipcia. A pesar de los encuentros con colonizadores y misioneros, y de su posterior conversión generalizada al cristianismo, muchos azande también mantuvieron su modo de vida tradicional, incluida la creencia en la *mangu*, o brujería.

Los azande ven brujería y magia en todas partes. Creen que la brujería se manifiesta dentro del abdomen de un brujo en forma de una sustancia negra, sustancia que se transmite de padres a hijos; un individuo puede llevar esta sustancia en su interior sin saberlo, por lo que todos son considerados brujos en potencia.

Los signos de la magia se revelan a través de acontecimientos desafortunados, como lesiones o muertes. Veamos un ejemplo. Los azande construyen estructuras elevadas de madera para almacenar el grano, que además proporcionan

Véase también: Relativismo cultural 34–41 ▪ Raíces sociales de la religión 42–43 ▪ Funcionalismo biopsicológico 50–55 ▪ Religión y poder secular 188–189

sombra en los días calurosos. En el clima húmedo de Zandelandia, la madera corre el riesgo de pudrirse, lo que atrae a las termitas, y estos graneros se derrumban ocasionalmente, hiriendo o matando a quien se encuentra debajo. La explicación más lógica para tal suceso es la de causa-efecto: las termitas, muy presentes en ambientes cálidos, roen la madera y provocan el derrumbe de la estructura.

Sin embargo, para los azande, todas las desgracias tienen una causa lógica y otra sobrenatural. En este caso, creen que la explicación de las termitas es solo parcial: no explica por qué el granero se derrumbó ese día, a esa hora y sobre esa persona en concreto. La persona herida no fue solo víctima de las termitas (explicación lógica), sino también de la brujería (explicación sobrenatural).

Un enfoque doble

Para los occidentales de la primera mitad del siglo XX, los sistemas de creencias mágicas que se encontraban entre los pueblos de África y otros lugares eran indicativos de formas «primitivas» de cognición que consideraban menos sofisticadas que el pensamiento «moderno» racional. El trabajo de campo de Evans-Pritchard demostró que los azande eran capaces de pensar racionalmente, pero además recurrían a una lógica sobrenatural para explicar mejor la desgracia.

Cuanto más tiempo permanecía Evans-Pritchard en Zandelandia, más comprendía que la brujería azande era un sistema de creencias coherente que tenía tanto sentido para sus practicantes como una religión para sus devotos. En última instancia, su trabajo desafió los supuestos etnocéntricos sobre la existencia de mentes «primitivas» y «civilizadas», al extender el principio del relativismo cultural para abarcar diferentes cosmovisiones. ■

Los brujos son figuras centrales en la comunidad azande. Se cree que pueden predecir desastres y contrarrestar hechizos malignos utilizando una variedad de medicinas y amuletos.

Este cartel británico de la década de 1920 refleja la actitud colonial hacia los pueblos de África al mostrar a los lugareños en roles serviles.

Colonialismo británico y antropología

Aunque Evans-Pritchard defendía el relativismo cultural en sus estudios, fue criticado por su cooperación con las potencias coloniales que habían dividido África; una acusación que él negó con vehemencia.

A principios de la década de 1930, mientras realizaba trabajo de campo en Sudán, la administración angloegipcia del país se puso en contacto con él. Las fuerzas gobernantes tenían un problema con el pueblo nuer, que se resistía activamente al control colonial. Sabían poco sobre este grupo y sobre cómo someterlo, por lo que pidieron a Evans-Pritchard que realizara un estudio, a lo que él accedió «después de algunas vacilaciones y dudas».

Aunque su trabajo contribuyó a mejorar el conocimiento general sobre el pueblo nuer, Evans-Pritchard no se alineó con los esfuerzos coloniales. Pero tampoco los criticó, y apenas se pronunció sobre los efectos negativos de la ocupación extranjera sobre las poblaciones locales.

ALTERNANCIA ENTRE EL HAMBRE Y LA ABUNDANCIA

DIMENSIONES SOCIALES Y CULTURALES DE LA NUTRICIÓN

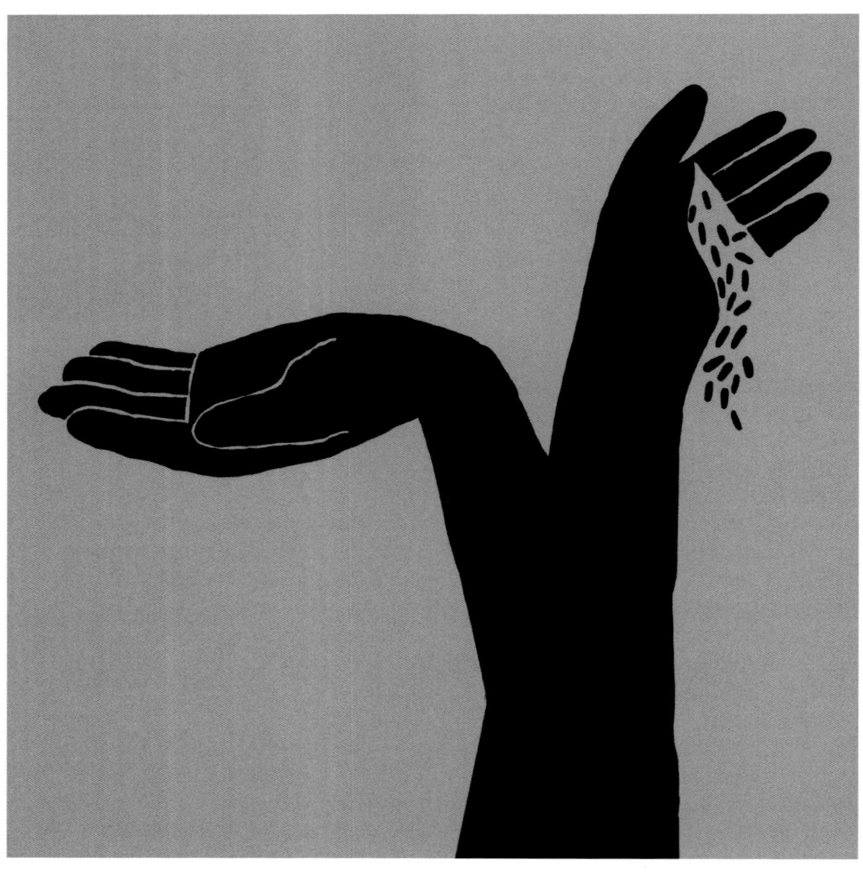

EN CONTEXTO

OBRA CLAVE
Audrey Richards, *Land, Labour and Diet in Northern Rhodesia* (1939)

RAMA
Antropología social y cultural

ANTES
1888 En «Manners and Meals», Garrick Mallery analiza el significado social y simbólico de las comidas.

1920 Frank Hamilton Cushing explora en *Zuñi Breadstuff* el papel del pan en la vida cotidiana.

DESPUÉS
1985 *Dulzura y poder*, de Sidney Mintz, relaciona el aumento del consumo de azúcar con la expansión de las potencias coloniales europeas.

2017 Stanley Ulijaszek y sus colegas examinan los cambios en la alimentación en *Evolving Human Nutrition*.

A finales de la década de 1920, cuando Audrey Richards estudiaba antropología en la London School of Economics, la perspectiva dominante era el funcionalismo, fundado por Bronisław Malinowski. Uno de los principales temas de estudio era cómo las comunidades humanas desarrollaban instituciones sociales para satisfacer sus necesidades básicas, y Richards escribió una tesis sobre las dimensiones sociales y culturales de la nutrición. En *Hunger and Work in a Savage Tribe*, Richards señaló que, históricamente, psicólogos y sociólogos habían tenido una visión demasiado limitada de la nutrición. Argumentaba que los enfoques psi-

Véase también: Funcionalismo biopsicológico 50–55 ▪ Antropología de la alimentación 200–205 ▪ Nutrición y evolución humana 280

cológicos eran limitados porque consideraban la adquisición de alimentos un instinto heredado y una necesidad biológica. Los enfoques sociológicos tendían a considerar la producción y distribución de alimentos en términos estrictamente económicos, al margen de las necesidades biológicas y de los efectos de la nutrición en el crecimiento, la salud y el trabajo.

Necesidades básicas

Al adoptar un enfoque más holístico que incorporaba factores biológicos, sociales, culturales, políticos, económicos y ecológicos, y al evaluar las relaciones entre ellos, Richards estableció una herramienta de investigación para estudiar cuestiones relacionadas con la nutrición. Al comienzo de su tesis, reflexionó sobre la importancia relativa que se daba a las necesidades nutricionales, en contraposición al sexo, en la formación de la sociedad. Las funciones del sexo más allá de la reproducción biológica ya habían recibido mucha atención en psicología y sociología, pero la nutrición había sido en gran medida descuidada.

El sexo se consideraba una fuerza potencialmente disruptiva en la sociedad –como en los casos de infidelidad conyugal– y se analizaba en términos de normas y control social. Richards consideraba que satisfacer el hambre era una necesidad diaria más que un impulso disruptivo. La humanidad no puede sobrevivir sin la reproducción sexual; sin embargo, un individuo puede vivir sin satisfacción sexual, pero no puede sobrevivir sin comida: su impulso es satisfacer su hambre todos los días.

Los niños dependen de otros para alimentarse, mientras que los adultos tienden a cooperar en la producción, preparación y consumo de la comida. En las sociedades tradicionales, esta cooperación está regulada por instituciones como el matrimonio, el parentesco y la organización política de la aldea.

Richards también señaló que las creencias culturales afectan a la nutrición. Los seres humanos son »

Audrey Richards

Nacida en Londres en 1899, Audrey Isabel Richards creció en India. A principios de la década de 1920 pasó dos años en Alemania dedicada a tareas humanitarias, y fue testigo de las situaciones de privación extrema y hambre que vivía la población tras la guerra, lo que despertó su interés por la nutrición.

Tras graduarse en ciencias naturales en Cambridge, en 1931 obtuvo un doctorado en antropología social en la London School of Economics (LSE), bajo la supervisión de Bronisław Malinowski.

Entre 1930 y 1956, Richards repartió su tiempo entre el trabajo de campo –en Zambia (entonces Rodesia del Norte), Sudáfrica y Uganda– y la docencia en la LSE y la Universidad de Witwatersrand, en Johannesburgo.

Tras volver a Reino Unido en 1956, fue acogida en su *alma mater*, el Newnham College de Cambridge. Murió en 1984.

Otras obras claves

1932 *Hunger and Work in a Savage Tribe.*

Los bemba hablan constantemente de los «meses de hambre» [...] Al final de la temporada de lluvias, esperan una escasez.

Audrey Richards

omnívoros y capaces de adaptarse a diferentes entornos. Por lo general, disponen de una amplia gama de alimentos, pero no siempre consumen los que tienen mayor valor nutricional. Las preferencias por distintos alimentos, y su selección, están mediadas por valores culturales que se interiorizan durante la educación. Alimentos tabú en una sociedad pueden ser un alimento básico en otra.

Las personas también pueden producir más alimentos de los que necesitan para su sustento porque, según Richards, pueden servir para otros fines. Malinowski, por ejemplo, había demostrado que los isleños de Trobriand cultivaban más ñame del que necesitaban y lo almacenaban fuera de sus casas como símbolo de riqueza y prosperidad.

Trabajo de campo en África

Richards basó su tesis en registros etnográficos de los pueblos de habla bantú del sur de África. Tras terminarla, viajó a Zambia (entonces Rodesia del Norte) para probar empíricamente sus teorías entre los bemba.

En 1936, Richards y la dietista Elsie Widdowson publicaron una investigación sobre el valor nutricional de la dieta en cinco aldeas bemba. Richards calculó la cantidad de alimentos de diversos tipos consumidos durante seis meses y registró el impacto de las normas culturales en su reparto según las obligaciones familiares y las tradiciones de hospitalidad, y envió muestras a Reino Unido para su análisis químico y nutricional. La ingesta de alimentos de los aldeanos y su valor nutricional variaban por la disponibilidad estacional y los riesgos medioambientales, como la sequía y las plagas de langosta. Así, en los meses previos a la cosecha de abril, cuando se agotaban las reservas del año anterior, la población tenía dificultades para alimentarse adecuadamente.

En vez de mejorar [la dieta de los bemba], se ha deteriorado al entrar en contacto con la civilización blanca.
Audrey Richards

Tres años más tarde, con la publicación de *Land, Labour and Diet* (1939), Richards mostró un cambio de perspectiva: ya no se centraba en el estudio de cómo la nutrición, como necesidad biológica básica, daba forma a las instituciones sociales; en vez de eso, se centraba en cómo las relaciones sociales y las instituciones afectaban a la dieta.

Esta obra exploraba las visiones culturales de los bemba sobre la dieta, la tenencia de la tierra y las relaciones sociales vinculadas al cultivo, preparación y distribución de alimentos. Los bemba producían su principal fuente de carbohidratos, el mijo africano, siguiendo la práctica de tala y quema, o cultivo itinerante: talaban y quemaban los árboles para fertilizar el suelo tropical. Las mujeres cuidaban los cultivos y eran las principales cultivadoras, sembrando, desherbando y cosechando. Los hombres se encargaban de la pesca y la caza, pero también talaban árboles, cercaban los campos para protegerlos de los animales y ayudaban a las mujeres con el trabajo pesado de labranza. La familia era la unidad básica de producción, y cultivaba para satisfacer sus propias necesidades nutricionales. A veces, una familia podía cooperar con parientes y otros vecinos, ayudándose mutuamente en el campo y compartiendo los alimentos si era necesario.

Impacto colonial

La expansión de la industria minera del cobre en Zambia por parte de las potencias coloniales supuso que muchos hombres tuvieran que abandonar sus aldeas para trabajar en las minas. Esta migración fue impulsada por políticas de reclutamiento forzoso y la necesidad de dinero para pagar

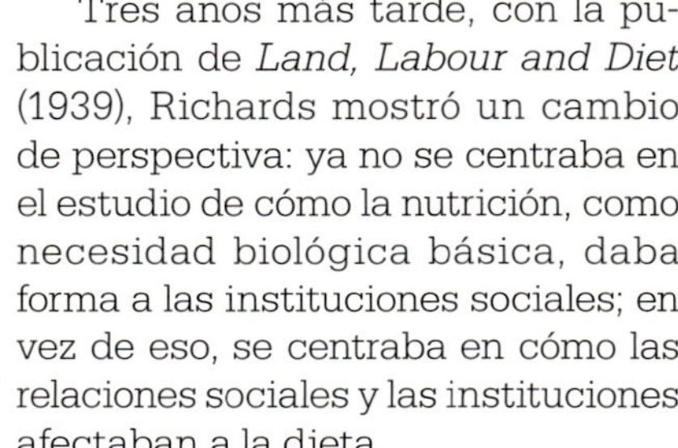

Mujeres africanas golpean la cosecha de mijo después de secarla, para separar la cáscara del grano. El grano se utiliza luego para producir harina.

Los trabajadores de las minas de cobre solían subsistir con alimentos carentes de valor nutricional. Esto provocaba un rendimiento pobre y acusaciones de pereza.

los impuestos establecidos por las autoridades coloniales, cuyas políticas laborales se basaban en la suposición de que los hombres trabajarían como temporeros en los poblados mineros y que las comunidades agrícolas rurales proporcionarían una fuente constante de mano de obra.

Sin embargo, Richards cuestionó la capacidad de la agricultura de tala y quema para mantener a las familias y proporcionar trabajadores para las minas. También demostró que el valor nutricional de la dieta bemba se deterioró como consecuencia del encuentro colonial. La extracción de mano de obra masculina de las aldeas supuso una mayor carga física para las mujeres, que disponían de menos tiempo para dedicar a la cosecha y la preparación de alimentos. Como resultado, el rendimiento de los cultivos se resintió. Esto provocó la ruptura de los sistemas de reparto de alimentos entre parientes, que constituían una salvaguarda esencial contra la hambruna. Mientras, en los pueblos mineros, el mijo, alimento básico, fue sustituido por alternativas menos nutritivas, como la harina y el arroz refinados. Al demostrar que factores como la ecología, la organización social y la colonización afectaron negativamente a la dieta de los bemba, Richards cuestionó el prejuicio europeo de que el hambre y el trabajo ineficiente en África se debían a la «pereza».

Un enfoque influyente

El método holístico de Richards se ha convertido en el modelo de la antropología de la alimentación. Los investigadores que han seguido sus pasos han combinado el enfoque cultural en la alimentación con el interés por la salud, o han investigado la dieta en relación con cuestiones como la política de género, la clase social y la etnicidad. Asimismo, han estudiado cuestiones sobre globalización, sostenibilidad y seguridad alimentaria.

El antropólogo británico Jack Goody amplió en *Cocina, cuisine y clase* (1982) el alcance del enfoque de Richards para incluir las prácticas culinarias en las sociedades jerárquicas. Llegó a la conclusión de que, cuanto más compleja es una sociedad, más diversa es su gastronomía, y que en las sociedades basadas en clases, la gastronomía refleja y refuerza las desigualdades.

En 1994, Henrietta L. Moore y Megan Vaughan publicaron *Cutting Down Trees*, un estudio histórico sobre el desarrollo agrícola en la provincia septentrional de Zambia, donde Richards había hecho su trabajo de campo. Investigaron los efectos de la colonización, los programas de desarrollo posteriores a la independencia y los cambios en los roles de género. El estudio reveló que las mujeres cultivadoras y las comunidades rurales habían logrado hacer frente a los problemas del cambio y la nutrición. ■

El ritual *chisungu*

El *chisungu* es un rito de paso que se celebra para una niña bemba al inicio de la menarquia o primera menstruación, que señala la llegada a la madurez sexual. Richards fue testigo del *chisungu* como parte de un largo ritual matrimonial.

En la parte final del ritual, el futuro novio se une a la joven, o novicia, mientras las mujeres mayores le dan consejos sobre la vida matrimonial. Esto incluye explicar la división del trabajo entre marido y mujer, que es la base de la agricultura de tala y quema, y los conocimientos rituales sobre el papel de la mujer como cultivadora, madre y esposa.

El *chisungu* prueba la capacidad de la novicia para asumir una posición central en la sociedad bemba como proveedora de alimentos. Sin embargo, ella ya habrá participado en las tareas cotidianas de las mujeres desde una edad temprana. Por tanto, la enseñanza en el rito iniciático reitera los valores y normas que instan a la novicia a asumir sus responsabilidades con un sentido renovado del compromiso.

El potencial reproductivo de una novicia es un aspecto esencial del *chisungu*. Richards vio paralelismos entre este ritual y el ciclo agrícola.

UN ENFOQUE RIGUROSAMENTE EMPÍRICO

ETNOGRAFÍA COMPARATIVA

EN CONTEXTO

OBRA CLAVE
Elsie Clews Parsons, *Pueblo Indian Religion* (1939)

RAMA
Antropología social y cultural

ANTES
1934 La estadounidense Ruth Benedict, alumna de Clews Parsons, publica *El hombre y la cultura*, donde compara los pueblos indígenas zuñi, kwakiutl y dobu de Norteamérica.

DESPUÉS
1940 Franz Boas publica *Race, Language and Culture*, una colección de ensayos que aplican el relativismo cultural para mostrar la importancia del contexto al estudiar un grupo.

1963 La antropóloga y lingüista estadounidense Gladys Reichard publica *Navajo Religion*, un estudio de los símbolos usados en los rituales y la mitología del pueblo diné.

Quizás más conocida en su época por su trabajo sociológico sobre el feminismo, el pacifismo y los roles sociales, la antropóloga estadounidense Elsie Clews Parsons se inspiró en Franz Boas para explorar las culturas de los indígenas pueblo del suroeste de EE. UU. Durante 25 años, estudió y analizó las creencias religiosas, las prácticas y las ceremonias de estos grupos en Arizona y Nuevo México. El resultado fue una obra etnográfica muy detallada, y su enfoque crítico dio lugar a una nueva metodología de etnografía comparativa, en la que se establecen comparaciones entre múltiples sujetos para identificar patrones de similitudes o diferencias.

La danza de la tortuga, un mural del Indian Pueblo Center de Albuquerque (Nuevo México), representa a los indios pueblo realizando una danza ceremonial para invocar la lluvia.

Observar el cambio

En su análisis, Clews Parsons comparó diferentes grupos pueblo, entre ellos los hopi, los zuñi y los tiwa, y señaló las diferencias entre sus estructuras sociales y religiosas. También detalló formas de cambio cultural, como la resistencia, la aculturación y la invención. Observó que los pueblo no eran estáticos e inmutables, sino un grupo cultural dinámico influido por la historia y con capacidad para introducir cambios en su propio mundo social. También comparó los grupos pueblo con diferentes pueblos indígenas del oeste de EE. UU. y el norte de México, incluidos los nahuas y los pueblos indígenas de las Grandes Llanuras. Además, su investigación tuvo en cuenta la influencia de la colonización, algo que otros investigadores a menudo señalaban pero luego omitían en sus publicaciones. Su forma de investigación hacía hincapié en el uso del relativismo cultural como herramienta metodológica y demostraba su

Véase también: Orígenes de la cultura 32–33 ▪ Autoetnografía 76–77 ▪ Sistema de creencias locales 78–79 ▪ Etnografía crítica 270–271

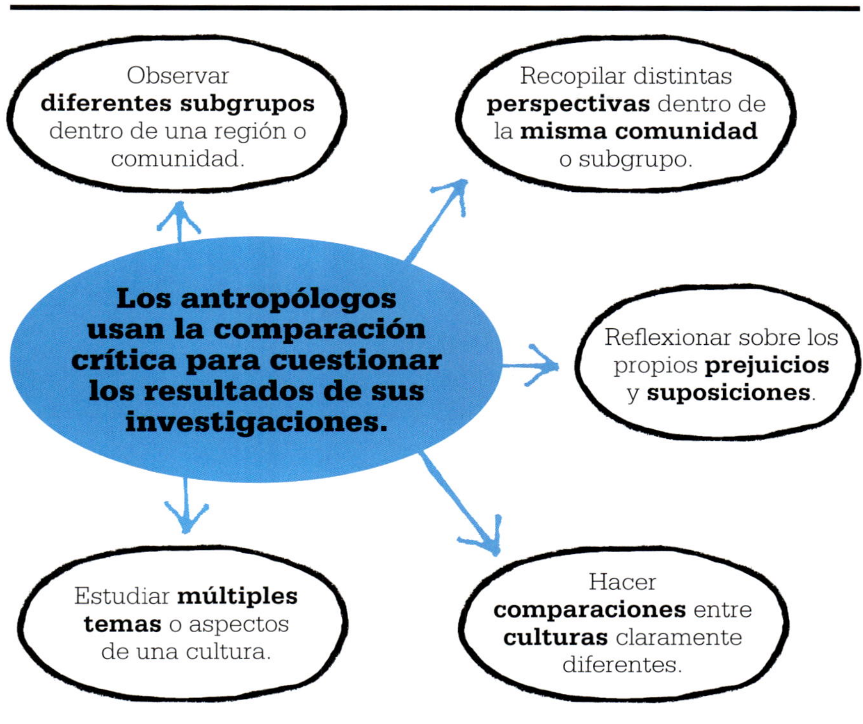

necesidad en la investigación intercultural.

Enfoque crítico

A lo largo de su trabajo antropológico, Clews Parsons subrayó la importancia de disponer de información precisa y contextualizada y de no hacer generalizaciones sobre ningún grupo en particular. Revisó y volvió a publicar la información en repetidas ocasiones para mantener la precisión y la confianza del lector. También destacó la importancia de comprender todos los aspectos de una cultura, incluido el idioma, antes de sacar cualquier conclusión. De este modo, reconoció que el propio idioma tenía un significado cultural e influía en el pensamiento.

Aunque el trabajo etnográfico de Clews Parsons fue uno de los estudios más completos y detallados de la época sobre los pueblo, ella continuó siendo crítica con su propio trabajo, llegando incluso a incluir un apéndice de 60 páginas al final de *Pueblo Indian Religion* en el que enumeraba lo que consideraba sus limitaciones y las cuestiones que merecían ser estudiadas en el futuro.

No obstante, su meticulosa investigación supuso una importante contribución a la antropología y animó a otros a aplicar un enfoque comparativo no solo al estudio de otras culturas, sino también a la propia, cuestionando los roles sociales, las estructuras y los valores culturales que los sustentan. Así, su trabajo sentó las bases para una investigación etnográfica comparativa profunda y rigurosa. ■

Elsie Clews Parsons

Nacida en Nueva York en 1875, Clews Parsons fue una antropóloga, socióloga y feminista conocida sobre todo por analizar críticamente los roles de género entre distintos grupos. Se graduó en el Barnard College en 1896 y en 1899 obtuvo un doctorado en la Universidad de Columbia. Impartió clases de sociología en el Barnard College entre 1902 y 1905. Su trabajo se consideraba tan radical y subversivo que en 1913 publicó dos libros bajo el seudónimo de John Main para proteger la carrera política de su marido. Fue editora asociada del *Journal of American Folklore* a partir de 1918 y presidenta de la American Ethnological Society de 1923 a 1925. También fue la primera mujer elegida presidenta de la American Anthropological Association, pero murió antes de poder tomar posesión del cargo en 1941.

Otras obras clave

1906 *The Family.*
1913 *The Old Fashioned Woman.*
1936 *Mitla: Town of the Souls.*

SOMOS PRODUCTOS Y AGENTES ACTIVOS

LA SÍNTESIS EVOLUCIONISTA

EN CONTEXTO

OBRA CLAVE
Julian Huxley, *La evolución: Síntesis moderna* (1942)

RAMA
Antropología biológica

ANTES
1856 Gregor Mendel empieza a cultivar guisantes, lo que le permite estudiar en detalle cómo funciona la herencia genética.

1859 Charles Darwin publica *El origen de las especies*, donde presenta su teoría de la selección natural.

1937 Theodosius Dobzhansky publica *Genética y el origen de las especies*, que destaca el papel de la variación genética en la evolución.

DESPUÉS
1972 En su teoría del «equilibrio puntuado», los biólogos estadounidenses Niles Eldredge y Stephen Jay Gould sugieren que la evolución se produce en brotes.

Durante la década de 1940, el biólogo británico Julian Huxley, junto con otros científicos como el genetista ucraniano Theodosius Dobzhansky y el biólogo alemán Ernst Mayr, desempeñaron un papel fundamental en el avance de la comprensión del funcionamiento de la evolución. Juntos desarrollaron la síntesis evolucionista (también conocida como «síntesis moderna»), que unificó la teoría de la selección natural de Charles Darwin con los nuevos conocimientos de la genética. Este marco integral demostró que la evolución no solo se produce a través de la selección natural, sino también a través de otros mecanismos, como la mutación, la deriva genética y la selección sexual. Señalaron que estos cambios se producen a nivel poblacional, más que en organismos individuales, acumulándose a lo largo de generaciones.

Comprender la herencia

Cuando Charles Darwin publicó *El origen de las especies*, no pudo explicar cómo se transmitían los rasgos heredados de padres a hijos.

Según el concepto de Mendel de genes dominantes y recesivos, dos plantas progenitoras, cada una con un gen dominante púrpura (B) y un gen recesivo blanco (b), tienen tres veces más probabilidades de producir descendientes con flores púrpuras que blancas.

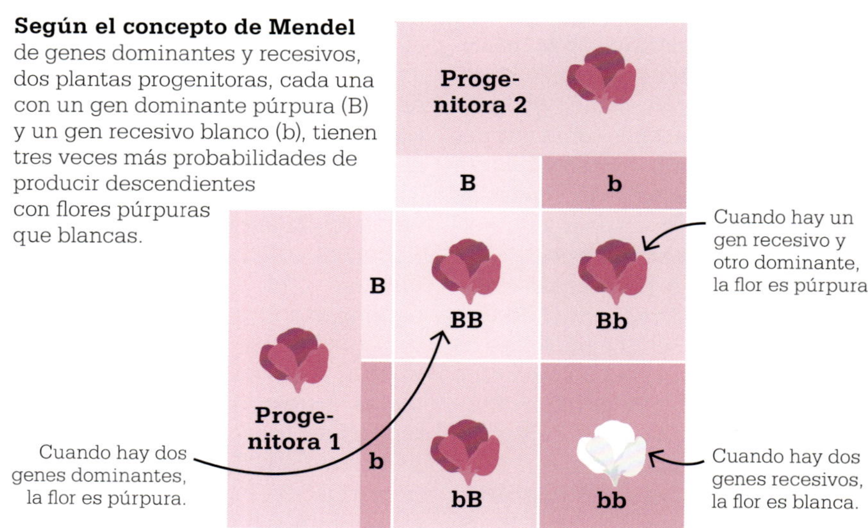

Véase también: La teoría de la evolución 24–25 ▪ Evolución unilineal 26–27 ▪ Orígenes de la humanidad 94–101 ▪ Evolución multilineal 104–107 ▪ Bioarqueología 167 ▪ Secuenciación de ADN antiguo 290–291

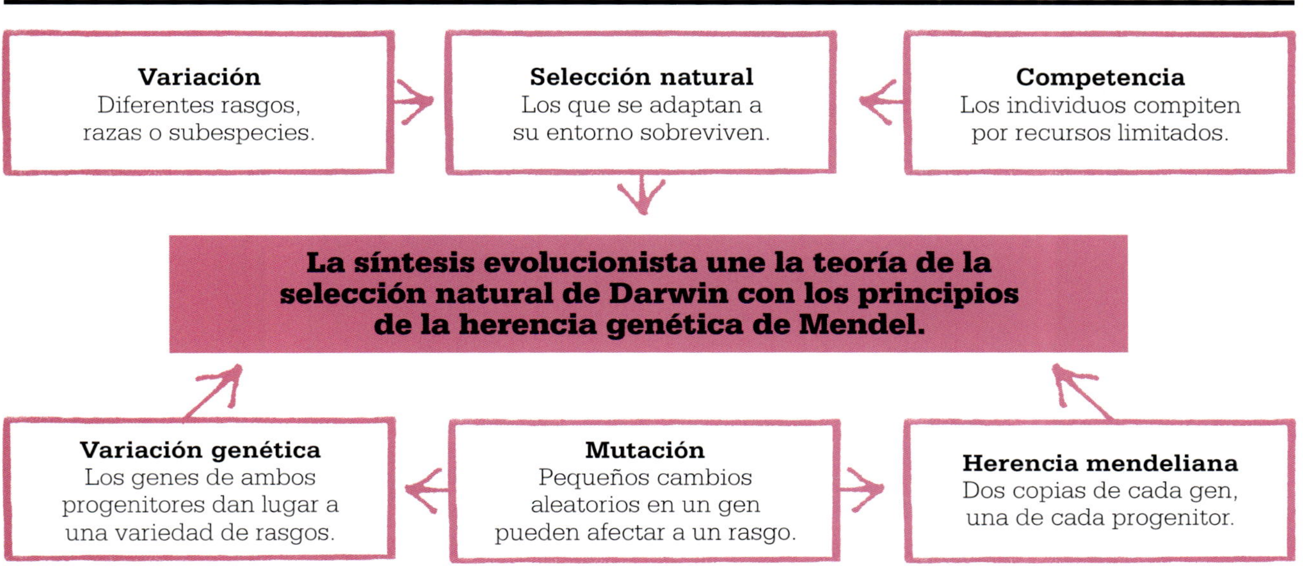

Una idea desacreditada provenía de Jean-Baptiste Lamarck, que en 1809 sugirió que los organismos podían heredar rasgos desarrollados durante la vida de sus padres. Sin embargo, una explicación más precisa de la herencia provino del fraile austriaco Gregor Mendel en la década de 1860. Mendel descubrió las leyes básicas de la herencia, identificando cómo se transmiten los rasgos de una generación a la siguiente. Su investigación sentó las bases de lo que hoy se conoce como genética.

Mientras Darwin describía los cambios evolutivos a gran escala, el trabajo de Mendel sobre la herencia genética reveló los mecanismos de la herencia a pequeña escala. Lo logró mediante una serie de experimentos con plantas de guisantes: a lo largo de ocho años, cultivó más de 10 000. Los resultados mostraron que los genes se presentan en pares, uno heredado de cada progenitor, y que los rasgos se transmiten como dominantes o recesivos siguiendo patrones predecibles.

En la década de 1930, científicos como Huxley, Dobzhansky y Mayr trataron de unificar las ideas de la selección natural y la genética mendeliana. Su trabajo condujo a la síntesis evolucionista, que reconocía que la fuente principal de variación son las mutaciones genéticas, heredadas al azar y transmitidas por reproducción sexual. Redefinieron la evolución como el cambio gradual en la frecuencia de los genes dentro de las poblaciones a lo largo de las generaciones. Este marco unificaba dos ideas clave: los principios de Mendel sobre cómo se heredan los rasgos a través de las generaciones y la teoría de Darwin sobre cómo evolucionan las especies a lo largo de periodos más largos. La combinación de ambas teorías explicaba tanto los cambios genéticos a corto plazo dentro de las poblaciones como la aparición de nuevas especies a largo plazo.

> La evolución [...] es la idea más poderosa y más completa que jamás haya surgido en la Tierra.
> **Julian Huxley**
> ***Essays of a Humanist* (1964)**

Las raíces de la humanidad

La síntesis evolucionista también ha demostrado ser una herramienta indispensable para comprender la evolución humana. En las décadas posteriores a su formulación, a medida que se producían nuevos descubrimientos fósiles, la síntesis proporcionó a los antropólogos un marco sólido para explorar los fundamentos genéticos de los rasgos humanos. La síntesis sigue siendo hoy la piedra angular de la antropología biológica, guiando la investigación y los descubrimientos en curso. ■

UN MARCO DE REFERENCIA PARA LA EXPERIENCIA

LENGUAJE Y COGNICIÓN

EN CONTEXTO

OBRA CLAVE
Benjamin Whorf, *An American Indian Model of the Universe* (1950)

RAMA
Antropología lingüística

ANTES
1836 En una obra publicada póstumamente, el alemán Wilhelm von Humboldt propone una teoría de gramática universal, junto con un concepto relacionado de relatividad lingüística.

DESPUÉS
1966 Dell Hymes, lingüista estadounidense, identifica dos tipos de relatividad lingüística, uno basado en las estructuras gramaticales existentes y otro basado en los cambios sociales emergentes dentro de una comunidad lingüística.

1992 *Language Diversity and Thought*, del lingüista estadounidense John Lucy, respalda la relatividad lingüística de Whorf.

La noción de que el lenguaje da forma al pensamiento ha suscitado un gran interés, en especial en relación con la idea de que toda nuestra percepción de la realidad está profundamente influida por las estructuras de nuestro lenguaje. Se trata de un concepto antiguo, expresado a lo largo de la historia por eruditos y escribas cuya labor consistía en preservar la sabiduría prestando atención a los patrones gramaticales del lenguaje cotidiano.

En la década de 1950, los escritos póstumos de Benjamin Whorf ofrecieron una visión de esta influencia del lenguaje en la vida humana: cómo moldea el flujo del pensamiento, y cómo afecta asimismo a las percepciones y las acciones subsiguientes. Whorf veía el lenguaje como un poderoso catalizador en la formación de pensamientos, percepciones y acciones compartidos, lo que genera interpretaciones compartidas, las cuales a veces no se ajustan a la realidad.

Diferencias en la ciencia

Whorf se dedicó al estudio de la lingüística durante la década de 1930 bajo la dirección de Edward Sapir, el lingüista más destacado de la época y especialista en las estructuras de las lenguas indígenas americanas.

Los acontecimientos representados en este tapiz hopi se muestran como algo que ocurre, en vez de presentarse en el contexto de un momento histórico concreto.

En sus trabajos posteriores sobre las lenguas indígenas norteamericanas, Whorf llegó a considerar los modelos alternativos de ciencia –o formas de conocimiento– como una preocupación panhumana que se reflejaba en la gramática y el vocabulario de todas las lenguas humanas. Por ejemplo, observó que las lenguas indígenas transmitían un sentido relativo del espacio y el tiempo. A diferencia del inglés, en el que el concepto de tiempo se expresa a menudo de forma lineal, registrando la progresión anual de los años, Whorf

Véase también: La estructura del lenguaje 44–45 ▪ Estructuralismo 108 ▪ Las reglas del lenguaje 109 ▪ Ritual y lenguaje166

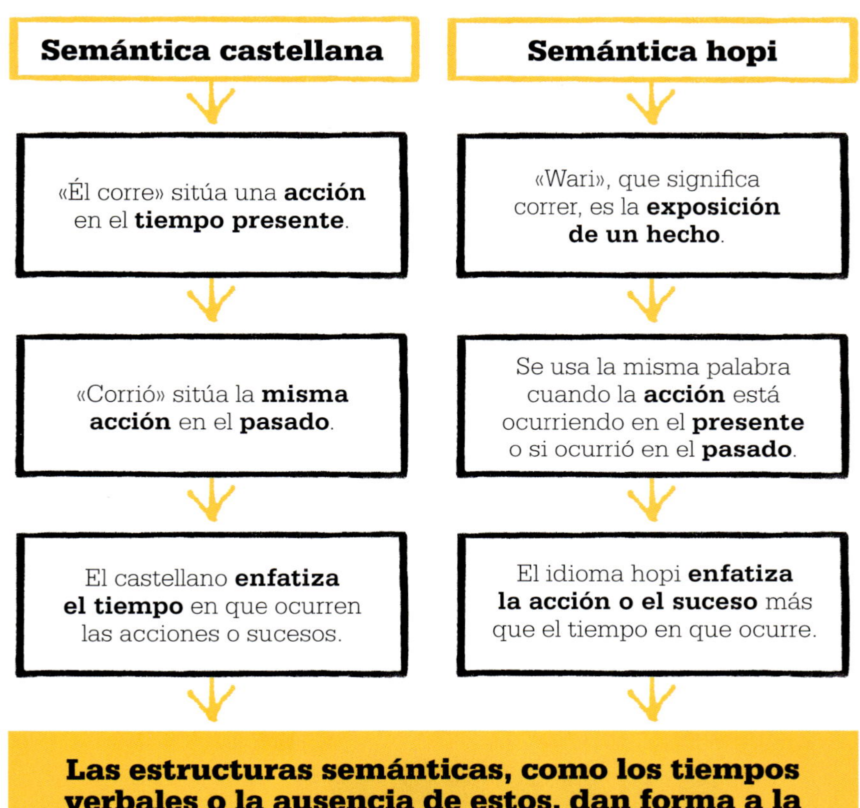

observó que los hablantes de otras lenguas, como la hopi de Arizona (EE. UU.), suelen enmarcar el tiempo de una manera más cíclica, centrándose en el retorno periódico de días, semanas, meses y estaciones.

La realidad del lenguaje

Además de interesarse por la ciencia, Whorf estudió el misticismo y la forma en que las estructuras lingüísticas de la gramática y el vocabulario se utilizaban para capturar y catalogar la sabiduría de las generaciones anteriores, transmitida de boca en boca. Su trabajo puso de relieve el poder de la estructura, no solo en el lenguaje cotidiano, sino en toda la sociedad, como las reglas que nos rigen a todos.

Según Whorf, nuestra forma de ver el mundo refleja en parte las visiones de nuestros vecinos –las personas con las que compartimos idioma–, que moldean nuestros pensamientos con sus actos y palabras, especialmente tal y como se expresan en la gramática y el vocabulario de la vida cotidiana. También señaló que gramática y vocabulario son moldeados por la cultura y, por tanto, evolucionan en respuesta a las necesidades cambiantes dentro de la misma.

Los escritos de Whorf han animado a los estudiosos a explorar la relación entre lenguaje y pensamiento, en particular en lo que respecta a la percepción de la realidad y el poder del habla en la conciencia. Hoy en día, más allá del campo de la antropología o la lingüística, la neurociencia parece estar confirmando ideas planteadas por antropólogos de principios del siglo XX como Whorf, al demostrar que la actividad cerebral relacionada con el lenguaje influye en el pensamiento y la percepción de una persona. El idioma que se habla, como señaló Whorf, influye en la forma en que se percibe el mundo. ■

Benjamin Whorf

Benjamin Lee Whorf, nacido en Winthrop (Massachusetts) en 1897, se graduó en química en el Instituto Tecnológico de Massachusetts y trabajó como ingeniero de prevención de incendios al tiempo que se dedicaba a otros intereses. Su pasión por los idiomas le llevó a estudiar lingüística en Yale con Edward Sapir. Whorf murió en 1941, dejando una serie de obras inacabadas que fueron publicadas por su *alma mater*, MIT Press, en las décadas de 1940 y 1950. Aunque sus escritos fueron poco conocidos durante su vida, sus ideas han sido estudiadas por generaciones posteriores de académicos, especialmente en antropología, lingüística y ciencias cognitivas.

Otras obras clave

1940 «Ciencia y lingüística».
1944 *«La relación del pensamiento y el comportamiento habitual con el lenguaje».*
1956 *Lenguaje, pensamiento y realidad.*

ANTROPO
DE POSGU
1950–1980

LOGÍA
ERRA

1953

Louis Leakey afirma que los **fósiles** hallados en la garganta de Olduvai (Tanzania) demuestran que los **humanos evolucionaron en África**.

1955

La teoría de la **evolución multilineal** de Julian Steward sugiere que **sociedades** en **entornos similares evolucionan** de forma similar.

1955

Claude Lévi-Strauss emplea los principios estructuralistas para entender **patrones** de **diferentes culturas**.

1962

Lewis Binford insta a los **arqueólogos** a adoptar un **enfoque científico más riguroso** para analizar sus hallazgos.

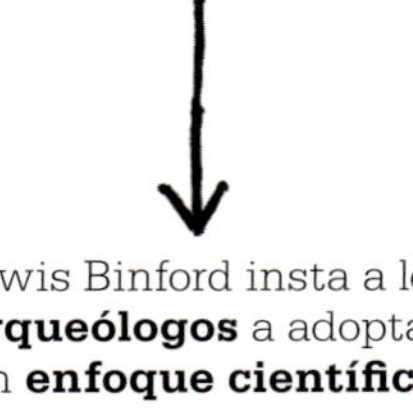

1964

William Labov señala que las **diferencias en la pronunciación** y el uso del lenguaje pueden estar relacionadas con la **clase social**.

1969

Victor Turner estudia cómo los **ritos de paso** ayudan a **mantener el orden social**.

Las décadas posteriores a la II Guerra Mundial fueron una época de cambio radical no solo en la política y la tecnología; también en la antropología. A medida que antiguas colonias iban ganando independencia y crecían las conexiones globales, la antropología amplió sus enfoques. En concreto, contempló tres cambios relevantes: un nuevo rigor científico en la arqueología, un mayor énfasis en el significado y el poder de la cultura, y la conciencia creciente de que los propios antropólogos –sus prejuicios y perspectivas– moldeaban lo que observaban.

Nuevos enfoques

En el centro de estos cambios había nuevas formas de considerar las sociedades humanas. El antropólogo francés Claude Lévi-Strauss argumentó que, bajo la superficie de la diversidad cultural, existen estructuras universales de pensamiento –como las que se hallan en mitos o sistemas de parentesco– que moldean la forma en que entendemos el mundo. Este enfoque, llamado estructuralismo, influyó en muchos otros estudiosos, como la británica Mary Douglas, quien demostró cómo los símbolos de pureza y contaminación reforzaban las fronteras sociales.

Sin embargo, no todo el mundo estaba de acuerdo en que la cultura pudiera reducirse a estructuras mentales. Algunos, como Julian Steward y Marvin Harris, insistían en que el motor del cambio cultural eran las condiciones materiales: clima, producción de alimentos o necesidades económicas. La teoría de la evolución multilineal de Steward explicaba por qué las sociedades se desarrollaban de forma diferente en función de su entorno, mientras que el materialismo cultural de Harris consideraba todo, desde la religión hasta la guerra, como adaptaciones prácticas.

El antropólogo cultural Clifford Geertz cuestionaba estas grandes teorías. La cultura, argumentaba, no es un rompecabezas que resolver, sino una red de significados que interpretar. Su método de descripción densa –descifrando rituales, arte o interacciones cotidianas– revelaba cómo las personas dan sentido a sus propias vidas. De manera similar, el británico Victor Turner estudió los ritos de paso y demostró cómo tales rituales disolvían temporalmente las jerarquías sociales, produciendo momentos de unidad y transformación.

Repensar el pasado

Mientras tanto, la arqueología estaba experimentando su propia re-

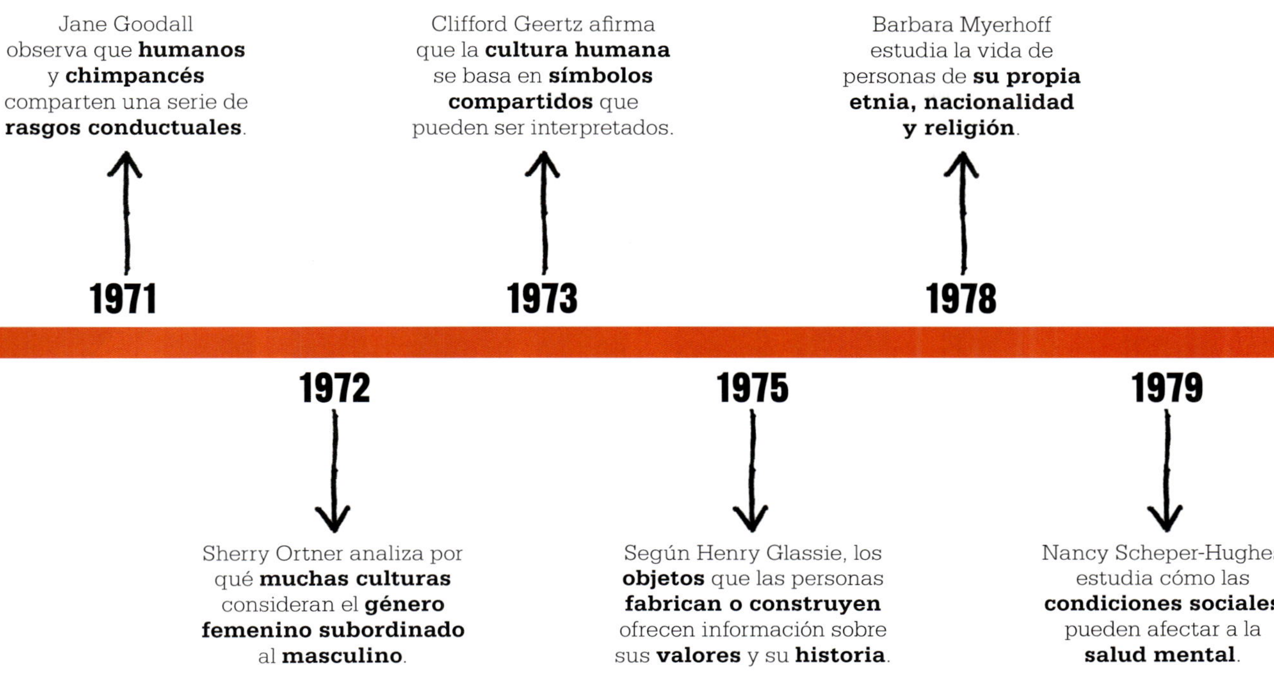

volución. Lewis Binford y sus seguidores rechazaron la anticuada catalogación de artefactos en favor de la Nueva Arqueología (o arqueología procesual), que trataba el pasado como un laboratorio. Con métodos tomados de la biología y la física, comprobaron hipótesis sobre economías antiguas, migraciones y adaptaciones ecológicas. Al mismo tiempo, los hallazgos en esta disciplina remodelaron la comprensión de los orígenes humanos. Las excavaciones de los paleoantropólogos Louis y Mary Leakey en la garganta de Olduvai, en Tanzania, descubrieron fósiles que retrasaron la cronología de la evolución humana, mientras que los arqueólogos Kent Flannery y Patty Jo Watson aplicaron la teoría de sistemas para estudiar cómo interactuaban con su entorno las primeras comunidades.

Poder, ética y género

En las décadas de 1960 y 1970, el alcance de la antropología se amplió aún más. Académicas feministas como Sherry Ortner y Karen Sacks cuestionaron las narrativas dominadas por los hombres en esta disciplina y se preguntaron por qué las mujeres eran tan a menudo marginadas en los estudios sobre política o economía. Al mismo tiempo, los antropólogos tomaron mayor conciencia de su papel personal en la investigación. Paul Rabinow y Barbara Myerhoff fueron pioneros en la etnografía reflexiva al discutir cómo sus propias experiencias habían moldeado su trabajo, mientras que Nancy Scheper-Hughes abordó dilemas éticos en la antropología médica.

También surgieron nuevos métodos. Lingüistas como William Labov documentaron cómo los dialectos reflejan la clase social, y Fredrik Barth demostró que la etnicidad no es fija, sino que se negocia constantemente. Los avances científicos transformaron la arqueología: la bioarqueología de Jane Buikstra extrajo biografías de esqueletos antiguos, mientras que L. L. Cavalli-Sforza utilizó la genética para rastrear las migraciones humanas. La antropóloga Laura Nader instó a los académicos a «estudiar hacia arriba», centrando su atención en gobiernos y empresas más que en las comunidades marginadas.

En 1980, la antropología se había reinventado: era más rigurosa, más crítica y más dispuesta a plantear preguntas incómodas sobre género, poder e incluso sobre sus propios métodos. Los descubrimientos de esta época aportaron herramientas para comprender a la humanidad en un mundo en rápida evolución. ■

TODOS VENIMOS DE ÁFRICA

ORÍGENES DE LA HUMANIDAD

EN CONTEXTO

OBRA CLAVE
Louis Leakey, *Adam's Ancestors* (1953)

RAMA
Arqueología; antropología biológica

ANTES
1871 Darwin publica *El origen del hombre*, donde plantea la hipótesis de que humanos y simios africanos comparten un antepasado común.

DESPUÉS
1988 El paleoantropólogo Rick Potts publica *Early Hominid Activities at Olduvai*, donde usa las herramientas líticas y los huesos de animales hallados en Olduvai (Tanzania) para explorar el comportamiento de los homínidos.

2013 En *From Hand to Handle*, el arqueólogo Lawrence Barham sostiene que la dependencia humana de las herramientas se remonta a hace tres millones de años.

Es fácil [...] que África antiguamente estuviese habitada por monos, ya extinguidos, muy vecinos al gorila y chimpancé, y [...] es probable que nuestros antecesores primitivos hayan vivido en el continente africano.
Charles Darwin
***El origen del hombre* (1871)**

Louis y Mary Leakey examinan la mandíbula superior de un cráneo de hominino encontrado en Tanzania en 1959, y de unos 600 000 años de antigüedad.

La comunidad científica actual apoya ampliamente la teoría de que los seres humanos evolucionaron en África y luego se dispersaron en una serie de flujos migratorios, primero a través de Europa y Asia, y más tarde por todo el mundo. Sin embargo, hasta mediado el siglo XIX, la explicación predominante en Occidente sobre el origen de la humanidad se basaba en una interpretación literal de la Biblia. Cuando los resultados de las investigaciones presentaron datos que no se ajustaban a esta interpretación, los primeros biólogos empezaron a proponer explicaciones alternativas sobre el origen humano.

En 1871, Charles Darwin publicó *El origen del hombre*, donde sugería que el ser humano es un primate surgido en África: una teoría controvertida en su momento, incluso entre los científicos. El biólogo alemán Ernst Haeckel, por ejemplo, rechazó la hipótesis sobre el origen africano, argumentando que los seres humanos estaban más estrechamente relacionados con los primates del Sureste Asiático. Poco a poco, a lo largo de las décadas siguientes, las pruebas científicas que respaldaban las ideas de Darwin fueron aumentando; las más convincentes llegarían con los hallazgos de Louis y Mary Leakey en las décadas de 1950 y 1960.

Louis Leakey, paleoantropólogo keniano-británico, era un firme defensor de la teoría de Darwin de que el origen de la humanidad se encontraba en África. Junto con su esposa y colega paleoantropóloga Mary, Leakey se propuso acumular pruebas físicas que respaldaran la hipótesis en África Oriental, y encontró una colección de fósiles reveladores, entre ellos los restos del antepasado más antiguo conocido del ser humano moderno: *Homo habilis*.

Véase también: La teoría de la evolución 24–25 ▪ Genética de poblaciones 121 ▪ Comportamientos de los chimpancés 132–135 ▪ Nutrición y evolución humana 280 ▪ Secuenciación de ADN antiguo 290–291 ▪ Entierros humanos 306

La teoría asiática

El primer fósil conocido de un humano primitivo fue encontrado por dos mineros en una cueva del valle de Neander, en Alemania, en 1856. Tenía rasgos robustos, como un arco superciliar prominente y un cráneo alargado, y los científicos de la época no supieron cómo explicarlo. Luego sería reconocido como una nueva especie humana y bautizado por el geólogo William King como *Homo neanderthalensis* o neandertal. En las décadas siguientes se hallaron fósiles similares en Europa y Asia, entre ellos un cráneo y un fémur fosilizados en Java (el «hombre de Java»). Debido a estos hallazgos y a otros de primates primitivos encontrados en Asia, muchos científicos empezaron a plantear la hipótesis de que el ser humano podría haber evolucionado en Asia a partir de una especie anterior que abandonó África.

Uno de los profesores de Louis Leakey le advirtió que, si quería dedicar su vida al estudio de los orígenes del ser humano, debía mirar hacia Asia, más que a África. El debate se mantuvo durante años, hasta que se produjo una oleada de importantes hallazgos fósiles en África y las pruebas de ADN reforzaron la teoría del origen africano.

Me pregunté si Darwin tenía razón... y la tenía.

Louis Leakey
En entrevista con la Fundación Leakey (1969)

Hallazgos africanos

En 1924, el antropólogo australiano Raymond Dart analizó un cráneo fósil hallado por unos trabajadores en una cantera de caliza en Taung (Sudáfrica). Bautizado como el «niño de Taung», el fósil era único, pues se trataba de un hominino muy joven, de unos tres o cuatro años de edad. Parecía tener muchas más características primitivas que los fósiles neandertales, pero la ubicación de su *foramen magnum* –el orificio situado en la parte inferior del cráneo, por donde entra la médula espinal– indicaba que era bípedo. Los científicos se entusiasmaron con la posibilidad de que representara una especie transicional entre simios y humanos. Sin embargo, muchos paleoantropólogos siguieron sin aceptar hasta finales de la década de 1940 que el niño de Taung era una especie ancestral humana y miembro de la especie *Australopithecus africanus*; para entonces, los Leakey ya habían hecho importantes hallazgos sobre el uso temprano de herramientas en África.

En 1931, los Leakey trabajaban en la garganta de Olduvai, en Tanzania, un barranco escarpado situado en el Gran Valle del Rift, que se extiende a lo largo del este de África. Formado por dos placas tectónicas que se separan entre sí –la somalí y la africana–, es una zona volcánica activa donde los fósiles se conservan en muy buen estado. Los Leakey descubrieron toscas herramientas de piedra de unos 2,6 millones de años de antigüedad, conocidas como herramientas olduvayenses. Eran las más antiguas conocidas hasta entonces e incluían piedras utilizadas para martillar y cortar. Este hallazgo fue una prueba revolucionaria de que antepasados humanos que utilizaban herramientas podrían haber vivido en aquella zona.

En 1942, los Leakey también hallaron una gran colección de antiguas hachas de mano de piedra y herramientas talladas por ambos lados (bifaces) en un yacimiento en Olorgesailie, cerca de Nairobi (Kenia). La cantidad de hachas halladas en la zona era muy inusual, y desde entonces se han estudiado para comprender mejor cómo pudieron vivir los antepasados humanos, cómo fabricaban las herramientas y cómo respondían a los cambios en su entorno.

Localización de otras especies

Tras estos descubrimientos, muchos investigadores se interesaron por la búsqueda de fósiles de homininos en África. En particular, Robert Broom, médico y paleontólogo escocés, realizó varios descubrimientos importantes en cuevas sudafricanas. En 1936 descubrió el primer *A. africanus* adulto conocido mientras excavaba en la cueva de Sterkfontein, »

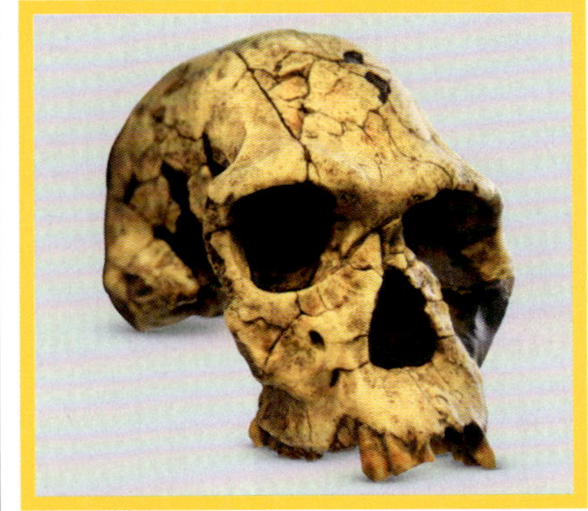

Este cráneo bien conservado y otros restos de *Homo habilis* fueron hallados en Tanzania. *H. habilis* vivió hace alrededor de 1,75 millones de años.

y en 1938 encontró más restos fósiles de *A. africanus* y otros homininos en la cueva de Kromdraai, cerca de Johannesburgo. Algunos de estos fósiles eran muy robustos, con huesos más grandes, gruesos y prominentes.

Broom llamó a la especie *Paranthropus robustus*, aunque ahora se reconoce como una forma de *Australopithecus*. Estos robustos homininos tenían una cresta sagital notable: una cresta ósea en la parte superior del cráneo que proporcionaba sujeción a unos gruesos músculos mandibulares. Esta característica esquelética, junto con sus dientes grandes y anchos, sugería que *P. robustus* tenía unos músculos mandibulares excepcionalmente fuertes y que probablemente consumía alimentos duros, como raíces y otra vegetación correosa.

Aunque las crestas sagitales son comunes entre los grandes simios actuales, no se dan en los humanos ni se habían encontrado antes en restos de homininos. Esto indicaba claramente que varias especies de homininos evolucionaron al mismo tiempo y que existía gran variedad entre ellos. El descubrimiento proporcionó pruebas sólidas de que la evolución humana tuvo lugar a lo largo de varios millones de años y de que África era el origen más probable de la humanidad.

En busca de apoyo

En 1948, en un yacimiento de la isla de Rusinga, en el lago Victoria (Kenia), Mary Leakey encontró el cráneo perfectamente conservado de un simio homínido de unos 16 millones de años, reconocido como un *Proconsul*. Fue un importante descubrimiento que respaldaba la hipótesis de Darwin sobre el origen africano del hombre, ya que se creía que *Proconsul* era un eslabón entre los simios arborícolas y los primeros ancestros humanos. Fue el primer hallazgo de un cráneo del género, que resultó tener un cerebro relativamente grande.

De vuelta a la garganta de Olduvai, los Leakey siguieron buscando pruebas del origen del ser humano en África. En 1959, Mary descubrió el fósil especialmente bien conservado de un nuevo grupo de homininos: *Paranthropus boisei*. Los fósiles se dataron en *c.* 1,8 millones de años, lo que situaba a *P. boisei* como el hominino más antiguo conocido hasta entonces. El descubrimiento no solo fue revolucionario por el hallazgo de una nueva especie, sino que se sumó al creciente conjunto de pruebas que respaldaban la hipótesis de Darwin sobre el origen africano del ser humano.

Cuanto más sabemos, más nos damos cuenta de que las primeras interpretaciones eran completamente erróneas.

Mary Leakey

En entrevista con *Scientific American* (1994)

Hallazgo de *Homo habilis*

Aunque todos estos hallazgos proporcionaban pruebas convincentes de la evolución de los homininos, ninguno de los fósiles pertenecía al mismo género –*Homo*– que los humanos modernos. Los primeros fósiles del género *Homo* fueron descubiertos en la garganta de Olduvai por Mary y Louis Leakey.

En 1960, el hijo de los Leakey, Jonathan, encontró un hueso de mandíbula que se parecía al de un humano. Tras investigar más a fondo, los Leakey encontraron más restos fósiles en la zona, entre ellos partes de un cráneo, manos y pies. Es importante destacar que los fósiles se hallaron cerca de donde Mary y Louis habían encontrado anteriormente herramientas de piedra olduvayenses, lo que sugería que este hominino podría ser su fabricante.

Los restos mostraban que esta especie tenía dientes más pequeños y un cerebro más grande que los australopitecinos. Además, la anatomía de las manos indicaba que esta especie tenía un agarre preciso. Dado que la anatomía de las manos de los primates no humanos y sus antepa-

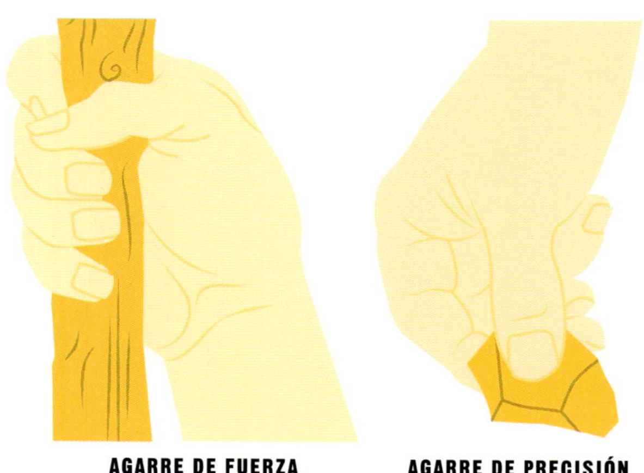

La anatomía de la mano determina los tipos de agarre que puede realizar. En un agarre de fuerza, todos los dedos envuelven el objeto con una sujeción fuerte. En un agarre de precisión, el objeto se sujeta entre el pulgar y el índice.

sados es demasiado larga para un agarre preciso, y que los seres humanos son capaces de realizar un agarre tanto fuerte como preciso, estos restos fósiles debían de pertenecer a un antepasado humano del género *Homo*. Así pues, Louis Leakey y sus colegas Phillip Tobias y John Napier dieron a la especie el nombre de *Homo habilis*: «hombre hábil». El descubrimiento supuso un punto de inflexión en la comprensión de la evolución humana: no solo reveló una nueva especie y el primer antepasado humano que creó y utilizó herramientas, sino que también proporcionó la prueba más convincente de que los ancestros humanos habían vivido en África, lo que confirmaba la hipótesis de Darwin. Así, una teoría que en su día fue controvertida pasó a ser ampliamente aceptada por la comunidad científica.

El descubrimiento de Lucy

En las décadas siguientes se llevaron a cabo muchas más búsquedas de pruebas del origen del ser humano en África. Uno de los hallazgos fósiles más notables tras el descubrimiento de *H. habilis* fue el de un fósil de *Australopithecus afarensis* que estaba completo en casi un 40 por ciento. Se trata del fósil más completo de esta especie y fue descubierto en 1974 en Etiopía por el paleoantropólogo estadounidense Donald Johanson, quien bautizó al fósil con el nombre de Lucy. Los restos mostraban que era una hembra que habría medido poco más de 1 m de altura, tenía un cuerpo relativamente delgado y compartía muchas características con los humanos, con la excepción de la caja craneal, que era mucho más pequeña. El descubrimiento de un esqueleto tan completo ayudó a confirmar la idea de que la evolución se produjo a lo largo de millones de años.

Identificación de huellas

Por la misma época en que se descubrió a Lucy, Mary Leakey investigaba huellas fosilizadas de animales en Laetoli (Tanzania). En 1978, Leakey y el químico Paul Abell descubrieron un rastro de 70 huellas »

En la garganta de Olduvai, en Tanzania, se encuentran **herramientas líticas rudimentarias**.

Las herramientas requieren un **agarre de precisión**, pero son más antiguas que el antepasado humano más antiguo conocido con esta **capacidad**.

Se encuentran **fragmentos** de manos y pies de *Homo habilis*. Los de las manos sugieren que *H. habilis* era capaz de realizar agarres precisos.

***Se identifica a Homo habilis* como el primer ancestro humano que emplea herramientas.**

Mary Leakey

Nacida en Londres en 1913 como Mary Nicol, pasó gran parte de su infancia en Francia. Empezó a trabajar en expediciones arqueológicas con solo 17 años, cuando asistió a la excavación de Hembury en Devon (Reino Unido), dirigida por la eminente arqueóloga Dorothy Liddell; su función era crear ilustraciones científicas de las herramientas que se encontraban en el yacimiento. Aunque no recibió una educación universitaria formal, asistió con frecuencia a conferencias sobre arqueología, geología y prehistoria en el University College de Londres y en el Museo Británico, lo que alimentó su interés por estas materias. En 1934 fue invitada a ilustrar *Adam's Ancestors*, de Louis Leakey. Se casaron en 1936 y se trasladaron a África Oriental, donde comenzaron su larga y prolífica carrera en paleoantropología, realizando investigaciones en Kenia y Tanzania. Mary Leaky hizo muchos descubrimientos importantes, pero consideraba que el más significativo fue el hallazgo de las huellas de Laetoli en 1978. Murió en Nairobi (Kenia) en 1996.

Cronología de la presencia de los ancestros y parientes del ser humano

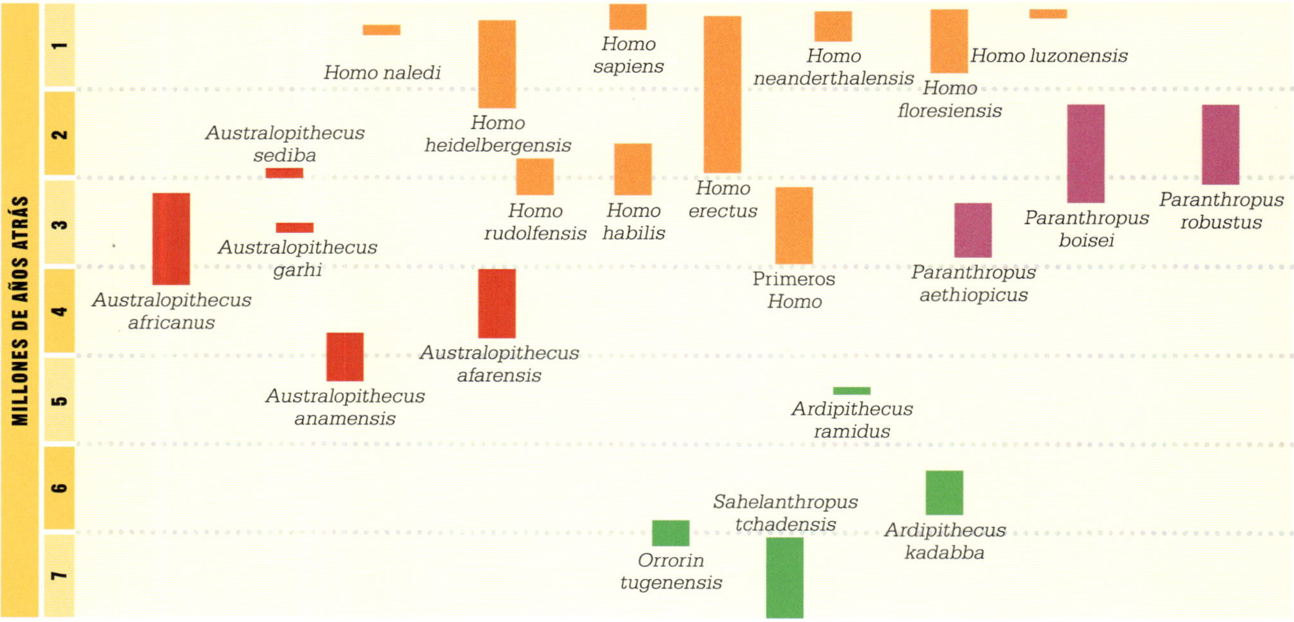

MILLONES DE AÑOS ATRÁS

1 2 3 4 5 6 7

Homo naledi
Homo sapiens
Homo neanderthalensis
Homo luzonensis
Homo floresiensis
Homo heidelbergensis
Australopithecus sediba
Homo erectus
Homo rudolfensis
Homo habilis
Paranthropus boisei
Paranthropus robustus
Australopithecus garhi
Primeros *Homo*
Paranthropus aethiopicus
Australopithecus africanus
Australopithecus afarensis
Australopithecus anamensis
Ardipithecus ramidus
Sahelanthropus tchadensis
Ardipithecus kadabba
Orrorin tugenensis

similares a las humanas, ahora conocidas como las huellas de Laetoli. Se cree que tienen 3,6 millones de años y estaban conservadas en ceniza volcánica. Las huellas mostraban impresiones profundas en el talón y los dedos, lo que sugiere que sus autores tenían una forma de caminar similar a la de los humanos modernos: el talón presionaba el suelo al inicio del paso y los dedos se utilizaban para impulsarse. También mostraban una forma de los dedos más similar a la de los dedos humanos que a la de otros primates. La combinación de estas pruebas proporcionó la primera prueba inequívoca de bipedismo entre los antepasados humanos de aquella época.

El pasado demuestra claramente que todos tenemos un origen común y que nuestras diferencias de raza, color y credo son solo superficiales.
Louis Leakey

Al parecer, las huellas fueron dejadas por al menos tres individuos, y se cree que pudieron pertenecer al menos a dos especies de homininos (incluido *A. afarensis*), que caminaron sobre la misma ceniza volcánica con solo unas horas de diferencia. Así pues, estas huellas corroborarían la idea de que múltiples especies de homininos convivieron en África antes de extenderse por el mundo y, finalmente, extinguirse hasta quedar solo *H. sapiens*.

Nuevas perspectivas

Aunque los Leakey y sus contemporáneos proporcionaron numerosas pruebas del origen africano del ser humano, aún hay muchas incógnitas sobre los antepasados del hombre. En las últimas décadas se han realizado varios descubrimientos fósiles en África que han servido para llenar los vacíos del árbol evolutivo humano, pero también han complicado nuestra comprensión del mismo.

En 2009, el paleoantropólogo Tim White descubrió en Etiopía un fósil de 4,4 millones de años de un homínido muy primitivo, *Ardipithecus ramidus*. Este poseía una serie de características intermedias: la estructura de su pelvis y su cráneo indican que era bípedo, pero tenía brazos largos y pies que conservaban la capacidad de agarre a pesar de estar adaptados para caminar. Esto sugería que *A. ramidus* pasaba una cantidad considerable de tiempo en los árboles, lo que

Huellas de *Australopithecus afarensis*, conocidas como las huellas de Laetoli, encontradas por Mary Leakey en un lecho volcánico.

contradecía la hipótesis general de que el bipedismo humano evolucionó como una adaptación para caminar largas distancias en la sabana.

En otro curioso descubrimiento, el paleoantropólogo Lee Berger encontró en 2010 dos esqueletos parciales de una nueva especie: *Australopithecus sediba*. Esta vivió hace 1,9 millones de años en Sudáfrica, y Berger y sus colegas sugirieron que podría ser un descendiente directo de *A. africanus*. Si esto fuera cierto, llenaría un importante vacío en la evolución entre los australopitecinos y el género *Homo*.

Berger también fue noticia en 2015 por el descubrimiento de fósiles de *Homo naledi*, hallados en dos cámaras del sistema de cuevas Rising Star, cerca de Johannesburgo. El equipo recuperó más de 1500 huesos fósiles, pertenecientes al menos a 15 individuos diferentes. Esto sugirió que los huesos podrían haber sido depositados allí intencionadamente, quizá como parte de un ritual funerario. Los fósiles también mostraron que esta especie tenía una combinación inesperada de rasgos modernos y antiguos. Por ejemplo, era totalmente bípeda y tenía manos diestras como los humanos modernos, pero también tenía características que sugieren que pasaba tiempo en los árboles. En 2017, el equipo anunció que había datado los fósiles entre 335 000 y 236 000 años, una fecha sorprendentemente reciente para una especie con rasgos tan híbridos. Esto implicaba que la especie vivió al mismo tiempo que *H. sapiens* y en la misma región.

Una aportación duradera

La paleoantropología sigue siendo un campo de la antropología en rápida evolución. Cada año, nuevos descubrimientos fósiles y nuevos análisis prometen remodelar nuestra comprensión de la evolución humana. Sin embargo, lo que queda claro es que, gracias a los descubrimientos de Louis y Mary Leakey y sus colegas, se sabe que el largo viaje evolutivo del ser humano comenzó en África. ■

No hay razas biológicas

Hoy día, los científicos coinciden en que los seres humanos aparecieron en África hace al menos 300 000 años y que ya no existen otras especies o subespecies humanas vivas. De hecho, la humana se halla entre las especies genéticamente más homogéneas de la Tierra.

La idea de «raza» se creó para justificar los privilegios de unos y las desventajas de otros, y se basaba en características físicas arbitrarias. Sin embargo, las pruebas científicas no respaldan la existencia de razas biológicas humanas. Hoy sabemos que los rasgos humanos se heredan de forma independiente entre sí: rasgos como la inteligencia o la capacidad atlética son el resultado de complejas interrelaciones entre los genes de cada persona y su entorno. La diversidad genética también es mayor dentro de cada supuesta raza que entre las diferentes razas. Aunque la raza no existe en sentido biológico, el concepto sigue moldeando la sociedad y la vida de las personas.

Los homininos, incluido *Homo sapiens*, **evolucionaron en África**.

↓

Homo sapiens **viaja por Asia** y **Europa**. Más tarde llega a Australia y a América del Norte y del Sur.

↓

Otras especies de homininos acaban **extinguiéndose**, pero *Homo sapiens* **sobrevive**.

↓

Todos los seres humanos actuales descienden de *Homo sapiens*, que evolucionó en África.

CUALQUIER SOCIEDAD REAL ES UN PROCESO EN EL TIEMPO

LA FLUIDEZ DE LOS SISTEMAS SOCIALES

EN CONTEXTO

OBRA CLAVE
Edmund Leach, ***Sistemas políticos de la Alta Birmania*** **(1954)**

RAMA
Antropología social y cultural

ANTES
1895 Émile Durkheim formula la idea de los «hechos sociales»: conceptos e instituciones que pueden ejercer control social. Su trabajo influye enormemente en la antropología social británica.

1922 Bronisław Malinowski y A. R. Radcliffe-Brown publican obras clave que sientan las bases del análisis antropológico social y la escritura etnográfica.

DESPUÉS
1969 Fredrik Barth sostiene que es la frontera, y el trabajo realizado para mantenerla, lo que separa a un grupo étnico de otro, y no el idioma, la religión o la indumentaria.

En la década de 1950, la mayoría de los antropólogos sociales asumían que las sociedades existen en un estado estable de equilibrio. Edmund Leach cuestionó esta visión, usando su trabajo de campo en la Birmania colonial (hoy Myanmar) para demostrar que los sistemas sociales están en cambio constante.

A diferencia de otros antropólogos, que preferían centrarse en un pequeño grupo de aldeas o «tribu», Leach realizó su trabajo de campo en una extensa zona que incluía algunos de los muchos grupos lingüísticamente distintos que habitaban las colinas Kachin, en el norte de Birmania. Según él, era necesario abarcar un área tan amplia porque los aldeanos de la región podían ocupar un lugar definido en varios sistemas sociales distintos al mismo tiempo.

Inmerso en la región

Leach pasó cinco años en el norte de Birmania durante la II Guerra Mundial, aprendiendo las lenguas locales y familiarizándose con sus culturas. Usó datos del censo e informes gubernamentales para rastrear la historia de cambios en los patrones cultura-

Vestidos como los hombres-pájaro de la leyenda shan, dos bailarines interpretan una danza. Las costumbres pueden sugerir identidades étnicas fijas, pero Leach mostró que los grupos sociales son mucho más fluidos.

Véase también: Raíces sociales de la religión 42–43 ▪ Sistema de creencias locales 78–79 ▪ Estructuralismo 108 ▪ Definir la etnicidad 130–131

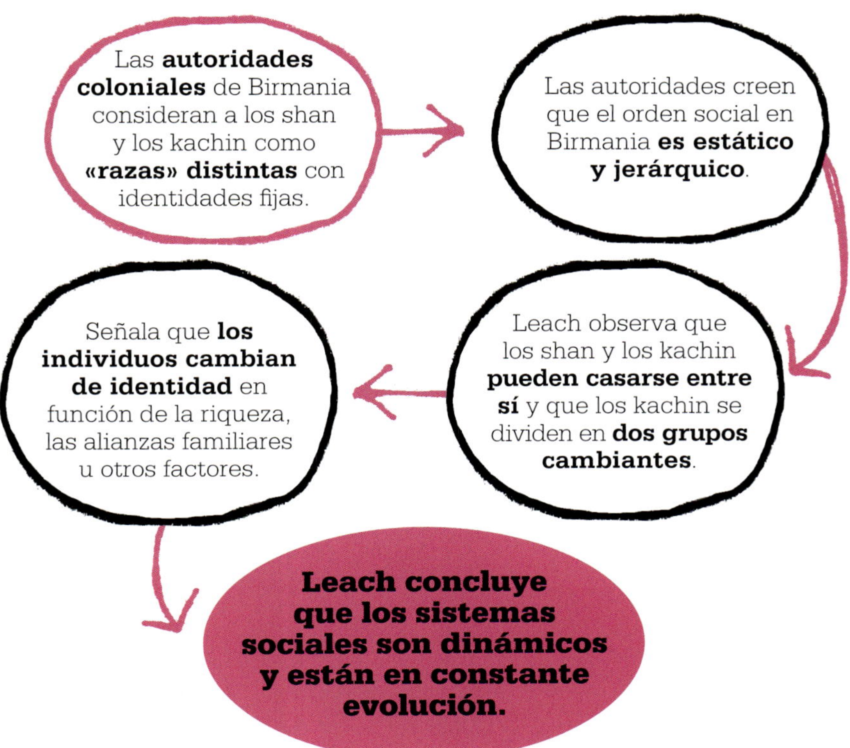

les y estructuras sociales de la zona, moldeados tanto por la dinámica local como por el colonialismo británico.

Pese a la diversidad lingüística y cultural de la región, los funcionarios birmanos y británicos del siglo XIX habían agrupado a sus habitantes en dos categorías: los shan, budistas y alfabetizados, que vivían en asentamientos con estructuras similares a las de un Estado; y los kachin, ágrafos, que practicaban la agricultura itinerante en aldeas móviles basadas en la familia. Los shan eran considerados «civilizados»; los kachin, «salvajes».

Sociedades en cambio

Leach observó que el sistema social era mucho más complejo, pues los individuos a menudo se identificaban como shan y kachin a la vez. También distinguió dos tipos de kachin: los *gumlao*, caracterizados por principios igualitarios, y los *gumsa*, que mantenían una estructura jerárquica con jefes. Leach señaló que las aldeas kachin pasaban del sistema *gumlao* al *gumsa*, y que algunos kachin *gumsa* incluso se convertían en shan al casarse con familias principescas y aceptar el budismo. Leach argumentó que los kachin cambiaban continuamente entre los sistemas *gumlao* y *gumsa* como respuesta a presiones sociales, económicas y políticas.

El trabajo de Leach en Birmania revolucionó la antropología social: desafió las visiones tradicionales de las sociedades como entidades estáticas y proporcionó un marco para comprender las sociedades complejas y el cambio estructural. ■

Edmund Leach

Nacido en Lancashire (Reino Unido) en 1910, Leach asistió a la London School of Economics (LSE), donde estudió con los antropólogos pioneros Bronisław Malinowski y Raymond Firth.

Leach comenzó su trabajo de campo en el norte de Birmania en agosto de 1939. Cuando estalló la II Guerra Mundial, se alistó en el ejército birmano, lo que le permitió viajar, aprender la lengua kachin y adquirir un profundo conocimiento de las sociedades kachin y shan.

Después de la guerra, completó su doctorado en la LSE y realizó un estudio sobre los pueblos de Sarawak (hoy parte de Malasia) para el gobierno británico. En 1953 fue nombrado profesor de la Universidad de Cambridge.

Leach publicó varios libros influyentes y decenas de artículos académicos: desde etnografías hasta trabajos más teóricos sobre parentesco, lenguaje y mitología. Murió en 1989.

Otras obras clave

1961 *Pul Eliya, a Village in Ceylon.*
1976 *Cultura y comunicación.*

EN BUSCA DE REGULARIDADES O LEYES CULTURALES

EVOLUCIÓN MULTILINEAL

EN CONTEXTO

OBRA CLAVE
Julian Steward, *Teoría del cambio cultural* (1955)

RAMA
Arqueología

ANTES
1911 En *La mentalidad del hombre primitivo*, Franz Boas refuta la evolución unilineal.

1939 Según Alfred Kroeber, el entorno es solo uno de los muchos factores que conforman la cultura humana.

DESPUÉS
1962 El arqueólogo estadounidense Lewis Binford sugiere que la cultura debería considerarse como una adaptación al entorno.

1981 En *Hunter-Gatherer Foraging Strategies*, los estadounidenses Bruce Winterhalder y Eric Smith reevalúan la ecología cultural desde una perspectiva evolutiva.

Julian Steward fue uno de los primeros antropólogos estadounidenses en desarrollar una teoría del cambio cultural, es decir, una explicación de los procesos que impulsan los cambios culturales, sociales y conductuales. Basada en la ecología cultural (el estudio de los vínculos entre el medio ambiente y la cultura), la teoría de Steward se llamó evolución multilineal.

Steward seguía los pasos de los afamados antropólogos estadounidenses Alfred Kroeber y Franz Boas, decididos a demostrar que la teoría de la evolución unilineal era incorrecta. Los defensores de esta teoría suponían que todos los pueblos seguían

Véase también: Relativismo cultural 34–41 ▪ La nueva arqueología 110–115 ▪ Etnografía reflexiva 162–165

Si bien es cierto que las culturas están arraigadas en la naturaleza [...], no son más producidas por esa naturaleza que una planta.

Alfred Kroeber

***Cultural and Natural Areas of Native North America* (1939)**

un mismo camino evolutivo predeterminado, que culminaba en la cultura occidental; equiparaban este camino con el progreso, un movimiento ascendente hacia una mayor inteligencia y una moral más elevada. Los evolucionistas unilineales creían que las diferencias entre pueblos se debían a entornos hostiles que frustraban los esfuerzos humanos por progresar, o a factores biológicos o genéticos, como una inteligencia inferior.

Como parte de sus esfuerzos por rebatir la evolución unilineal, Boas y sus discípulos argumentaron que el entorno solo desempeñaba un papel secundario en la producción de variaciones en las culturas del mundo; por ejemplo, debido a la aridez de su entorno, las sociedades árticas no pueden basarse en la agricultura. También rechazaron la búsqueda de regularidades entre sociedades. En su lugar, se centraron en la historia de comunidades individuales, investigando cómo diversos rasgos culturales se desarrollaban de forma independiente o se tomaban prestados de grupos vecinos.

Análisis de patrones

A medida que se disponía de más datos etnográficos, antropólogos como Steward encontraban más difícil ignorar los patrones que surgían. Así, Steward acabó rechazando un »

Las excavaciones de Steward en Utah hallaron mocasines finamente elaborados del siglo XIII, junto con otros restos de una próspera población de cazadores indígenas americanos.

Julian Steward

Nacido en Washington D. C. en 1902, Steward asistió a la escuela en la California rural, donde se le exigía trabajar la tierra. Fue así como conoció a algunos miembros de la tribu paiute local. Tras obtener la licenciatura en zoología en la Universidad de Cornell, estudió antropología con Alfred Kroeber en la Universidad de California en Berkeley, donde se doctoró en 1929.

Steward creó el departamento de antropología de la Universidad de Michigan e impartió clases en varias universidades, entre ellas la de Columbia, en Nueva York, donde tuvo como alumnos a Eric Wolf, Elman Service y Sidney Mintz.

Escritor prolífico, contribuyó con muchos artículos a revistas de antropología, promoviendo sus teorías sobre ecología cultural y el desarrollo de las civilizaciones. Murió en 1972.

Otras obras claves

1938 *Basin-Plateau Aboriginal Sociopolitical Groups.*
1959 *Handbook of South American Indians.*
1967 *Contemporary Change in Traditional Cultures.*

elemento clave de la antropología boasiana: lo que refirió como «la infructuosa premisa de que la cultura proviene de la cultura». Para identificar las causas del cambio cultural, Steward combinó el enfoque de Boas en la historia de las sociedades individuales con los patrones que observaba entre quienes vivían en entornos similares.

En opinión de Steward, no todos los pueblos del mundo siguen el mismo camino hacia la civilización europea, sino que siguen innumerables rutas, dictadas en gran medida por la respuesta humana al entorno. Además, estas rutas no son únicas para cada sociedad. Las comunidades pueden tener ideas y prácticas culturales distintas, pero Steward pensaba que las estructuras de las diferentes vías –por ejemplo, el desarrollo de la desigualdad social– mostraban una serie de similitudes.

No hay teorías a menos que se basen en hechos, pero los hechos solo existen en el contexto de una teoría.

Julian Steward

Citado por Virginia Kerns en *Scenes from the High Desert* (2009)

Ecología cultural

Steward desarrolló su teoría de la ecología cultural durante la década de 1930, centrándose inicialmente en las sociedades cazadoras-recolectoras. Examinó el medio ambiente y la tecnología utilizada para extraer alimento y otros recursos de ese medio, así como el modelo de trabajo que esos dos factores creaban.

Al igual que Kroeber, Steward creía que el entorno, la tecnología, la organización social y la religión estaban relacionados; sin embargo, ambos discrepaban sobre la dirección y fuerza de esas conexiones. Kroeber enfatizaba lo que él llamaba «valores culturales», es decir, el arte, los mitos, los rituales y otras expresiones únicas de una sociedad. Steward, por su parte, creía que los factores principales eran el entorno –especialmente aquellos aspectos que proporcionaban alimento– y la tecnología. En su opinión, estos dos factores condicionan todos los demás aspectos de una sociedad humana y forman un «núcleo cultural» sobre el que se pueden construir otros elementos.

Bandas de cazadores

Steward explicaba que un núcleo cultural común de las sociedades cazadoras-recolectoras era la banda patrilineal. Esta consistía en varias familias que trazaban su descendencia a través de varones emparentados. Un grupo residencial, por ejemplo, podía estar formado por un hombre mayor y su esposa, sus hijos, las esposas de sus hijos y los hijos de estos, con los varones y sus descendientes perteneciendo al mismo linaje patrilineal. Estos grupos también eran exógamos: los varones se casaban con mujeres de un linaje patrilineal distinto que pasaban a vivir en el mismo territorio que sus maridos (una práctica conocida como patrilocalidad). Otros aspectos de estas sociedades, como la religión, el arte y la mitología, que Steward denominó secundarios, podían variar y verse afectados por la difusión de ideas de grupos vecinos.

Steward creía que la banda patrilineal resultaba de la caza con arcos o lanzas de grandes animales de manada no migratorios, y sugirió que los varones emparentados permanecían juntos para cazar en grupo, especialmente los hermanos, ya que se conocían entre sí y

La **estrategia de subsistencia** de una comunidad viene determinada por la combinación de **recursos naturales** y **tecnología disponible**.

El **comportamiento de los individuos** cambia para adaptarse a la **estrategia de subsistencia**.

De las estrategias de subsistencia adoptadas en lugares diferentes con **recursos similares** o comparables surgen **patrones sociales** similares.

Las culturas se desarrollan según las necesidades de su entorno.

Steward investigó cómo el cambio tecnológico –incluidos la mecanización, la fumigación química y el riego– impulsó el cambio cultural en las comunidades agrarias de Puerto Rico.

conocían el territorio en el que habían crecido. Steward señaló que este patrón de comportamiento no era resultado de la difusión de ideas de los vecinos, ya que aparecía en muchos lugares del mundo, incluso donde los vecinos no tenían bandas patrilineales. Tampoco creía que el patrón fuera simplemente un legado de una etapa anterior de la evolución humana, como pensaban los teóricos unilineales, ya que solo se encontraba en determinadas sociedades cazadoras-recolectoras, y no en todas. Esto sugería que el patrón era una adaptación conductual.

El papel del entorno

A mediados de la década de 1950, Steward centró su atención en otras formas de sociedad: investigó los efectos de la agricultura de regadío y realizó un estudio comparativo de la modernización en once sociedades tradicionales, entre ellas la de Puerto Rico. Buscaba comprender cómo condiciones iniciales distintas –en particular el entorno y la tecnología– daban lugar a núcleos culturales diferentes que llevaban a las sociedades por caminos de cambio distintos.

No se trataba de un ejercicio académico estéril; Steward lo consideraba fundamental para ayudar a otras culturas en su propio desarrollo social. Comprender las relaciones causales entre el entorno y la tecnología era crucial para saber qué camino conduciría al resultado beneficioso que todos buscaban.

Un enfoque unificado

El enfoque de Steward tenía una limitación importante, ya que no existía un método claro y coherente para definir el núcleo cultural. Un investigador señaló incluso que, en las sociedades cazadoras-recolectoras, toda la sociedad constituye el núcleo cultural, lo cual no resulta útil. Hoy en día se sabe mucho más sobre las sociedades cazadoras-recolectoras, y algunas de las predicciones de Steward no se han cumplido. De hecho, Steward nunca alcanzó el nivel de explicación que esperaba, que permitiría a organizaciones modernas utilizar su investigación para orientar el desarrollo social.

Sin embargo, su trabajo sobre la ecología cultural fue la base y la inspiración para otro enfoque: el de la ecología del comportamiento humano. Esta unió la ecología cultural con la teoría evolutiva y se centró en las condiciones materiales de la vida: entorno, tecnología, subsistencia y densidad de población. Aunque centrada en las sociedades cazadoras-recolectoras, desde la década de 1980 ha demostrado ser muy útil para ayudar a comprender la variación del comportamiento humano en muchos tipos de sociedades. ■

Teoría de la circunscripción

Para los primeros evolucionistas culturales, el resultado inevitable de la evolución humana eran las sociedades basadas en el Estado. Pero esta idea no fue aceptada de forma unánime y, en 1970, el antropólogo Robert Carneiro propuso una teoría que vinculaba los factores ambientales con la tecnología y la densidad de población. Carneiro observó que las tierras agrícolas se extienden por amplias zonas de la Amazonia que no habían tenido sociedades estatales. En el norte de Perú, que sí las había tenido, la agricultura estaba limitada a estrechos valles fluviales. Carneiro razonó que, a medida que la población crece, alcanza su capacidad de carga. Si no es posible emigrar, la población debe invertir en tecnología para incrementar la producción. Esto aumenta la capacidad de carga, pero, con el tiempo, la población la supera. La solución puede ser tomar tierras adyacentes. Esto requiere una guerra y una burocracia para someter a los pueblos conquistados; con esta burocracia en marcha, nace un Estado.

LOS MITOS SE PIENSAN EN LOS HOMBRES SIN QUE ELLOS LO NOTEN

ESTRUCTURALISMO

EN CONTEXTO

OBRA CLAVE
Claude Lévi-Strauss, *Tristes trópicos* (1955)

RAMA
Antropología lingüística

ANTES
1916 El lingüista suizo Ferdinand de Saussure ofrece un plan para estudiar los fundamentos de los lenguajes humanos en *Curso de lingüística general*, publicado póstumamente.

DESPUÉS
1967 El filósofo franco-argelino Jacques Derrida publica *De la gramatología*, que cuestiona la naturaleza dualista del estructuralismo y da paso al posestructuralismo.

1981 Los escritos del posestructuralista ruso Mijaíl Bajtín, publicados póstumamente, muestran que a partir de conversaciones con puntos de vista opuestos pueden surgir capas profundas de verdad.

El francés Claude Lévi-Strauss aplicó a la antropología los principios del estructuralismo –la teoría de que los elementos adquieren significado por su relación con otros elementos– con el fin de comprender los modelos dentro de las culturas. Consideraba que estos modelos actuaban como una infraestructura inconsciente que se aplica a todas las culturas.

Así, por ejemplo, exploró la idea de la mitología como un lenguaje con leyes y principios que crean narraciones. La gente utiliza esas narraciones para proporcionar guía y compartir una sabiduría a través de las generaciones. Del mismo modo, consideró la importancia de la música en la vida humana, estudiando su papel en el parentesco, las ceremonias y la religión, pues el ritmo y la melodía de las canciones pueden transmitirse fácilmente de una generación a otra.

Creando significado

Lejos de reducir la vida humana a una serie de reglas simples y predecibles con su teoría estructuralista, Lévi-Strauss exploró los principios filosóficos de la semiótica (la relación entre lenguaje y significado). Llegó a la conclusión de que el significado se deriva de la reflexión sobre principios binarios simples. En muchos mitos, por ejemplo, la agricultura y la caza representan los opuestos binarios vida y muerte, y este significado se entiende en todas las culturas. Concluyó que tales estructuras eran universales en la mente humana. ■

Claude Lévi-Strauss realizó trabajo de campo entre los pueblos indígenas de la selva amazónica en la década de 1930, mientras era profesor de sociología en la Universidad de São Paulo (Brasil).

Véase también: Ritual y lenguaje 166 ▪ La teoría agrícola de la difusión del lenguaje 210–211

EL LENGUAJE ES UNA POSESIÓN HUMANA

LAS REGLAS DEL LENGUAJE

EN CONTEXTO

OBRA CLAVE
Noam Chomsky, *Estructuras sintácticas* (1957)

RAMA
Antropología lingüística

ANTES
1641 En *Meditaciones metafísicas*, el filósofo francés René Descartes propone que todos los seres humanos comparten un conjunto de ideas innatas, incluido el lenguaje.

DESPUÉS
1979 En *Nim*, el profesor de psicología Herbert Terrace documenta un experimento para enseñar el lenguaje humano a un chimpancé llamado «Nim Chimpsky» en honor a Noam Chomsky.

1997 El neuroantropólogo estadounidense Terrence Deacon publica *The Symbolic Species*, donde afirma que las tendencias estructurales innatas solo explican en parte el lenguaje.

Como otros lingüistas antes que él, el estadounidense Noam Chomsky quería comprender la presencia de una gramática universal en todas las lenguas. Trató de describir los sistemas de reglas que los hablantes siguen inconscientemente. Partiendo de la hipótesis de que todos tenemos la capacidad del lenguaje, esperaba comprender los principios básicos del diseño del sonido y las reglas que rigen la formación de palabras y frases, que, según él, son comunes a todos los seres humanos, independientemente de la lengua que hablen.

Capacidad innata

Chomsky desarrolló la idea de una capacidad universal para el lenguaje estudiando las reglas de la sintaxis –la disposición de las palabras para crear una frase– y la fonología –los sonidos producidos al hablar– tal y como se aplican a todos los idiomas humanos. Argumentó que los niños aprenden las reglas gramaticales con facilidad gracias a una capacidad innata del ser humano para adquirir el lenguaje.

Un idioma no es solo palabras. Es una cultura, una tradición, la unificación de una comunidad.
Noam Chomsky
en el documental *We Still Live Here* (2010)

Posteriormente, Chomsky reconocería la importancia de la cultura y la identidad a la hora de expresarse en un idioma determinado. Esto le llevó a cerrar el círculo de sus teorías sobre la expresión más profunda de la lingüística a lo largo de la historia y en las diferentes culturas. Al observar tanto los aspectos universales como la relatividad del pensamiento humano, comprendió que las estructuras lingüísticas universales pueden expresar infinitos significados. ■

Véase también: La estructura del lenguaje 44–45 ▪ Lenguaje y cognición 88–89 ▪ Acentos, dialectos y cambio de código 244–245

TODA LA EXTENSIÓN DE LA HISTORIA CULTURAL COMO NUESTRO LABORATORIO

LA NUEVA ARQUEOLOGÍA

EN CONTEXTO

OBRA CLAVE
Lewis Binford, «Arqueología como antropología» (1962)

RAMA
Arqueología

ANTES
1935 Arthur Tansley acuña el término «ecosistema», presentando la naturaleza como un conjunto de sistemas interconectados.

1942 La «síntesis moderna» de Julian Huxley une la evolución darwiniana y la genética mendeliana.

DESPUÉS
1968 Ludwig von Bertalanffy muestra que los sistemas complejos (biológicos, sociales y ecológicos) funcionan según las mismas reglas fundamentales.

Década de 1980 Ian Hodder publica una serie de artículos y libros que cuestionan la nueva arqueología, destacando el papel de la acción humana.

Los arqueólogos estudian las sociedades del pasado examinando los vestigios materiales que dejaron. Pero la forma de hacerlo, y lo que pretenden aprender de ello, ha cambiado con el tiempo. En la década de 1960, el arqueólogo estadounidense Lewis Binford revolucionó la disciplina al proponer que la arqueología debía adoptar métodos científicos para comprender el comportamiento humano y el cambio cultural.

En 1962, Binford, por entonces un joven académico de la Universidad de Chicago, publicó uno de los artículos más influyentes de la arqueología, «Arqueología como antropología», donde proponía un cambio fundamental en la forma en que los arqueólogos entendían su propósito y realizaban sus investigaciones. Durante los años siguientes desarrolló lo que se conoció como «nueva arqueología» y más tarde como «arqueología procesual». Binford sostenía que la arqueología no había contribuido de manera significativa a la antropología. Para cambiar esto, creía que debía adoptar un enfoque científico y tratar los artefactos como reflejos del comportamiento humano, analizar las sociedades como sistemas,

Los arqueólogos deberían estar entre los mejor cualificados para estudiar y probar directamente hipótesis relativas al proceso de cambio evolutivo.
Lewis Binford

utilizar métodos cuantitativos como el análisis estadístico, y entender el comportamiento humano como una adaptación al entorno.

Fundamentos científicos

La nueva teoría de Binford se basaba en avances científicos previos. En la primera mitad del siglo XX, los científicos combinaron la teoría de la evolución con la genética para crear una «nueva síntesis», que unificaba las tendencias evolutivas a gran escala con los detalles más precisos

Lewis Binford

Nacido en 1931 en Norfolk (Virginia, EE. UU.), Binford estudió silvicultura y biología de la vida silvestre en el Instituto Politécnico de Virginia. Una visita a Japón durante la guerra de Corea despertó su interés por las culturas humanas, y en 1964 completó un doctorado en antropología en la Universidad de Michigan. Influido por Leslie White y Julian Steward, se especializó en las sociedades de cazadores-recolectores.

Profesor y conferenciante, dio clases en las universidades de Chicago, California (Los Ángeles), Nuevo México y Metodista del Sur, y publicó numerosos trabajos. Como figura eminente en el desarrollo de la arqueología procesual, destacó la importancia de los métodos científicos en la investigación arqueológica. También contribuyó a establecer las ramas de la etnoarqueología y la tafonomía. Falleció en 2011.

Otras obras clave

1981 ***Bones: Ancient Men and Modern Myths.***
1983 ***En busca del pasado.***
2001 ***Constructing Frames of Reference.***

Véase también: Evolución unilineal 26–27 ▪ Relativismo cultural 34–41 ▪ La síntesis evolucionista 86–87 ▪ Teoría de sistemas 125 ▪ Arqueología procesual 136–137 ▪ Arqueología posprocesual 190–191

Arqueólogos excavan un yacimiento utilizando métodos sistemáticos para hallar artefactos. La nueva arqueología hizo hincapié en el análisis científico para interpretar los restos del pasado.

de la herencia genética. Esto llevó a una comprensión más profunda de la idea de Darwin sobre la evolución a través de la selección natural o la adaptación. Al mismo tiempo, el desarrollo de la teoría de sistemas, y en particular la idea de ecosistemas, demostró que las especies no podían entenderse de forma aislada, sino como parte de la red de la vida en la que evolucionan. Los conceptos de adaptación y ecosistema serían clave para estudiar el pasado.

Binford, como todos los arqueólogos estadounidenses, estudió antropología. La arqueología era una rama de la antropología en EE. UU., a diferencia de Europa, donde se asociaba con la geología, la paleontología o la historia del arte. Este marco teórico propio de EE. UU. fue promovido por Franz Boas, que se oponía a las teorías racistas de la evolución unilineal. Boas propuso un enfoque diferente, rechazando la idea de que las culturas vivas, como las sociedades indígenas de Norteamérica, fueran vestigios de una época anterior o hubieran sido olvidadas por el tiempo; sostenía que eran productos complejos de sus circunstancias e historias únicas.

De este modo, los yacimientos arqueológicos pasaron a considerarse fuentes primarias para la comprensión histórica de las poblaciones indígenas de Norteamérica, lo que contrastaba radicalmente con los enfoques europeos.

Tendiendo puentes

Sin embargo, en 1962 Binford observó que había una desconexión entre el trabajo de antropólogos y arqueólogos. Los antropólogos solían estudiar el parentesco y la organización social, sistemas políticos, mitos, cosmología y lenguaje. Los arqueólogos, por pura necesidad, estudiaban la cultura material: fragmentos de cerámica, puntas líticas y restos de viviendas. Binford creía que, a pesar de sus diferentes fuentes de datos, arqueólogos y antropólogos podían estudiar los mismos temas, pero, en la práctica, rara vez lo hacían. En aquella época, los arqueólogos se centraban en clasificar los artefactos en tipos o estilos específicos. La cerámica, por ejemplo, podía clasificarse según su estilo de pintura, mientras que las puntas líticas podían identificarse por características como las muescas laterales o la forma. Al realizar excavaciones, los arqueólogos podían ver que los diferentes estilos de artefactos variaban con el tiempo; por ejemplo, la cerámica sin pintar podía ser sustituida por cerámica pintada.

Para comprender estos cambios, los arqueólogos interpretaban los artefactos como reflejos de modelos culturales, es decir, ideas de cómo debía ser una vasija o una punta de proyectil «adecuada», y explicaban los cambios de estilo a lo largo del tiempo como resultado de la migración (la llegada de nuevos pueblos que traían consigo nuevas habilidades) o de la difusión y adopción de nuevas ideas de una región a otra vecina.

Binford argumentó que estas no eran explicaciones científicas verdaderas, ya que no se preguntaban por qué se producían los cambios. Por ejemplo, ¿por qué un pueblo decidió adoptar ciertos diseños y no otros? »

	Arqueología histórico-cultural	Nueva arqueología
Enfoque principal	Describir y categorizar culturas basándose en los artefactos	Explicar cómo y por qué cambian las culturas a lo largo del tiempo
Método	Recopilar y organizar artefactos por ubicación y tipo	Utilizar el método científico para comprobar hipótesis sobre las culturas
Visión de las culturas	Estáticas, fijas en el tiempo	Dinámicas, cambiantes a través de procesos y adaptaciones
Teoría	Énfasis en la cronología y la evolución cultural	Énfasis en la teoría de sistemas y los factores ambientales

La reconstrucción de herramientas de cobre de la región de los Grandes Lagos de EE. UU. ha ayudado a la arqueóloga Michelle Bebber a comprender mejor su uso. Binford señaló que estas herramientas habían pasado de tener un uso funcional a un uso simbólico.

¿Por qué desarrollaron un nuevo tipo de cerámica o una nueva forma de construir casas? Criticó a los arqueólogos por tratar los artefactos como meros «rasgos», ignorando su finalidad funcional, y por interpretarlos sin un marco teórico sólido. Con demasiada frecuencia, el cambio se atribuía vagamente a la «mezcla cultural» o a influencias de otras tradiciones, en lugar de a causas específicas e identificables.

Binford sostenía que los métodos de la arqueología no solo eran inadecuados para sus objetivos, sino que estos últimos debían replantearse. Influido por la teoría de sistemas contemporánea, argumentó que los arqueólogos debían intentar reconstruir subsistemas conductuales –actividades distintas pero interconectadas, como la fabricación de herramientas, la recolección de alimentos o la construcción de refugios–, que, en conjunto, formaban la estrategia adaptativa de una cultura. Inspirado por su mentor, Leslie White, entendía la cultura como la forma en que la humanidad se adapta a su entorno físico y social.

Artefactos y conducta

En la argumentación de Binford era crucial la idea de que los artefactos no eran meros «rasgos» que reflejan el modelo de una cultura para una vasija o una punta de flecha «adecuadas». Se trataba, en cambio, de reflejos del comportamiento humano. Con un análisis adecuado, explicaba Binford, los arqueólogos podían crear «un cuadro sistemático y comprensible de todo el sistema cultural extinto», e identificó tres clases principales de artefactos que proporcionaban información sobre diferentes subsistemas.

Los artefactos tecnómicos, como las puntas de flecha, representan comportamientos que interactúan directamente con el entorno físico, como la caza de animales. Los sociotécnicos, como la corona de un rey o las insignias de un cargo político, reflejan comportamientos del ámbito social, como una coronación o un banquete social. Los artefactos ideotécnicos, como las figurillas religiosas, reflejan comportamientos del ámbito ideológico, como los rituales religiosos. Aunque los arqueólogos actuales no los usan, estos términos pusieron de relieve el creciente deseo de la arqueología por reconstruir el comportamiento de las sociedades antiguas.

Reinterpretar el pasado

La innovadora perspectiva de Binford reformuló la comprensión del uso del cobre en la antigüedad en la región de los Grandes Lagos de EE. UU. Estas piezas, fabricadas por primera vez hace varios miles de años a partir de cobre en bruto (sin fundir), fueron inicialmente herramientas funcionales, como azuelas y hachas. Sin embargo, hace unos 2000 años, el cobre empezó a usarse cada vez más para objetos simbólicos o ceremoniales, como placas y adornos, en lugar de para herramientas. En la década de 1950, los estudiosos que trabajaban en el marco del pensamiento evolutivo de la época interpretaron este cambio como una «degeneración tecnológica», es decir, un declive de las habilidades técnicas. Pero Binford veía las cosas de otra manera.

> Con toda la extensión de la historia cultural como nuestro «laboratorio», [los arqueólogos] no podemos permitirnos mantener nuestras cabezas teóricas enterradas en la arena.
>
> **Lewis Binford**

Los artefactos reflejan cómo las sociedades interactúan con su entorno, se organizan socialmente y expresan sus creencias.

Los **artefactos tecnómicos** se usan para interactuar con el **entorno físico**.

Los **artefactos sociotécnicos** expresan **estatus social, autoridad o identidad grupal**.

Los **artefactos ideotécnicos** transmiten **un significado simbólico o religioso**.

Según él, las herramientas de cobre eran más costosas de extraer y fabricar que las equivalentes de piedra. Además, las de piedra eran igual de eficaces, si no más, para cortar y trabajar la madera. Los artefactos de cobre no solían desecharse en vertederos, sino que se colocaban cuidadosamente en enterramientos, a menudo lejos de sus lugares de extracción.

Basándose en estos patrones, Binford sugirió que las herramientas de cobre eran tecnoeconómicas y sociotécnicas: tenían un uso práctico y expresaban una relación social. Ofrecían a los arqueólogos una visión profunda de los subsistemas sociales y políticos del pasado.

Binford interpretó el cambio en el uso del cobre, de herramientas funcionales a ornamentos, como evidencia de la transición de una sociedad igualitaria a una jerárquica. En una sociedad igualitaria, los individuos alcanzan el estatus a través de sus habilidades en actividades cotidianas, y las herramientas funcionales, como hachas y azuelas, señalan este estatus. Por el contrario, una sociedad jerarquizada asigna el estatus al nacer, y objetos como los adornos de cobre simbolizan esa jerarquía. Binford reformuló el debate sobre las herramientas de cobre presentando los artefactos como reflejo de los cambios en la organización sociopolítica. Esto, a su vez, abrió la puerta a plantear preguntas sobre las causas de esos cambios sociopolíticos.

Un enfoque riguroso

Binford sostenía que los arqueólogos debían considerarse científicos que ponían a prueba hipótesis antropológicas. Así, por ejemplo, dos de sus alumnos utilizaron la arqueología para comprobar si los antiguos pueblo tenían un parentesco matrilineal. También señaló que un enfoque científico requería métodos cuantitativos, como el uso de estadísticas y procedimientos de muestreo rigurosos. Su enfoque fue ampliamente adoptado por la nueva generación de arqueólogos, gracias en parte a los radicales cambios experimentados en la sociedad estadounidense en la década de 1960.

La nueva arqueología, centrada en el proceso de cambio de los sistemas culturales, pronto se conoció como arqueología procesual. El enfoque de Binford hacía hincapié en la conducta, a menudo a expensas de los aspectos culturales. Restaba importancia a dos factores importantes: la migración y la difusión de ideas; en cambio, se centraba en el entorno, el clima y la densidad de población. El método de Binford fue finalmente cuestionado por arqueólogos como Ian Hodder, que introdujo un nuevo enfoque conocido como arqueología posprocesual. ■

Interpretando huesos

Mientras estudiaba yacimientos neandertales en Francia en la década de 1960, Binford vio que necesitaba mejores formas de relacionar los restos arqueológicos con la conducta humana. Decidido a estudiar a pueblos vivos, en 1969 empezó su investigación sobre el pueblo inuit nunamiut de Alaska, y observó que sus cazadores troceaban a los caribúes de forma diferente según la estación del año, la distancia al campamento o si la carne se iba a almacenar. Dejaban algunos huesos en el lugar de la caza y se llevaban otros a casa, creando diferentes patrones óseos según las condiciones. Además, analizó las madrigueras y las presas de los lobos, buscando patrones en los conjuntos óseos que diferenciaran las presas de humanos y carnívoros. Su investigación se adentró en el campo de la tafonomía (el estudio de cómo entran los huesos en el registro arqueológico), y se preguntó si los primeros humanos eran cazadores o carroñeros.

LA GENTE OYE HABLAR A TRAVÉS DE UNA PANTALLA DE ESTEREOTIPOS

INGLÉS VERNÁCULO

EN CONTEXTO

OBRA CLAVE
William Labov, *The Social Stratification of English in New York City* (1964)

RAMA
Antropología lingüística

ANTES
1913 El dramaturgo irlandés George Bernard Shaw estrena en Austria *Pigmalión*. La obra destaca los estigmas sociales asociados con el habla *cockney*, un dialecto no estándar del inglés.

DESPUÉS
1974 Dell Hymes, lingüista estadounidense, explora el lugar de las lenguas indígenas en el mundo moderno en *Foundations in Sociolinguistics*.

2019 Las lingüistas Susan Gal y Judith Irvine publican *Signs of Difference*, que examina los significados sociales de las diferencias lingüísticas.

El sociolingüista William Labov creció en Nueva Jersey (EE.UU.), en una región conocida por su gran diversidad lingüística. Se convirtió en un agudo observador de cómo los dialectos afirman la identidad social en las interacciones cotidianas, y un aspecto clave de su trabajo fue el estudio de los vínculos entre lenguaje y contexto social.

Variaciones lingüísticas

En sus primeras investigaciones, Labov examinó las diferencias sociolingüísticas en la ciudad de Nueva York, una comunidad multilingüe con muchos acentos diferentes marcados por el barrio, la etnia

Véase también: Acentos, dialectos y cambio de código 244–245 ▪ El papel del inglés vernáculo afroamericano 254–255

EL ESTUDIO DEL CUARTO PISO

Labov hizo a varias personas una **pregunta pensada** para que dieran la **misma respuesta**: ***«fourth floor»*** («cuarto piso»).

*«Fou**r**th floo**r**»*: pronuncia la «r»: **clase social alta**.

*«F**au**th fla**w**»*: no pronuncia la «r»: clase social baja.

Las diferencias en la pronunciación pueden estar relacionadas con la clase social.

y la clase social. Utilizó una metodología innovadora para estudiar el habla de los empleados de tres grandes almacenes que atendían a diferentes grupos demográficos: Saks Fifth Avenue, una tienda cara y de alta gama; Macy's, una tienda de precio medio y gama media; y S. Klein, adaptada al presupuesto de la clase trabajadora.

Haciéndose pasar por un cliente para obtener una respuesta natural, Labov hacía una pregunta a los empleados cuya respuesta era *«fourth floor»* («cuarto piso»). Sabía que la pérdida del sonido «r» en *«fourth»* y *«floor»* era un indicador claro de una clase social más baja. Los datos que recopiló revelaron que el 62 por ciento de los empleados con un estatus socioeconómico más alto –el grupo que trabajaba en Saksen Foundations in Sociolinguistics pronunciaba la «r», pero solo el 20 por ciento de los que tenían un estatus más bajo y trabajaban en S. Klein lo hacía. También halló que esta simple característica lingüística marcaba la diferencia en términos de estereotipos sociales, revelando que las formas sin el sonido «r» estaban más estigmatizadas.

Estatus social

En *Modelos sociolingüísticos* (1972), Labov documentó su estudio de los »

He rechazado el término «sociolingüística» durante muchos años, ya que implica que puede existir una teoría o práctica lingüística exitosa que no sea social.
William Labov

William Labov

Nacido en Nueva Jersey en 1927, William Labov asistió a la Universidad de Harvard, donde sus estudios iniciales incluyeron filosofía, ciencias y humanidades. Después de graduarse en 1948, ocupó un puesto en la empresa familiar, trabajando como químico. A su vuelta a la escuela de posgrado en la Universidad de Columbia, en 1961, conjugó su perspicacia científica con su interés por las humanidades. Esta síntesis definió sus numerosas contribuciones a la lingüística, así como a la deconstrucción del racismo en términos científicos y a las teorías del cambio lingüístico. Labov fue una figura activa en el campo de la lingüística hasta su jubilación en 2015. Falleció en 2024.

Otras obras clave

1969 *The Study of Non-Standard English.*
1972 *Estudios del inglés vernáculo negro americano.*
1972 *Modelos sociolingüísticos.*
1994 *Principios del cambio lingüístico.*

Los pescadores portugueses de Martha's Vineyard formaron parte del estudio de Labov sobre los sonidos vocálicos. A diferencia de los más jóvenes, nacidos ya en la zona, los de más edad eran menos propensos a utilizar la pronunciación centralizada.

dialectos sociolingüísticos registrados en la isla de Martha's Vineyard (Massachusetts). Allí encontró un marcado contraste entre los miembros más antiguos de la comunidad y los veraneantes, que solo estaban allí durante una temporada. La población permanente de Martha's Vineyard incluía a los que vivían en ciudades («isla baja») y a los que vivían en zonas rurales («isla alta»). También incluía a varias generaciones de personas que habían emigrado desde Portugal. Al analizar los datos de las entrevistas grabadas con los isleños, en las que les pedía que hablaran libremente de sus experiencias infantiles o de la vida en la isla, Labov halló que algunos pronunciaban las vocales de forma más central, de modo que palabras como *«sound»* y *«bout»* sonaban más como «seund» y «beut». Estas vocales «más antiguas» eran especialmente frecuentes entre los isleños de arriba (rurales) de mediana edad. Por el contrario, entre los residentes con ascendencia portuguesa, Labov halló que las generaciones más jóvenes eran más propensas a utilizar la pronunciación centralizada, posiblemente porque estaban más involucrados en la comunidad que sus mayores. Es importante destacar que el uso de esta variación lingüística diferenciaba a los residentes permanentes de Martha's Vineyard de los veraneantes y marcaba sutilmente su estatus social como verdaderos isleños.

El estilo y la estratificación de clase del lenguaje son en realidad independientes.

William Labov

***The Study of Non-Standard English* (1969)**

Resolviendo la paradoja

Como muchos lingüistas, Labov trató de resolver uno de los enigmas fundamentales de la historia de la lingüística: la paradoja de Saussure. Si los idiomas se rigen por estrictos sistemas de reglas que dictan el significado de las palabras y las estructuras gramaticales, ¿cómo es posible que estas reglas gramaticales y estructuras semánticas claramente definidas cambien con el tiempo, como efectivamente ocurre?

La paradoja existe porque, como explicó Ferdinand de Saussure, el lenguaje es tanto una forma de expresión individual como un constructo social o sistema. Saussure estudió la idea de que cada «comunidad lingüística» comparte un conjunto común de reglas relacionadas con las estructuras básicas de la gramática y el vocabulario. Básicamente, para hablar una lengua determinada, los miembros de la comunidad deben compartir un sentido básico del significado del lenguaje que utilizan. Esto incluye todo, desde las palabras individuales hasta las reglas para formar frases y oraciones. Por lo tanto, todas las partes de una construcción dada deben funcionar juntas para tener sentido. Cualquier desviación de las reglas puede provocar una ruptura en la comprensión.

Gracias a su formación en estadística y su sensibilidad por las humanidades, Labov aportó interdisciplinariedad a su reflexión sobre la paradoja de Saussure. Tomó muestras de habla basándose en datos demográficos e incluyó todos los sonidos, por pequeños que fueran, en sus análisis, que también relacionaban las estructuras lingüísticas con factores no lingüísticos, como el tiempo.

A partir de esta información, examinó las formas en que las palabras adquieren diferentes significados para resolver la paradoja de Saussure. La definición de la palabra *«cool»*, por ejemplo, cambió gradualmente de «no caliente» a «algo admirable». Hoy, este cambio de significado se reconoce en todo el mundo angloparlante, pero este uso moderno sería completamente absurdo para los hablantes de inglés de fines del siglo XIX y principios del XX.

Del mismo modo, desde finales del siglo XX, el uso de *«they»* para referirse a una sola persona, con independencia de su género, se ha convertido en una característica común del inglés. De hecho, el uso singular de *«they»* existe desde al menos 1375, pero en generaciones recientes se utilizaba más comúnmente para referirse a dos o más personas, lo que llevó a muchos a creer erróneamente que el uso singular era incorrecto. Esto ilustra cómo los cambios en el significado y el uso popular pueden evolucionar con el tiempo y a lo largo de las generaciones.

Cambios fonéticos

Labov usó análisis estadísticos para estudiar los sutiles cambios fonéticos que pueden producirse dentro de los dialectos. Prestó especial atención a la forma en que los hablantes cambian de acento en determinados momentos; por ejemplo, al identificarse con uno de sus pares sociales o al dirigirse a clientes o a compañeros de trabajo. Como parte de su investigación, pedía a los participantes que hablaran de momentos emotivos de su pasado, como una forma de invocar inconscientemente sus acentos. Esta innovadora técnica provocaba cambios espontáneos en el acento, y Labov pudo evaluar los datos resultantes para detectar modelos lingüísticos e identificar las causas de cambios fonéticos significativos. También pudo comparar estos cambios en diferentes clases sociales, situaciones y generaciones para obtener una comprensión matizada de los contextos sociales que afectaban a tales cambios.

Inglés afroamericano

Labov aplicó el mismo riguroso enfoque científico a un estudio del inglés vernáculo afroamericano (AAVE), documentado en su obra *Estudios del inglés vernáculo negro americano* (1972). En su análisis de lo que llamó «inglés negro», Labov defendió su legitimidad como dialecto independiente basándose en estrictos criterios científicos. A partir de entrevistas con jóvenes negros de ciudades como Nueva York y Filadelfia, y de estados como Georgia y Carolina del Sur, Labov halló que el idioma tenía reglas de pronunciación bien establecidas y coherentes en los distintos lugares. También vio que el AAVE tenía un sistema gramatical equivalente al de otras lenguas, incluido el inglés «estándar». Las consecuencias de estos hallazgos fueron significativas: investigadores anteriores habían concluido que los niños negros que tenían dificultades para leer y escribir en inglés estándar estaban desfavorecidos. El trabajo de Labov cuestionó esta suposición: argumentó que los profesores identificaban erróneamente las reglas del AAVE como errores, y que esto explicaba por qué los niños negros parecían quedarse atrás. ■

Paradoja de Saussure

La paradoja de Saussure reconoce los aspectos sociales del lenguaje. Para comprender el significado de las palabras, los sociolingüistas deben considerar no solo la definición formal, sino también el contexto social en el que se utilizan. Labov señaló que los significados pueden cambiar en diferentes contextos.

Palabra	Contexto social	Subtexto	Significado
«Cool»	Usada en un informe meteorológico	Negativo	Frío
	Usada para describir ropa	Positivo	A la moda
	Usada para describir a una persona	Negativo	Insensible
		Positivo	Atractiva

Un aspecto importante de la situación actual es la fuerte reacción social contra las sugerencias de que se utilice la lengua materna de los niños afroamericanos en los primeros pasos del aprendizaje de lectura y escritura.

William Labov

DONDE HAY SOCIEDAD HAY SISTEMA

PUREZA Y SOCIEDAD

EN CONTEXTO

OBRA CLAVE
Mary Douglas, *Pureza y peligro* (1966)

RAMA
Antropología social y cultural

ANTES
1912 El sociólogo francés Émile Durkheim distingue entre símbolos sagrados y profanos.

1951 El británico Edmund Leach explora temas de religión y parentesco en su artículo «The Structural Implications of Matrilateral Cross-Cousin Marriage» y propone nuevas teorías sobre las estructuras sociales.

DESPUÉS
1966 Louis Dumont estudia la idea de pureza en la jerarquía del sistema de castas indio.

1970 Mary Douglas publica *Símbolos naturales: Exploraciones en cosmología*, donde examina el significado social de los símbolos.

Según un dicho popular: «Dios creó el polvo y el polvo no hace daño». Aunque el polvo en sí mismo no causa daño, la gente suele percibirlo como algo sucio, incluso impuro. Todas las sociedades trazan una línea entre lo sucio y lo limpio, lo impuro y lo puro, pero el lugar donde se traza esa línea puede variar considerablemente.

En un estudio sobre las ideas de impureza y contaminación, la antropóloga social británica Mary Douglas examina cómo estas ideas varían entre culturas y a lo largo del tiempo. Por ejemplo, analiza los tabúes alimentarios: ¿por qué los cristianos pueden comer cerdo y los judíos no? La respuesta se encuentra en el *Levítico*, que establece un sistema de clasificación de los animales: los de pezuña hendida que rumian, como las ovejas y las vacas, pueden comerse, pero aquellos con pezuña hendida que no rumian, como los cerdos, no. Al no rumiar como otros animales de pezuña hendida, los cerdos desafían el orden natural esperado: están fuera de lugar y, por lo tanto, se consideran impuros y tabú. Douglas sostiene que, a través de estas reglas sobre animales puros e impuros, «se daba a la santidad una expresión física en cada encuentro con el reino animal y en cada comida».

Poniendo orden

Todas las culturas clasifican los objetos y los símbolos de maneras específicas con el objetivo de establecer un orden a partir del caos potencial. Las cosas que no encajan perfectamente en este sistema perturban el orden y, por lo tanto, se consideran fuera de lugar, como la suciedad misma. ■

La pureza es enemiga del cambio, de la ambigüedad y del compromiso.
Mary Douglas

Véase también: Naturaleza universal de la religión 28–29 ▪ Raíces sociales de la religión 42–43 ▪ Sistema de castas 122–123

¿POR QUÉ NO RASTREAR LA EXPANSIÓN DE LA HUMANIDAD A TRAVÉS DEL PLANETA?

GENÉTICA DE POBLACIONES

EN CONTEXTO

OBRA CLAVE
L. L. Cavalli-Sforza, «Population Structure and Human Evolution» (1966)

RAMA
Antropología biológica

ANTES
1924 El genetista británico J. B. S. Haldane plantea la teoría del origen químico de la vida.

1931 Sewall Wright, genetista estadounidense, es pionero en el desarrollo de métodos para calcular la distribución de frecuencias genéticas en una población dada. Esto permite comprender mejor los mecanismos de la evolución.

DESPUÉS
2006 Aumenta la investigación sobre la variación estructural dentro de los genomas de las poblaciones. Tales variaciones son cambios a gran escala que afectan al aspecto y la función de los organismos y podrían haber contribuido a la evolución humana.

El médico italiano Luigi Luca Cavalli-Sforza fue uno de los primeros en usar la genética para rastrear los patrones migratorios humanos tempranos. Su combinación de antropología y genética dio lugar a una nueva disciplina llamada genética de poblaciones, y su interés por lo que separaba genéticamente a los grupos humanos de todo el mundo llevó a investigar la representación de los tipos de sangre A, B y 0 en las distintas poblaciones.

A medida que la tecnología mejoró, Cavalli-Sforza examinó los cambios genéticos en el cromosoma Y en varias poblaciones humanas. Rastreó el linaje masculino de todos los hombres vivos hasta un único antepasado masculino, al que llamó «Adán», que vivió entre 70 000 y 100 000 años atrás en el África subsahariana.

Desmantelando la raza

El trabajo genético de Cavalli-Sforza contribuyó a desmantelar la idea de que las razas humanas tienen una base biológica. Descubrió que los individuos de una misma población son tan diversos genéticamente como los de dos grupos diferentes, lo que demostraba que, a nivel genético, no existe la raza entre los humanos. Abogó por un análisis genético más detallado de las poblaciones del mundo. El estudio del pasado a través del ADN es un campo de investigación muy activo en la actualidad. ■

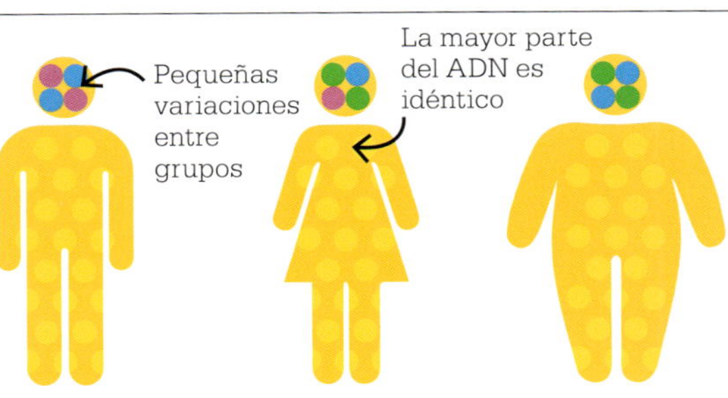

Pese a la diversidad de aspectos, el 99,9 por ciento de su ADN es común a todos los seres humanos. El análisis de Cavalli-Sforza sobre la composición genética de diferentes poblaciones reveló que solo existen pequeñas variaciones entre individuos y comunidades.

Véase también: Orígenes de la humanidad 94–101 ▪ Evolución multilineal 104–107 ▪ Definir la etnicidad 130–131 ▪ Secuenciación de ADN antiguo 290–291

LA JERARQUÍA ES UN PRINCIPIO SOCIAL FUNDAMENTAL

SISTEMAS DE CASTAS

EN CONTEXTO

OBRA CLAVE
Louis Dumont, *Homo hierarchicus* (1966)

RAMA
Antropología social y cultural

ANTES
1762 El filósofo suizo Jean-Jacques Rousseau considera que la igualdad se deriva de la noción del hombre como entidad individual.

1937 Talcott Parsons, sociólogo estadounidense, propone que los individuos desempeñan roles sociales que conforman el sistema social colectivo.

DESPUÉS
1977 La india Veena Das usa textos sánscritos para estudiar los grupos de castas hindúes en *Structure and Cognition*.

1980 Jean-Claude Galey, alumno de Dumont, estudia cómo las castas inferiores del Himalaya oriental viven en deuda perpetua con los terratenientes.

Aunque varios países tienen sistemas basados en castas, el de India es posiblemente el más conocido. La sociedad india tiene miles de subcastas, que se agrupan en cuatro grandes categorías, cada una asociada a ocupaciones, tradiciones y estilos de vida específicos. De mayor a menor rango, estas categorías son: brahmanes, chatrias, vaishias y shudras. Por debajo de ellas se encuentran los dalits (parias o intocables), considerados impuros y, por lo tanto, idóneos para realizar las tareas más degradantes.

La rigidez del sistema de castas en muchas partes de India implica que una persona nacida en una casta solo puede ejercer las tareas específicas de su casta y debe casarse dentro de la misma. El sistema deriva de la lógica sociorreligiosa hindú sobre la pureza y la impureza.

Una estructura jerárquica

Uno de los principales estudiosos de la sociedad india, Louis Dumont, argumentó que el sistema de castas es una ideología y un conjunto de valores únicos. En su libro *Homo hierarchicus: Ensayo sobre el siste-*

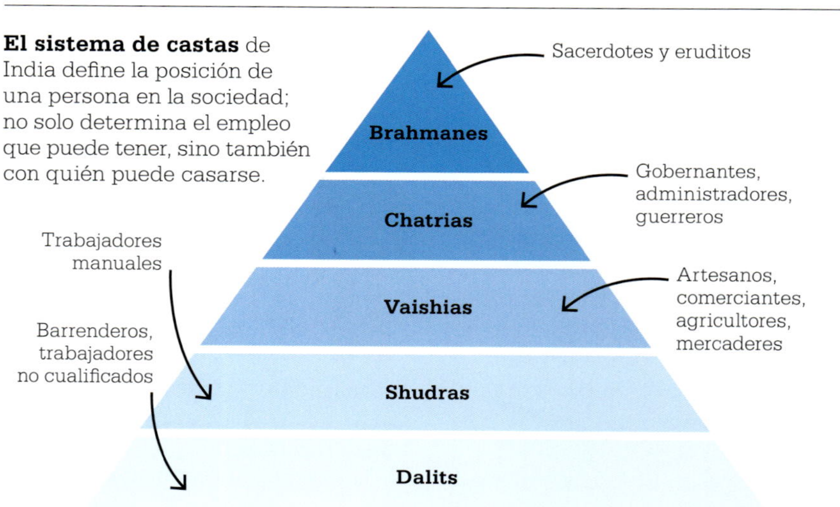

El sistema de castas de India define la posición de una persona en la sociedad; no solo determina el empleo que puede tener, sino también con quién puede casarse.

Véase también: El concepto de reciprocidad 58–61 ▪ Estructuralismo 108 ▪ Etapas de la organización social 160–161 ▪ Socialización de los roles de género 258–259

El principio igualitario y el principio jerárquico son realidades primarias, y de las más apremiantes, de la vida social.
Louis Dumont

ma de castas, estableció una distinción entre India y Occidente. Argumentó que la ideología de las castas se basa en el principio de jerarquía, según el cual se clasifica a los grupos de personas como superiores o inferiores entre sí y se los separa en todos los aspectos de la vida.

Según Dumont, las relaciones en India, ya sean entre individuos o entre castas, solo son comprensibles en el contexto de toda la estructura social jerárquica. Por el contrario, las estructuras sociales occidentales se basan en el principio de igualitarismo, lo que significa que los individuos son entidades independientes en la sociedad y pueden moverse entre estratos.

Oposiciones binarias

En términos generales, Dumont afirmaba que las culturas «tradicionales» ven al individuo dentro de la sociedad, mientras que las culturas «modernas» enfatizan su independencia. Las sociedades jerárquicas reflejan una especie de consenso en el que «la jerarquía engloba a los agentes sociales y las categorías sociales». Utilizando la teoría estructuralista en su análisis, Dumont sugirió que las estructuras sociales se basan en oposiciones binarias –como individuo frente a sociedad, jerarquía frente a igualitarismo u Oriente frente a Occidente– que son fundamentales para el pensamiento humano.

En última instancia, Dumont argumentó que «India es una»: una sociedad unificada fundada en la cultura sánscrita. Sin embargo, otros antropólogos han cuestionado esta descripción de cohesión ideológica, señalando que el país presenta una multiplicidad de identidades, diversidad cultural y conflictos sociales.

Igual de problemática es su interpretación monolítica de «Occidente», que pasa por alto su evidente heterogeneidad. Los estudiosos contemporáneos subrayan los matices dentro de las regiones culturales, en lugar de considerar las sociedades como comunitarias o individualistas, y «tradicionales» o «modernas». ■

Los dalits, antes conocidos como «intocables», son una casta oprimida de India. Ahora están empezando a luchar por sus derechos humanos básicos.

Louis Dumont

Nacido en 1911 en Tesalónica (entonces parte del Imperio otomano, hoy Grecia), Dumont se formó como sociólogo en el Instituto de Etnología de París con Marcel Mauss. Durante la II Guerra Mundial, siendo prisionero de guerra en Alemania, aprendió sánscrito y varias lenguas indias.

A su regreso a Francia, continuó sus investigaciones anteriores, manteniendo un gran interés por India. De 1949 a 1950 realizó trabajo de campo en el sur de India, donde quedó fascinado por el sistema de castas. Más tarde se centró en el parentesco y el matrimonio, los movimientos políticos y el individualismo.

En la década de 1950, Dumont enseñó en el Instituto de Antropología Social y Cultural de la Universidad de Oxford (Reino Unido) y más tarde fue director de la École des Hautes Études en Sciences Sociales de París. Murió en 1998.

Otras obras clave

1977 *Homo aequalis.*

Nos proponemos [...] comprender la ideología del sistema de castas. Ahora bien, esta ideología está en oposición directa con la teoría igualitaria de la que participamos.
Louis Dumont

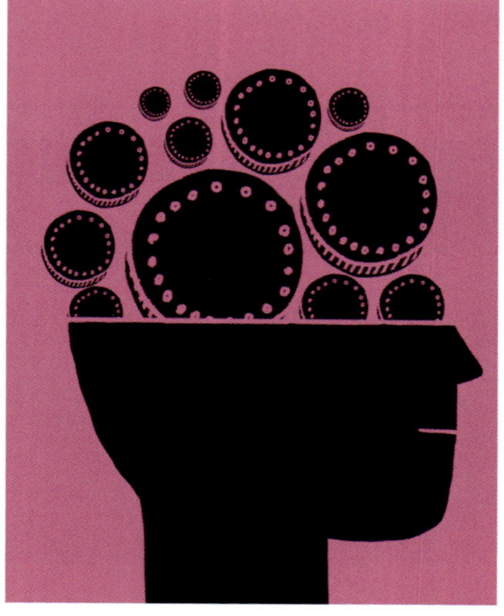

LAS CREENCIAS ESTÁN DETERMINADAS POR LAS CONDICIONES MATERIALES

MATERIALISMO CULTURAL

EN CONTEXTO

OBRA CLAVE
Marvin Harris, *El desarrollo de la teoría antropológica* (1968)

RAMA
Antropología social y cultural

ANTES
1845 Karl Marx y Friedrich Engels utilizan el materialismo histórico para explicar que los desarrollos sociales son impulsados por cambios en las condiciones materiales, como la tecnología y los métodos de producción.

1887 Franz Boas sostiene que la historia y el entorno de una sociedad moldean sus rasgos culturales únicos y estos deben entenderse en sus propios términos. Estas ideas se conocen como particularismo histórico y relativismo cultural.

1955 Julian Steward desarrolla su teoría de la ecología cultural, según la cual la interacción con el entorno puede moldear la conducta humana.

La teoría del materialismo cultural fue desarrollada por el antropólogo estadounidense Marvin Harris como reacción a las ideas del relativismo cultural y el particularismo histórico. Harris sugirió que las prácticas culturales son el resultado de las condiciones económicas o materiales de los pueblos.

Uno de sus ejemplos más famosos se basaba en la prohibición del sacrificio de ganado en India. Harris argumentó que esta práctica no surgió por la ideología hindú, sino porque era más viable económicamente utilizar el ganado para el trabajo que para la alimentación. También sugirió que los rituales religiosos de los aztecas incluían el canibalismo debido a la falta de proteínas en su dieta.

Una teoría controvertida

Los críticos de Harris suelen alegar que su uso del materialismo cultural simplifica fenómenos culturales complejos e ignora otras influencias sociales, políticas e ideológicas relevantes. Su trabajo también ha sido criticado por subestimar la capacidad de acción humana, la capacidad de los individuos para dar forma a sus propias prácticas culturales y su mundo. No obstante, el materialismo cultural fue influyente y ofreció nuevas formas de interpretar y analizar las prácticas y los sistemas culturales. ■

La sacralidad de vacas y toros en India se ve reforzada por las representaciones del toro Nandi, montura del dios hindú Shiva. Aquí, Nandi descansa a los pies de Shiva.

Véase también: Orígenes de la cultura 32–33 ▪ Relativismo cultural 34–41 ▪ La fluidez de los sistemas sociales 102–103 ▪ Evolución multilineal 104–107

PEQUEÑAS DESVIACIONES EN GRANDES DIFERENCIAS

TEORÍA DE SISTEMAS

EN CONTEXTO

OBRA CLAVE
Kent Flannery, «Teoría arqueológica de sistemas y Mesoamérica temprana» (1968)

RAMA
Antropología ambiental

ANTES
1935 El botánico británico Arthur Tansley propone el concepto de «ecosistema».

1960 Robert Braidwood, arqueólogo estadounidense, sostiene que la agricultura fue el resultado inevitable de la especialización cultural.

DESPUÉS
1984 El arqueólogo estadounidense David Rindos afirma que la agricultura es un proceso coevolutivo entre el forrajeo humano y la genética vegetal.

1999 El botánico estadounidense John Doebley demuestra que unas pocas mutaciones genéticas convierten el teosinte en maíz.

Antes de 1960, los arqueólogos veían la agricultura como un signo de sofisticación intelectual. En 1968, no obstante, Kent Flannery empezó a explorar el desarrollo de la agricultura usando la teoría de sistemas: la idea de que los cambios son causados por un proceso de retroalimentación negativa y positiva.

Ciclos del sistema

El sistema alimentario del México antiguo proporcionó a Flannery material para su estudio. Vio que este estaba compuesto por varios subsistemas, como el maguey (pita), el venado y las hierbas silvestres. Cada subsistema era estacional y debía programarse, lo que daba lugar a retroalimentación negativa o positiva; así, si se cazaba el venado en exceso, la caza cesaba, entonces la población de venados se recuperaba y la caza se reanudaba.

Del mismo modo, el maíz proviene de una hierba silvestre, el teosinte, que produce solo algunos granos de cáscara dura por espiga. Sin embargo, mediante el uso selectivo de las semillas, hace 9000 años pueblos antiguos empezaron a cultivar hierbas con espigas cada vez más grandes y granos sin cáscara dura. Con el tiempo, el teosinte se hizo tan productivo que, cuando sus temporadas de siembra y cosecha entraban en conflicto con otros alimentos menos productivos, se optaba por cultivar maíz.

Flannery argumentó que la agricultura no surgió de un impulso hacia la sofisticación, sino de la supervivencia de los cazadores-recolectores que, en un ejemplo de retroalimentación positiva, devinieron agricultores. ■

Yo comparo la agricultura con el bipedismo y el fuego; cambió por completo la forma en que interactuamos con el medio ambiente.

Hugo Oliveira
citado por John Carey en «Unearthing the origins of agriculture» (2023)

Véase también: Dimensiones sociales y culturales de la nutrición 80–83 ▪ Evolución multilineal 104–107 ▪ Antropología de la alimentación 200–205

LOS RITUALES CREAN SOCIEDAD

RITOS DE PASO

EN CONTEXTO

OBRA CLAVE
Victor Turner,
***El proceso ritual* (1969)**

RAMA
Antropología social y cultural

ANTES
1893 El sociólogo francés Émile Durkheim sienta las bases del funcionalismo estructural, argumentando que las distintas partes de la sociedad son interdependientes.

1909 El francés Arnold van Gennep acuña la expresión «ritos de paso».

DESPUÉS
1983 El estadounidense Nelson Graburn sugiere que el turismo es una forma de ritual moderno porque saca temporalmente a las personas de su rutina cotidiana. Cuando regresan, retoman sus tareas habituales, pero con la experiencia añadida de sus viajes.

Conocido por su trabajo sobre los rituales religiosos, el antropólogo cultural británico Victor Turner estaba especialmente interesado en el papel que desempeñan los símbolos y los ritos de paso en las sociedades. En 1969 publicó *El proceso ritual: Estructura y antiestructura*, basado en su trabajo etnográfico en diversas zonas del sur de África central, en particular entre el pueblo ndembu de Zambia.

Turner se basó en el trabajo de Arnold van Gennep, quien había sugerido que los ritos de paso permiten a los participantes alejarse tempo-

Véase también: Raíces sociales de la religión 42–43 ▪ Parentesco y orden social 68–69 ▪ Transitología 234–239

ralmente de su estatus social para entrar en un estado que no es ni aquí ni allá, sino liminal o transitorio. Van Gennep identificó tres etapas en los ritos de paso: separación, transición o liminalidad (de limes o límite) y reagregación, siendo la etapa intermedia la que permite a las personas experimentar nuevos roles, acuerdos y estatus sociales.

Estado transitorio

Turner describió con mayor detalle cómo, en la etapa de separación de un rito de paso, el participante es separado de su estatus o posición social actual. Esta separación puede ser física, simbólica o ambas cosas. Marca el comienzo de la transición y a menudo implica rituales o acciones que significan dejar atrás la identidad o el papel anterior. El proceso de separación puede implicar símbolos específicos, como ropa u objetos personales, que representan el desprendimiento del estatus anterior.

La sociedad [...] es un proceso en el que un [...] grupo humano alterna entre mundos fijos y, por decirlo con palabras de nuestros amigos japoneses, «mundos flotantes».

Victor Turner

La segunda etapa, la liminalidad, era para Turner la parte más interesante de un rito de paso. En la etapa liminal, el participante se encuentra en un estado ambiguo: ya no está en su antiguo rol o estatus, pero aún no ha completado la transición al nuevo. Se encuentra en un estado intermedio que a menudo se caracteriza por rituales intensos, enseñanzas o »

Victor Turner

Nacido en Escocia en 1920, Turner se licenció en literatura inglesa en el University College de Londres (UCL) en 1941. Como pacifista y objetor de conciencia, sirvió en la II Guerra Mundial en funciones no combatientes, con frecuencia realizando trabajos peligrosos como la desactivación de explosivos.

Tras la guerra, regresó al UCL, donde completó una licenciatura en antropología social, y en 1955 obtuvo el doctorado en la misma materia en la Universidad de Manchester. Por entonces estudió la organización social de los ndembu de Rodesia del Norte (ahora Zambia) y desarrolló su visión sobre las funciones de los ritos de paso. Su obra se suele calificar como antropología simbólica, aunque su base era el funcionalismo estructural.

Desde 1961, Turner impartió clases en varias universidades de EE. UU., entre ellas la de Stanford, en California, y la de Cornell, en Nueva York. Murió en 1983.

Otras obras clave

1970 *La selva de los símbolos.*

Niños xhosa de Sudáfrica, untados con arcilla gris y vestidos solo con una manta, se preparan para pasar varias semanas en la sabana. Tras este rito de paso obligatorio, son circuncidados y declarados hombres.

experiencias destinadas a promover el crecimiento, la transformación o el aprendizaje. La liminalidad también suele implicar desafíos, pruebas o acciones simbólicas que preparan al individuo para la fase de reagregación. En esta etapa final, el participante se reincorpora a la sociedad con un nuevo estatus y se espera que se comporte de acuerdo con las normas culturales que definen su nuevo rol.

Importancia ritual

Turner basó gran parte de su teoría en sus experiencias con el pueblo ndembu. Así, por ejemplo, estudió su rito de paso para los reyes recién elegidos, en el que el coronado es sometido a una humillación ritual, despojado de su estatus real y relegado a una posición inferior antes de ser exaltado como rey. Esta humillación tiene como objetivo recordar que el papel del rey es servir al pueblo y a sus necesidades comunes, y no a sus propios intereses personales.

Turner creía que rituales como este, que sustentaban el orden social existente, solían estar controlados por aquellos con un interés particular en mantenerlo. Estas autoridades intentan regular los ritos de paso

Durante su experiencia vital, cada individuo se ve expuesto alternativamente a la estructura y a la *communitas*, a los estados y las transiciones.
Victor Turner

para reforzar los roles e identidades sociales existentes, especialmente en tiempos de crisis que podrían desafiar el *statu quo*. En tales casos, el potencial subversivo e innovador de los rituales suele verse restringido, y en su lugar se enfatizan los valores culturales tradicionales. Según Turner, los ritos de paso siempre tienen algún propósito en la sociedad.

El matrimonio cristiano

Los antropólogos sostienen que para que una experiencia cultural se considere un rito de paso, debe incluir un momento señalado en el que el individuo deja su antigua identidad y obtiene una nueva. Así, por ejemplo, el mero hecho de pasar por la adolescencia no puede considerarse un rito de paso, ya que no hay ninguna ceremonia ni momento específico que marque la nueva identidad del individuo como adulto. Más bien, cada individuo va ganándose el respeto como adulto independiente a medida que crece en edad y alcanza diversos hitos culturales.

Según la teoría de Turner, una boda cristiana occidental tradicional es un ejemplo de rito de paso. La primera etapa, la separación, es tanto simbólica como física. El día de la boda, es habitual que los novios se preparen por separado, y normalmente no se ven hasta el comienzo de la ceremonia.

La ceremonia en sí misma representa una fase liminal, en la que la pareja se encuentra entre dos estados: ya no son solteros, pero aún no están casados. En esta etapa, la pareja suele caminar por el pasillo rodeada de amigos y familiares. A continuación, se sitúan ante el sacerdote y, durante este tiempo, se encuentran en un estado de transición, sometiéndose a rituales que representan sus nuevos roles y res-

La quinceañera

La fiesta de quinceañera es un rito de paso que marca la transición de niña a mujer a la edad de 15 años. Celebrada en todo México, América Latina, el Caribe y en comunidades latinas de migrantes, constituye un hito en la vida de una joven, que pone de relieve su nuevo papel social dentro de su familia.

La ceremonia comienza con una misa que simboliza la aceptación de las nuevas responsabilidades de la niña al entrar en la edad adulta. Tras la misa, se celebra una recepción que incluye un baile coreografiado, que sirve como demostración pública de su nuevo estatus social.

Las acciones simbólicas son fundamentales en la fiesta de quinceañera, como la entrega de una muñeca a una hermana menor para simbolizar la separación de la niña de la infancia, y el calzado de zapatos de tacón, que simboliza la adopción de su nueva identidad como mujer. A través de su rico simbolismo y sus rituales, la fiesta de quinceañera encarna la transición y celebra el paso de la niña a la edad adulta.

Una quinceañera mexicana, vestida de blanco, celebra con su «corte» de damas de honor. Juntas, interpretan un baile tipo vals.

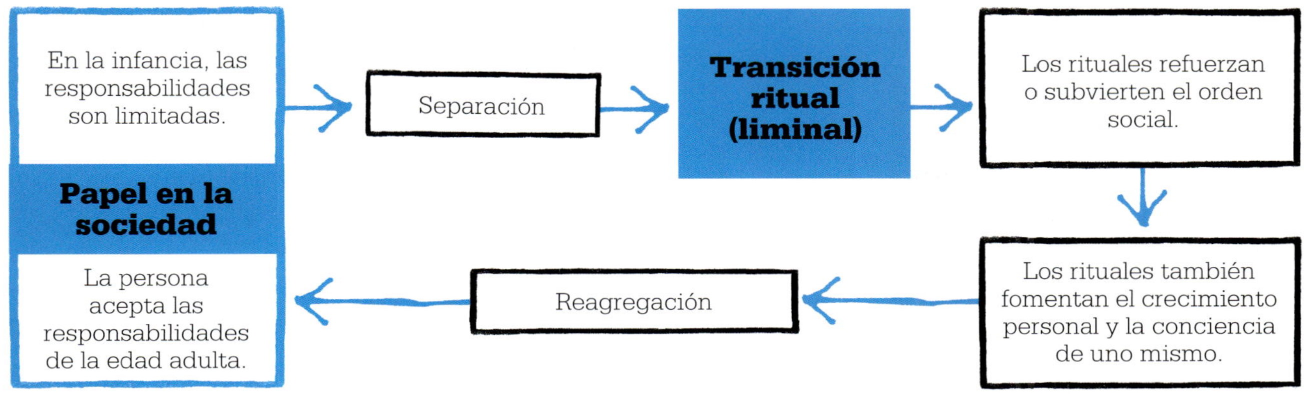

ponsabilidades. Estos rituales, como el intercambio de anillos y los votos pronunciados, simbolizan ciertos valores que se espera que la pareja cumpla durante su matrimonio.

En la etapa final, la reagregación, la pareja se presenta ante el público, reintroduciéndose así en la sociedad como un matrimonio. Ahora ocupan un nuevo rol social como pareja casada, con nuevas responsabilidades y expectativas. Esta etapa suele estar marcada por celebraciones como el banquete nupcial, en el que familiares y amigos reconocen y celebran el nuevo estatus de la pareja.

Para la mayoría de los cristianos, este tipo de ceremonia es un requisito para que la pareja se considere casada. Con independencia del tiempo que hayan convivido, ninguno de los dos obtiene el estatus de cónyuge hasta después de celebrado el matrimonio. A diferencia de la transición gradual de la infancia a la edad adulta, la ceremonia matrimonial es un acontecimiento cultural con ciertas etapas ritualizadas a través de las cuales se forjan las nuevas identidades de los participantes, y hay un momento único y preciso en el que se asume y se comprende la nueva identidad.

Simbolismo e identidad

El trabajo de Turner sobre los ritos de paso y el concepto de liminalidad ha marcado nuestra comprensión de cómo individuos y sociedades manejan las transiciones y transformaciones. Al examinar los rituales a través del prisma de la antropología simbólica, Turner destacó su poder en la configuración de estructuras e identidades sociales. Su exploración de la fase liminal, en la que los individuos existen en un estado de ambigüedad y potencial, revela la naturaleza dinámica de los roles sociales y las posibilidades de innovación y cambio dentro de las sociedades.

Sus ideas, basadas en el estudio de los ndembu y extendidas a prácticas culturales más amplias, como las ceremonias matrimoniales occidentales, subrayan la relevancia de los ritos de paso en el mantenimiento y el cuestionamiento del orden social, y siguen siendo centrales en antropología, ya que ofrecen un marco para analizar cómo las sociedades gestionan las transiciones, refuerzan las normas culturales y permiten la posibilidad de nuevas configuraciones sociales. ■

El *rumspringa* es un rito de paso en algunas comunidades amish, en el que los jóvenes de 16 años o más pueden explorar conductas consideradas prohibidas antes de comprometerse con la iglesia.

UN PRODUCTO DE LA IDENTIDAD INDIVIDUAL Y GRUPAL

DEFINIR LA ETNICIDAD

EN CONTEXTO

OBRA CLAVE
Fredrik Barth, *Los grupos étnicos y sus fronteras* (1969)

RAMA
Antropología social y cultural

ANTES
1954 En *Sistemas políticos de la alta Birmania*, Edmund R. Leach señala que un individuo puede formar parte de varios sistemas sociales al mismo tiempo y moverse entre ellos.

1965 En un artículo sobre el pueblo lue de Tailandia, Michael Moerman afirma que la etnicidad debe ser autodefinida y considerada una categoría nativa de pertenencia.

DESPUÉS
1974 En *Urban Ethnicity*, el iraquí Abner Cohen señala que el simbolismo cultural ayuda a explicar las relaciones de poder cuando la etnicidad emerge como un rasgo distintivo de la identidad grupal.

Desde su publicación en 1969, la introducción de Fredrik Barth a *Los grupos étnicos y sus fronteras* se convirtió en uno de los artículos más citados sobre etnicidad. Antropólogos anteriores habían tratado los grupos étnicos como entidades fijas, enumerando rasgos culturales particulares que se consideraban definitorios de cada uno, como el idioma, la religión y los rituales. Barth, en cambio, propuso que los estudios sobre grupos étnicos se centraran en las fronteras que los grupos trazan entre sí. Creía que esas fronteras suelen depender de las necesidades sociales o políticas de las personas y que pueden ser porosas y fluidas, lo que permite que una persona de otra etnia participe de algunos aspectos y no de otros.

Líderes pastunes de Pakistán y Afganistán asisten a una reunión con el presidente afgano Hamid Karzai en 2010, en busca de soluciones pacíficas al prolongado conflicto fronterizo.

Las descripciones anteriores de las culturas solían describirlas como aisladas y estáticas, pero Barth señaló que los grupos étnicos suelen compartir aspectos culturales con otros grupos cercanos, incluso con «enemigos», y que dentro de los grupos y entre ellos se producen con regularidad cambios en los valores, interrelaciones y contactos. Barth centró su trabajo en las interacciones entre grupos vecinos, los puntos en común y las diferencias que pueden quedar ocultas o que pueden surgir en forma de hostilidad, según el contexto sociopolítico.

Negociar la identidad

Barth escribió que los grupos étnicos distintos no se forman porque estén aislados o porque carezcan de

Véase también: La fluidez de los sistemas sociales 102–03 ▪ Descripción densa 146–153 ▪ Estudios sobre el parentesco 192 ▪ La política del ADN 282–283

Enfoques de la etnicidad

Primordialismo La creencia de que la identidad personal es algo innato surgió en la antigüedad. Cada individuo posee una identidad étnica específica que le es inherente y que comparte con su grupo.

Constructivismo La identidad de las personas se forma a través de la interacción social, influida por unas normas sociales cambiantes. Los miembros de un grupo étnico pueden compartir unas tradiciones, y otras no.

Instrumentalismo Los movimientos sociales se organizan según una etnicidad compartida construida. Las personas pertenecientes a un grupo étnico pueden movilizarse e influir en las políticas públicas.

información sobre otros modos de vida. La exclusión social se practica y la separación se mantiene a pesar de que muchas personas puedan participar en las actividades económicas, políticas o sociales de grupos vecinos. Esta fluidez es fundamental para la idea de que la identidad es negociada y, a menudo, circunstancial. Es probable que la etnicidad sea una de las identidades que maneja un individuo, pero ciertas situaciones, como las amenazas de peligro para un grupo, pueden reforzar una identidad colectiva, haciéndola más rígida y específica. La capacidad de reinventar o reafirmar parcialmente una identidad colectiva para adaptarse a los rápidos cambios de la sociedad no se limita a los grupos étnicos.

Conflicto y armonía

Tras la II Guerra Mundial, algunos esperaban que surgiera un nuevo internacionalismo; creían que el apego a la etnicidad y el interés académico por ella disminuirían. Por el contrario, su importancia aumentó rápidamente, con ejemplos tanto armoniosos como profundamente destructivos. Muchos conflictos de finales del siglo XX y principios del XXI han sido entre grupos étnicos vecinos, incluidos algunos del mismo país. En su obra *Lugares pequeños, grandes problemas* (1993), el antropólogo noruego Thomas Hylland Eriksen señaló que las identidades étnicas son relativas y, por tanto, pueden cambiar en contextos y situaciones distintos. Sin duda, los conflictos reflejan esta realidad, pero las relaciones étnicas en condiciones relativamente pacíficas también pueden incluir la competencia por los recursos, junto con la urgencia por adaptarse a unas condiciones sociales y físicas que cambian con rapidez. ■

La etnicidad es un producto social y cultural a cuya creación contribuyen los antropólogos.

Thomas H. Eriksen
Ethnicity and Nationalism **(1993)**

Thomas Fredrik Weybye Barth

El antropólogo social y cultural noruego Fredrik Barth nació en Alemania en 1928. Estudió en la London School of Economics y en Cambridge, y más tarde fundó el departamento de antropología social de la Universidad de Bergen y enseñó en Oslo, Harvard, Emory y Boston. Su innovadora aportación sobre la etnicidad se basó en el trabajo de campo etnográfico con diferentes grupos, como los basseris del sur de Persia y los baktaman de Nueva Guinea, centrado en la creatividad individual y los mecanismos de cambio. Conocido por sus estudios sobre microeconomía y espíritu emprendedor en Darfur (Sudán), contribuyó a la antropología económica y estuvo muy comprometido con la antropología pública y el crecimiento intelectual. Falleció en 2016.

Otras obras clave

1961 *Nomads of South Persia.*
1975 *Ritual and Knowledge among the Baktaman.*
1987 *Cosmologies in the Making.*

CUANDO CONOCES CHIMPANCÉS, CONOCES PERSONALIDADES INDIVIDUALES

COMPORTAMIENTOS DE LOS CHIMPANCÉS

EN CONTEXTO

OBRA CLAVE
Jane Goodall, *En la senda del hombre* (1971)

RAMA
Antropología biológica

ANTES
1925 El primatólogo estadounidense Robert Yerkes observa el comportamiento social de los chimpancés en un laboratorio.

1931 El psicólogo comparativo estadounidense Henry Nissen lleva a cabo un estudio naturalista de los chimpancés.

DESPUÉS
1986 Tras 15 años de trabajo de campo en el Borneo indonesio, Biruté Galdikas funda la organización benéfica Orangutan Foundation International.

2013 La revista *Time* nombra al chimpancé David Barbagrís uno de los 15 animales más influyentes que han existido.

La primatóloga británica Jane Goodall es famosa por su investigación sobre las poblaciones de chimpancés salvajes en Tanzania. Durante años de trabajo de campo, observó que los chimpancés mostraban ciertos comportamientos que se creían exclusivos de los seres humanos. Esto se sumó a un conjunto de datos que sugerían que habíamos heredado comportamientos similares de un antepasado común hace 7–8 millones de años.

Vínculos familiares

Antes de la década de 1960 se sabía muy poco sobre el comportamiento de los simios salvajes o sus es-

Véase también: La teoría de la evolución 24–25 ▪ Orígenes de la humanidad 94–101 ▪ La capacidad para la comunicación 182

tructuras sociales. Esto cambió en 1960, cuando los paleoantropólogos británicos Louis y Mary Leakey descubrieron restos de *Homo habilis* en la garganta de Olduvai (Tanzania). Louis Leakey se dio cuenta de que, estudiando a nuestros parientes vivos más cercanos –simios como chimpancés, gorilas y orangutanes, todos ellos con un antepasado común reciente con nuestra propia especie–, podría obtener información sobre la vida de los primeros seres humanos. Tras conseguir financiación para un proyecto destinado a estudiar el comportamiento de los primates en su hábitat natural, reclutó a Jane Goodall, la primatóloga estadounidense Dian Fossey y la antropóloga canadiense Biruté Galdikas, que vinieron a ser conocidas como las «Trimates». Cada una se centraría en un miembro de la familia homínida: Goodall en los chimpancés, Fossey en los gorilas del Congo (y luego de Ruanda) y Galdikas en los orangutanes de Borneo.

Las primeras semanas de investigación de Goodall en el Parque Nacional Gombe Stream, en Tanzania, fueron difíciles. Aunque aprendió a moverse por terrenos difíciles y entre la espesa vegetación, no tenía éxito con los chimpancés: cuando consiguió localizar un grupo, descubrió »

No puedes compartir tu vida con un perro [...] o un gato y no entender perfectamente que los animales tienen personalidad, mente y sentimientos.

Jane Goodall
en el periódico *The Observer* (2010)

Jane Goodall

Nacida en Bournemouth (Reino Unido) en 1934, Goodall sintió pasión por los animales desde muy joven. En 1957, en Kenia conoció a Louis Leakey, quien al principio, le ofreció un trabajo en el museo de historia natural local. Impresionado por sus conocimientos, su atención al detalle y su empeño, la invitó a participar en un proyecto que estaba poniendo en marcha: el estudio del comportamiento de los primates en su hábitat natural. Leakey creía que la falta de formación académica de Goodall sería una ventaja, pues su trabajo no estaría sesgado por el pensamiento tradicional. Goodall completó su doctorado en Cambridge en 1966 y al año siguiente publicó su primer libro, *Mis amigos los chimpancés*. En 1986 dejó el trabajo de campo para dedicarse a hacer campaña como conservacionista. Tras presenciar los devastadores efectos de la deforestación entre los primates, trabajó para preservar el hábitat de los chimpancés. Falleció en 2025.

Otras obras clave

1990 *A través de una ventana.*
2021 *El libro de la esperanza.*

que no podía acercarse a menos de unos 450 m antes de que los chimpancés huyeran.

Finalmente, cambió de estrategia. En lugar de aparecer sin avisar en el territorio de los chimpancés, dejó que estos se acostumbraran poco a poco a su presencia y se acercaran a ella cuando se sintieran cómodos. Para lograrlo, utilizó una técnica que denominó «Banana Club». Acudía a diario a una zona elevada que era un lugar habitual de alimentación. Permanecía paciente e inmóvil, y se esforzaba por mostrar un comportamiento no amenazante. Aprendió a imitar muchas de las acciones de los chimpancés, pasaba tiempo en los árboles e incluso comía lo mismo que ellos. A menudo llevaba plátanos a la zona de alimentación para animar al grupo a considerarla una presencia positiva en lugar de amenazante.

Aceptación social

Poco a poco, su persistencia y paciencia comenzaron a dar sus frutos: los chimpancés llegaron a tolerar su presencia y, en menos de un año, muchos le permitieron acercarse a ellos mientras se alimentaban en esa zona.

La aceptación de Goodall por parte de un miembro de alto rango del grupo, al que ella llamó David Barbagrís, supuso un gran avance. Una vez que él la aceptó, los demás chimpancés enseguida se sintieron cómodos con ella, permitiéndole permanecer en su presencia e interactuar con ellos. Décadas más tarde, David Barbagrís seguía siendo el favorito de Goodall. Aunque los chimpancés son conocidos por ser emocionalmente volátiles y, en ocasiones, violentos, Goodall descubrió que David era tolerante, generoso y amable, incluso en momentos de estrés en los que los demás se volvían agresivos. Goodall comentaría que, sin las útiles presentaciones de David Barbagrís, quizá no habría podido conocer a los demás chimpancés de Gombe.

Alimento para la mente

Una vez que la mayoría del grupo se acostumbró a la presencia de Goodall, ella pudo observar a la comunidad más de cerca y durante periodos más largos. Las conclusiones que extrajo de su investigación sacudieron el mundo de la primatología y trastocaron las suposiciones sobre lo que diferenciaba a los humanos de los simios.

Una de sus primeras observaciones fue que los chimpancés son capaces de fabricar y usar herramientas. Antes se pensaba que solo los seres humanos tenían las capacidades cognitivas necesarias para ello. David Barbagrís fue el primero en mostrar este comportamiento: seleccionaba una caña gruesa que metía repetida y sistemáticamente en un termitero, y luego la lamía y se comía las termitas que se quedaban pegadas a ella. Goodall también observó que los chimpancés modificaban la caña para que encajara mejor en los agujeros del termitero, y que usaban un palo a modo de cuchara para comer las termitas con mayor eficacia.

Goodall descubrió también que los chimpancés tienen una dieta omnívora, no herbívora. Los observó cazar, atrapar y comer insectos, pájaros y otros pequeños animales en las copas de los árboles. Cuando envió un telegrama a Louis Leakey para informarle de sus revolucionarios descubrimientos, su asesor le respondió con la famosa frase: «Ahora debe-

Lo menos que puedo hacer es alzar la voz por los cientos de chimpancés [...] sin esperanza, que miran con ojos muertos desde sus prisiones de metal.

Jane Goodall

citada por Jennifer Lindsey en *40 Years at Gombe* (1999)

Goodall se sienta en el suelo de la selva con unos chimpancés. Su enfoque práctico, casi familiar, hizo que, en un principio, la comunidad científica considerara su trabajo poco objetivo.

mos redefinir el término "herramienta", redefinir el término "hombre", o aceptar a los chimpancés como seres humanos».

Sistemas de comunicación

Goodall reveló una compleja jerarquía social que implica comportamientos ritualizados y métodos de comunicación. Identificó más de 20 sonidos asociados a significados. Por ejemplo, los silbidos, los gruñidos y los ladridos sirven para alertar a otros chimpancés de que se ha localizado una fuente de alimento. Cada individuo tiene además su propia vocalización, lo que permite a los demás identificarlo.

Además, Goodall observó varias formas de comunicación no verbal que incluían el acicalamiento mutuo y muestras de dominancia, como embestidas, golpes con las manos, pisotones, lanzamiento de piedras y arrastre de ramas. Estas exhibiciones son comunes entre los machos, que intentan intimidar a otros machos de alto rango pareciendo peligrosos sin llegar a una pelea física. Estas acciones también demuestran a los demás chimpancés las aspiraciones del individuo en cuestión dentro del orden social.

A medida que las especies evolucionaban y se adaptaban a su entorno y condiciones, algunos de sus antepasados se extinguieron. Humanos y chimpancés compartieron un antepasado que se extinguió hace 7–8 millones de años, y siguen siendo parientes genéticos cercanos.

Para expresar ira, los chimpancés se ponen de pie, chillan fuerte, fruncen el ceño y lanzan piedras y ramas. Para mostrar sumisión, adoptan una postura agachada para acercarse a otros, extienden una mano mientras lanzan gruñidos entrecortados o muestran su trasero.

Asignación de nombres

Cuando Goodall comenzó su investigación, dar un nombre a los sujetos de estudio no se consideraba una buena práctica científica; la mayoría de los primatólogos adoptaban lo que consideraban un enfoque más objetivo y solo asignaban un número a cada animal. Goodall desconocía esta convención y bautizó a todos los chimpancés que estudiaba. Algunos investigadores, creyendo que los había personalizado demasiado y que había relacionado incorrectamente su comportamiento con el de los humanos, descartaron al principio su trabajo. Sin embargo, en los años siguientes, la actitud cambió, y el enfoque de Goodall devino la norma. ■

Cooperación y reconciliación

Mientras estudiaba a los chimpancés y los bonobos en la década de 1970, el primatólogo neerlandés Frans de Waal observó dinámicas sociales que implicaban empatía, cooperación y resolución de conflictos. Hasta ese momento no se conocía la existencia de características con tal complejidad entre primates no humanos.

De Waal se centró en la resolución de conflictos entre primates. Observó que, tras los conflictos, los simios a menudo se abrazaban, acicalaban o participaban en otras interacciones pacíficas, lo que revelaba la existencia e importancia de mecanismos para reparar los lazos sociales después de las disputas. Estableciendo paralelismos con las sociedades humanas, argumentó que comportamientos como la cooperación y la reconciliación pudieron proporcionar ventajas evolutivas a los antepasados que compartimos con los simios vivos y fueron conservados por las líneas evolutivas de simios y humanos tras su divergencia.

El acicalamiento es una de las interacciones sociales que los primates usan para mantener la cohesión dentro del grupo, sobre todo tras un conflicto.

UNA FORMA MÁS EFICAZ DE HABLAR SOBRE EL PASADO

ARQUEOLOGÍA PROCESUAL

EN CONTEXTO

OBRA CLAVE
Patty Jo Watson, Steven LeBlanc y Charles Redman, *El método científico en arqueología* (1971)

RAMA
Arqueología

ANTES
1958 Los arqueólogos estadounidenses Gordon Willey y Philip Phillips exigen que la arqueología responda a preguntas científicas, en vez de limitarse a catalogar hallazgos y trazar cronologías.

1968 El arqueólogo estadounidense Kent Flannery propone utilizar la teoría de sistemas, que ve las sociedades como entes formados por componentes interconectados, para comprender la cultura.

DESPUÉS
1984 El arqueólogo británico Ian Hodder cuestiona el enfoque procesual en arqueología. Hace hincapié en que la arqueología es subjetiva.

En la década de 1960, un grupo de arqueólogos estadounidenses asociados con Lewis Binford rompió con muchos enfoques tradicionales de su disciplina y empezó a desarrollar un enfoque más científico de la arqueología, que hasta entonces se había centrado en catalogar artefactos, rastrear historias culturales y clasificar las sociedades en función de su aparente nivel de desarrollo. Estos estudiosos buscaban responder a preguntas más amplias sobre cómo y por qué las sociedades cambian con el tiempo. Su enfoque, conocido como arqueología procesual, se basaba en las ideas de Binford y enfatizaba la importancia del método científico, la verificación de hipótesis y el estudio de los sistemas ecológicos para la investigación arqueológica.

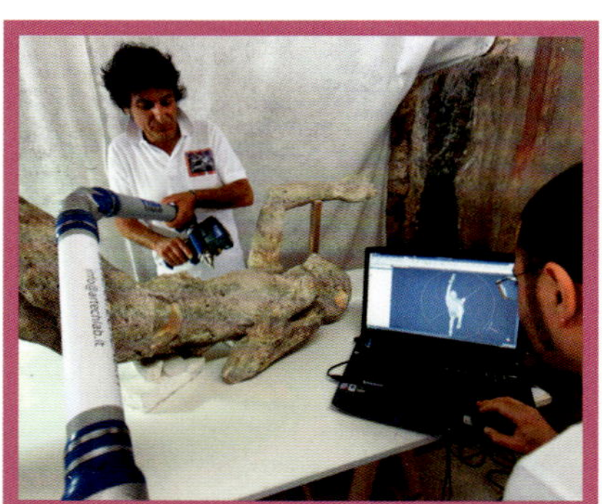

Herramientas como los escáneres láser ayudan a los arqueólogos a analizar e interpretar sus hallazgos. Este enfoque se basa en el énfasis en la precisión científica de la arqueología procesual.

La cultura como proceso

Una de las primeras defensoras de este enfoque fue la arqueóloga estadounidense Patty Jo Watson. Junto con sus colegas Steven LeBlanc y Charles Redman, expuso su pensamiento en *El método científico en arqueología*, que se convirtió en un texto fundamental de la arqueología procesual. Allí Watson argumentaba que las culturas son procesos y no «tipos» fijos o instantáneas en el tiempo.

En lugar de limitarse a acumular datos y descripciones, Watson sugirió que la investigación se centrara en preguntas específicas y que los hallazgos arqueológicos se evaluaran en función de su capacidad para respaldar las hipótesis. La investigación debía juzgarse por su rigor metodológico, no por la reputación del investigador.

Para ello, adoptó un enfoque interdisciplinario. En lugar de limitarse a la catalogación arqueológica tradicional o a enfoques estrictamente históricos, integró una serie

Véase también: Revoluciones en la prehistoria 74–75 ▪ Evolución multilineal 104–107 ▪ La nueva arqueología 110–115 ▪ Teoría de sistemas 125

Arqueobotánica
El análisis de restos vegetales antiguos aporta pruebas sobre la agricultura y la domesticación.

Zooarqueología
El estudio de restos animales antiguos proporciona pruebas sobre la caza y el pastoreo.

Geoarqueología
El estudio de la geografía local aporta pruebas sobre el medio ambiente del pasado.

La arqueología procesual reúne distintos métodos científicos para revelar el pasado.

Etnoarqueología
El estudio de las sociedades modernas puede ayudar a comprender las sociedades del pasado.

Arqueología experimental
La recreación de habilidades antiguas ayuda a probar hipótesis.

de técnicas científicas en su trabajo de campo. Su investigación abrió nuevos caminos al recurrir a disciplinas como la ecología, la arqueobotánica, la zooarqueología y la geoarqueología para mostrar de qué modo las culturas funcionan como sistemas en evolución moldeados por su entorno.

Una de las técnicas que Watson aplicó a su trabajo fue la etnoarqueología, que emplea estudios de comunidades modernas para comprender mejor las del pasado. Así, por ejemplo, al observar las prácticas agrícolas contemporáneas en Asia occidental, como el procesamiento de cultivos y el uso de herramientas, pudo desarrollar analogías para comprender la agricultura de subsistencia prehistórica. Este enfoque proporcionó información sobre cómo podrían haber vivido y trabajado los primeros humanos, y abrió nuevas vías para comprender la interacción entre las sociedades humanas y su entorno.

Métodos basados en equipos

Este giro hacia la colaboración interdisciplinaria supuso una desviación significativa de la arqueología tradicional, que solía llevarla a cabo un arqueólogo en solitario o trabajando con un equipo de obreros. El enfoque interdisciplinario desarrollado por los arqueólogos procesuales como Watson enfatizó el valor del esfuerzo cooperativo, con especialistas de diversas ramas trabajando juntos para abordar cuestiones complejas, y sigue siendo un componente esencial de la arqueología moderna. ■

Mammoth Cave

Ubicada en Kentucky (EE.UU.), Cueva Mammoth Cave es el sistema de cuevas conocido más largo del mundo. En las décadas de 1960–1970, Patty Jo Watson estudió la vida de los pueblos indígenas de los periodos arcaico tardío y Woodland temprano que usaron las cuevas. Watson descubrió pruebas de actividad humana que se remontan al menos 5000 años atrás, y fue pionera en el uso de métodos científicos para analizar la dieta de aquellos pobladores. Esto le permitió trazar la transición de los estilos de vida cazadores-recolectores a la agricultura temprana.

Watson aplicó técnicas innovadoras, como la recreación de actividades antiguas como la preparación de alimentos y el uso de textiles. Fue pionera en el uso de la tecnología de flotación: lavar la tierra con agua para que las semillas y fragmentos de plantas floten en la superficie y puedan estudiarse mejor. Su compromiso con la arqueología contribuyó a convertir Mammoth Cave en uno de los yacimientos rupestres más estudiados de Norteamérica.

La actividad en Mammoth Cave continúa; en 2022, una excavación cerca de la entrada de la cueva reveló pruebas de su uso en el siglo XIX.

DETRÁS DEL ANONIMATO DE UNA SOCIEDAD BUROCRÁTICA

ESTUDIAR HACIA ARRIBA

EN CONTEXTO

OBRA CLAVE
Laura Nader, «"Los de arriba"» (1972)

RAMA
Antropología social y cultural

ANTES
1949 El sociólogo Edwin Sutherland investiga los «delitos de cuello blanco»: delitos no violentos cometidos por personas de alto estatus social en el ejercicio de su profesión.

1970 James Spradley estudia a hombres sin hogar y alcohólicos de Seattle, a los que llama «nómadas urbanos».

DESPUÉS
1989 Emily Martin analiza cómo se presenta la reproducción femenina en la cultura de EE. UU. A través de entrevistas y textos médicos, halla una metáfora común del cuerpo femenino como sistema industrial, y explora cómo esta idea moldea la autoimagen de las mujeres.

Históricamente, los antropólogos tendían a estudiar grupos a pequeña escala y sociedades no industrializadas, pero en la década de 1970 dirigieron su atención hacia naciones industriales y posindustriales, como EE. UU. y los países europeos, a menudo estudiando a grupos subrepresentados o privados de derechos dentro de estas grandes sociedades.

El estudio de instituciones poderosas, como la Cámara de los Lores del Reino Unido, puede revelar cómo funciona el poder y cómo las jerarquías sociales moldean la sociedad.

Como observó la antropóloga estadounidense Laura Nader en su artículo «"Los de arriba": Nuevos horizontes de la antropología» (1972), los antropólogos «prefieren a los desfavorecidos» y tienden a estudiar a los grupos «de abajo». Esto crea un desequilibrio entre los etnógrafos y sus sujetos, y puede dar lugar a que los antropólogos no comprendan plenamente la escala, la lógica y la logística que hay detrás del propio poder.

Nader propuso que los antropólogos deberían estudiar los estratos «medio» y «alto» de las estructuras de poder social, y no solo el «bajo». Argumentó que centrarse única-

Véase también: Antropología feminista 140–145 ▪ Descripción densa 146–153 ▪ Género, sexualidad y poder 158–159 ▪ Capitalismo global 186–187

Identificar una **institución poderosa** o un **grupo de élite**. → Elegir los métodos: **¿Observación? ¿Entrevistas?** → Intentar **obtener acceso** y **ganarse confianza**. Identificar los obstáculos. → Realizar la investigación. **Recopilar datos** sobre cómo funciona el poder. → **Interpretar los resultados** en el contexto de las dinámicas de poder. → **Establecer cómo se pueden utilizar los hallazgos para criticar o reformar las estructuras de poder.**

mente en las culturas «exóticas» o «primitivas» –o «inferiores»– de sociedades no occidentales perpetúa los estereotipos y margina las voces de esas comunidades.

Cómo funciona el poder

Con su «estudio hacia arriba», Nader sugirió que los antropólogos también pueden examinar críticamente a gente poderosa, empresas, gobiernos e instituciones. Argumentó que las etnografías de estas personas e instituciones son necesarias porque nos ayudan a comprender cómo funciona el poder y cómo da forma a las sociedades a diversos niveles. Estas etnografías también pueden revelar las formas, a menudo invisibles, en que la explotación y la desigualdad afectan a comunidades locales y globales.

Nader delinea tres razones para estudiar a «los de arriba». En primer lugar, involucra a los estudiantes de antropología de una manera que la etnografía tradicional no logra, lo que les permite explorar las poderosas fuerzas que moldean sus propias vidas y las de los demás. En segundo lugar, ofrece una visión de los mecanismos del poder y permite examinar instituciones importantes y comprender mejor cómo influyen en las comunidades menos poderosas que tradicionalmente han estudiado los antropólogos. Por último, el estudio hacia arriba tiene una gran relevancia democrática, pues proporciona a los antropólogos una herramienta con la que pueden alinear los objetivos de las ciencias sociales con preocupaciones sociales urgentes a gran escala. ▪

El poder en el siglo XXI

El llamamiento de Laura Nader a estudiar hacia arriba tuvo un éxito notable. Hoy en día es habitual estudiar a grupos poderosos o ricos. Sin embargo, muchos de los marcos teóricos y las normas éticas de la antropología se diseñaron para estudiar a grupos con poco poder.

El antropólogo cultural Daniel Souleles ha abordado algunos de estos retos. Souleles hace hincapié en la necesidad de desarrollar teorías claras que expliquen cómo y por qué actúan los poderosos y qué significan sus acciones. Recomienda establecer conexiones con personas –como asistentes personales y trabajadores domésticos– que tengan información privilegiada sobre los ricos y poderosos. También sugiere identificar eventos, como galas o convenciones, donde se les pueda observar y estudiar. Según Souleles, estas estrategias mejoran los métodos etnográficos para la investigación entre los poderosos.

Nunca antes tan pocos, con sus actos y omisiones, habían alcanzado tanto poder sobre la vida y muerte de tantos miembros de nuestra especie.
Laura Nader

LA MUJER NO ESTÁ MÁS PRÓXIMA A LA NATURALEZA QUE EL HOMBRE

ANTROPOLOGÍA FEMINISTA

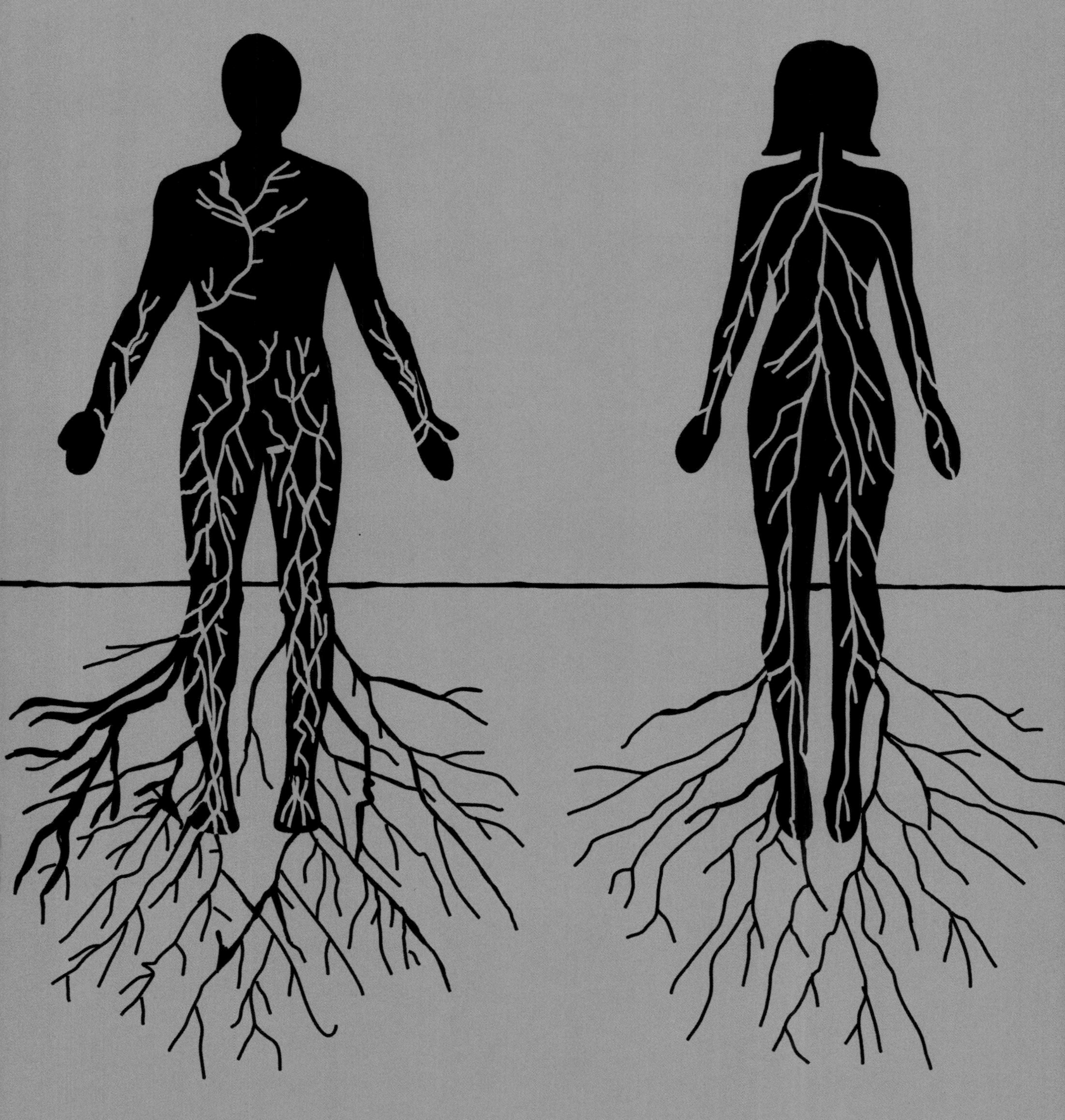

EN CONTEXTO

OBRA CLAVE
Sherry Ortner, «¿Es la mujer al hombre lo que la naturaleza a la cultura?» (1972)

RAMA
Antropología social y cultural

ANTES
1949 Claude Lévi-Strauss articula el estructuralismo, que se centra en procesos de pensamiento binario universal.

DESPUÉS
1973 Clifford Geertz sostiene que las culturas están compuestas por símbolos que deben ser interpretados.

1993 Lila Abu-Lughod empieza a escribir sobre las mujeres en el mundo islámico y cuestiona las opiniones occidentales sobre la desigualdad de género.

1996 Ortner trata el futuro de la antropología feminista en *Making Gender: The Politics and Erotics of Culture.*

En sus inicios, la antropología fue liderada por hombres blancos judeocristianos de Europa y EE. UU. Sus bagajes personales influyeron en los temas que eligieron estudiar, como la política, la religión, el parentesco y el lenguaje. Sin embargo, las experiencias de las mujeres –y el concepto mismo de género– fueron en gran medida omitidas en estos primeros estudios.

Esto empezó a cambiar a principios del siglo xx, a medida que más mujeres se formaban como antropólogas. Algunas cuestionaron la exclusión de las mujeres de los registros etnográficos, y otras encontraron pruebas de que las identidades de género se construyen culturalmente de muchas maneras diferentes.

Durante las décadas de 1960 y 1970, mientras la segunda ola del movimiento feminista cobraba impulso en EE. UU. y Europa, los antropólogos comenzaron a investigar explícitamente las razones de la desigualdad de género en sus propias sociedades y en otras. El ensayo de la estadounidense Sherry Ortner, «¿Es la mujer al hombre lo que la naturaleza a la cultura?», es un ejemplo de ello. Ortner trató de explicar el hecho aparentemente universal de que las mujeres parecen estar menos valoradas que los hombres.

Marcha de mujeres por la Quinta Avenida de Nueva York en agosto de 1970 exigiendo la igualdad de derechos. Sus experiencias influyeron en la visión de Ortner sobre la posición de la mujer en la mayoría de las sociedades.

Roles de género tradicionales

Para los antropólogos, los universales culturales –como la desigualdad de género– son raros; la mayoría de los universales humanos se basan en la biología, no en la cultura. Sin

Sherry Ortner

Nacida en Newark, Nueva Jersey (EE. UU.), en 1941, Ortner estudió antropología con Clifford Geertz en la Universidad de Chicago. Para su doctorado, obtenido en 1970, realizó un trabajo de campo entre los sherpas, un grupo étnico del Himalaya nepalí, centrándose en sus rituales, religión y política.

Ortner es conocida por su trabajo sobre clase, género y cultura popular. Contribuyó al avance de la teoría feminista en la antropología al criticar los sesgos masculinos en la escritura etnográfica, que priorizaba el estudio de las necesidades y los valores de los hombres por encima de los de las mujeres. También examinó la relación entre estructura social y agencia individual.

Galardonada con una beca MacArthur Genius en 1990, en 1992 ingresó en la Academia Estadounidense de las Artes y las Ciencias.

Otras obras clave

1996 *Making Gender.*

Véase también: Etnografía comparativa 84–85 ▪ Estructuralismo 108 ▪ Las mujeres y la economía política 156–157 ▪ Control emocional 216–217 ▪ Igualdad de género 266 ▪ Desafiar la opresión sistémica 294–295

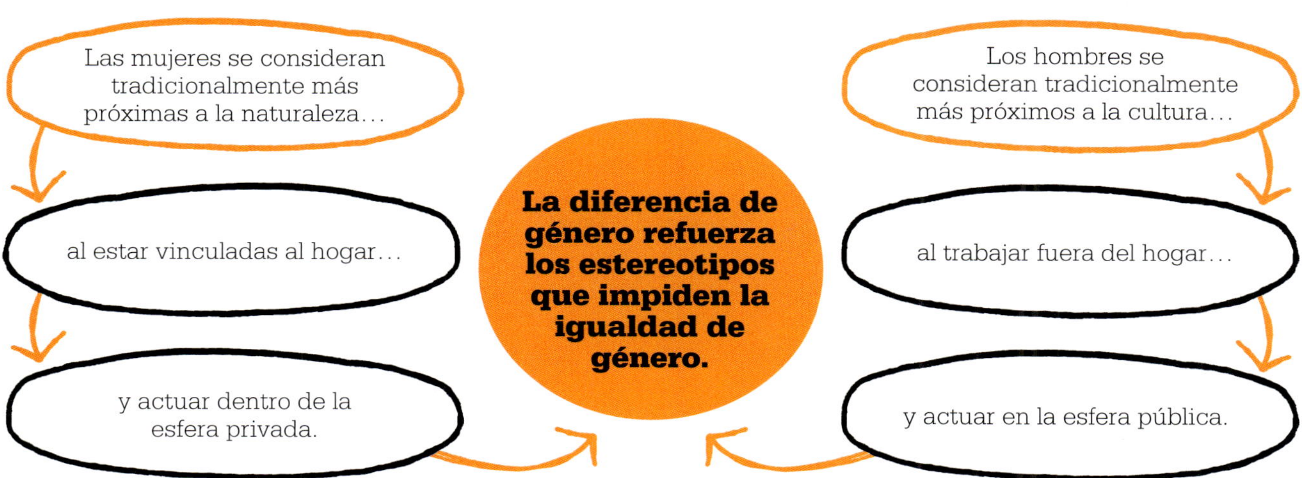

embargo, aunque la subordinación femenina parece estar muy extendida, Ortner no creía que la razón fuera biológica. Así, se propuso investigar las condiciones culturales que dieron lugar a esta «asimetría» de género.

Ortner observa que los símbolos y estructuras «femeninos» se asocian en general con la naturaleza, mientras que los símbolos y estructuras «masculinos» se asocian con la cultura. Estas asociaciones son problemáticas, argumenta, pues la opinión predominante es que la naturaleza es inferior a la cultura. A menudo, el objetivo de la cultura es someter a la naturaleza: tomar materias primas naturales y convertirlas en objetos culturales utilizables. Así, se puede argumentar que la cultura (los hombres) trasciende la naturaleza (las mujeres).

Ortner se pregunta por qué se da la asociación del hombre con la cultura y de la mujer con la naturaleza. Según ella, se basa en parte en las diferencias fisiológicas entre hombres y mujeres, concretamente en que el cuerpo de la mujer le permite dar a luz y amamantar. Estas funciones parecen relegar a las mujeres a la esfera privada (doméstica). Por el contrario, los hombres no desempeñan estas funciones, por lo que pueden ocupar la esfera pública y, por tanto, asumir roles más amplios de liderazgo en la política y la religión.

Enfoque binario

El uso que Ortner hace de los opuestos binarios –masculino o femenino, naturaleza o cultura, privado o público– evoca el estructuralismo de Claude Lévi-Strauss. Este sostenía que, en todas partes, la mente humana intenta dar sentido al mundo observable utilizando contrastes binarios para categorizar una amplia gama de cosas. Para Ortner, opuestos como naturaleza/cultura y privado/público se asignan a femenino/masculino y se valoran de forma diferente, lo que contribuye a la desigualdad de género.

Sin embargo, Ortner también señala que estas dicotomías no son tan rígidas como parece a primera vista. Después de todo, no se puede negar que las mujeres también son seres humanos plenamente culturales. Aunque el cuerpo de la mujer la sitúa comparativamente más cerca de la naturaleza que el hombre, Ortner sostiene que las mujeres representan «algo intermedio entre cultura y naturaleza». Esta posición intermedia es evidente, por ejemplo, en la tarea de la crianza, en la que principalmente la mujer transforma al recién nacido precultural en un agente plenamente humano y cultural. Al hacerlo, genera una especie »

> Buena parte de la creatividad de la antropología procede de la tensión entre dos conjuntos de exigencias: explicar los universales humanos y explicar las concreciones culturales.
>
> **Sherry Ortner**

de ambigüedad simbólica: se mueve entre los polos de la naturaleza y la cultura y, por ello, parece quedar en sus márgenes. Ortner afirma que los hombres tratan de controlar esta ambigüedad restringiendo los roles de las mujeres, relegándolas al hogar y denigrando sus tareas como «naturales».

Madres e hijos

Así como se naturaliza el cuerpo de las mujeres, también se naturaliza su psique. Basándose en el trabajo de la socióloga estadounidense Nancy Chodorow, Ortner examina la idea de que los procesos de pensamiento femeninos tienden a ser subjetivos y concretos, mientras que la cognición masculina tiende a ser objetiva y abstracta. Este patrón no está determinado biológicamente, sino que se produce a través de sistemas familiares que convierten a las madres en las principales socializadoras de los hijos. En el caso de los niños, se produce un cambio cuando llegan a identificarse con el padre y entran en el mundo de las abstracciones culturales. En las niñas, la identificación continua con la madre da lugar a rasgos de personalidad femeninos que, como la naturaleza, son directos y no mediados. En consecuencia, niños y niñas aprenden a adquirir personalidades masculinas o femeninas.

En todas partes el macho se asocia (inconscientemente) con la cultura, y la hembra parece más próxima a la naturaleza.
Sherry Ortner

De este modo, el cuerpo, la psique y los roles de las mujeres se describen como más próximos a la naturaleza, mientras que los de los varones se describen como más cercanos a la cultura. Cuanto más arraigadas están estas asociaciones en las sociedades, más difícil resulta alcanzar la igualdad de género. Y Ortner señala que el camino hacia la igualdad de género implica reconocer que la desigualdad es una construcción social, no un hecho biológico. La «condición secundaria» de las mujeres es producto de ideologías culturales que se reafirman mediante estructuras sociales que limitan aún más sus opciones y actividades. Ortner afirma que «las consecuencias para el cambio social son circulares: una concepción cultural distinta solo puede surgir de una realidad social distinta» que, a su vez, «solo puede surgir de una concepción cultural distinta». En otras palabras, la simetría de género requiere cambios tanto culturales como sociales.

Críticas y alternativas

El ensayo de Ortner contribuyó a un nuevo tipo de antropología feminista que iba más allá de la simple incorporación de las experiencias de las mujeres al registro etnográfico; además, denunciaba el sesgo masculino en los estudios antropológicos. Sin embargo, algunos académicos la criticaron por presentar generalizaciones que simplificaban en exceso la posición de la mujer en la sociedad. A pesar de su objetivo declarado en sentido contrario, Ortner parece recurrir al determinismo biológico al afirmar que el cuerpo de la mujer –y, en concreto, sus funciones reproductivas– la relega a la esfera doméstica. Tampoco tiene en cuenta la forma en que los varones oscilan entre los polos de naturaleza y cultura, ya que sus funciones corporales naturales también influyen en su vida social.

Algunos antropólogos han señalado que el ensayo de Ortner fue escrito desde una perspectiva judeocristiana occidental que no tiene

El pueblo minangkabau de Sumatra tiene una cultura matriarcal: propiedad, tierra y apellidos se transmiten de madres a hijas, y las mujeres toman las decisiones importantes de la comunidad.

en cuenta la variedad de experiencias de género en otras partes del mundo. Argumentan que en algunas sociedades hombres y mujeres son valorados por igual a pesar de (o incluso debido a) que desempeñan roles sociales diferentes. El pueblo de Vanatinai (Tagula), una remota isla de Papúa Nueva Guinea, es un ejemplo de ello: en esta sociedad matrilineal e igualitaria, varones y mujeres son socializados para ser asertivos y autónomos. Además, las mujeres son estimadas como «dadoras de vida» debido a su capacidad para tener hijos.

Incluso en Occidente, la estructura de algunas sociedades desafía la visión de Ortner. En Islandia, Finlandia y Noruega, por ejemplo, las mujeres han alcanzado tasas de nivel educativo casi iguales a las de los hombres, y en Islandia hay más mujeres que hombres en cargos políticos. Estos ejemplos interculturales de Oceanía y el norte de Europa socavan la creencia común de que la biología es la base de la asimetría de género.

El concepto de interseccionalidad explica que los individuos son la suma de sus partes y la dificultad de categorizarlos de forma simplista y universal. Como resultado, cualquier discriminación a la que se enfrentan los individuos puede multiplicarse en función de los distintos aspectos de su identidad, desde el género y la raza hasta la clase social.

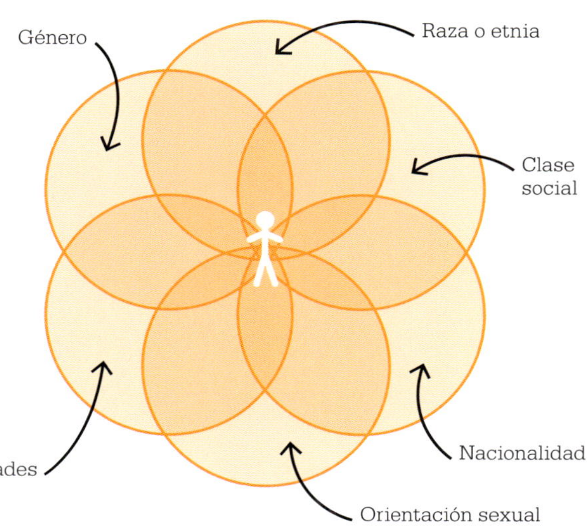

Interseccionalidad

En las décadas posteriores a la publicación del ensayo de Ortner, el enfoque de la antropología feminista pasó de investigar los universales de género y la desigualdad de género a examinar las diferencias entre mujeres. Gran parte de este trabajo está influido por el concepto de interseccionalidad, acuñado por la jurista y académica estadounidense Kimberlé Crenshaw.

La interseccionalidad implica que los individuos no tienen identidades únicas: una persona no es solo una mujer, un hombre o una persona no binaria. Más bien, el individuo está compuesto por múltiples identidades, entre las que se incluyen clase, raza, etnia, sexualidad y religión. En virtud de estas identidades, las personas pueden estar sometidas a sistemas de opresión superpuestos, como el sexismo, el clasismo, el racismo y la homofobia. Por tanto, un análisis interseccional hace hincapié en que los individuos no pueden reducirse únicamente a su género, ya que las condiciones sociales y políticas dan forma a sus múltiples identidades, roles y experiencias de vida. ■

Anuncio estadounidense de las cocinas Hotpoint. Estaba dirigido a las mujeres, supuestas usuarias principales de los productos domésticos.

El segundo sexo

El libro más famoso y controvertido de la filósofa y activista francesa Simone de Beauvoir, *El segundo sexo*, se publicó en 1949. La mujer en Francia había obtenido la plena igualdad política y el derecho al voto cinco años antes, pero seguía estando en desventaja en la sociedad con respecto al hombre.

El ensayo se centra en varios aspectos de la existencia física, emocional y social de la mujer con el fin de explicar las causas de la desigualdad femenina. Beauvoir analiza cómo se construye a la mujer como la «otra» en relación con el varón; cómo se la relega a tareas físicas como las labores domésticas y la reproducción; y cómo se la socializa para tener una existencia «femenina» caracterizada por la opresión masculina. Beauvoir argumenta que estas condiciones podrían cambiar si las sociedades reconocieran que, aunque hombres y mujeres son diferentes, son esencialmente iguales.

El segundo sexo fue la inspiración de la segunda ola del feminismo que se extendió por Francia en la década de 1960.

EL HOMBRE ES UN ANIMAL INSERTO EN TRAMAS DE SIGNIFICACIÓN QUE ÉL MISMO HA TEJIDO

DESCRIPCIÓN DENSA

EN CONTEXTO

OBRA CLAVE
Clifford Geertz, *La interpretación de las culturas* (1973)

RAMA
Antropología social y cultural

ANTES
1905 Para Max Weber, las diferencias entre católicos y protestantes derivan de interpretaciones rivales de símbolos y textos.

1911 Franz Boas señala las similitudes cognitivas entre las sociedades humanas, basándose en los símbolos compartidos en el lenguaje y la cultura.

DESPUÉS
1972 Laura Nader insta a estudiar las culturas de las sociedades dominantes, no solo las afectadas por el colonialismo.

1983 Talal Asad sostiene que las experiencias culturales pueden trascender la interpretación simbólica.

El teatro de sombras javanés dramatiza los mitos y la moralidad en varias capas simbólicas. Es un «texto» que hay que leer, no solo ver.

Detrás de cada gesto, ritual o interacción social se esconde una red de significados –moldeada por la historia, el poder y los símbolos compartidos– que ha de ser descifrada. Un simple guiño puede ser una señal conspirativa, un tic nervioso o un gesto irónico. Para captar estos matices, los antropólogos necesitan un método que vaya más allá de la observación superficial.

Clifford Geertz, uno de los antropólogos más influyentes del siglo XX, respondió a esta necesidad con el concepto de «descripción densa»: una forma de interpretar el comportamiento humano desentrañando las capas ocultas de contexto –cultural, histórico y personal– que dan sentido a las acciones. A diferencia de la mera observación, la descripción densa pregunta por qué

Clifford Geertz

Nacido en San Francisco (EE. UU.) en 1926, Geertz fue una de las figuras más influyentes de la antropología. Su trabajo se centró en la interpretación cultural mediante el análisis de los símbolos de la vida cotidiana.

Tras estudiar literatura y filosofía en el Antioch College de Ohio, se doctoró en antropología en Harvard en 1956. Su trabajo de campo en Indonesia lo consagró como antropólogo y estudioso de la religión, especialmente del islam en el Sureste Asiático. Tras impartir clases en las universidades de Chicago y California en Berkeley, se incorporó al Instituto de Estudios Avanzados de Princeton, donde ocupó un cargo directivo y produjo sus escritos más influyentes.

El concepto de «descripción densa» de Geertz sigue siendo uno de los pilares de la antropología interpretativa.

Otras obras clave

1960 *The Religion of Java.*
1968 *Observando el islam.*
1981 *Negara: El Estado-teatro en el Bali del siglo XIX.*
1983 *Conocimiento local.*

Véase también: Relativismo cultural 34–41 ▪ Funcionalismo biopsicológico 50–55 ▪ Estructuralismo 108 ▪ Ritos de paso 126–129 ▪ Antropología feminista 140–145 ▪ Religión y poder secular 188–189 ▪ Estudios sobre el parentesco 192

un guiño es significativo: ¿es una broma privada? ¿Un gesto ensayado? La diferencia radica en las tramas de interpretación que tejen las propias personas. Geertz aplicó su método a diversos contextos: en Java, su análisis del teatro de sombras reveló cómo las figuras de cuero pueden transmitir verdades morales y cosmológicas, mientras que en Bali, su observación de las peleas de gallos ofreció una visión de la competencia por el estatus y los ideales de masculinidad.

Profundo humanista, Geertz consideraba que comprender otras culturas era una vía para comprender lo que significa ser humano. Al descifrar el simbolismo tejido en la vida cotidiana, buscaba puntos en común entre culturas. Para él, la antropología no consistía solo en documentar el pasado, sino en abordar los debates del presente, empleando la diversidad cultural para profundizar en la comprensión de la vida humana.

Capas de significados

Geertz contribuyó a establecer lo que se conoce como antropología simbólica o «interpretativa», un enfoque que sigue siendo influyente en la actualidad. Aunque sus escritos pueden resultar complejos y a veces difíciles de descifrar, su argumento central es sencillo: la cultura se basa en un entramado de símbolos compartidos. No es algo fijo, sino que se ve constantemente moldeada por la interpretación, con significados que cambian en función de la perspectiva y la experiencia del observador.

Partiendo de esta idea, Geertz se inspiró en la filosofía, en particular en el filósofo británico Gilbert Ryle, quien había introducido el concepto de «descripción densa» para explicar cómo el significado se estratifica en los encuentros simbólicos. Fue Ryle quien utilizó por primera vez el ejemplo de un guiño para ilustrarlo: un movimiento idéntico de los ojos podría interpretarse como una señal de entendimiento compartido o como un tic involuntario sin ningún significado. A primera vista, sería difícil distinguir entre ambos, al menos sin leer la mente de los interlocutores o comprender el contexto completo en el que se produjo.

En opinión de Geertz, la etnografía debería estudiar cómo las personas crean e interpretan el significado, y debería comenzar por comprender cómo los individuos explican sus propios pensamientos, »

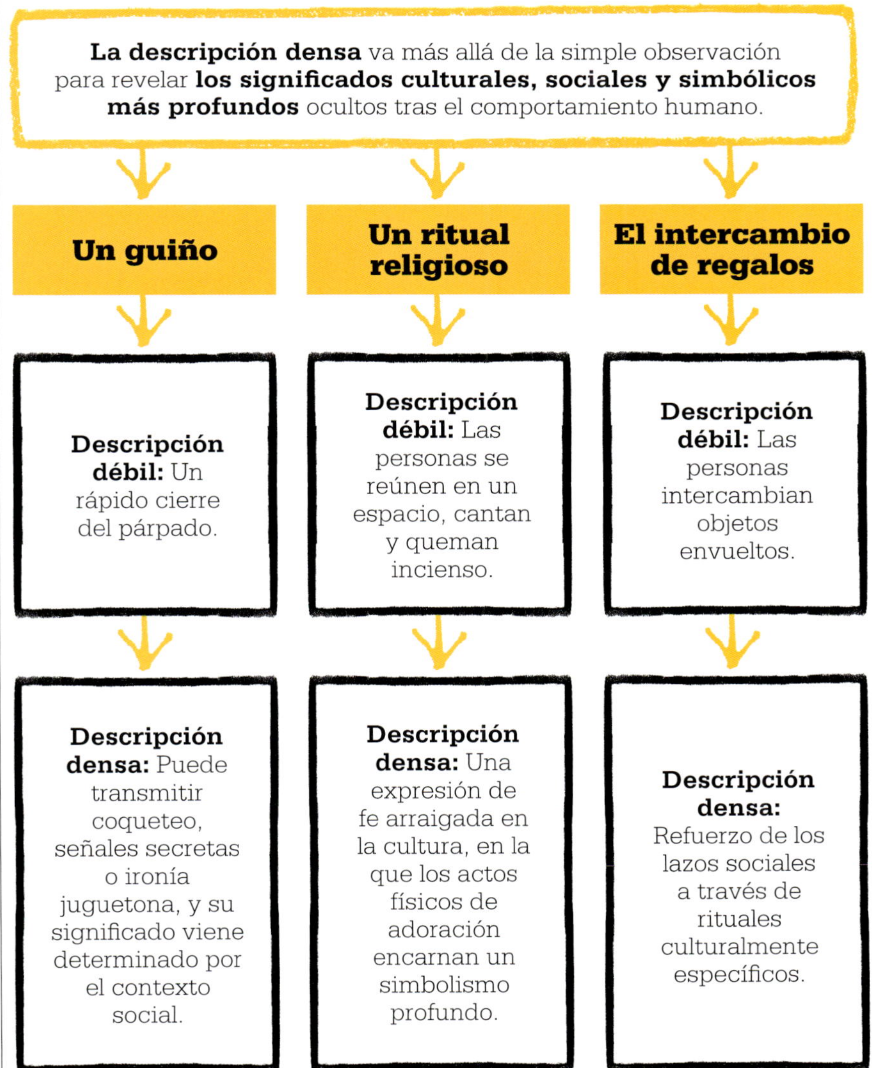

sentimientos y acciones. El enfoque de Geertz era semiótico, enfatizando el papel que desempeñan los símbolos y los signos en la generación de significado. Este método ayuda a distinguir un tic nervioso de un guiño significativo, o un guiño cómplice de un gesto irónico que hace burla del propio gesto.

Las capas de significado son infinitas y las interpretaciones quizá nunca capten por completo cada capa posible para cada participante. Esta complejidad se acentúa aún más cuando se exploran culturas desconocidas. Basándose en la filosofía de Ryle, Geertz argumentó que el comportamiento humano está plagado de intenciones y que la comunicación exitosa depende de la evaluación continua de esas intenciones.

La cultura como texto

Geertz abordó el estudio de la cultura considerándola un complejo sistema de símbolos públicos que requieren interpretación. Estos símbolos entran en juego cuando nos enfrentamos a situaciones nuevas, y a menudo los manipulamos para conseguir efectos inmediatos. Esta manipulación no se basa únicamente en los significados tradicionales de los símbolos, sino también en motivos personales y en las reacciones de quienes nos rodean. En este sentido, la cultura es fluida y está en constante cambio: las personas no son autómatas, ni encajan perfectamente en tipos de personalidad o perfiles culturales predefinidos.

Inspirándose en el sociólogo alemán Max Weber, Geertz desarrolló esta idea afirmando que el hombre está «inserto en tramas de significación que él mismo ha tejido». Esta metáfora destaca la naturaleza intrincada y autocreada de los significados culturales por los que navegan los individuos en su vida cotidiana. Su descripción densa de las peleas de gallos balinesas ilustra este enfoque: lo que para el forastero podría parecer un simple entretenimiento, se reveló como un complejo drama de estatus, masculinidad y relaciones sociales. A través de una cuidadosa interpretación, Geertz mostró cómo las peleas de gallos codificaban aspectos importantes de la sociedad balinesa, desde la jerarquía social hasta los conceptos de identidad y comunidad.

Lo que llamamos nuestros datos son en realidad nuestras interpretaciones de las interpretaciones de otras personas sobre lo que ellos y sus compatriotas piensan y sienten.

Clifford Geertz

Geertz comparó la cultura con una historia en evolución, moldeada por su autor, influida por su público y sujeta a continuas interpretaciones que desafían cualquier resumen. Ilustró esto con una metáfora, un mito indio sobre la regresión infinita: la idea filosófica de que toda explicación exige otra, en una cadena sin fin. En el mito, el mundo descansa sobre el caparazón de una tortuga. Cuando alguien pregunta qué sostiene a la tortuga, la respuesta es: «Hay tortugas hasta el fondo».

Este enfoque interpretativo suponía una ruptura con muchos de los marcos teóricos dominantes hasta entonces en la antropología. Antes de Geertz, los estudiosos solían basarse en un modelo único para analizar las diversas sociedades humanas. Los evolucionistas culturales, por ejemplo, creían que la historia progresaba naturalmente hacia el

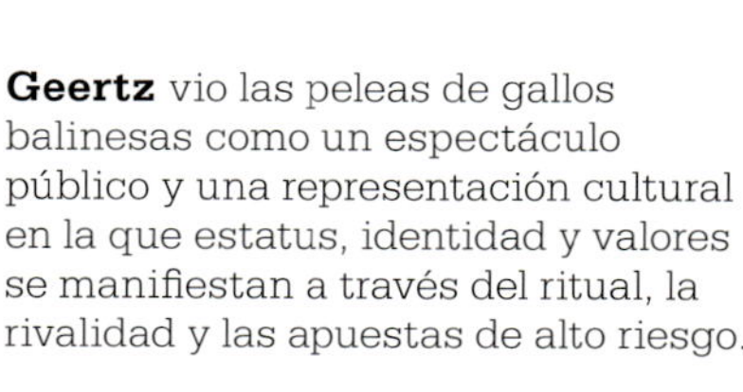

Geertz vio las peleas de gallos balinesas como un espectáculo público y una representación cultural en la que estatus, identidad y valores se manifiestan a través del ritual, la rivalidad y las apuestas de alto riesgo.

ideal occidental, con las sociedades capitalistas modernas en la cima. Esta perspectiva etnocéntrica implicaba que todas las culturas debían esforzarse por alcanzar los estándares occidentales.

Otros, como el estadounidense Marvin Harris, sostenían que la cultura era un mero subproducto (o epifenómeno) de fuerzas materiales más profundas. Por ejemplo, Harris argumentaba que la evitación del cerdo en Oriente Medio surgió del miedo a las enfermedades transmitidas por cerdos.

Geertz rechazó estos enfoques, afirmando que era un error interpretar el comportamiento humano a través de un marco universal sin tener en cuenta las perspectivas locales. En el centro de su trabajo estaba la creencia de que la antropología debe profundizar nuestra comprensión de las culturas humanas, fomentando un diálogo intercultural más rico y significativo.

Una pelea de gallos balinesa no es solo una pelea, sino un complejo drama social en el que intervienen estatus, masculinidad, comunidad, ritual y juego.

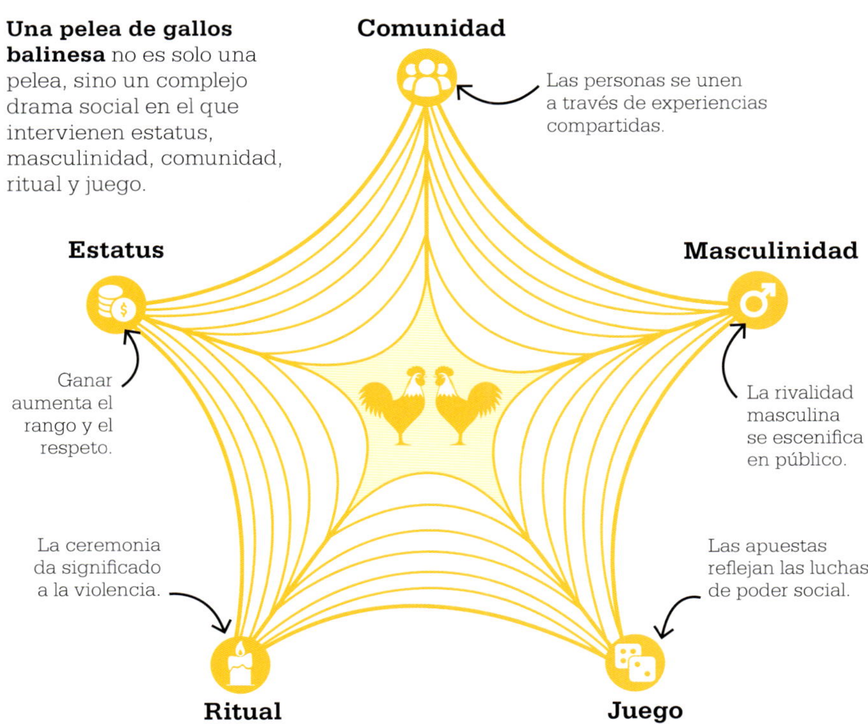

El papel de la ideología

Geertz fue uno de los primeros antropólogos estadounidenses en reconocer el valor de estudiar la ideología: el sistema de ideas, valores y creencias que da forma a la manera en que individuos o grupos interpretan y se relacionan con el mundo. Consideraba que la ideología era más que «propaganda política»; la veía como un conjunto de herramientas culturales que las personas utilizan para dar sentido a su mundo y justificar sus acciones. Frente a algunos de sus coetáneos, defendió esta concepción más amplia de la ideología, considerándola un marco de significado compartido que ayuda a las personas a navegar por su entorno social.

Geertz criticó el enfoque estructuralista del francés Claude Lévi-Strauss, que buscaba identificar patrones universales en el pensamiento y la cultura humanos. Aunque admiraba algunos aspectos de su trabajo, Geertz no estaba de acuerdo con el enfoque en los patrones universales. Para él, la estructura es solo una parte de la ecuación, ya que las personas manipulan constantemente símbolos en sus interacciones cotidianas con otras personas que participan en estas prácticas culturales compartidas.

Geertz consideraba que Lévi-Strauss había reducido las experiencias humanas a conceptos abstractos, perdiendo el contacto con los matices de la interacción humana genuina. En su opinión, al centrarse demasiado en las estructuras teóricas, Lévi-Strauss pasaba por alto la realidad viva de cómo las personas se relacionan entre sí. Geertz afirmaba que no podía saber lo que pensaba alguien sin hablar con él, en contraste con Lévi-Strauss, que a menudo afirmó discernir la estructura del pensamiento, no solo de una cultura, sino de todas las sociedades.

Interpretación de la religión

El enfoque de Geertz en los símbolos hace que su estrategia sea especialmente adecuada para el estudio de la religión. Los símbolos religiosos pueden ser materiales, como los iconos, que se dotan de significado a través de la práctica colectiva; o lingüísticos, como los textos sagrados o las oraciones, que transmiten profundos mensajes espirituales. Su enfoque ayuda a explicar cómo se adaptan las religiones y cómo los significados simbólicos se pueden movilizar para provocar respuestas poderosas.

Un ejemplo de ello es el uso que hace de la descripción densa para revelar los significados sociales ocultos tras los símbolos y rituales religiosos en Java. Para un observador externo, podrían parecer »

Comprender la cultura de un pueblo supone captar su carácter normal sin reducir su particularidad [...]. Dicha comprensión los hace accesibles.
Clifford Geertz

simples rituales de oración, pero Geertz reveló la compleja jerarquía involucrada en ellos. En Java hay tres estilos principales de expresión religiosa: *abangan*, tradiciones animistas campesinas; *santri*, ortodoxia islámica; y *priyayi*, misticismo de influencia hindú.

Al interpretar estas prácticas mediante la descripción densa, Geertz mostró cómo estas variaciones religiosas reflejaban y reforzaban divisiones sociales más amplias. El mismo gesto o ritual podía tener significados muy diferentes: para un comerciante *santri*, demostraba una devoción piadosa; para un aristócrata *priyayi*, expresaba una espiritualidad refinada; y para un agricultor *abangan*, conectaba con tradiciones ancestrales.

Relativismo fundamentado

En una época en la que gran parte de la antropología dominante se centraba en identificar universales, Geertz destacó como un firme defensor del relativismo, la visión de que las diversas sociedades pueden tener formas de pensar distintas que deben entenderse en sus propios términos. Buscaba volver a las raíces más profundas del conocimiento antropológico: el compromiso con la vida de los otros. Las prácticas culturales, argumentaba, no deben ser forzadas para encajar en los sistemas de valores occidentales como reflejos de supuestos universales, ni descartadas como menos humanas o exotizadas como extrañas. El suyo era un relativismo suave y situacional, no el radical asociado a figuras como Benjamin Lee Whorf.

En este sentido, Geertz se hacía eco de Franz Boas, a veces insistiendo en el relativismo como método, pero más a menudo expresando su escepticismo hacia las grandes abstracciones o universales; consideraba que los supuestos universales, como la religión, eran a menudo vagos y carecían de sustancia real.

Geertz es conocido sobre todo por su estilo de escritura lúcido y provocador, que llegó a un público mucho más allá del ámbito académico. Es recordado no solo por su trabajo teórico, sino también por sus numerosos y vívidos bocetos etnográficos. Junto a su célebre relato sobre las peleas de gallos en Bali, escribió con perspicacia sobre los rituales funerarios en Java y sobre el regateo en los mercados marroquíes, escenarios que presentaba como lugares de interacción social y representación cultural. Mientras muchos de sus contemporáneos se decantaban por escuelas cada vez más teóricas, desde el estructuralismo de Lévi-Strauss hasta el materialismo de Marvin Harris, Geertz siempre hizo hincapié en el lado humanista de la antropología: la importancia de empatizar con los demás y ver el mundo desde su punto de vista, sin objetualizarlos ni reducir sus experiencias a modelos teóricos.

Para Geertz, la teoría solo tenía valor si se basaba en la experiencia vivida. Criticaba tanto las abstracciones vagas como los modelos simplistas que ignoraban la riqueza de la vida social real, acusaciones que a menudo dirigió al estructuralismo en particular. Insistía en que

En su trabajo sobre la religión balinesa, Geertz examinó cómo templos, ceremonias y ofrendas crean un sistema simbólico que refuerza los valores culturales y la identidad colectiva.

En su estudio de un zoco marroquí, Geertz exploró cómo el comercio está moldeado por los significados culturales, las redes personales y la comprensión local del riesgo y la confianza.

el significado debía buscarse en su contexto, no imponerse desde fuera.

Aunque sus escritos pueden resultar densos y difíciles de entender, la influencia de Geertz radica en cómo reformuló la práctica de la antropología. Modeló una forma de pensar analítica pero atenta a los matices, mostrando que el significado debe interpretarse en contexto y nunca darse por sentado.

Un legado duradero

Geertz profundizó en las humanidades, desde la filosofía hasta el arte y la literatura comparada, lo cual ayuda a explicar por qué sus ideas se extendieron más allá de la antropología: hallaron un público entusiasta en la sociología, la filosofía y otros campos de estudio dedicados a la naturaleza humana y la diversidad cultural, y sus obras han tenido un enorme impacto en estas disciplinas. Con el tiempo, Geertz se convirtió en uno de los antropólogos más influyentes, dentro y fuera del mundo académico.

Los alumnos de Geertz contribuyeron a dar forma a la antropología posmoderna, un movimiento que, al igual que el propio Geertz, rechazaba las explicaciones universales en favor del particularismo cultural y se basaba en su enfoque interpretativo. Este desarrollo coincidió con un retorno más amplio a los fundamentos filosóficos de las ciencias sociales. El avance más notable se produjo en la antropología ontológica, el estudio de cómo las distintas sociedades conceptualizan la existencia misma, que revitalizó el relativismo cultural asociado a Boas y Geertz.

Aunque la obra de Geertz fue objeto de críticas, en particular por el antropólogo británico-pakistaní Talal Asad, quien argumentó que pasaba por alto las dinámicas de poder, estos debates subrayan la relevancia de su idea central: que el significado cultural es estratificado, controvertido y está integrado en sistemas simbólicos. ■

Memoria y antropología

Los antropólogos llevan mucho tiempo investigando cómo recuerdan las comunidades. En lugar de considerar la memoria como algo puramente individual o psicológico, etnógrafos como Jonathan Boyarin la abordan como una práctica social y cultural. En *Polish Jews in Paris* (1991), Boyarin examina cómo recuerdan y transmiten su pasado los inmigrantes judíos en París, mostrando cómo la memoria se entreteje en la vida cotidiana.

Siguiendo la tradición interpretativa de Geertz, Boyarin trata la memoria como una práctica cultural moldeada por el lenguaje y las relaciones. Su fluidez en yidis y su inmersión en la comunidad lo posicionaron como etnógrafo, revelando cómo las historias y rituales sostienen la identidad. Al igual que la descripción densa de Geertz, el trabajo de Boyarin revela que la memoria se experimenta, se narra y se mantiene, conectando identidad, historia y pertenencia a través de capas de significado compartido.

Todos comenzamos con un equipamiento natural para vivir mil clases de vida, pero [...] acabamos viviendo solo una.

Clifford Geertz

UNA EXPRESIÓN DE LA MENTE DE SU CREADOR

CULTURA MATERIAL

EN CONTEXTO

OBRA CLAVE
Henry Glassie, *Folk Housing in Middle Virginia* (1975)

RAMA
Antropología social y cultural

ANTES
1916 En su *Curso de lingüística general*, Saussure esboza un método para analizar el lenguaje con el fin de interpretar la cultura y sienta las bases para el surgimiento de la antropología estructural.

1962 En «Arqueología como antropología», Lewis Binford introduce un nuevo enfoque más científico de la arqueología, conocido como «procesualismo».

DESPUÉS
1977 El estadounidense James Deetz publica *In Small Things Forgotten*, uno de los textos fundacionales de la rama de la arqueología histórica.

Los estudios sobre cultura material se centran en las «cosas» que rodean a las personas en su vida cotidiana y en lo que revelan sobre sus usuarios. Uno de los primeros y más destacados estudiosos de la cultura material es el etnólogo estadounidense Henry Glassie, cuyo libro *Folk Housing in Middle Virginia* (1975) fue la primera de sus numerosas publicaciones sobre cómo la arquitectura y los objetos que usan las personas reflejan valores culturales y sociales, ofreciendo una extraordinaria visión del pasado.

Las técnicas utilizadas en la artesanía de la fabricación de alfombras en Turquía han sido perfeccionadas por generaciones de tejedores, con procesos condicionados por los tintes e hilos disponibles.

Historia de las cosas

Según Glassie, «la cultura material registra la intrusión humana en el entorno». Considera que la clave para comprender las culturas pasadas y contemporáneas se encuentra en sus creaciones materiales, como las alfombras o los edificios. Su obra se basa no solo en la búsqueda de características comunes entre objetos y arquitectura, sino también en el deseo de comprender cómo y por qué se construyen y crean. Más que estudiar a las personas en sí mismas, a Glassie le interesa «lo que eligen presentar como emblemas de su ser». Mediante una detallada investigación etnográfica, su enfoque ha proporcionado una comprensión más matizada de las cosas materiales que constituyen el mundo de la gente.

Glassie se ha interesado por las narrativas de los historiadores, que utilizan documentos –cartas, órdenes de trabajo, recibos, libros y diarios– para reconstruir y explicar acontecimientos y comportamien-

Véase también: La estructura del lenguaje 44–45 ▪ Estructuralismo 108 ▪ La nueva arqueología 110–115 ▪ Arqueología posprocesual 190–191

Arquitectos y artesanos se inspiran en **historias compartidas** para crear sus productos y diseños.

Los individuos **interpretan esas historias** según su propia **perspectiva cultural**.

La forma de un edificio o producto puede **modificarse para ajustarse** a las **creencias, preferencias y necesidades** contemporáneas.

Los edificios y objetos del pasado adquieren continuamente un significado cultural en el presente.

tos. Sin embargo, algunas sociedades no tienen una historia escrita; y, como ha señalado Glassie, la mayoría de las personas en el pasado eran analfabetas, y muchas lo son aún en el mundo moderno. Por ello, Glassie y sus seguidores creen que los historiadores no logran captar la totalidad de la experiencia humana. Con todo, Glassie no cree que debamos ignorar los hallazgos de la historia; más bien, desea que los historiadores vean «las vasijas rotas, las casas antiguas y cosas por el estilo» como puntos de acceso a la historia válidos y relevantes.

Partiendo del estructuralismo

Gran parte del trabajo de Glassie sobre la cultura material se basa en el marco teórico del estructuralismo, para el cual el lenguaje es un sistema complejo de partes interrelacionadas –más que palabras individuales– que puede analizarse para interpretar la cultura, el cambio y la innovación. Equiparando la cultura material con el lenguaje, en *Folk Housing* sostiene que la agitación política durante la guerra de Independencia de EE. UU. y en las colonias en el siglo XVIII provocó cambios en el diseño y la distribución del hogar: «Las obligaciones comunitarias fueron sustituidas por la propiedad individual de la tierra y el trabajo; a partir de entonces, el hombre se separó cada vez más del hombre». El diseño de las casas pasó de un sencillo plano abierto de una o dos estancias, donde el espacio era compartido y comunitario, y los vecinos bienvenidos, a hogares con múltiples habitaciones privadas.

Hoy, los estudiosos de la cultura material pueden examinar la evolución de objetos como los patines y los teléfonos móviles. Las pegatinas y marcas de un patín pueden revelar las ideas políticas o las aficiones de su propietario, mientras que la marca y el modelo de un teléfono móvil pueden indicar su estatus social. ■

Henry Glassie

Nacido en 1941 en Washington D. C., Glassie se graduó en la Universidad de Tulane en 1964, obtuvo un máster en la Estatal de Nueva York en Oneonta en 1965 y un doctorado en la Universidad de Pensilvania en 1969. Fue el primer folclorista estatal de Pensilvania, y ha ocupado numerosos cargos académicos, entre ellos el de profesor de folclore, etnomusicología, estudios americanos y antropología en las universidades de Indiana y Pensilvania. La curiosidad de Glassie por los patrones globales de la cultura material y la arquitectura le ha llevado a realizar trabajo de campo en varios estados de EE. UU., así como en Irlanda, Suecia, Turquía, Bangladés, Brasil, Nigeria y muchos otros países. Gracias a su interés por el estructuralismo y la historia de la vida cotidiana de la gente corriente, trabó una estrecha amistad con el antropólogo estadounidense James Deetz.

Otras obras clave

1982 *Passing the Time in Ballymenone.*
1999 *Material Culture.*
2000 *Vernacular Architecture.*

CONDICIONES BÁSICAS PARA UNA POLÍTICA SEXUAL DE «DIVIDE Y VENCERÁS»

LAS MUJERES Y LA ECONOMÍA POLÍTICA

EN CONTEXTO

OBRA CLAVE
Karen Sacks, «Engels revisitado» (1975)

RAMA
Antropología social y cultural

ANTES
1877 El estadounidense Lewis Henry Morgan afirma en *La sociedad primitiva* que las comunidades humanas «evolucionaron» de matrilineales a patrilineales.

1971 En «El origen de la familia», la británica Kathleen Gough examina los factores biológicos y económicos que sustentan el surgimiento de la vida familiar moderna.

DESPUÉS
1975 En «El tráfico de mujeres», la estadounidense Gayle Rubin analiza el sexo y el género desde un enfoque político-económico.

1988 Karen Sacks explora la raza y el género en el contexto de la asistencia sanitaria en su libro *Caring by the Hour*.

En su revaluación crítica de *El origen de la familia, la propiedad privada y el Estado* (1884) del filósofo alemán Friedrich Engels, la antropóloga estadounidense Karen Sacks explora la condición de la mujer en la sociedad.

Mujeres y capitalismo

El ensayo de Engels, escrito en respuesta a las teorías expresadas por Lewis Henry Morgan en *La sociedad primitiva*, analizaba cómo el auge de la propiedad privada y el capitalismo habían configurado la estructura familiar y la condición de la mujer. Engels sostenía que la igualdad de género era más frecuente en las sociedades no basadas en clases que en las basadas en ellas, pues las sociedades de clases se formaron en el contexto del capitalismo, que enfatizaba el trabajo productivo realizado en gran medida por los hombres.

Bajo el sistema capitalista, las tareas reproductivas que solían realizar las mujeres en el ámbito doméstico se consideraban menos valiosas que el trabajo realizado por los hombres, desarrollado en la esfera pública y generador de riqueza. Según Engels, la subordinación de la mujer

Los hombres **participan activamente** en la **esfera pública**.

Esto les permite generar riqueza a través del **trabajo productivo** fuera del hogar.

Los hombres tienen más poder público que las mujeres.

Las mujeres tienden a tener **mayor implicación** en la **esfera privada**.

Tienen un papel **activo y esencial** en la **reproducción** dentro del hogar.

Las mujeres ejercen menos poder que los hombres en la esfera pública.

Véase también: Evolución unilineal 26–27 ▪ Parentesco y orden social 68–69 ▪ Etnografía comparativa 84–85 ▪ Antropología feminista 140–145 ▪ Género, sexualidad y poder 158–159 ▪ Igualdad de género 266 ▪ Desafiar la opresión sistémica 294–295

Este anuncio de una aspiradora, de 1926, reafirma los roles de género, situando a la mujer en el ámbito doméstico mientras el hombre sale a trabajar al ámbito público.

y el deterioro de su posición social eran efectos secundarios del capitalismo y de la forma en que este priorizaba el trabajo público y las nuevas formas de propiedad privada.

Doble estatus

En «Engels revisitado», Sacks aporta la visión etnográfica al argumento central del filósofo alemán. Así, encuentra ejemplos de desigualdad de género incluso en sociedades no basadas en clases. Además, al analizar varias sociedades africanas, cada una con modos de subsistencia, política y economía distintos, descubre que, contrariamente a lo que afirmaba Engels, las mujeres pueden ser a la vez «adultos sociales» y «guardianes domésticos». Por tanto, la posición de una mujer dentro de la familia no siempre determina su estatus fuera del hogar.

Propiedad y trabajo

Engels insistió en la propiedad privada como clave del poder masculino. Sacks, sin embargo, sostiene que no es la falta de propiedad lo que conduce a la subordinación femenina, sino la exclusión de la mujer del trabajo público, que es parte integral del estatus social adulto y del poder público. En consecuencia, el estatus de la mujer se deteriora al quedar relegada a la esfera doméstica privada.

> La propiedad privada transformó las relaciones entre hombres y mujeres dentro de la casa solo porque también cambió [... las relaciones dentro de la sociedad en general.
>
> **Karen Sacks**

En esencia, el capitalismo, arraigado en la producción y la acumulación de riqueza, da lugar a la elevación del trabajo público y la propiedad privada. En este contexto, el trabajo no remunerado y privado de las mujeres las ha convertido en «tuteladas» de los hombres. Sin embargo, Sacks cree que esto puede cambiar cuando se otorgue igual importancia al trabajo de hombres y mujeres y se reconozca a la familia como la base de la sociedad. ■

El pueblo ovahimba

Los sistemas patrilineales –en los que la herencia y el estatus se transmiten por línea masculina– son la norma en el mundo, pero existen algunos sistemas matrilineales. Además, hay sociedades que desafían una categorización clara o se hallan en un estado de transición de un sistema de parentesco a otro.

En el norte de Namibia, los ovahimba son un grupo étnico con un sistema de parentesco bilateral (de doble descendencia). Cada individuo es miembro tanto del clan de su madre como del de su padre, pero hereda cosas diferentes de cada lado. El estatus proviene de la línea paterna, mientras que el ganado, que representa la riqueza, se hereda por la vía materna. En la sociedad polígama ovahimba, el ganado es también la principal forma de dote, es decir, el pago que la familia del novio hace a la familia de su futura esposa.

El desplazamiento reciente hacia una herencia más patrilineal ha dado lugar a un cambio social que afecta a la actitud de los ovahimba sobre la autonomía de las mujeres.

Los peinados de las ovahimba reflejan su edad y estatus: las trenzas gruesas, moldeadas con una pasta roja, son un indicador de fertilidad.

EL ALMA ES LA PRISIÓN DEL CUERPO

GÉNERO, SEXUALIDAD Y PODER

EN CONTEXTO

OBRA CLAVE
Michel Foucault, *Vigilar y castigar* (1975)

RAMA
Antropología social y cultural

ANTES
1781 El filósofo alemán Immanuel Kant publica *Crítica de la razón pura*: una investigación sobre los límites del conocimiento y la razón que influye en el escepticismo de Foucault hacia los sistemas universales de pensamiento.

1945 El filósofo francés Maurice Merleau-Ponty escribe sobre cómo nuestra experiencia y percepción corporales configuran la comprensión de la realidad.

DESPUÉS
1993 Talal Asad aplica el enfoque de Foucault para analizar la formación y transformación de los discursos y las prácticas religiosos.

La obra del filósofo francés Michel Foucault sobre el poder, la sexualidad y la construcción del conocimiento ha tenido una enorme influencia en la antropología cultural y otras ciencias sociales.

En su ensayo *Vigilar y castigar* (1975), Foucault expone cómo la cultura europea moderna surgió a través de prácticas gubernamentales específicas. Una de sus ideas clave es cómo ha cambiado el poder a lo largo del tiempo en las sociedades europeas. En tiempos premodernos, el poder era una fuerza represiva ejercida por autoridades centralizadas que utilizaban la ley, la censura y los tabúes para mantener el control.

La vigilancia es permanente en sus efectos, incluso si es discontinua en su acción.
Michel Foucault

Estas sociedades solían recurrir a la exhibición pública de castigos físicos para regular el comportamiento. Pero a partir del siglo XVII, los gobiernos pasaron del control absoluto a lo que Foucault denominó «biopoder», una forma mucho más sutil de regular la vida de las personas.

Poder y vigilancia

A fin de mantener una población obediente y productiva, los gobiernos empezaron a regular el nacimiento, la muerte, la enfermedad, las relaciones sexuales y otros aspectos de la vida de las personas. Un elemento importante dentro del biopoder es lo que Foucault llamó «poder disciplinario», que implica someter a las personas a vigilancia. Inicialmente confinada a instituciones como prisiones y escuelas, esta forma de poder se fue extendiendo a toda la sociedad. Con el tiempo, la gente empezó a regular su propio comportamiento, incluso sin vigilancia. Este tipo de autodisciplina se convirtió en un rasgo clave de las sociedades modernas.

Más tarde, Foucault amplió sus ideas sobre el biopoder a la sexualidad y, por extensión, al género. En *La voluntad de saber* (1976), explica cómo los gobiernos, mediante la

Véase también: Estructuralismo 108 ▪ Estudiar hacia arriba 138–119 ▪ Descripción densa 146–153 ▪ Religión y poder secular 188–189 ▪ Estructura y agencia 196–199 ▪ Ideologías de parentesco 218–219

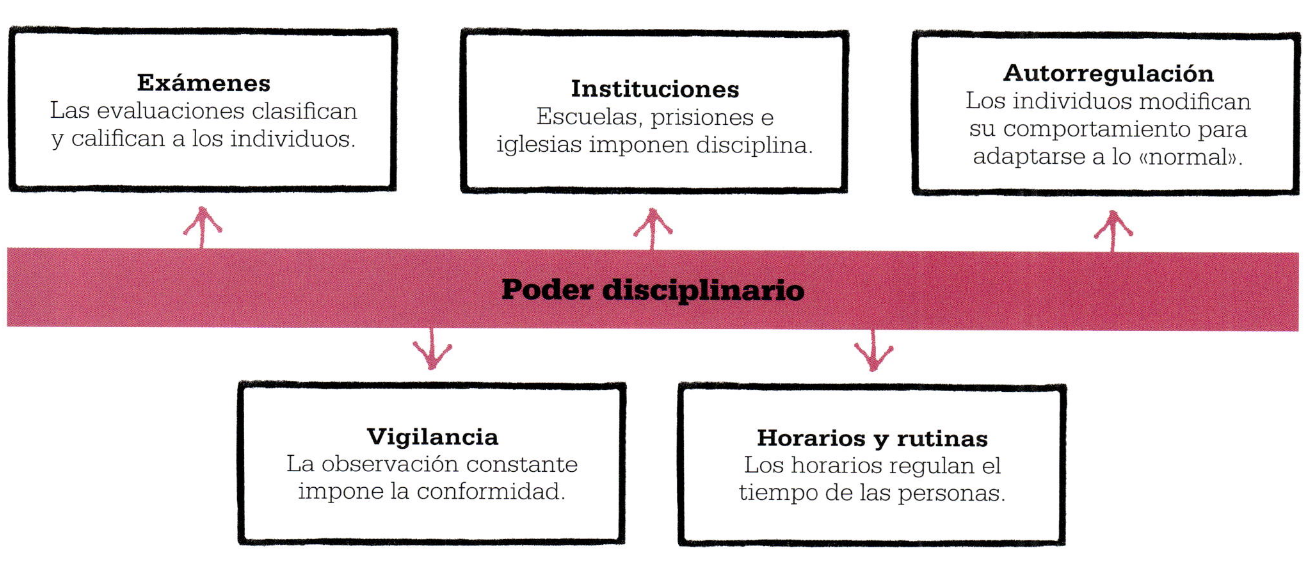

aplicación del biopoder, comenzaron a definir lo que se consideraba normal y saludable, y lo anormal, insalubre y desviado.

Estableciendo la norma

En el mundo moderno, sostiene Foucault, los gobiernos controlan los cuerpos y el comportamiento sexual estableciendo normas sobre lo que es «normal» y «anormal»; estas normas se utilizan en sanidad, criminología y psicología, así como en otros ámbitos.

Las personas participan activamente en su propia regulación a medida que asumen estas normas sobre sexo y género y las consideran «normales». Como resultado, los gobiernos ya no necesitan reprimir ni vigilar a sus poblaciones: logran y mantienen el control confiando en que los individuos se autorregulen y se ajusten a las normas. Estos regímenes de poder, explica Foucault, funcionan para crear personas que son a la vez objetos del poder y vehículos de ese mismo poder.

Las ideas de Foucault sobre poder, disciplina y autorregulación se han convertido en herramientas esenciales en antropología para comprender cómo las normas sociales dan forma a las vidas individuales. Su trabajo reta a los antropólogos a examinar las sutiles formas en que el poder opera dentro de las culturas, influyendo en todo, desde la identidad personal hasta las creencias colectivas. ■

Una prisión panóptica ejemplifica las ideas de Foucault sobre la vigilancia. La torre central permite a los guardias vigilar a los presos y fomenta la sensación de ser observado constantemente.

Sexualidad y sociedad

En *Historia de la sexualidad*, Foucault examina cómo han evolucionado a lo largo de la historia los discursos y las prácticas en torno a la sexualidad. Foucault afirma que la sexualidad no es únicamente una condición biológica, sino algo construido culturalmente y moldeado por las instituciones de poder. Explica cómo la sociedad pasó de preocuparse por los actos y conductas sexuales a definir o etiquetar a las personas como homosexuales o heterosexuales, por ejemplo, y finalmente llegó a patologizar ciertas formas de sexualidad. Foucault critica la idea de que la sexualidad es fija; sugiere, en cambio, que las identidades sexuales son productos históricos influenciados por los discursos cambiantes y las estructuras de poder.

LA EVOLUCIÓN DE LA CULTURA ES UN PROCESO ADAPTATIVO

ETAPAS DE LA ORGANIZACIÓN SOCIAL

EN CONTEXTO

OBRA CLAVE
Elman Service, *Los orígenes del Estado y de la civilización* (1975)

RAMA
Antropología social y cultural

ANTES
1867 En *El capital*, Karl Marx critica y analiza los sistemas económicos, sociales y políticos a lo largo de la historia.

1955 En *Teoría del cambio cultural: La metodología de la evolución multilineal*, el estadounidense Julian Steward esboza un marco que enfatiza el papel del entorno en la configuración de prácticas culturales y estructuras sociales.

DESPUÉS
1981 El genetista italiano Luigi Cavalli-Sforza y el biólogo australiano Marcus Feldman publican su teoría de la evolución cultural, inspirada en parte en la obra de Service.

Los antropólogos suelen clasificar las sociedades humanas en función de sus modelos sociales y económicos. A mediados del siglo XX, Elman Service desarrolló una tipología que vinculaba las formas de organización sociopolítica con distintos tipos de economías humanas, dividiendo las sociedades en cuatro categorías. Aunque fue influyente, esta tipología se considera hoy demasiado rígida, ya que no contempla plenamente la complejidad y la adaptabilidad de las sociedades humanas.

Los cazadores inuit demuestran cómo los pueblos indígenas han adaptado su vida al mundo moderno, subrayando las limitaciones de clasificaciones rígidas como la de Service.

Cuatro tipos de sociedad

La primera categoría, la «banda», es una pequeña estructura social compuesta por entre 30 y 100 personas. Las bandas suelen ser de cazadores-recolectores y, a menudo, territoriales. Están formadas por familias extensas, con cónyuges seleccionados fuera del grupo. La organización política es informal, con poca especialización. El siguiente nivel, la «tribu», suele ser más grande que una banda y a menudo tiene una economía hortícola con algo de forrajeo. Las sociedades tribales dan mayor importancia a la cohesión social y a la identidad del grupo, y la toma de decisiones se realiza por consenso. Rituales y actividades comunitarias refuerzan la identidad de grupo. La

Véase también: Evolución unilineal 26–27 ▪ Relativismo cultural 34–41 ▪ Evolución multilineal 104–107 ▪ Estructuralismo 108 ▪ Materialismo cultural 124 ▪ Estructura y agencia 196–199

Elman Service

Service nació en Tecumseh, Michigan (EE.UU.) en 1915 y creció en la pobreza durante la Gran Depresión. Esta experiencia alimentó su pasión por las ciencias sociales y la justicia social. Participó en la Guerra Civil española y en la II Guerra Mundial y, más tarde, obtuvo un doctorado en antropología por la Universidad de Columbia (1950).

Service impartió clases en Columbia, en la Universidad de Michigan y en la de California, donde finalmente se jubiló. En 1962 publicó *Primitive Social Organization*, una de sus obras más influyentes, en la que esboza su tipología de la organización social. Tuvo una carrera larga y exitosa, y falleció en Santa Bárbara (California) en 1996.

Otras obras clave

1960 *Evolution and Culture* (con Marshall Sahlins).
1962 *Primitive Social Organization.*
1963 *Profiles in Ethnology.*
1966 *Los cazadores.*

tercera categoría, la «jefatura», suele basarse en la ganadería y la agricultura a pequeña escala. El grado de especialización y complejidad económica es superior. La población es significativamente mayor, llegando incluso a varios miles. También existen fuertes jerarquías sociales, cada una con sus privilegios y obligaciones. El último nivel de organización es el «Estado», un sistema caracterizado por una agricultura intensiva y ciudades con sistemas sociales complejos. Los Estados son la forma más estratificada de organización social, con especialización, instituciones formales y grupos definidos legalmente.

Legado y limitaciones

Esta tipología subraya los vínculos entre el sistema económico y la organización sociopolítica de un grupo, lo que sugiere que las características sociales son adaptaciones a las condiciones materiales. Su modelo implica una progresión evolutiva en la organización social, visión en gran medida descartada por la antropología contemporánea. Muchos antropólogos creen ahora que este tipo de organizaciones son más flexibles de lo que proponía Service. En *El amanecer de todo* (2023), el antropólogo David Graeber y el arqueólogo David Wengrow cuestionan la idea de que las sociedades humanas evolucionan de formas más simples a más complejas, señalando que a lo largo de la historia las sociedades han experimentado diversas formas de organización, complejidad y jerarquía, y que a menudo las sociedades más simples no eran etapas transitorias hacia otras más complejas. ■

Cuatro etapas de la organización social

Bandas: pequeños grupos de cazadores-recolectores basados en el parentesco.

Tribus: clanes más grandes basados en el parentesco, formados por agricultores y forrajeros.

Jefaturas: grandes aldeas dirigidas por un jefe.

Estados: burocracia compleja y liderazgo institucionalizado.

LA CULTURA ES INTERPRETACIÓN

ETNOGRAFÍA REFLEXIVA

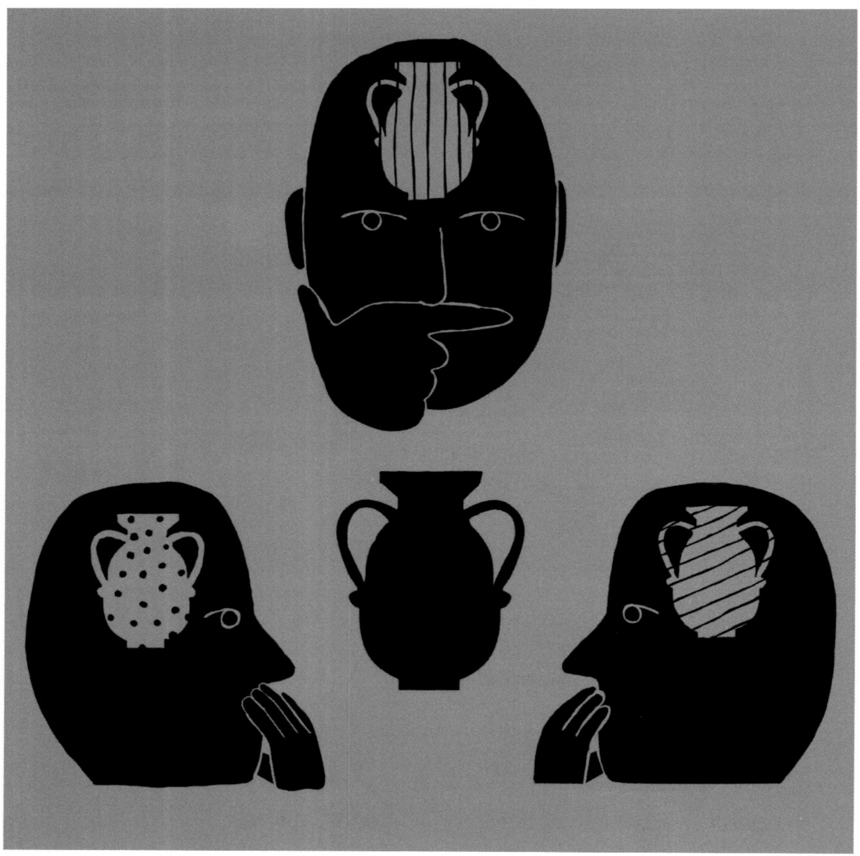

EN CONTEXTO

OBRA CLAVE
Paul Rabinow, *Reflexiones sobre un trabajo de campo en Marruecos* (1977)

RAMA
Antropología social y cultural

ANTES
1807 En *Fenomenología del espíritu*, el filósofo Wilhelm Friedrich Hegel analiza la evolución de la autoconciencia.

1928 En *Lecciones de fenomenología de la conciencia interna del tiempo*, el filósofo austro-alemán Edmund Husserl explora la experiencia vital del sujeto.

DESPUÉS
1986 Los estadounidenses James Clifford y George E. Marcus proponen una mayor experimentación antropológica con estrategias de escritura como el diálogo, el pastiche y las memorias.

La etnografía –el trabajo de campo prolongado, así como el relato escrito de dicha investigación– es una herramienta fundamental para los antropólogos sociales y culturales. En muchos sentidos, la etnografía está en el corazón de la antropología social y cultural, e incluso define la rama en su conjunto. Sin embargo, antes de 1970, el trabajo de campo etnográfico nunca había sido objeto de examen crítico. En general, los estudiantes de antropología no aprendían a realizar investigación etnográfica, y las etnografías solían revelar poco sobre cómo se recogía e interpretaba la investigación.

Esta situación comenzó a cambiar en la década de 1970, cuando

Véase también: Estudiar hacia arriba 138–139 ▪ Descripción densa 146–153 ▪ Estructura y agencia 196–199

Los primeros etnógrafos presentan sus hallazgos como **autorizados**, pero sus procesos de investigación y resultados rara vez son **examinados**.

Etnógrafos como Rabinow **se implican más** con sus **sujetos** y **reflexionan** sobre su propia posición como **observadores**.

Los antropólogos someten cada vez más a **examen crítico** el **trabajo de campo** etnográfico.

El trabajo de campo etnográfico es una relación entre el observador y el observado.

algunos antropólogos empezaron a publicar etnografías que no solo incorporaban sus propias perspectivas y experiencias, sino que también registraban cómo esas perspectivas influían en su interpretación de los hallazgos. El estadounidense Paul Rabinow fue un pionero en esta nueva forma de marco etnográfico, que se conoció como etnografía reflexiva. En su monografía de 1977 *Reflexiones sobre un trabajo de campo en Marruecos*, Rabinow escribió tanto sobre su propia experiencia en la investigación como sobre las perspectivas de sus sujetos. Ofreció un relato profundamente personal de sus éxitos y frustraciones como antropólogo novato e ilustró temas teóricos clave sobre la naturaleza del trabajo de campo.

Tensión etnográfica

Uno de los temas de Rabinow se refiere a la forma en que la investigación etnográfica es intrínsecamente subjetiva y un acto de doble interpretación entre los investigadores y sus sujetos. Definió la etnografía como observación participante, pero también apreció que existía una tensión entre la participación y la observación. Los antropólogos deben, por supuesto, ser observadores de las situaciones culturales, pero para obtener las observaciones más precisas de los distintos mundos culturales, deben participar en ellos en la mayor medida posible. Sin embargo, por mucho que participen, los antropólogos siguen siendo inevitablemente forasteros culturales. Rabinow sostiene que esta «dialéctica entre los polos de observación y participación» cambia al antropólogo, lo que conduce a una nueva observación que «modifica su forma de participar».

¿Nativo o extraño?

Rabinow exploró el tema nativo-extraño de diversas maneras a lo largo »

La ciudad marroquí de Sefrou proporcionó un escenario tradicional del norte de África para el trabajo de campo de Rabinow con su sujeto Alí, que era tratado como un extraño en su pueblo natal.

de *Reflexiones*. Uno de sus informantes clave, Alí, era en cierto modo nativo y extraño a la vez. Rabinow lo conoció en la ciudad de Sefrou, pero más tarde se fueron a vivir a su pueblo natal, Sidi Lahcen Lyussi. Alí era un informante atractivo y enérgico, pero estaba rodeado de cierto estigma social. Casado y con hijos, también tenía una amante y era bastante abierto sobre su relación. Además, se dedicaba a algunas actividades económicas, como dirigir una red de prostitución, que suscitaban la condena social. No era totalmente aceptado en su pueblo natal porque la mayoría de sus habitantes consideraban inmorales sus actividades. Alí contrariaba aún más a los aldeanos al burlarse de su estilo de vida simple y ajeno al mundo.

A pesar de estos inconvenientes, Rabinow lo consideraba un informante especialmente valioso. De hecho, argumentaba que la posición marginal de Alí en la sociedad era precisamente lo que lo hacía tan eficaz.

Los «hechos» del antropólogo, los materiales que fue a encontrar al terreno, son en sí mismos interpretaciones.
Paul Rabinow

Autoconciencia

Alí no era un aldeano normal, y estaba lejos del estereotipo de ciudadano modelo de Sefrou. Por ello, era más reflexivo que la mayoría de los marroquíes que Rabinow conocía, tanto sobre la sociedad en general como sobre su lugar en ella. Había rechazado la vida en el pueblo y estaba pagando el precio social de esa decisión. Tenía que justificar y explicar sus decisiones, tanto a sí mismo como a sus detractores. Además, se había labrado su propia forma de vivir en Sefrou. Ya marginado por gran parte de la comunidad, se burlaba de las normas sociales haciendo alarde de su libertad.

Aunque Alí era sin duda un nativo cultural, ya que había nacido y se había criado en el pueblo, el rechazo de la comunidad y las críticas de sus miembros le conferían la condición de extraño. La dualidad de ser a la vez nativo y extraño, junto con su aguda conciencia de su lugar en la sociedad, convirtieron a Alí en uno de los sujetos de investigación más valiosos de Rabinow.

Hechos sociales

Además de sus detalladas reflexiones sobre el proceso de trabajo de campo y las complejas relaciones que desarrolló con sus informantes, Rabinow planteó otras cuestiones importantes que iban más allá de la simple exploración de cómo se lleva a cabo la etnografía y resumían ideas fundamentales de la antropología. Un ejemplo es el tratamiento que dio a los hechos sociales y a la posibilidad de entendimiento intercultural. Explicó que los hechos sociales son cosas que los sociólogos suelen tratar como existentes al margen de la interpretación cultural. Por ejemplo, un hecho social podría ser que uno de sus informantes poseyera 20 ha de tierra. Esto no se puede discutir fácilmente. Sin embargo, la interpretación de lo que significa cambia y se ve influida por la relación investigador-informante.

Como ejemplo de esta compleja relación, Rabinow citó a otro infor-

Espejos colocados en distintos ángulos revelan cómo tanto el observador –el etnógrafo– como el observado tienen múltiples facetas que pueden influir en la interpretación de lo que ven.

mante marroquí, Malik, que se veía a sí mismo como un hombre oprimido cuya vida era dura. Cuando Rabinow comenzó un ejercicio con Malik en el que anotaba todas sus propiedades y recursos financieros, el resultado contrastaba con la forma en que Malik se veía a sí mismo. Los hallazgos no coincidían con la forma en que Malik, ni otros en su pueblo, evaluaban su estatus.

Rabinow descubrió que la pobreza económica no conlleva el mismo estigma social en Marruecos que en una sociedad como, por ejemplo, la estadounidense. En cambio, las relaciones sociales y familiares son fundamentales para la imagen que una persona tiene de su propio bienestar. Esto significa que una persona puede tener una buena situación económica, pero seguir siendo considerada pobre si sus relaciones familiares o sociales no son adecuadas. Mientras Rabinow y Malik colaboraban para construir un hecho social –los recursos económicos de Malik–, este empezó a darse cuenta de que, económicamente, era próspero. Esto lo llevó a reflexionar más sobre el asunto. Finalmente, Malik llegó a la conclusión de que no le iba bien porque, aunque tenía muchas propiedades, su padre había fallecido, su hijo estaba enfermo, su madre necesitaba ayuda, sus hermanos no se habían casado y su tío quería robarle sus tierras.

Las interacciones dinámicas entre los etnógrafos y sus interlocutores conforman una realidad negociada y compartida. Esto se debe a que la interpretación no existe fuera de la experiencia vivida.

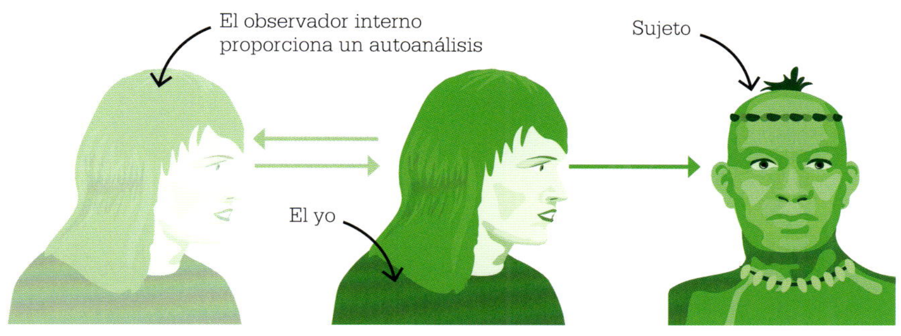

Una nueva realidad

Las interpretaciones contradictorias de ambos los llevaron a ver las cosas desde una perspectiva distinta y a formar juntos una nueva realidad. Rabinow señaló que «lo que en mi propia conciencia parecía "hablar por sí mismo" era precisamente lo que más interpretación necesitaba». En este caso, las condiciones económicas del pueblo de Malik solo se podían entender cuando se contempla en el análisis la historia de las determinaciones religiosas, sociales, ecológicas, políticas y psicodinámicas.

Rabinow utilizó el ejemplo de Malik para enfatizar que los hechos antropológicos son de naturaleza intercultural, ya que se producen a través de fronteras culturales. No existen fuera de la experiencia vivida y de una realidad compartida y negociada. Se convierten en hechos en la interacción entre el etnógrafo y el informante: un proceso dinámico en el que participan todas las partes. ■

Un enfoque novedoso

Antes de la década de 1990, la mayoría de los antropólogos culturales hacían investigación etnográfica de una manera que diferenciaba a las personas estudiadas del investigador. La tarea de este consistía en observar y participar en la vida de sus informantes, manteniendo una separación emocional e interpersonal con ellos.

En 1996, la antropóloga cubano-estadounidense Ruth Behar publicó *The Vulnerable Observer*, donde abordaba el movimiento antropológico en evolución de la etnografía reflexiva. Su trabajo ofrecía un nuevo enfoque de la etnografía que exploraba la relación entre el observador y el observado con mayor profundidad. Behar reflexionó sobre su propia vida como parte del proceso etnográfico, describiendo sus experiencias durante investigaciones realizadas en España, México y Cuba, y reflexionando sobre sus luchas personales. Propuso una antropología vivida y escrita con una voz personal, en lugar de una voz objetiva.

Las calles de La Habana proporcionaron un escenario vibrante para gran parte del trabajo de campo de Behar, que abogó por eliminar la división entre investigadores y observados.

CREAR EL MUNDO A TRAVÉS DEL LENGUAJE

RITUAL Y LENGUAJE

EN CONTEXTO

OBRA CLAVE
Gary Witherspoon, *Language and Art in the Navajo Universe* (1977)

RAMA
Antropología lingüística

ANTES
1932 En *Spider Woman: A Story of Navajo Weavers and Chanters*, la estadounidense Gladys Reichard explica su experiencia de convivencia con una familia diné y su estudio del tejido de alfombras.

1942 Diné reclutados por los marines estadounidenses como codificadores usan la lengua navajo para transmitir mensajes de forma segura. El sistema es mucho más rápido que el código Morse, y los codificadores salvan así muchas vidas.

DESPUÉS
2009 La académica diné Miranda Haskie lanza el Proyecto de Historia Oral Navajo para recopilar las vidas de los ancianos.

Después de años viviendo entre los diné (pueblo navajo) en el suroeste de EE. UU., Gary Witherspoon llegó a la conclusión de que, para los diné, la lengua tenía una fuerza creativa en los rituales que construían su realidad del mundo. Witherspoon vivió en tierras de la nación navajo (Diné Bikéyah) en la década de 1960 como misionero mormón, pero más tarde se implicó en la educación allí y se casó con una diné. Lo que aprendió proviene de la investigación y de su inmersión en esa cultura: participó en rituales, compartió costumbres, habló con pensadores diné y se implicó en un estudio analítico del idioma.

En la mitología, las cosas surgían o sucedían cuando las personas pensaban o hablaban de ellas.
Gary Witherspoon

Crear, controlar, clasificar

Witherspoon sugirió que la realidad de una cultura es una construcción imaginativa basada en supuestos sobre la naturaleza del lenguaje, el mito y el ritual. Observó que el idioma diné era la base para crear, controlar y clasificar el mundo. Señaló que detrás de muchas estructuras gramaticales y semánticas existía una oposición entre fenómenos estáticos y activos. Registró prefijos que señalan acciones circulares y repetidas y otros que simbolizan el movimiento lineal. Para los diné, el lenguaje creaba, más que reflejaba, su comprensión del universo. Witherspoon argumentó que el énfasis en los valores de armonía, control, orden y creatividad –lo que él denominó «vivir en la belleza»– era fundamental para los diné, y era visible en sus rituales y formas artísticas. ■

Véase también: Raíces sociales de la religión 42–43 ▪ La estructura del lenguaje 44–45 ▪ Lenguaje y cognición 88–89

LAS IDENTIDADES SE PLASMAN EN EL ESQUELETO HUMANO

BIOARQUEOLOGÍA

EN CONTEXTO

OBRA CLAVE
Jane Buikstra, «Biocultural Dimensions of Archaeological Study» (1977)

RAMA
Arqueología

ANTES
1972 El arqueólogo británico Grahame Clark usa el término «bioarqueología» para designar el estudio de los huesos de animales y humanos en yacimientos arqueológicos.

DESPUÉS
1985 Se empieza a definir una nueva rama de estudio, la paleodemografía, que busca descubrir las causas del cambio demográfico mediante el examen de restos óseos.

1998 El Cementerio Africano, un enclave de Nueva York en el que fueron enterrados 408 esclavos entre 1600 y 1794, se utiliza para reconstruir las experiencias vividas por la población histórica.

A finales de la década de 1970, la arqueóloga Jane Buikstra pidió a sus colegas que reconocieran una nueva forma de arqueología, a la que denominó bioarqueología. El término se había usado unos años antes con un sentido distinto, pero Buikstra le dio una nueva definición: el uso de herramientas, teorías y métodos de la antropología biológica y la arqueología para estudiar restos humanos. Argumentó que estos restos son muy valiosos para los arqueólogos, ya que pueden proporcionar información sobre la salud, las condiciones de vida, la dieta y la mortalidad de poblaciones del pasado.

Buikstra extrae ADN de patógenos de restos humanos en yacimientos arqueológicos para estudiar la historia evolutiva de la tuberculosis en EE. UU.

La bioarqueología hoy

Desde entonces, la bioarqueología se ha ampliado y diversificado para incluir la investigación de granos de polen y otros restos vegetales antiguos, así como bacterias y ADN. Investigaciones bioarqueológicas recientes han descubierto las primeras pruebas de embalsamamiento familiar, lo que ha contribuido al estudio del embalsamamiento en la Edad Media. También se está utilizando en investigaciones sobre migraciones, cambio climático, guerras, hambrunas y los efectos de enfermedades. Buikstra anima a examinar los datos que aporta la bioarqueología, pero hace hincapié en que debe hacerse con cuidado y de forma ética para no inducir a error. ■

Véase también: Funcionalismo biopsicológico 50–55 ▪ La nueva arqueología 110–115 ▪ Salud mental y sociedad 172–175 ▪ Arqueología posprocesual 190–191

UN SISTEMA ELABORADO Y ORDENADO DE IDEAS Y PRÁCTICAS

MEDICINA Y PRÁCTICAS CURATIVAS

EN CONTEXTO

OBRA CLAVE
Harriet Ngubane, *Body and Mind in Zulu Medicine* (1977)

RAMA
Antropología médica

ANTES
1936 La sudafricana Eileen Jensen Krige, que trabaja en colaboración con sus compatriotas Hilda Kuper y Monica Wilson, publica *The Social System of the Zulus*.

1962 En *Zulu Transformations*, el sudafricano Absolom Vilakazi se centra en el papel del cristianismo para explorar temas como el parentesco y la integración cultural y psicológica.

DESPUÉS
1988 Felicity Souter Edwards, de la Universidad de Rhodes, dirige una investigación sobre la posesión espiritual entre los xhosa del Cabo Oriental.

Mediado el siglo xx, Sudáfrica estaba experimentando importantes cambios políticos y sociales. Mientras realizaba trabajo de campo en las décadas de 1960 y 1970, la antropóloga social Harriet Ngubane empezó a investigar la antropología de la salud y la enfermedad –un área de investigación en rápido crecimiento– dentro de un contexto social más amplio. En su obra *Body and Mind in Zulu Medicine: An Ethnography of Health and Disease in the Nyuswa-Zulu Thought and Practice*, Ngubane analizó la estrecha relación de las concepciones zulúes de la salud corporal con el bienestar psicológico, relacional y espiritual en la Sudáfrica de la época, y ofreció una visión de las prácticas curativas tradicionales y contemporáneas de los zulúes y su vinculación con el entorno ecológico y cosmológico de las personas.

Etnografía desde dentro

La investigación llevada a cabo por Ngubane se basó en su condición de mujer zulú sudafricana: «En la mayoría de los aspectos de la vida cotidiana, la perspectiva y los hábitos, soy zulú a pesar de mis antece-

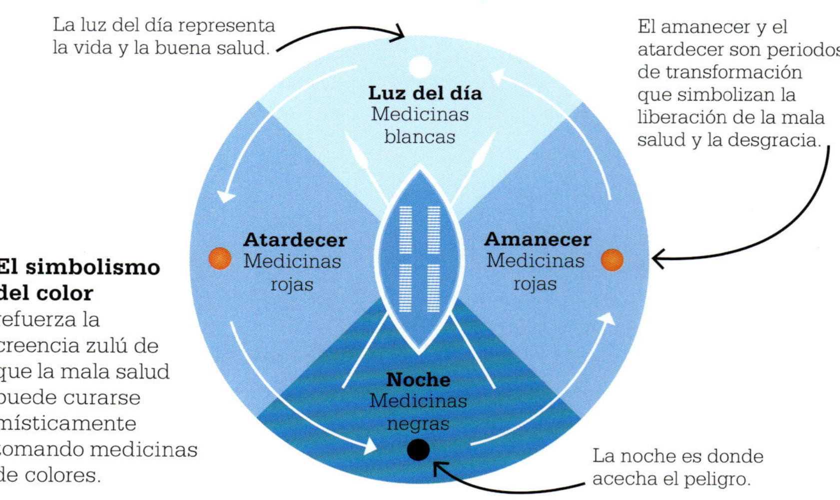

El simbolismo del color refuerza la creencia zulú de que la mala salud puede curarse místicamente tomando medicinas de colores.

Véase también: Sistema de creencias locales 78–79 ▪ Pureza y sociedad 120 ▪ Salud mental y sociedad 172–175

dentes misioneros». Como tal, pudo establecer una relación con las personas que estudiaba y fue aceptada en reuniones familiares y en interacciones sociales zulúes. Durante su investigación, habló principalmente con mujeres, ya que los hombres solían estar fuera, trabajando en las ciudades; entabló conversaciones informales con ellas en sus casas, en los autobuses, en los hospitales y durante ceremonias y rituales.

Símbolos y colores

Entre las muchas ideas recogidas en *Body and Mind in Zulu Medicine*, Ngubane destaca la importancia del simbolismo del color en los rituales curativos de la medicina zulú, y explica cómo tal simbolismo está vinculado a las ideas zulúes sobre la organización social y a sus creencias sobre la vida y la muerte. Explica que los colores «primarios» –el negro (*mnyama*), el rojo (*bomvu*) y el blanco (*mhlophe*)– se utilizan de forma secuencial en los rituales de curación, y están relacionados con el orden cósmico del día y la noche, así como con funciones corporales como la ingestión y la expulsión.

Asociados a la oscuridad, las medicinas o símbolos negros –incluidos los que tienen tonos oscuros como el verde– se utilizan para expulsar la enfermedad o la mala suerte durante la noche, cuando es necesario retirarse y descansar para recuperar fuerzas. Siempre van seguidos de medicinas blancas, asociadas a la luz, que traen salud y fortuna. En términos prácticos, las tareas deben realizarse a la luz durante el día, porque en la oscuridad de la noche puede ocurrir alguna desgracia. El rojo simboliza el crepúsculo y, por tanto, la transición entre el día y la noche, entre la salud (luz) y la enfermedad (oscuridad). Las medicinas rojas también van siempre seguidas de las blancas. Los significados simbólicos de estos colores se utilizan además en rituales relacionados con el nacimiento, la muerte, el matrimonio y otros acontecimientos de la vida en los que el cuerpo de la mujer desempeña un papel central.

Contribución muy significativa al estudio de la salud y la enfermedad, *Body and Mind in Zulu Medicine* describe un «sistema elaborado y ordenado de ideas y prácticas» que permite al pueblo zulú «percibir y afrontar, conceptual y prácticamente, los problemas de salud y enfermedad tal y como se presentan». ■

Si pudiera, sería científica social y nada más. Pero la situación de Sudáfrica es tal que cualquier aspecto social es también un aspecto político.

Harriet Ngubane
Carta a Meyer Fortes (1973)

Harriet Ngubane

Nacida en 1929 y criada en una misión católica en Natal (Sudáfrica), Ngubane se formó como profesora en el St. Francis College de Mariannhill antes de graduarse en 1957 en la Universidad de Natal. En 1963 comenzó su trabajo de campo con Eileen Jensen Krige entre la sociedad nyuswa (zulú) en Botha's Hill (Natal). En 1969 abandonó Sudáfrica para estudiar en la Universidad de Cambridge, donde fue la primera mujer zulú en obtener un doctorado. En la década de 1980 regresó a Sudáfrica, donde se unió al Partido de la Libertad Inkatha y formó parte de su comité de tierras durante la transición de Sudáfrica a la democracia a principios de la década de 1990. Ngubane se convirtió en diputada del Inkatha en 1994. Falleció en 2007.

Otras obras clave

1960 *Urban Bantu Housing.*
1976 «Some aspects of treatment among the Zulu».
1986 *Zulus of Southern Africa.*

En las sociedades zulúes del siglo XX, el adivino, o *isangoma*, solía ser una mujer, que utilizaba su conexión especial con los espíritus ancestrales para diagnosticar enfermedades y decidir los remedios.

¿POR QUÉ NO ESTUDIAS A LOS TUYOS?

ANTROPOLOGÍA EN CASA

EN CONTEXTO

OBRA CLAVE
Barbara Myerhoff, *Number Our Days* (1978)

RAMA
Antropología social y cultural

ANTES
1937 En *Sus ojos miraban a Dios*, Zora Neale Hurston se centra en la vida de las mujeres negras en el sur de EE. UU.

1974 La estadounidense Sherry Ortner analiza los roles de mujeres de todo el mundo en «¿Es la mujer con respecto al hombre lo que la naturaleza respecto a la cultura?».

DESPUÉS
1988 En *Persistencia y flexibilidad*, el alemán Walter P. Zenner analiza las interacciones entre el antropólogo «nativo» y las personas objeto de estudio.

2001 El estadounidense John L. Jackson explora Harlem y descubre que es más variado y complejo de lo que esperaba.

Con la publicación de *Number Our Days* en 1978, la antropóloga y cineasta estadounidense Barbara Myerhoff impulsó un replanteamiento de la investigación y la escritura etnográficas centrándose en su propio entorno. El número de antropólogos que trabajaban «en casa» había ido aumentando desde principios de la década de 1970. En su artículo «"Los de arriba": Nuevos horizontes de la antropología» (1972), la estadounidense Laura Nader proponía trabajar más para comprender los propios sistemas y estructuras de poder. Sin embargo, a finales de la década de 1970, todavía era algo inusual que

Etnografía colaborativa

Un antropólogo pide **trabajar con un grupo de personas para** aprender sobre ellas.

→ Juntos, **discuten el propósito del trabajo** y lo que será el **producto final**.

→ El antropólogo **instruye** al grupo sobre las **habilidades necesarias** para hacer el trabajo de campo.

→ El antropólogo y el grupo **planifican** juntos cómo llevar a cabo **el trabajo de campo y las entrevistas**.

→ Conciben y crean el material juntos, **pensando en públicos diversos**.

→ **Los productos finales pueden ser poemas, canciones, textos u otras obras de arte.**

Véase también: Autoetnografía 76–77 ▪ Antropología feminista 140–145 ▪ Medicina y prácticas curativas 168–169 ▪ El privilegio blanco 214

Myerhoff, mujer judía estadounidense, eligiera estudiar un centro cívico californiano para ancianos judíos.

Un terreno familiar

Myerhoff y sus colegas de la Universidad del Sur de California formaban parte de una nueva ola de antropólogos que se dedicaban a la gerontología: el estudio de los procesos socioculturales, biológicos y políticos por los que envejecemos. Tras realizar trabajo de campo en México en la década de 1960, empezó a estudiar la edad y la etnicidad, trabajando con la población chicana. Pero sus primeros encuentros no fueron muy alentadores, pues los ancianos mexicano-estadounidenses le preguntaban por qué trabajaba con ellos y no con «su propia gente». Myerhoff comenzó entonces a investigar las vidas de personas de su propia etnia, nacionalidad y religión. Como explica en *Number Our Days*, al principio no estaba segura de si eso se consideraría antropología «real», y le preocupaba la objetividad. Muchos antropólogos creían que, al trabajar en un terreno familiar con personas conocidas, se daría mucho por sentado, se pasarían cosas por alto o no se cuestionaría lo suficiente.

Información privilegiada

Sus preocupaciones se disiparon al darse cuenta de que sus propias experiencias como judía estaban, de hecho, limitadas por el tiempo, el lugar y la educación. Las personas mayores con las que trabajaba en el centro cívico también eran conscientes de estas limitaciones. En su mayoría eran multilingües, muchos eran supervivientes del Holocausto y la mayoría luchaban por mantenerse por encima del umbral de la pobreza. Políticamente, les interesaban diversos temas, pero en general eran socialistas, comunistas o de izquierdas. Criados en la pobreza en Europa del Este, habían visto cómo sus hijos se educaban y se convertían en profesionales en campos diversos, y llevaban vidas completamente diferentes de las suyas. El antropólogo estadounidense Jonathan Boyarin describe una situación similar en *Polish Jews in Paris* (1991).

La cautivadora etnografía de Myerhoff plantea la siguiente pregunta: «¿Qué es lo realmente importante?». Los sujetos del centro judío respondieron que lo más importante era que sus hijos tuvieran éxito y una buena educación, pero el proyecto de Myerhoff se centra en los rituales, historias y canciones que conectan a las personas y las protegen de la soledad y la invisibilidad que temen. La autora señala que el yidis, «la querida *mame-loshn* [lengua materna] de su infancia», une a esas personas a pesar de sus diferencias subyacentes. ■

Mujeres judías participan en actividades artesanales en un centro comunitario de Denver (EE. UU.); allí tienen la oportunidad de compartir sus experiencias culturales y comunitarias.

Antropología nativa

En su artículo de 1993 «How native is a "native" anthropologist?», Kirin Narayan, antropóloga de origen indio, cuestiona el término «antropólogo nativo» –usado entonces para designar a quien trabaja en su propio país o región de nacimiento– y se pregunta si la dicotomía local/extraño está correctamente planteada. Por ejemplo, un antropólogo formado para cuestionar el mundo y comunicar sus hallazgos en un registro profesional ya es diferente y se distingue de los demás. Narayan explica que las culturas en sí mismas no son uniformes en ningún lugar, por lo que cada «antropólogo nativo» tendrá un conjunto de dinámicas diferente. Cada persona tiene una identidad híbrida que combina aspectos profesionales, de género y personales, y conoce su sociedad desde una perspectiva particular. Narayan señala que inevitablemente habrá aspectos del yo que conecten al antropólogo con las personas que estudia y otros elementos que pongan de relieve diferencias fundamentales.

Las mejores vidas e historias están compuestas por pequeños detalles que, en cierto modo, también son universales.

Barbara Myerhoff

UNA MANIFESTACIÓN DE MAL-ESTAR

SALUD MENTAL Y SOCIEDAD

EN CONTEXTO

OBRA CLAVE
Nancy Scheper-Hughes, *Saints, Scholars and Schizophrenics* (1979)

RAMA
Antropología médica

ANTES
1961 El historiador y filósofo francés Michel Foucault escribe sobre la historia de la locura en relación con los mecanismos de control social.

1963 El estadounidense Norman Scotch es el primero en describir la «antropología médica» en una revista.

DESPUÉS
1997 Scheper-Hughes funda OrganWatch, una organización internacional que informa sobre el tráfico de órganos: un ejemplo de la importancia de la antropología médica.

En 1974, la antropóloga estadounidense Nancy Scheper-Hughes partió hacia un pueblo al que llamó Ballybran (un seudónimo) en la zona rural del suroeste de Irlanda. En aquella época, Ballybran era un conjunto de casitas y granjas, con una población de menos de 500 habitantes. En ese entorno pintoresco y en una comunidad aparentemente muy unida, encontró una economía agraria tradicional con un estilo de vida basado en la aldea que estaba en declive debido al descenso de las tasas de matrimonio y natalidad. Lo más llamativo fue que halló altas tasas de esquizofrenia; la mayoría de los afectados eran varones solteros de entre 25 y 40 años que acababan en hospitales psiquiátricos.

Véase también: Sistema de castas 122–123 ▪ Medicina y prácticas curativas 168–169 ▪ Secuenciación de ADN antiguo 290–291

Durante los periodos de cambio rápido y distorsión cultural, muchas personas tienden a desorganizarse internamente.
Nancy Scheper-Hughes

Presiones sobre la salud mental

Scheper-Hughes quería saber por qué esta zona rural de Irlanda presentaba tasas tan elevadas de enfermedad mental y, en concreto, por qué esta afectaba a los varones jóvenes. En busca de respuestas, usó una combinación de métodos psicológicos y antropológicos: observación participante, entrevistas, datos demográficos, tasas de hospitalización, pruebas psicológicas. También recurrió a técnicas etnohistóricas, analizando cuentos populares, proverbios y supersticiones. Publicó sus resultados en *Saints, Scholars and Schizophrenics: Mental Illness in Rural Ireland*.

Para contextualizar sus conclusiones, Scheper-Hughes empieza su ensayo con una descripción de las condiciones sociales y económicas que habían afectado a la vida en los pueblos de Irlanda. Tras la II Guerra Mundial, el auge del capitalismo industrial había alejado a muchos jóvenes de ambos sexos de las granjas familiares y los pueblos para establecerse y buscar empleo en las ciudades.

Según ella, la migración del campo a la ciudad dejó un gran vacío en el tejido social rural, lo que creó un dilema para los adultos mayores que seguían subsistiendo en sus granjas. Una vez que sus hijas e hijos primogénitos se habían ido, los padres ejercían presión, mediante la responsabilidad y la culpa, para que los menores se quedaran. A menudo se les decía que no eran lo bastante inteligentes para triunfar en la ciudad, por lo que estos hijos tenían bajas expectativas sobre sí mismos. Sin embargo, se les decía que eran buenos granjeros y que se les necesitaba para mantener la granja familiar y cuidar de sus parientes ancianos. Criados en una versión puritana del catolicismo, a los niños se les enseñaba la abnegación y la represión sexual, de modo que, de adultos, rara vez se casaban y apenas tenían hijos propios; se aislaban e incluso se volvían hostiles hacia el sexo opuesto. Estos jóvenes granjeros solteros se vieron atrapados en el entorno rural. Estaban en una encrucijada, amados y a la vez menospreciados por sus »

Nancy Scheper-Hughes

Nacida en Nueva York en 1944, con poco más de veinte años trabajó como voluntaria del Cuerpo de Paz en Brasil, centrándose en los derechos de los trabajadores rurales y los niños de la calle. Esa experiencia marcó sus opiniones, que posteriormente desarrolló mientras cursaba un doctorado en antropología en la Universidad de California en Berkeley. Más adelante sería profesora en esa misma universidad, y cofundó un programa de doctorado en antropología médica crítica.

Tras trabajar en diversos países, entre ellos Brasil, Sudáfrica, Filipinas e Israel, Scheper-Hughes ha seguido centrada en la justicia y la desigualdad social en relación con el cuerpo, la salud y la atención sanitaria. El impacto de la violencia y la marginación social en la vida de los pobres ha sido un tema recurrente a lo largo de su carrera.

Otras obras clave

1992 *La muerte sin llanto: Violencia y vida cotidiana en Brasil.*

Cuando la agricultura en Irlanda entró en declive tras la II Guerra Mundial, muchas comunidades rurales sufrieron un aumento de las tasas de enfermedades psíquicas, sobre todo entre los jóvenes.

padres, lo cual, se argumenta, afectó negativamente a su salud mental.

Opiniones críticas

Aunque los cambios económicos y sociales habían alterado la vida rural en la Irlanda de posguerra, muchos aldeanos consideraban que la descripción que Scheper-Hughes hacía de ellos en su libro era inexacta y excesivamente negativa; otros afirmaban que daba demasiada importancia a la influencia de las condiciones sociales en los trastornos mentales. En respuesta a sus críticos, ella argumentó que «la esquizofrenia es una de las muchas expresiones de la condición humana» y que es «la traducción de males sociales en problemas privados». Aunque es cierto que se ve agravada por los «males sociales», la esquizofrenia, como otros trastornos psicológicos, tiene una base biológica; un hecho que Scheper-Hughes parece pasar por alto. No obstante, su estudio sigue siendo un ejemplo de cómo la investigación antropológica puede revelar aspectos culturales que influyen en la salud mental.

Factores sociales que pudieron afectar a la salud mental en las zonas rurales de Irlanda

- Migración de los trabajadores rurales a las ciudades
- Desintegración de las granjas
- Aislamiento rural
- Éxodo de mujeres
- Presión parental
- Hijos solteros y sin hijos

Actitudes ante la mortalidad

En la década de 1980, Scheper-Hughes abordó otro enigma epidemiológico, esta vez en Brasil, donde, en el momento de su estudio, morían cada año alrededor de un millón de niños menores de cinco años, sobre todo en la pobre región noreste del país. Se temía que estas cifras fueran incluso inferiores a la realidad, debido a la poca fiabilidad de los informes. Las muertes no se distribuían de manera uniforme, sino que existían «dos perfiles epidemiológicos contradictorios, uno para las clases altas y medias y otro para las clases pobres».

Para comprender este contraste en la mortalidad infantil, Scheper-Hughes analizó la historia de la región. A partir de mediados del siglo XVI, el norte de Brasil albergó vastas y productivas plantaciones de azúcar. Sin embargo, en el XIX, las exportaciones de azúcar disminuyeron y la economía cambió, lo que llevó a ocupantes ilegales y aparceros rurales a buscar trabajo como jornaleros y empleados domésticos con salarios bajos. El persistente sistema

Antropología médica

La premisa básica de la antropología médica es que el cuerpo humano y la salud se ven afectados también por el contexto sociocultural. Los antropólogos médicos utilizan la antropología cultural, biológica y lingüística para ir más allá de las explicaciones puramente físicas del comportamiento humano. Abogan por una comprensión social más amplia de temas como la prevención de enfermedades, así como de las perspectivas sobre riesgo sanitario y vulnerabilidad, procesos de curación y tratamiento, y globalización de las tecnologías médicas. Hoy día, los antropólogos se centran en cómo fuerzas sociopolíticas como la pobreza, la guerra y el racismo, influyen en la distribución de las enfermedades y en la experiencia de las personas que las padecen.

Otra área de interés es la cultura de la medicina: la idea de que el conocimiento biomédico y las prácticas terapéuticas no se encuentran al margen de la cultura, sino que también son producto de las condiciones sociales, políticas y económicas.

Los refugiados sufren experiencias traumáticas que pueden provocar enfermedades mentales. El hacinamiento suele agravar este riesgo.

Las favelas, barrios marginales brasileños, como este de Río de Janeiro, registran tasas de mortalidad infantil tan altas que la expectativa de la pérdida ha redefinido los lazos maternos.

de clases feudal dio lugar a disparidades socioeconómicas que Scheper-Hughes consideró relevantes en el lugar de su estudio: la ciudad comercial de Bom Jesus da Mata y, en concreto, el barrio marginal Alto do Cruzeiro (ambos seudónimos).

Contexto social

La vida en Alto do Cruzeiro acusaba una pobreza extrema. Los residentes tenían acceso limitado al agua potable y padecían hambre crónica, lo que provocaba efectos físicos y psicológicos. La gente decía estar aquejada de *nervos*, una enfermedad popular relacionada con la ansiedad, y de «locura del hambre», provocada por el desgaste emocional de pasar hambre y ver morir de hambre a otros. En este contexto, las mujeres presentaban altas tasas de fertilidad, que iban aparejadas a tasas muy elevadas de mortalidad infantil. Los bebés morían comúnmente de inanición, desnutrición, enfermedades infecciosas, deshidratación o falta de atención médica.

Lo que más sorprendió a Scheper-Hughes fue que las mujeres parecían indiferentes ante la muerte de sus bebés. Sin embargo, pronto descubrió que, en ese entorno tan difícil, las mujeres pobres tenían que «seleccionar» sus limitados recursos (tanto materiales como emocionales) e invertir solo en los bebés que mostraban «sed de vida», a expensas de los apáticos y débiles. Sin saber nunca qué bebés sobrevivirían, las mujeres se negaban a crear vínculos emocionales con ellos, e incluso se abstenían de ponerles nombre, hasta que mostraban cierta fortaleza. Cuando un bebé moría, como ocurría con demasiada frecuencia, las mujeres no se afligían, sino que afirmaban que su «bebé ángel» había encontrado consuelo.

Estrategia de adaptación

Scheper-Hughes argumentaba que el amor materno no es un don biológico, sino un lujo que estas madres no podían permitirse. Escribió que «el amor materno, tal como está definido en la bibliografía psicológica, sociohistórica y sociológica, dista mucho de ser universal o innato». En cambio, añadía, se trata de una «representación ideológica y simbólica que tiene sus raíces en las condiciones materiales que definen la vida reproductiva de las mujeres».

En aquella favela, las circunstancias materiales llevaron a las mujeres a protegerse a sí mismas negando el amor maternal y apoyando solo a los niños que pudieran sobrevivir más allá de sus años más vulnerables. En lugar de criticar a estas madres, Scheper-Hughes argumentó que se habían adaptado para sobrevivir en medio de la injusticia social y la violencia estructural.

> Idealmente, la antropología debería intentar liberar la verdad de sus presupuestos culturales occidentales.
>
> **Nancy Scheper-Hughes**
> ***La muerte sin llanto: Violencia y vida cotidiana en Brasil*** **(1992)**

El contexto importa

Ya sea tratando la salud mental o física, la vida o la muerte, el trabajo de Scheper-Hughes muestra la importancia del enfoque antropológico. Si bien las enfermedades y los trastornos tienen fundamentos biológicos, también están influidos por el contexto cultural, que determina cómo las personas diagnostican, interpretan y tratan el malestar. ■

ANTROPO MODERNA 1980–2000

OGÍA

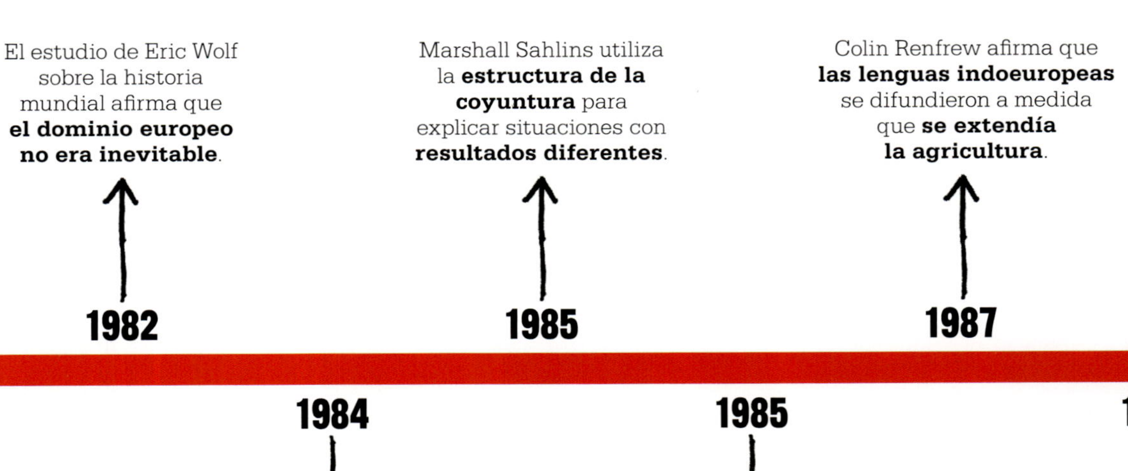

Las últimas décadas del siglo XX estuvieron marcadas por una rápida globalización y profundos cambios sociales. La antropología también sufrió una transformación. Los estudiosos empezaron a cuestionar supuestos arraigados largo tiempo sobre objetividad, poder e incluso el significado de ser «humano». Los arqueólogos declararon que un artefacto puede contar múltiples historias, los antropólogos culturales se enfrentaron a las fuerzas del capitalismo global y la propia disciplina reconoció sus raíces coloniales. Nuevas voces –feministas, posmodernas e indígenas– desafiaron a la antropología a ser más autocrítica e inclusiva.

La arqueología de este periodo superó los rígidos enfoques científicos y adoptó formas más matizadas de entender el pasado. Ian Hodder desarrolló la arqueología posprocesual, argumentando que los artefactos no podían entenderse sin tener en cuenta las ideas de las personas que los crearon. Para Hodder, una vasija de la Edad del Bronce no era solo una herramienta sino también un símbolo, moldeado por la identidad de su creador. Colin Renfrew, por su parte, argumentó que las lenguas podían propagarse pacíficamente a través de la migración y la difusión agrícola. La arqueología dejó de preocuparse tanto por descubrir verdades «objetivas» y se centró más en interpretar el pasado como un mosaico de experiencias humanas.

Perspectivas globales

El auge del capitalismo global se convirtió en un tema central para muchos antropólogos. Eric Wolf explicó que el colonialismo y las redes comerciales habían unido durante mucho tiempo las economías del mundo, y rechazó el mito de las culturas «aisladas». Sidney Mintz rastreó la historia del azúcar, desde las plantaciones del Caribe hasta las tazas de té europeas, para mostrar cómo objetos y alimentos cotidianos entrañaban un legado de explotación y resistencia. Arjun Appadurai exploró cómo objetos, personas y formas culturales cruzan las fronteras, y a medida que circulan, adquieren nuevos significados y valores según los contextos locales.

Junto a estas perspectivas globales, se prestó una mayor atención al poder, la voz y la representación. Talal Asad y Lila Abu-Lughod cuestionaron el papel de la antropología en la producción de «conocimiento» sobre los otros, preguntando qué voces se escuchan y cuáles se silencian. Otros, como Michael Herzfeld, vol-

Michael Ames lidera el debate sobre la **ética** de las **colecciones antropológicas** y las **exposiciones museísticas**.

1992

Michael Herzfeld señala que los **estereotipos nacionales** pueden resultar **embarazosos**, pero también **fomentar la unidad**.

1996

Steven Mithen sostiene que los **avances culturales** pueden **ofrecer pistas** sobre cómo **evolucionó el cerebro humano**.

1996

1995

Arturo Escobar afirma que los debates sobre la **financiación del desarrollo** tienen **connotaciones coloniales**.

1996

Katherine Verdery señala que los **antiguos estados socialistas** no se convierten automáticamente en **economías capitalistas**.

1997

Bonnie Urciuoli sugiere que el **cambio de código** puede ayudar a las personas a **transitar por las jerarquías sociales**.

vieron la mirada hacia Europa, mostrando cómo el nacionalismo y la burocracia dan forma a la vida moderna.

La antropología feminista floreció, desmantelando los estereotipos sobre género y familia. Sylvia Junko Yanagisako reexaminó el parentesco, mostrando cómo las ideas de «sangre» y matrimonio estaban moldeadas por el poder, no por la biología. La filósofa Judith Butler influyó profundamente en la disciplina con su idea de que el género se construye a través de rituales, discursos y la vida cotidiana. Académicos como Kath Weston documentaron las comunidades gais y lésbicas, demostrando que el parentesco podía ser elegido, y no solo heredado.

Surgieron nuevos métodos y preguntas. La etnografía multiespecie de Donna Haraway pidió a los seres humanos que compartieran el escenario con animales, plantas e incluso microbios. Arturo Escobar criticó el «desarrollo» impulsado por Occidente, mostrando cómo a menudo perpetuaba el poder colonial.

Revisando viejas cuestiones

Los antropólogos también volvieron a viejas cuestiones con métodos y teorías nuevos. Marshall Sahlins reavivó el debate sobre la agencia humana, es decir, la capacidad de los individuos para tomar decisiones y dar forma a su propia vida. Argumentó que las personas podían actuar de forma creativa dentro de los sistemas culturales y no estaban simplemente moldeadas por las fuerzas económicas. El arqueólogo Steven Mithen exploró la evolución del pensamiento y la creatividad y explicó la «fluidez cognitiva» de los primeros humanos.

Mientras tanto, museos y archivos eran objeto de escrutinio crítico. El antropólogo Michael Ames animó a las instituciones a cuestionar su propia autoridad y a colaborar más estrechamente con las comunidades cuyo patrimonio conservaban. Los nuevos enfoques de la antropología museística exploraron cómo se exhiben, interpretan y valoran los objetos en las diferentes culturas.

En el año 2000, la antropología se había vuelto más autocrítica, pero también más ambiciosa. Luchaba con su complicidad pasada con el colonialismo, al tiempo que adoptaba nuevas herramientas, como el análisis de ADN y la colaboración con académicos indígenas. El trabajo de esta época sentó las bases para abordar cuestiones actuales urgentes: el cambio climático, el mundo digital y la desigualdad global. ■

¿PARA QUÉ SIRVE EL NEGOCIO?

FETICHISMO DE LA MERCANCÍA

EN CONTEXTO

OBRA CLAVE
Michael Taussig,
El diablo y el fetichismo de la mercancía en Sudamérica **(1980)**

RAMA
Antropología social y cultural

ANTES
1949 El filósofo francés Georges Bataille desarrolla nuevas teorías económicas basadas en la idea del exceso en *La parte maldita.*

1923 Carl Grünberg funda la Escuela de Fráncfort, que desarrolla la teoría crítica, basada en una valoración marxista de la modernidad, el capitalismo y la cultura de masas.

DESPUÉS
2005 En *Fricción: Una etnografía de la conectividad global*, la chino-estadounidense Anna Tsing examina las tensiones entre capitalistas y ecologistas en Indonesia.

En la década de 1970, el antropólogo australiano Michael Taussig se inspiró en las teorías de Marx sobre la mercantilización para estudiar los cuentos populares de las comunidades sudamericanas inmersas en el nuevo orden capitalista. Descubrió que los trabajadores de las plantaciones de azúcar colombianas y de las minas de estaño bolivianas solían contar historias relacionadas con el diablo.

Así, por ejemplo, entre los trabajadores de una plantación azucarera del valle del Cauca, en Colombia, se contaba una historia sobre un pacto con el diablo. Un hombre hace un pacto con el diablo para ser más productivo; gana más, pero es un dinero «estéril» que solo puede usar

Las creencias culturales están influidas por **la sociedad, la herencia y la religión**.

Las opiniones de una **sociedad** y de sus **gentes** pueden evolucionar en respuesta a **cambios económicos**.

Los objetos **ganan o pierden significado** y valor a medida que **cambian las opiniones**.

El valor de un objeto está determinado por factores culturales, sociales y económicos.

Véase también: Materialismo cultural 124 ▪ Cultura material 154–155 ▪ El valor de los objetos 206–207 ▪ Documentar lo indocumentado 296–303

Las representaciones del diablo –como esta antigua máscara usada en un festival en Bolivia– son un rasgo destacado del folclore sudamericano sobre la moralidad.

para comprar artículos de lujo. No puede invertirlo, y cualquier tierra que compra con él, es tierra yerma. Al final, muere prematura y dolorosamente entre sus nuevas adquisiciones. Su efímera riqueza tiene como precio una vida más corta.

Cuentos modernos

Taussig halló que, aunque el tropo del diablo surgió en historias sudamericanas sobre la conquista española, cobró protagonismo en el folclore moderno a raíz de los cambios sociales y económicos que se producían en las comunidades rurales e indígenas.

Estos cambios fueron impulsados por la expansión global de un sistema capitalista que priorizaba la producción y el beneficio, sustituyendo los sistemas de intercambio tradicionales que fomentaban las relaciones sociales. En el caso de Colombia, muchos habitantes rurales habían sido trabajadores autosuficientes de sus propias tierras, con fuertes lazos sociales entre ellos. Sin embargo, al ser reclutados para trabajar en las nuevas plantaciones de azúcar controladas por propietarios capitalistas, se convirtieron en «proletariado». Este término proviene de la crítica de Marx al capitalismo, que afirma que la burguesía –empresarios movidos por el lucro– explota a los trabajadores –el proletariado–. Marx argumentaba que la desigualdad entre estos grupos acabaría provocando la caída del capitalismo.

El orden capitalista

Taussig observó cómo los pueblos rurales e indígenas de toda Sudamérica estaban experimentando la transición de una vida autosuficiente a un nuevo orden capitalista. Al ver los cambios sufridos en sus comunidades, algunos sudamericanos llegaron a considerar el capitalismo como una amenaza para su estilo de vida y su orden moral. Bajo el capitalismo, proliferaba la codicia y el interés individual sustituyó al comunitario. Para estas comunidades, el paso de un sistema precapitalista a uno capitalista implicaba una especie de degradación moral que expresaban en la figura del diablo. ▪

El hombre es considerado como el objetivo de la producción, y no la producción como el objetivo del hombre.
Michael Taussig

Mimesis y alteridad

En su obra *Mimesis y alteridad* (1993), Taussig desarrolló una teoría sobre los procesos culturales de la colonización que vincula lo que parecen ser dos procesos contradictorios. Se trata de la mimesis –la imitación o el deseo de ser como el otro– y la alteridad –el distanciamiento o la negación de los puntos en común con el otro–. Ambos moldean la forma en que las sociedades se perciben e interactúan entre sí. Según Taussig, los colonizadores retrataban a los pueblos no occidentales como «otros» que eran supuestamente inferiores debido a su diferencia. Esto se vio reforzado por los trabajos antropológicos que describían a los pueblos indígenas como claramente no occidentales. Tanto la antropología como el colonialismo, sostenía, eran parte integral de la política de representación y construcción de la diferencia.

Los muñecos de madera usados con fines curativos por los cuna de Panamá adquirieron una estética europea, en un ejemplo de mimesis colonial.

ELLA COMPRENDIÓ QUE LOS SIGNOS TENÍAN PODER

LA CAPACIDAD PARA LA COMUNICACIÓN

EN CONTEXTO

OBRA CLAVE
Francine Patterson y Eugene Linden, *The Education of Koko* (1980)

RAMA
Antropología biológica

ANTES
1967 Beatrix y Allen Gardner se proponen enseñar a una joven chimpancé a usar la lengua de signos americana.

1971 Jane Goodall publica *En la senda del hombre*, donde relata sus primeras investigaciones de campo sobre el comportamiento de los chimpancés en el Parque Nacional Gombe Stream, en Tanzania.

DESPUÉS
2006 Sue Savage-Rumbaugh declara que un bonobo que vive en un centro de investigación de Iowa (EE. UU.) es capaz de entender 3000 palabras del inglés hablado.

Hasta finales de la década de 1960 se sabía muy poco sobre la cognición de los primates no humanos y sus métodos de comunicación. Los primatólogos estaban ansiosos por saber si se podía enseñar a los primates a comprender y reproducir el lenguaje humano. Los primeros experimentos fracasaron, en gran parte porque simios y humanos tienen una anatomía vocal diferente. Sin embargo, los investigadores descubrieron que los simios pueden comprender el lenguaje hablado y reproducirlo en forma de símbolos y lenguaje de signos.

Aprendizaje de signos

El simio más famoso que aprendió una forma de lenguaje humano fue Koko, una gorila de llanura. Los investigadores estadounidenses Francine Patterson y Eugene Linden enseñaron a Koko a usar la lengua de signos americana (ASL) para comunicarse. Declararon que Koko conocía más de 1000 signos y que podía entender 2000 palabras del inglés hablado. También descubrieron que podía combinar palabras para expresar emociones y utilizar el lenguaje con sutileza, aprendiendo a rimar, mentir e incluso bromear.

La gorila Koko practicó los signos con Francine Patterson y, finalmente, aprendió a utilizarlos para comunicarse sobre alimentos, estados de ánimo, acciones y otros animales.

A pesar de las críticas sobre la falta de rigor científico de la investigación, Koko vino a representar la gran inteligencia de los primates no humanos, y la investigación proporcionó una visión extraordinaria de la cognición de los simios, incluidos su curiosidad, humor y empatía. ■

Véase también: Comportamientos de los chimpancés 132–135 ▪ Relación con seres no humanos 284–289

PROCEDIMIENTOS CONCRETOS ANTE LA MUERTE

RITUALES FUNERARIOS

EN CONTEXTO

OBRA CLAVE
Loring M. Danforth, *The Death Rituals of Rural Greece* (1982)

RAMA
Antropología social y cultural

ANTES
1909 En *Los ritos de paso*, Arnold van Gennep propone que los rituales tienen tres etapas –separación, liminaridad y reagregación– e inspira a los etnógrafos a investigar el ritual como una experiencia universal.

DESPUÉS
1993 En *La muerte sin llanto*, Nancy Scheper-Hughes muestra que las mujeres que viven en la pobreza son menos propensas a expresar el dolor y el duelo.

2021 En *American Afterlives*, Shannon Lee Dawdy documenta el cambiante panorama de los rituales funerarios en EE. UU.

La muerte es una de las experiencias universales de la humanidad. Todas las culturas tienen rituales para afrontar la pérdida, que varían según la época y el lugar. Los rituales tienden a seguir un patrón que puede aplicarse al estudio de las respuestas humanas ante la muerte; permiten a las personas controlar lo incontrolable y hallar estabilidad en un mundo caótico e impredecible.

El antropólogo estadounidense Loring M. Danforth estudió un ritual funerario único en Potamiá, un pequeño pueblo de Grecia, donde realizó un trabajo de campo etnográfico en la década de 1970. El duelo por los difuntos en Potamiá implica un largo periodo de tiempo, que comienza con el entierro del individuo. Después del entierro, una pariente del difunto inicia un periodo de duelo de cinco años. Durante este tiempo, se espera que la pariente vista de negro, visite diariamente la tumba del difunto y evite cantar o bailar dentro de su casa. Transcurridos esos cinco años, el duelo termina. Los huesos del difunto son exhumados y colocados en el osario del pueblo, señalando la transición del individuo del mundo mortal al más allá.

Mantener una conexión

Danforth postula que, al realizar rituales en torno a la muerte y el duelo, las sociedades median entre la vida y la muerte, convirtiendo la muerte en parte de la vida. A través de estas prácticas, los vivos son capaces de afrontar la inevitabilidad de la muerte y continuar su relación con los muertos. ■

Este estudio sobre los muertos puede aportar profundas reflexiones sobre la naturaleza misma de la vida humana.
Loring M. Danforth

Véase también: Ritos de paso 126–129 ▪ Ritual y lenguaje 166 ▪ Salud mental y sociedad 172–175 ▪ Entierros humanos 306

LOS PÁJAROS SON VOCES EN EL BOSQUE

LA ANTROPOLOGÍA DEL SONIDO

EN CONTEXTO

OBRA CLAVE
Steven Feld, *Sound and Sentiment* (1982)

RAMA
Antropología social y cultural

ANTES
Década de 1950 Colin Turnbull graba al pueblo mbuti para la Smithsonian Institution y lleva el sonido al primer plano de la etnografía.

1977 El compositor R. Murray Schafer introduce el concepto de «paisaje sonoro» para describir la música que captura los sonidos de cualquier entorno.

DESPUÉS
1992 El etnomusicólogo Martin Stokes explora los debates sobre la creación musical en el contexto de la política, la educación y la tecnología de Turquía.

2012 *Ethnomusicology in East Africa* reúne a los estudiosos de la música de Uganda y sus países vecinos.

La exploración de la antropología del sonido surgió del interés del siglo XIX por recopilar la música de los pueblos y de una corriente paralela de la musicología centrada en el contexto (esto es, las personas que crean la música y su entorno). Los primeros musicólogos se centraron en un primer momento en la música tradicional de sus propios países; sin embargo, el interés no tardó en extenderse a las músicas de todo el mundo, y se abrió un debate sobre si la etnomusicología debía ocuparse solo de la música no occidental.

Feld estudió los diferentes géneros del canto ceremonial kaluli, algunos de los cuales son acompañados por sonajeros: *sologa* (de semillas), *degegado* (de pinzas de cangrejo) o *sob* (de conchas de mejillón).

Los sonidos como voces

A finales de la década de 1960, el artista sonoro y antropólogo estadounidense Steven Feld empezó a grabar sonidos como parte de sus estudios antropológicos. También

Véase también: La cultura moldea el comportamiento 62–67 ▪ Cultura material 154–155 ▪ Ritual y lenguaje 166 ▪ Fetichismo de la mercancía 180–181 ▪ El poder de la fotografía 292–293

Etnomusicología

El término «etnomusicología» se acuñó a mediados del siglo xx para designar el estudio comparativo de los sistemas y culturas musicales. Alan P. Merriam, antropólogo de la Universidad de Indiana, amplió el alcance del término, yendo más allá de la simple recopilación y análisis de la música y los sonidos. Su trabajo de campo –con grupos indígenas de Montana (EE. UU.) durante la década de 1950 y, más tarde, con los pueblos songye, bashi y burundi de África central– mostró la importancia de la música en la naturaleza humana. Merriam propuso que los objetivos de la etnomusicología debían ser apreciar la música de otras culturas, comprender la transformación de dicha música y aprender cómo las personas usan la música para comunicarse. Más tarde, sugirió tres áreas de investigación clave para el estudio de la música en la cultura: el comportamiento en relación con la música, la conceptualización de la música y el análisis de los sonidos musicales.

La antropóloga Frances Densmore grabó y preservó las voces y la música de los pueblos indígenas de EE. UU. a principios del siglo xx.

animó a otros investigadores a tomarse en serio el sonido, a escuchar toda la gama de sonidos que oímos y a percibir las relaciones entre ellos. En la década de 1970, Feld comenzó su trabajo de campo, investigando con el pueblo kaluli en Papúa Nueva Guinea. En su exploración de cómo se crean las relaciones a través del sonido, lo grabó todo *in situ*: desde sesiones de espiritismo, cantos *gisalo* (poéticos), relatos y conversaciones, hasta los sonidos del bosque y de los pájaros en particular.

Sin embargo, el maestro de Feld, Jubi, observó que este iba por el camino equivocado para comprender la historia natural y cultural del pueblo kaluli, y le explicó: «Para ti son pájaros. Para mí, son voces en el bosque». Esto llevó a Feld a comprender que los kaluli piensan de manera diferente sobre los pájaros: reconocen su existencia principalmente a través del sonido y creen que son los reflejos espirituales de hombres y mujeres difuntos. En 1982, Feld publicó la obra *Sound and Sentiment*, donde explica cómo su exploración y análisis de los sonidos lo ayudaron a comprender la sociedad kaluli.

Nuevos términos

A principios de la década de 1990, vinculando la acústica y la epistemología (teoría del conocimiento), Feld acuñó el término «acustemología» para crear una herramienta analítica que permitiera comprender las interrelaciones entre los humanos, los animales y su entorno. La acustemología se basa en el uso de la percepción sensorial para transmitir la complejidad de estas relaciones, en lugar de depender únicamente de las palabras.

Las grabaciones sonoras conservan cierta relación con las personas y los lugares de donde proceden, pero también ofrecen oportunidades para la recontextualización, en especial con la aparición de tecnologías que ofrecen nuevas formas de presentar e incluso reinventar los sonidos. En 1996, Feld acuñó la expresión «mimesis esquizofónica» para designar la puerta de entrada a la comprensión de cómo las grabaciones separadas de su fuente pueden «estimular y permitir renegociaciones de la identidad». Asimismo, abogó por un uso más sofisticado de las tecnologías del sonido en la etnografía, argumentando que, de otra manera, «la antropología del sonido continuará versando principalmente sobre las palabras». ■

Las cosas tienen un aspecto visible y uno invisible [...] sonidos y comportamientos tienen uno exterior, uno interior y uno subyacente.
Steven Feld

NO HAY GENTE SIN HISTORIA

CAPITALISMO GLOBAL

EN CONTEXTO

OBRA CLAVE
Eric Wolf, *Europa y la gente sin historia* (1982)

RAMA
Antropología social y cultural

ANTES
1939 En *El proceso de la civilización*, el sociólogo Norbert Elias analiza la consolidación del poder.

1974 La teoría del sistema-mundo del sociólogo Immanuel Wallerstein clasifica a los países según su papel en el sistema capitalista global.

DESPUÉS
1985 En *Dulzura y poder*, Sidney Mintz examina la historia occidental a través del prisma de la mercantilización del azúcar.

1997 En *Armas, gérmenes y acero*, el científico Jared Diamond presenta la geografía como un factor influyente en el dominio euroasiático.

En el mundo occidental, las narrativas históricas han excluido durante mucho tiempo las experiencias de los pueblos no europeos. En su lugar, estas poblaciones se convirtieron en objeto de estudio antropológico, partiendo de la premisa de que, antes de la expansión europea del siglo XV y la industrialización, estos pueblos vivían como «congelados en el tiempo» en lugares remotos.

Europa y la gente sin historia se propuso revisar esta visión. En un estudio que abarca 600 años de historia mundial, Eric Wolf presentó una narrativa más matizada que desafiaba las perspectivas occidentales tradicionales y socavaba las suposiciones previas sobre la inevitabilidad del ascendiente europeo.

La mayor parte de las sociedades estudiadas por los antropólogos son resultado de la expansión de Europa y no los precipitados prístinos de etapas evolutivas pasadas.
Eric Wolf

Wolf sostenía que grupos no europeos de todo el mundo participaron activamente en su propia historia: interactuaban entre sí –conquistando pueblos vecinos más pequeños y consolidando su poder– mucho antes de la era de los descubrimientos y la posterior oleada de colonialismo europeo. Por ejemplo, tras la caída de Roma en el año 476, una serie de califatos crearon un imperio que se extendía desde Arabia hasta el subcontinente indio; de manera similar, los ejércitos musulmanes del norte de África tomaron el control de la península ibérica a partir del año 711. Por entonces, señaló Wolf, Europa no era un actor importante en los asuntos mundiales.

La expansión europea

El inicio de la pequeña glaciación en el siglo XIV marcó el comienzo de un periodo de cambios climáticos que alteraron las cosechas y desestabilizaron el suministro de alimentos. Esto se vio agravado por las limitaciones tecnológicas de la época. Wolf teorizó que esta crisis agrícola im-

Véase también: Evolución multilineal 104–107 ▪ Etapas de la organización social 160–161 ▪ Estructura y agencia 196–199 ▪ Antropología de la alimentación 200–205 ▪ La ética de la antropología 248–249

Campesinos trabajan los campos de un señor feudal. Wolf argumentó que el sistema tributario medieval condujo a la creación de una clase económicamente dominante que poseía recursos militares y poder político.

pulsó a los europeos a buscar nuevos recursos más fiables en otros lugares.

Los centros agrícolas europeos empezaron a expandirse significativamente hacia 1400. Esta fue una condición necesaria para el surgimiento de grandes sociedades estatales. En este contexto, según Wolf, los terratenientes que cobraban tributos acumularon excedentes de alimentos, consolidaron su control y se convirtieron en la clase social dominante. Estos recursos se usaron luego para abastecer a ejércitos capaces de conquistar a los grupos vecinos.

El encuentro colonial

Desde 1600, las sociedades europeas, en su mayoría agrarias, comenzaron a interesarse por el comercio. A medida que se orientaban hacia la comercialización y la producción a gran escala, aumentaba su necesidad de mano de obra. Con la expansión colonial, los trabajadores procedían de regiones lejanas, fuera de los nuevos centros manufactureros europeos.

Estos trabajadores, normalmente esclavos y campesinos, formaron una nueva categoría social: «grupos étnicos» que habían dejado sus países de origen, a menudo por la fuerza, para ser incorporados al sistema capitalista emergente como trabajadores mal pagados y poco cualificados.

Wolf subrayó que, antes de la expansión europea, estas poblaciones indígenas tenían historias distintivas y redes activas propias, a menudo ignoradas por los conquistadores europeos y por los primeros antropólogos. Sin embargo, fueron actores cruciales en la construcción de un nuevo orden mundial que consolidaría el papel dominante de Europa tanto en el futuro como en su propia versión del pasado. ■

Eric Wolf

Eric Wolf nació en Viena en 1923 y vivió en varios países europeos hasta que su familia, que era judía, huyó a EE.UU. ante el auge del nazismo.

Después de servir en el ejército de EE.UU. durante la II Guerra Mundial, realizó un doctorado en antropología en la Universidad de Columbia, en Nueva York. Su tesis doctoral, sobre las gentes de Puerto Rico, fue dirigida por Julian Steward. A partir de 1971, enseñó en la Universidad Municipal de Nueva York, que se convirtió en un núcleo de antropología marxista. En sus investigaciones, Wolf usó una perspectiva marxista para analizar las bases capitalistas del desarrollo social y mundial. Fue crítico con la forma en que los escritos académicos pueden reforzar las desigualdades sociales. Murió en 1999.

Otras obras clave

1969 *Las luchas campesinas del siglo xx.*
2001 *Pathways of Power.*

En todas partes la expansión europea tropezó con sociedades y culturas humanas caracterizadas por prolongadas y complejas historias.
Eric Wolf

EL PODER ADOPTA FORMA RELIGIOSA

RELIGIÓN Y PODER SECULAR

EN CONTEXTO

OBRA CLAVE
Talal Asad, «Anthropological Conceptions of Religion: Reflections on Geertz» (1983)

RAMA
Antropología social y cultural

ANTES
1624 Herbert de Cherbury propone en *De Veritate* una de las primeras definiciones universales de la religión como una combinación de creencias, prácticas y ética existente en todas las sociedades.

1973 En *La interpretación de las culturas*, Clifford Geertz describe la religión como un sistema de patrones culturales que funciona como modelo para y de la realidad misma.

DESPUÉS
1986 Asad cuestiona los métodos antropológicos tradicionales analizando las relaciones de poder colonial que intervienen en la escritura etnográfica.

Basándose en la teoría marxista para interpretar las imágenes occidentales de los pueblos colonizados, el antropólogo saudí Talal Asad señaló el papel de la antropología en la creación de herramientas que permitieron a los imperios europeos comprenderlos y controlarlos. Asad cuestionó la tesis de que los comportamientos de los pueblos indígenas están determinados por estructuras inconscientes que los antropólogos pueden descubrir, y examinó cómo esta relación de poder configura la antropología de la religión y cómo la historia religiosa de Europa influye de forma subliminal en las percepciones de los antropólogos.

Muchos interpretaron el texto de Asad como un rechazo de la religión

Durante la Inquisición española, los autos de fe eran ceremonias en las que se ejecutaban las sentencias de la Inquisición. Eran una demostración del poder combinado de la Iglesia y el Estado.

Véase también: Naturaleza universal de la religión 28–29 ▪ Raíces sociales de la religión 42–43 ▪ Sistema de creencias locales 78–79

Los europeos usan la religión para **mantener el poder** convenciendo a los pobres de que las cosas **serán mejores en el más allá**.

Los **indígenas pobres** hallan **consuelo** en las **enseñanzas morales**, en la creencia de que serán **recompensados por su sufrimiento**.

La religión tiene un **efecto estabilizador** en la sociedad y **mantiene el statu quo**.

El poder crea la religión.

o como un desdén hacia el concepto como invención europea. En lugar de abordar la religión como una realidad, Asad la aborda como un concepto que adquirió un significado específico en Europa antes de ser aplicado universalmente. Su pregunta no es qué es la religión, sino cómo se construye.

Luchas de poder

Asad relata cómo los primeros teólogos cristianos, como san Agustín, reconocieron que la verdad religiosa es objeto de luchas de poder, ya que, en aquella época, la Iglesia ejercía control sobre la autorización y autenticación de los discursos y prácticas religiosas. Solo con el inicio del «proyecto moderno» europeo en el siglo XVII surgió una idea esencial y universal de la religión entre filósofos de la Ilustración como John Locke e Immanuel Kant. Esto sucedió junto con el auge de las ciencias naturales, que se convirtieron en el trasfondo con el que se compararían todas las religiones.

Para Asad, este concepto universal de religión prevaleció cuando la observancia religiosa se diferenció más del espacio secular creado por el Estado moderno y pasó a estar regulada por este. La expansión colonial europea se basó luego en la antropología de la religión para aislar las cosmovisiones de los pueblos colonizados y convertirlas en conocimientos digeribles que pudieran utilizarse políticamente.

Asad cuestionó la noción de simbolismo –dominante en el campo desde la década de 1960– que consideraba los rituales indígenas como textos que debían descifrarse para comprender los patrones socioculturales. En vez de verla como un sistema con símbolos universales, Asad insistió en que la religión no es más distinta del sentido común que las creencias seculares occidentales. ■

La religión es dinámica

Los estudiosos occidentales han presentado a menudo el islam como algo monolítico o renuente al cambio. Sin embargo, la investigación sobre los múltiples significados del islam compartidos por sus diversos practicantes ofrece un vislumbre de las dinámicas de poder que entran en juego en la vida cotidiana. En *Recognizing Islam: An Anthropologist's Introduction* (1983), los retratos etnográficos del antropólogo británico Michael Gilsenan, basados en sus observaciones de campo, revelan la constante reinvención de la tradición que tiene lugar tanto en la vida cotidiana de los musulmanes corrientes como entre las élites cultas que compiten por establecer su autoridad para definir el islam. Al observar cómo sus prácticas cotidianas se entrelazan con todos los aspectos de la vida, se pone de relieve el papel que desempeña la fe islámica en las estructuras de la sociedad y el impacto del capitalismo y la modernización en la espiritualidad musulmana en el suroeste de Asia y el norte de África.

No puede haber una definición universal de religión [...] porque esa definición es en sí misma el producto histórico de procesos discursivos.

Talal Asad

LA INTERPRETACIÓN SE PRODUCE AL FILO DE LA PALETA

ARQUEOLOGÍA POSPROCESUAL

EN CONTEXTO

OBRA CLAVE
Ian Hodder, «Entierros, viviendas, mujeres y hombres en el Neolítico europeo» (1984)

RAMA
Arqueología

ANTES
1962 Lewis Binford propone el uso de principios científicos para estudiar el pasado, dando pie a una arqueología «nueva» o «procesual».

1972 Michael B. Schiffer, arqueólogo estadounidense, introduce la «arqueología conductual», que explora cómo los humanos interactúan con los objetos materiales de su época.

DESPUÉS
Década de 1990 La «arqueología contemporánea», centrada en el pasado más reciente, lo estudia todo, desde los teléfonos móviles hasta los cepillos de dientes, desde un punto de vista más subjetivo.

En las décadas de 1960 y 1970, la arqueología había pasado de ser un campo de estudio en el que trabajaban grupos poco organizados de anticuarios y saqueadores a ser una disciplina científica consolidada que se podía estudiar en la universidad. Su formalización como ciencia implicó el establecimiento de leyes universales sobre el comportamiento humano que podían ser probadas y replicadas, un giro hacia lo que se conoce como teoría «procesual».

A finales de la década de 1970, y en respuesta al procesualismo, el arqueólogo británico Ian Hodder fundó la «arqueología posprocesual».

Losas verticales dividen en compartimentos el túmulo de Midhowe en Rousay, en las Orcadas. Los cadáveres se depositaron en una suerte de nichos, donde podían recibir a sus seres queridos.

Un procesualista podría argumentar que todos los asentamientos preindustriales se encuentran cerca del agua porque esta es necesaria para la supervivencia. Sin embargo, el posprocesual también tendrá en cuenta las razones sociales, políticas y económicas que puede tener un grupo para establecerse en un lugar concreto. Las explicaciones podrían incluir la construcción de un asentamiento cerca de donde tuvo lugar una batalla o donde fue enterrado un antepasado importante. El posprocesualismo, por tanto, se centra en determinar las razones culturales de lo que ocurrió en el pasado.

Entender los megalitos

En su artículo «Entierros, viviendas, mujeres y hombres en el Neolítico europeo» (1984), Hodder aplicó teorías posprocesuales al análisis de los megalitos y tumbas del Neolítico europeo. Los procesualistas atribuyen la aparición y abundancia de los megalitos europeos a cuestiones medioambientales. Afirman que, en esencia, los megalitos servían para marcar las fronteras políticas y sociales y aparecieron por todo el mundo cuando las poblaciones se expandieron y había que delimitar unos recursos limitados. Hodder

Véase también: Revoluciones en la prehistoria 74–75 ▪ La nueva arqueología 110–115 ▪ Arqueología procesual 136–137

consideró esta explicación simplista y argumentó que los arqueólogos debían examinar la historia de una región y averiguar qué tipo de edificios existían antes de los megalitos para comprender mejor su diseño y finalidad. Al estudiar la historia arquitectónica de la Europa neolítica, Hodder formuló una interpretación alternativa y posprocesual: las tumbas megalíticas se inspiraban en las casas.

Hodder halló que las tumbas y las casas de la Europa neolítica presentan similitudes notables en cuanto a tamaño y distribución. Comparten diseños y rasgos decorativos, y sus entradas suelen estar orientadas hacia los mismos puntos cardinales. De acuerdo con el criterio posprocesual de comprender el significado cultural detrás de los artefactos y la arquitectura, exploró el simbolismo y el significado del diseño de las tumbas. Según él, las tumbas megalíticas eran una forma de conmemorar a los antepasados y conectar con ellos cuando las comunidades se dispersaron a medida que cambiaban los modos de agricultura y producción.

Nueva inspiración

El enfoque posprocesual inspiró otras nuevas formas de interpretar el pasado. La arqueología feminista surgió por entonces y empezó a analizar cómo los estereotipos modernos sobre la mujer –por ejemplo, como ama de casa– se habían infiltrado en las representaciones arqueológicas de las mujeres en las sociedades del pasado. Otros arqueólogos expresaron su interés por cómo los individuos, y no los grupos, moldeaban el curso de la historia y tomaban medidas para alterar su mundo material. Y un pequeño grupo de arqueólogos posprocesuales propugnó un «relativismo extremo», que sostiene que el pasado es incognoscible y que nuestras interpretaciones del mismo no son más que un reflejo del presente. ■

Sin tener en cuenta el contexto cultural, no se puede esperar comprender los efectos de las acciones sociales pasadas.
Ian Hodder

Arqueología multivocal en Çatalhöyük

Çatalhöyük, en Turquía, es un yacimiento neolítico donde vivieron hasta 8000 personas a lo largo de 4000 años. Es uno de los primeros asentamientos permanentes de gran escala, y sus habitantes crearon obras de arte expresivas, como figurillas de animales y pinturas que representaban escenas de caza.

El diseño único y las obras de arte de este yacimiento inspiraron a Hodder a investigar cómo y por qué esa comunidad logró sus notables hazañas. Trabajó en el yacimiento entre 1993 y 2018, y reclutó para ello a cientos de arqueólogos, etnógrafos y artistas. Su equipo analizaba los artefactos tan pronto como eran excavados («al filo de la paleta»), y registraba y publicaba sus hallazgos en línea para que otros pudieran interpretar los datos. Este método de trabajo se conoce como «arqueología multivocal», en la que muchas personas comparten opiniones sobre lo que pudo ocurrir en un yacimiento.

LA NOCIÓN DE PARENTESCO ES INDETERMINADA Y VACÍA

ESTUDIOS SOBRE EL PARENTESCO

EN CONTEXTO

OBRA CLAVE
David Schneider, *A Critique of the Study of Kinship* (1984)

RAMA
Antropología social y cultural

ANTES
1870 Tras los debates de la época de la Guerra Civil de EE. UU. sobre las relaciones interraciales, Lewis Henry Morgan teoriza que el parentesco basado en la sangre representa «uno de los primeros actos de la inteligencia humana».

1949 En *Las estructuras elementales del parentesco*, dedicado a Morgan, Claude Lévi-Strauss afirma que la prohibición del incesto es culturalmente universal.

DESPUÉS
2004 En *After Kinship*, Janet Carsten muestra cómo se crea la «relación» no genealógica a través del intercambio, la comida compartida y el cuidado.

En 1984, el antropólogo estadounidense David Schneider enmendó su trabajo anterior sobre los indígenas de Yap, en Micronesia, por aplicar la concepción occidental del parentesco a sus prácticas culturales. Schneider se dio cuenta de que, para esta comunidad, la cooperación efectiva en el trabajo de la tierra era más importante que el linaje patrilineal para determinar quién heredaría esa tierra. En esencia, era el hacer, más que el ser, lo que configuraba el parentesco.

Perspectiva errónea

Schneider identificó la forma en que los estudios sobre el parentesco asumían como universales las nociones occidentales de pertenencia basadas en la procreación. Descubrió que otros antropólogos que estudiaban el parentesco reproducían la sugerencia de Lewis Henry Morgan de que las relaciones adoptivas «ficticias» se derivan de parentescos biológicos «reales». Para Schneider, la distinción entre la idea universal de parentesco y otros conceptos económicos, políticos y religiosos presentes en todas las culturas reside en la suposición de que «la sangre es más espesa que el agua». Para abandonar la idea de que todas las culturas suscriben esta visión, sugirió que era importante «establecer primero las unidades que marca la propia cultura».

El concepto de pertenencia relacional de Schneider, más allá del dato biológico, alentó el estudio de perspectivas anteriormente ignoradas, en particular en los estudios de género. ■

El estudio del parentesco deriva de forma directa y prácticamente inalterada de la etnoepistemología de la cultura europea.
David Schneider

Véase también: El concepto de reciprocidad 58–61 ▪ Parentesco y orden social 68–69

EL PASADO JAPONÉS Y EL PRESENTE ESTADOUNIDENSE

ADAPTACIÓN DE TRADICIONES CULTURALES

EN CONTEXTO

OBRA CLAVE
Sylvia Junko Yanagisako, *Transforming the Past* (1985)

RAMA
Antropología social y cultural

ANTES
1968 David Schneider ofrece en *American Kinship* un análisis simbólico del parentesco.

1973 Clifford Geertz propone que la cultura está compuesta por símbolos que deben interpretarse.

DESPUÉS
1987 Jane Fishburne Collier y Yanagisako recopilan en *Gender and Kinship* una serie de ensayos donde aportan una perspectiva feminista a los debates sobre la teoría del parentesco en antropología.

1995 *Naturalizing Power*, editado por Yanagisako y Carol Delaney, analiza el poder y la desigualdad en la antropología feminista.

Los estudios sobre inmigrantes en EE. UU. han supuesto a menudo que esas familias siguen observando las tradiciones de su país de origen. Sin embargo, el análisis de Sylvia Junko Yanagisako sobre dos generaciones de japoneses-estadounidenses reveló los aspectos transformadores de la inmigración sobre las familias y el parentesco. Yanagisako realizó entrevistas a inmigrantes japoneses de primera generación *(issei)* y a sus hijos nacidos en EE. UU. *(nisei)*. Sus entrevistas se centraron en los matrimonios, las relaciones filiales y fraternas. Descubrió que los *issei* daban prioridad a los matrimonios concertados, al dominio masculino y al deber familiar. Por el contrario, los *nisei* parecían optar por matrimonios basados en el amor (con la aprobación parental) y esperaban vivir separados de la familia. Las relaciones de los *nisei* mantenían el poder masculino, pero valoraban más a las mujeres. Estos cambios reflejaban una negociación entre pasado y presente, y entre las dos culturas. Yanagisako mostró cómo ambas generaciones veían en su parentesco una oposición simbólica entre sus identidades japonesa y estadounidense.

El matrimonio japonés-estadounidense se ha transformado a medida que el razonamiento cultural de una generación ha sido sucedido por el de otra.
Sylvia Junko Yanagisako

Reinventando las normas

El estudio de Yanagisako habla de las formas en que los grupos étnicos en EE. UU. rara vez replican las ideas y normas de sus padres. Más bien, las nuevas generaciones reinterpretan esas normas a medida que negocian con la sociedad estadounidense. ■

Véase también: Orígenes de la cultura 32–33 ▪ La cultura moldea el comportamiento 62–67 ▪ Ideologías de parentesco 218–219

HÍBRIDOS DE MÁQUINA Y ORGANISMO

ETNOGRAFÍA MULTIESPECIE

EN CONTEXTO

OBRA CLAVE
Donna Haraway, *Manifiesto cíborg* (1985)

RAMA
Antropología social y cultural

ANTES
1974 Luce Irigaray analiza los sesgos machistas en la filosofía y la psicología occidentales.

1985 Anne Fausto-Sterling examina las teorías biológicas sobre las diferencias entre sexos.

DESPUÉS
1995 *Patchwork Girl*, de Shelley Jackson, aborda temas como la subjetividad, la reproducción y el posthumanismo.

1995 Sharona Ben-Tov afirma que el mito cíborg de Haraway no es aplicable de forma intercultural.

2006 N. Katherine Hayles, considerando el cíborg como una metáfora inexacta de la era digital contemporánea, propone la «cognosfera» interconectada.

En las sociedades actuales, impulsadas por la tecnología, la inteligencia artificial escribe poesía, los robots ayudan en cirugía y los coches se conducen solos, difuminando la frontera entre lo humano y lo mecánico. Sin embargo, esto no es algo totalmente nuevo. Ya en la década de 1980, la académica feminista Donna Haraway reflexionaba sobre los efectos sociales y filosóficos de las nuevas tecnologías en los cuerpos humanos y en nuestras culturas.

En lugar de demonizar las nuevas tecnologías como algo antihumano, Haraway las ve como una forma de liberarnos de suposiciones muy arraigadas sobre nosotros mismos. En su famoso *Manifiesto cíborg*, analiza cómo se han socavado tres oposiciones binarias que caracterizan el pensamiento occidental. En primer lugar, la yuxtaposición entre humanos y animales se vio cuestionada por la teoría de la evolución de Darwin, que señalaba un origen común para todos los seres vivos. En segundo lugar, la división entre animales (incluidos los humanos) y máquinas se ha visto alterada por nuevas formas de ingeniería, como los cíborgs. En tercer lugar, las nuevas tecnologías difuminan la separación entre el mundo físico y el mundo no físico.

Realidades […] en las que la gente no tiene miedo de su parentesco con animales y máquinas.
Donna Haraway

Un mundo multiespecies

Según Haraway, la fusión de fenómenos previamente distintos no debe rechazarse, sino aceptarse para liberarnos de formas de ser rígidas. Un buen ejemplo es el propio cíborg, una entidad que combina lo humano y lo mecánico, que reestructura la naturaleza misma de nuestros cuerpos. Haraway ve al cíborg como parte de un mundo quimérico emergente. El término «quimera» deriva de la mitología griega, donde se refiere a una criatura fantástica mezcla de varios animales:

Véase también: Género, sexualidad y poder 158–159 ▪ Igualdad de género 266 ▪ Desafiar la opresión sistémica 294–295

Prefiero ser un cíborg que una diosa.
Donna Haraway

cabeza de cabra, cuerpo de león y cola de serpiente. Al fusionar diferentes especies, la quimera amplía las posibilidades de lo real, liberándonos de las categorías ontológicas tradicionales.

Volverse fluidos

Haraway sugiere que el potencial liberador de la quimera puede aplicarse al binarismo de género, que ha asumido que las personas son universalmente femeninas o masculinas debido a su constitución biológica innata. Sin embargo, al igual que el cíborg fusiona lo humano y lo mecánico, los cuerpos modernos pueden fusionar las diferencias entre los sexos. Según Haraway, los cuerpos tienen una cualidad quimérica, ya que no son ni masculinos ni femeninos, sino una combinación fluida de ambos. Así, el cíborg se convierte en una metáfora útil para su crítica feminista del género y el patriarcado. Algunos críticos han señalado que la metáfora del cíborg de Haraway no puede aplicarse a diversas culturas y omite los aspectos intangibles del humanismo.

En última instancia, Haraway propone un «feminismo socialista» en el que la tecnología moderna se aproveche, en lugar de rechazarse, y se utilice para resistir las dicotomías tradicionales de maneras que fomenten un cambio social real. ▪

Innovaciones en robótica han creado prótesis que se pueden controlar con impulsos musculares y con sensores que proporcionan información táctil al usuario.

Donna Haraway

Donna Haraway es profesora emérita en los departamentos de Historia de la Conciencia y Estudios Feministas de la Universidad de California, en Santa Cruz. Tras estudiar zoología y filosofía, obtuvo un doctorado en biología por la Universidad de Yale. Sus publicaciones, que tienden a ser interdisciplinares y teóricas, exploran la relación entre el ser humano y la máquina, la interfaz entre animales y humanos, y la tecnociencia. Reconociendo las limitaciones de la objetividad científica, utiliza el término «conocimiento situado» para enfatizar que las formas de conocimiento están determinadas por el contexto social. Desde su perspectiva feminista, respalda los efectos liberadores de la tecnología y propone una mayor participación de las mujeres en la práctica y el estudio de las innovaciones tecnocientíficas.

Otras obras clave

1989 *Visiones primates: Género, raza y naturaleza en la ciencia moderna.*
1991 *Mujeres, simios y cíborgs: La reinvención de la naturaleza.*
2003 *Manifiesto de las especies de compañía.*

LA CULTURA SE VE HISTÓRICAMENTE ALTERADA EN LA ACCIÓN

ESTRUCTURA Y AGENCIA

EN CONTEXTO

OBRA CLAVE
Marshall Sahlins, *Islas de historia* (1985)

RAMA
Antropología social y cultural

ANTES
1948 Leslie White sostiene que el entorno determina la cultura. Los seres humanos son incapaces de influir en su desarrollo.

1973 Según Clifford Geertz, los símbolos compartidos y la forma en que las personas los interpretan constituyen el núcleo de las prácticas culturales.

DESPUÉS
1993 Michael Taussig explora cómo los mitos y rituales indígenas sostienen la identidad cultural, aun cuando las influencias globales provocan cambios drásticos.

A veces la antropología inspira sentimientos de impotencia. Estudiosos tan diversos como Émile Durkheim y Ruth Benedict han argumentado que los deseos y aspiraciones de un individuo están moldeados por poderosas fuerzas sociales. Esto plantea un dilema: si la cultura moldea de tal modo a los individuos, ¿cómo pueden escapar de su control para realizar cambios? ¿Están las personas atadas a su programación cultural, o hay espacio para la «agencia», es decir, la capacidad de actuar de forma independiente y tomar decisiones propias? Estas fueron las preguntas que se planteó el antropólogo estadounidense Marshall Sahlins cuando se propuso compren-

Véase también: Raíces sociales de la religión 42–43 ▪ Cultura y personalidad 70–73 ▪ Estructuralismo 108 ▪ Antropología feminista 140–145

der el mundo que lo rodeaba y descubrir cómo las acciones de un solo individuo pueden marcar la diferencia en el gran esquema de las cosas.

Activismo frente a teoría

Cuando la gente se plantea hoy estas preguntas, quizá lo haga con la esperanza de acabar con la pobreza o revertir el cambio climático, pero cuando Sahlins se las planteó en las décadas de 1960–1970, pensaba en la guerra de Vietnam. En las aulas, Sahlins enseñaba la teoría de la evolución unilineal, que sostenía que la historia seguía su propio curso y la acción individual era en gran medida ineficaz. No obstante, fuera del aula, hacía campaña contra el imperialismo estadounidense en el Sureste Asiático. Esto entrañaba una contradicción: ¿cómo se podía ser activista y creer que no se tenía capacidad de acción? Sahlins vio que su compromiso político contradecía su posición intelectual.

Sahlins creía que los individuos poseían agencia, pero que era difícil comprender cómo y por qué la adquirían. Si bien los reyes, las reinas y los presidentes podían cambiar la historia, la guerra de Vietnam demostró los límites de su poder: ni siquiera el ejército más poderoso del mundo podía conquistar a unos campesinos que anhelaban la libertad. Además, figuras como Napoleón y Martin Luther King surgieron de un relativo anonimato y, aun así, pudieron cambiar el mundo. ¿Cómo había sucedido eso?

Sahlins no estaba satisfecho con las teorías antropológicas existentes sobre la agencia. Los seguidores de Franz Boas argumentaban que era imposible hacer generalizaciones sobre la historia porque cada momento era único. La mayoría de las otras »

Millones de jóvenes estadounidenses se opusieron a la guerra de Vietnam en las décadas de 1960 y 1970, lo que proporcionó a Sahlins un claro ejemplo de activismo individual frente a fuerzas sociales más poderosas.

Marshall Sahlins

Nacido en Chicago (EE. UU.) en 1930, hijo de inmigrantes judíos, Sahlins estudió antropología en la Universidad de Míchigan, donde tuvo como mentor a Leslie White, defensor de las teorías de la evolución cultural.

Obtuvo su doctorado en la Universidad de Columbia y después realizó trabajo de campo en Fiyi. Regresó a Míchigan como profesor y fue un exponente de la teoría evolucionista y activista contra la guerra de Vietnam.

Entre 1967 y 1969, enseñó en París, donde entró en contacto con la filosofía continental y fue miembro del seminario de Claude Lévi-Strauss. Después llevó a cabo investigaciones en Hawái y ocupó un puesto en la Universidad de Chicago.

Tras jubilarse, fundó su propia editorial, Prickly Paradigm, que publicaba panfletos polémicos. Falleció en 2021.

Otras obras clave

1972 *Economía de la Edad de Piedra.*
1976 *Cultura y razón práctica.*
2000 *Culture in Practice.*

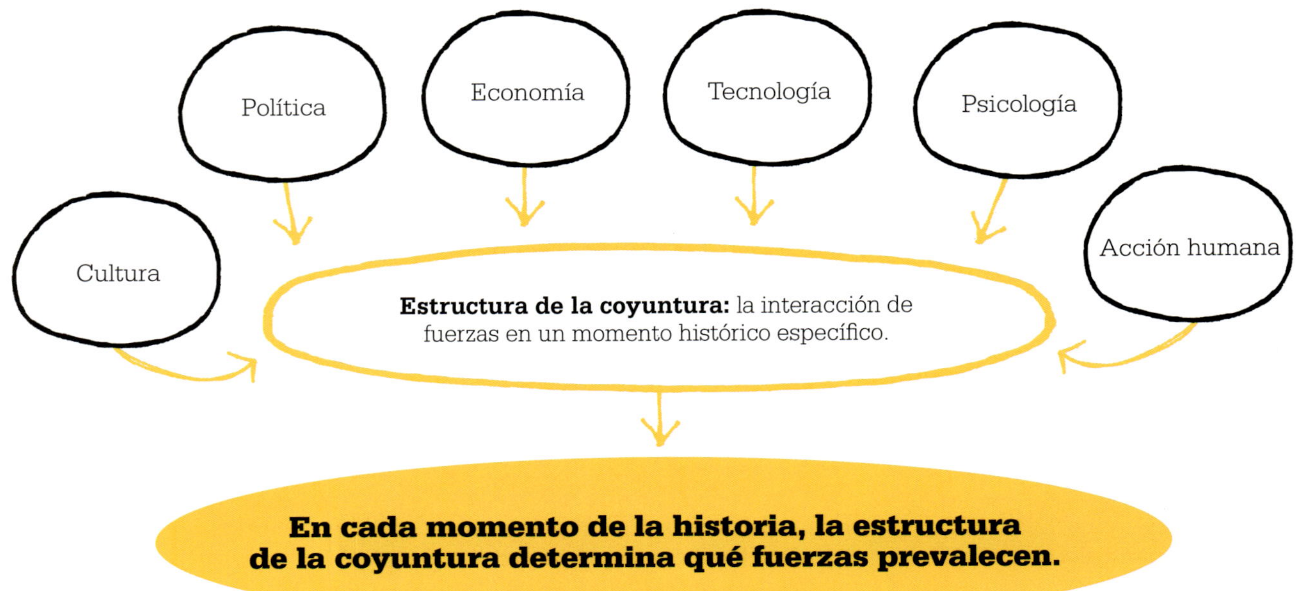

escuelas de pensamiento creían que una sola fuerza determinaba el comportamiento: para los estructuralistas eran las estructuras culturales; para los materialistas era el entorno; y para los marxistas, el modo de producción lo determinaba todo.

Fuerzas moldeadoras

Durante el tiempo que pasó estudiando las culturas de las islas del Pacífico en Fiyi y Hawái, Sahlins observó que todas estas escuelas de pensamiento tenían razón, pero solo en algunos casos. Según él, lo que la antropología necesitaba era una teoría que explicara por qué ciertas fuerzas, como la elección y la libertad humanas, eran decisivas en algunos momentos de la historia y en otros no. Su solución fue la teoría de la «estructura de la coyuntura».

Para Sahlins, «estructura» se refería a los patrones recurrentes de la cultura: las creencias, tradiciones y relaciones de poder que determinan el comportamiento de las personas. Según él, en cualquier momento de la historia se produce una «coyuntura», es decir, la confluencia de múltiples fuerzas, como la psicología, la geografía, la tecnología, la política y el libre albedrío. El resultado depende de la «estructura» de la coyuntura, es decir, de cómo interactúan estas fuerzas. La estructura actúa como un esquema: no determina cada movimiento, pero define lo que es posible.

La fuerza del modelo de Sahlins era su versatilidad. Podía utilizarse para analizar coyunturas históricas específicas y explicar por qué prevalecían determinadas fuerzas. También podía ofrecer una visión más amplia de los diferentes tipos de coyunturas y de cómo funcionaban.

Para Sahlins, las diferentes culturas dan forma a la historia de maneras distintas. En las culturas fiyiana y hawaiana, la nobleza, como los reyes y reinas –a veces llamados «jefes»–, es muy importante. Cuando un rey decide ir a la guerra o convertirse al cristianismo, puede hacer historia. En cambio, las sociedades amazónicas dan prioridad a la igualdad: nadie puede tomar decisiones por todo el grupo. En estas culturas, la historia se hace por consenso, no por decreto.

La cultura puede incluso influir en lo que se percibe como casualidad. Por ejemplo, cuando el explorador británico James Cook llegó a Hawái en enero de 1778 durante los ritos del año nuevo (Makahiki), fue visto como un *kino lau* (en hawaiano, «avatar» o «versión») del dios hawaiano Lono, figura central en el festival. Si Cook hubiera llegado un mes antes o un mes después, la historia podría haber sido muy distinta.

Sahlins argumentó que incluso los cambios aparentemente impulsados por los europeos dependían a menudo de normas culturales indígenas. Por ejemplo, en el siglo XIX, un náufrago europeo llamado Charles Savage introdujo las armas de fuego en Fiyi. Esto revolucionó la guerra, pero no porque las armas fueran superiores, ya que las mazas eran más eficaces en el combate cuerpo a cuerpo. La verdadera diferencia fue la voluntad de Savage de atacar a la nobleza, algo que ningún plebeyo fiyiano habría hecho. Irónicamente, señaló Sahlins, fue la cultura fiyiana la que empoderó a un blanco.

Las reglas y el juego

La teoría de Sahlins puso de relieve que muchos aparentes opuestos son en realidad partes de un mismo proceso. En los países protestantes de habla inglesa, agencia y estructura suelen considerarse fuerzas opuestas, lo que ha llevado a filósofos como John Stuart Mill a reflexionar sobre cómo equilibrar los derechos individuales y el control gubernamental. Sahlins, sin embargo, veía la agencia como un resultado de la estructura, no como algo opuesto a ella. En un partido de tenis, argumentaba, la capacidad de un jugador para tomar decisiones y ganar –su agencia– solo es posible gracias a las reglas del juego, es decir, su estructura. Esas reglas definen cómo se ganan los puntos. Si no hubiera reglas, no habría juego y, por lo tanto, tampoco habría agencia. De hecho, para Sahlins, la estructura y la agencia son dos formas diferentes de ver un mismo proceso de acción.

Sahlins argumentaba que la estructura no solo permite la agencia, sino que es su resultado. El mundo se ve influido por nuestras propias acciones pasadas, así como por las de otros. Hoy día, las mujeres pueden votar. Esa estructura legal forma parte de nuestras vidas. Y existe gracias a la agencia de sufragistas como Emmeline Pankhurst e Ida Wells-Barnett, que lucharon para que se aprobaran leyes que otorgaran el voto a las mujeres. Sahlins creía que la historia es un proceso: la agencia crea la estructura, que a su vez potencia la agencia, la cual, a su vez, altera la estructura, en un ciclo continuo.

Sahlins es recordado hoy principalmente como teórico, y sus ideas han influido en muchos otros estudiosos. Así, por ejemplo, en su ensayo «Our Sea of Islands», el antropólogo tongano Epeli Hau'ofa, muy influido por Sahlins, ve el Pacífico como una única región cultural conectada por el océano, más que un grupo de pequeñas islas con culturas distintas. Cada isla es una transformación o versión única de la cultura regional más amplia. Los habitantes de las islas del Pacífico no deben avergonzarse de adoptar las comodidades modernas: ser fiel a tu cultura, según Hau'ofa, tiene más que ver con encontrar lo auténtico en el presente que con adherirse servilmente al pasado.

El antropólogo estadounidense David Graeber escribió sobre el movimiento Occupy Wall Street de 2011 usando las ideas de Sahlins para mostrar cómo la transformación de las estructuras y creencias culturales más profundas es en sí misma un acto político, ya que nos permite imaginar nuevas formas de política y de vida.

Las teorías de Sahlins ofrecen a los estudiosos un marco para comprender cómo individuos y sociedades interactúan para generar cambios. Sus ideas también proporcionan herramientas a quienes buscan transformar el mundo, tendiendo puentes entre la comprensión teórica y la acción práctica. ■

En la acción, los significados siempre corren un riesgo.
Marshall Sahlins

¿Cuán diferentes son otras culturas?

En la década de 1990 se produjo un debate entre Sahlins y el antropólogo de Sri Lanka Gananath Obeyesekere sobre las diferencias culturales. Para Sahlins, los occidentales no podían comprender plenamente las culturas no occidentales, mientras que Obeyesekere afirmaba lo contrario. Sahlins sostenía que cuando el capitán Cook llegó a Hawái en el siglo XVIII, los hawaianos creyeron que era el dios Lono. Obeyesekere no estaba de acuerdo y argumentaba que todos los seres humanos son muy similares y demasiado racionales como para cometer tal error. Sahlins, alineado con los activistas hawaianos, insistía en que los hawaianos eran radicalmente distintos de sus colonizadores. Aunque el relato de Sahlins acerca de Cook suele considerarse el más preciso, algunos críticos lo han acusado de no involucrarse plenamente con los pueblos indígenas a los que pretendía representar.

El capitán James Cook fue asesinado durante un enfrentamiento con los hawaianos en 1779, después de intentar capturar al jefe gobernante.

EL AZÚÇAR MOLDEÓ EL MUNDO MODERNO

ANTROPOLOGÍA DE LA ALIMENTACIÓN

EN CONTEXTO

OBRA CLAVE
Sidney Mintz, *Dulzura y poder: El lugar del azúcar en la historia moderna* (1985)

RAMA
Antropología social y cultural

ANTES
1934 En *El hombre y la cultura*, la mentora de Mintz, Ruth Benedict, examina la relación entre las culturas y las personalidades individuales.

1944 En *Capitalismo y esclavitud*, el historiador Eric Williams explica cómo el comercio de esclavos en el Caribe permitió a Gran Bretaña desarrollar el capitalismo industrial.

DESPUÉS
2000 El historiador Daniel Sack analiza en *Whitebread Protestants* la importancia de la comida en la consolidación de los lazos en comunidades eclesiásticas estadounidenses.

Para la mayoría de la gente, el azúcar es una parte integral de su dieta. Su presencia suele ser evidente en dulces, pasteles o postres, pero también puede ser un componente sutil de alimentos salados como el pan. Rara vez pensamos en el origen de este ingrediente o en por qué se ha vuelto omnipresente, pero estos diminutos granos blancos han tenido un impacto enorme no solo en los hábitos alimentarios mundiales, sino en el propio orden mundial. La industria del azúcar ha sido ampliamente estudiada por el antropólogo estadounidense Sidney Mintz.

Juntos, esclavos y proletarios fueron el motor del sistema económico imperial que mantenía a unos con grilletes y a los otros con azúcar y ron.
Sidney Mintz

Transformación de la dieta

Los antropólogos han estudiado cómo surgió el gusto por lo dulce entre los seres humanos y cómo ha cambiado desde los tiempos de nuestros antepasados cazadores-recolectores. Para ellos, los alimentos dulces como bayas, frutas o miel eran probablemente escasos o estacionales, por lo que estos sabrosos y calóricos manjares, que los sostenían en su búsqueda de sustento, solo podían consumirlos ocasionalmente.

Por el contrario, en muchos países actuales existe un acceso casi ilimitado a alimentos y bebidas muy azucarados. La Coca-Cola, por ejemplo, es la bebida gaseosa más popular del mundo, con 1900 millones de consumiciones al día. Su receta contiene alrededor de 10,6 g de azúcar por cada 100 ml, lo que equivale a unas siete cucharaditas de azúcar por cada lata de 33 cl. Teniendo en cuenta que esta es solo una de las muchas bebidas azucaradas que existen, además de los innumerables aperitivos dulces, es difícil imaginar el volumen de azúcar que se consume.

Sidney Mintz

Nacido en Nueva Jersey (EE.UU.) en 1922, Mintz estudió psicología en el Brooklyn College de Nueva York y se alistó en el Cuerpo Aéreo del Ejército en 1943. Tras la II Guerra Mundial, cursó un doctorado en la Universidad de Columbia, en Nueva York. En 1948–1949 hizo su primer trabajo de campo, bajo la dirección de Ruth Benedict, en Puerto Rico, donde se centró en la vida de un trabajador de la caña de azúcar. Tras obtener su doctorado en 1951, fue profesor de antropología en la Universidad de Yale antes de fundar el Departamento de Antropología de la Universidad Johns Hopkins en 1974. Utilizó la investigación archivística y etnográfica para examinar la esclavitud, la globalización y el impacto del capitalismo. Es considerado el padre de la antropología de la alimentación por su labor sobre el azúcar, los hábitos alimentarios y los sistemas alimentarios globales.

Otras obras clave

1960 *Taso: Trabajador de la caña.*
1996 *Sabor a comida, sabor a libertad.*

Véase también: Cultura y personalidad 70–73 ▪ Dimensiones sociales y culturales de la nutrición 80–83 ▪ Comida y modernidad 267 ▪ Nutrición y evolución humana 280

En *Dulzura y poder*, Mintz investiga cómo, con la introducción del azúcar, se rehízo gradualmente la dieta de toda una especie. Basándose en investigaciones de archivo y trabajo de campo etnográfico, así como en la teoría marxista, traza el impacto social de una industria que nació del encuentro colonial y se expandió hasta convertirse en una inmensa empresa capitalista.

La propagación del azúcar

Mintz explica que el azúcar era un producto muy apreciado ya antes de convertirse en una industria importante. Los investigadores creen que los pobladores de Nueva Guinea domesticaron la caña de azúcar y disfrutaban mascándola como dulce hace ya 10 000 años. El cultivo de esta planta se extendió a Asia y, hace unos 3000 años, los habitantes de India comenzaron a procesar la caña para producir «azúcar libre», una forma que permitía añadirlo a comidas o bebidas. Los comerciantes transportaban este azúcar libre por el suroeste de Asia, el Mediterráneo y Europa, donde la gente lo utilizaba como especia, edulcorante, ingrediente de medicamentos y conservante.

Cómo el azúcar conquistó el mundo

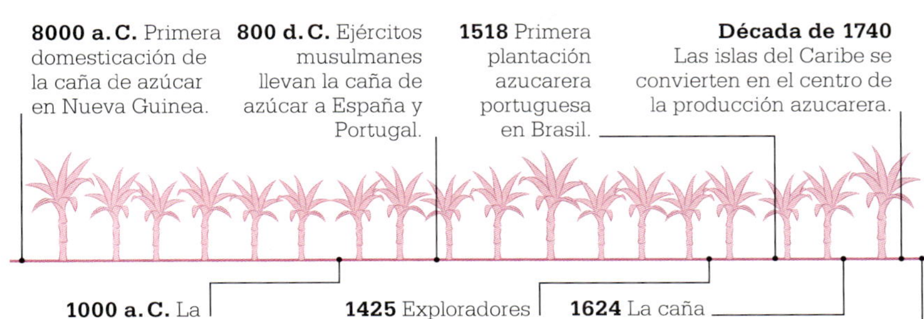

8000 a. C. Primera domesticación de la caña de azúcar en Nueva Guinea.

1000 a. C. La caña de azúcar se procesa para producir azúcar libre en India.

800 d. C. Ejércitos musulmanes llevan la caña de azúcar a España y Portugal.

1425 Exploradores portugueses introducen la caña de azúcar en Madeira, que se convierte en el mayor productor de azúcar del mundo.

1518 Primera plantación azucarera portuguesa en Brasil.

1624 La caña de azúcar se cultiva por primera vez en Barbados.

Década de 1740 Las islas del Caribe se convierten en el centro de la producción azucarera.

Década de 1780 La producción de azúcar en América es cuatro veces mayor que en 1700.

En Europa, el azúcar fue inicialmente un lujo que solo los ricos podían permitirse. A medida que las élites ansiaban más azúcar, se enfrentaron al dilema de cómo aumentar su suministro. La caña de azúcar prospera en climas cálidos y tropicales, pero no crece bien en las condiciones más templadas de Europa. Además, su producción requería gran cantidad de mano de obra: se necesitaban trabajadores en las plantaciones para cultivar y cosechar la caña de azúcar, y aún más trabajadores en las fábricas para moler la caña y convertirla en un líquido que se calentaba para extraer los cristales que luego se refinaban para obtener el azúcar de mesa.

A medida que los colonizadores europeos exploraban América en el siglo XVII, descubrieron tierras ideales para el cultivo de la caña de azúcar en Barbados, Jamaica y otras islas del Caribe. Sin embargo, estas no podían proporcionar una mano de obra suficientemente numerosa para ocuparse de los procesos de cultivo y refinado del azúcar. Como consecuencia, millones de africanos fueron esclavizados y transportados a la fuerza a través del Atlántico para »

La producción de azúcar tuvo un enorme impacto social en islas como Antigua. Para garantizar los beneficios de los colonizadores, se empleó a gran número de esclavos y trabajadores contratados.

trabajar en las plantaciones recién establecidas. Tras la abolición del comercio de esclavos en 1807, se llevaron miles de trabajadores contratados de India y China para complementar la mano de obra.

Aumento del consumo

Si bien el aumento de la producción de azúcar fue posible gracias al colonialismo y a la explotación salvaje de tierra y recursos, el consumo de azúcar en Europa, según Mintz, se vio impulsado por el emergente sistema capitalista. Su análisis se basa en la obra de Karl Marx, quien consideraba que la economía es una influencia fundamental en todos los aspectos de la sociedad. Explicaba que, bajo el capitalismo, los propietarios de los medios de producción –la burguesía– solo buscan enriquecerse y, en una búsqueda incesante de beneficios, explotan a sus trabajadores pagándoles menos de lo que vale su trabajo. Marx sugería que la influencia de la burguesía va mucho más allá de la economía, moldeando política, familia, religión y todas las demás áreas de la vida cultural.

Según Mintz, la incorporación del azúcar a la economía capitalista dio lugar al desarrollo de nuevas prácticas culturales y preferencias alimentarias. A finales del siglo XVIII, el azúcar se había vuelto más asequible y era muy apreciado: entre 1710 y 1770, su consumo en Gran Bretaña se multiplicó por cinco.

El azúcar, que ya no era un artículo de lujo al alcance solo de los ricos, se introdujo entre la clase trabajadora británica como aditivo para el té. La nueva preferencia por el té azucarado tuvo un efecto secundario adicional: azúcar y té son estimulantes que permitían a los trabajadores trabajar más duro durante más horas. Esto encajaba con los objetivos capitalistas de aumentar la productividad de la mano de obra. Mintz explica que, a medida que los trabajadores trabajaban más, las comidas familiares en casa fueron sustituidas gradualmente por alimentos energéticos, a menudo cargados de azúcar, que se podían consumir en el trabajo. La introducción de estos alimentos en la dieta aumentó la demanda de azúcar.

Azúcar y capitalismo

El papel del azúcar en una economía capitalista sigue siendo relevante hoy, pues el consumo de alimentos envasados o comida rápida ahorra tiempo y permite jornadas de trabajo más largas, contribuyendo más a la economía en general. Se cree que el azúcar de estos alimentos los hace más apetecibles. Sin embargo, Mintz afirma que las personas no eligen consumir más azúcar simplemente porque sabe bien. Más bien, lo que alguien quiere o necesita comer tiene sentido «en función de sus preferencias y aspiraciones, es decir, en función del contexto social del consumo».

Con el tiempo, la gente adquirió un gusto insaciable por el azúcar, que se convirtió en un producto básico imprescindible en todas las cocinas. Esta preferencia por lo dulce

> La historia del azúcar es una historia de poder, influencia y toma de decisiones, así como de placer, deseo y satisfacción.
> **Sidney Mintz**

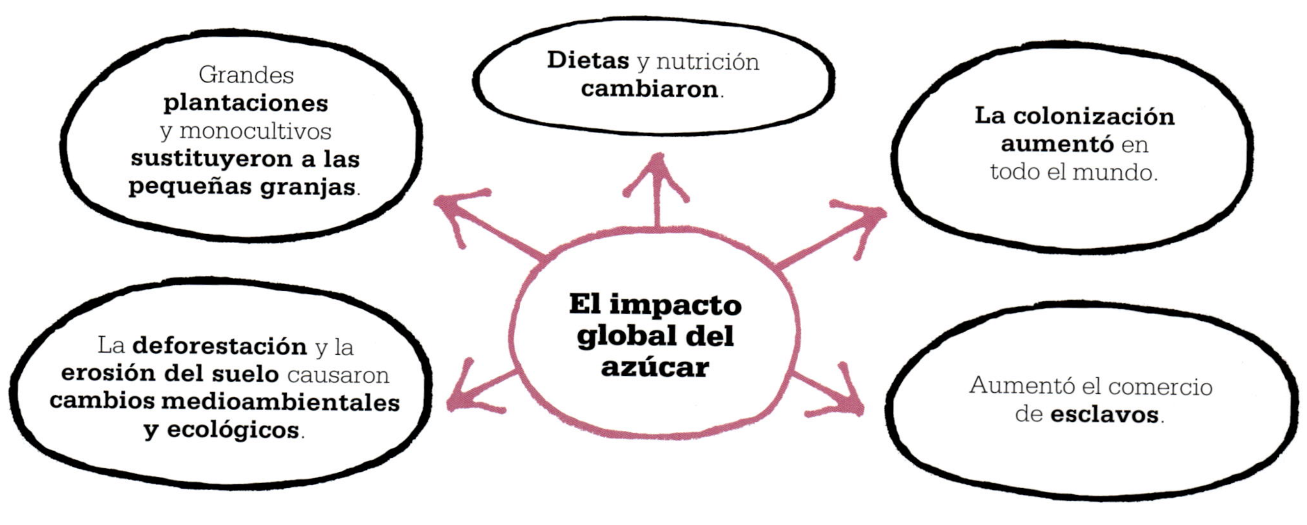

El azúcar parece casi inevitable en la dieta moderna. Desde fines del siglo xx, los azúcares ocultos en los alimentos procesados y envasados han contribuido a aumentar el consumo general.

fue en parte impulsada por fuerzas externas –es decir, el capitalismo– y en parte por «significados internos» relacionados con la clase, la identidad y el estatus.

En última instancia, Mintz reveló que el azúcar no solo cambió la dieta, sino que también afectó a las relaciones sociales. Según él, aunque la gente consume más azúcar, rara vez piensa en cómo su producción fue posible gracias a la esclavitud de seres humanos, o en cómo su consumo es posible gracias a las exigencias laborales capitalistas que se basan en la explotación de los trabajadores.

Impacto cultural

Con *Dulzura y poder*, Mintz fue reconocido como pionero de la antropología de la alimentación. Esta rama de estudio parte de la premisa de que la comida es algo más que combustible para nuestro cuerpo, más que una simple necesidad biológica universal. Más bien, la producción y el consumo de alimentos se producen en contextos sociopolíticos que tienen implicaciones culturales de gran alcance.

Pero Mintz no fue el primero en estudiar la alimentación de esta manera. La antropóloga británica Mary Douglas, en su ensayo «Deciphering a Meal» (1972), usó un enfoque simbólico para descifrar los significados sociales de las categorías y normas alimentarias, como los tabúes alimentarios judíos.

Más tarde, el antropólogo indio-estadounidense Arjun Appadurai, en su artículo «How to Make a National Cuisine: Cookbooks in Contemporary India» (1988), analizó cómo los libros de cocina indios han creado una «cocina nacional» que se inspira en la diversidad del país. Al preparar las recetas recogidas en estos volúmenes, se experimentan las diferentes tradiciones culinarias regionales que existen en toda India.

Estos y otros estudios demuestran que lo que comemos y cómo lo comemos nunca es tan sencillo como parece. Solo preguntándonos de dónde viene un alimento, quién lo elabora, quién lo consume, quién se beneficia y quién sale perdiendo, podemos llegar a considerar la variedad de significados culturales, implicaciones políticas y ramificaciones globales inherentes a nuestra alimentación. ■

Descifrando una comida

En 1972, Mary Douglas aplicó un enfoque estructuralista para comprender las categorías alimentarias y el reparto de la comida. De hecho, construyó la «semiótica de una comida» examinando las normas, símbolos y rituales que dan forma a las comidas en diversos contextos religiosos y entornos sociales, incluida su propia familia. Las comidas son, según ella, una expresión de la identidad y las relaciones sociales compartidas.

También tuvo en cuenta las leyes alimentarias judías. Usó las normas judías para clasificar a los animales en función de su grado de sacralidad. Estas normas determinan si los animales son aptos o no para el consumo. Además, entre los animales comestibles, la carne debe separarse de la sangre y la leche. El argumento general de Douglas era que las creencias culturales influyen en lo que podemos comer o no, en cómo se procesan los alimentos y en la experiencia general de las comidas.

El azúcar ha sido el más poderoso, omnipresente y duradero de los productos básicos que han cambiado el mundo.
Sidney Mintz

LAS MERCANCÍAS TIENEN VIDA SOCIAL

EL VALOR DE LOS OBJETOS

EN CONTEXTO

OBRA CLAVE
Arjun Appadurai, *La vida social de las cosas* (1986)

RAMA
Antropología social y cultural

ANTES
1922 Bronisław Malinowski describe el intercambio ceremonial de collares de conchas y el papel de los objetos en el mantenimiento de las relaciones.

1925 Marcel Mauss escribe sobre los dones y explica que nunca son realmente gratuitos, pues conllevan obligaciones.

DESPUÉS
1998 En *Ir de compras: Una teoría*, el británico Daniel Miller sostiene que ir de compras es una práctica ritual, sobre todo en el ámbito familiar.

2014 La estadounidense Rebecca Bryant explora cómo los objetos tienen trayectorias que a veces se solapan y en ocasiones divergen de las trayectorias de las personas.

Los objetos que poseemos y usamos, sean utensilios, muebles o incluso armas, tienen un papel relevante en la configuración de nuestras vidas. Los antropólogos llevan mucho tiempo estudiando cómo interactuamos con estos objetos, a los que denominan «cultura material». Durante la década de 1980, el antropólogo indio-estadounidense Arjun Appadurai desarrolló una nueva forma de pensar sobre la cultura material. Mostró cómo los objetos cotidianos tienen un valor cultural y económico que refleja la complejidad de las sociedades en las que se crean.

Appadurai argumentó que los objetos no tienen significado en sí mismos, sino que este proviene del modo en que las personas interactúan con ellos: cómo se utilizan, se intercambian o se consideran en un contexto social y cultural determinado. Su trabajo desplazó los debates antropológicos del estudio de la cultura material como artefactos estáticos a la exploración de la forma dinámica en que los objetos son moldeados por la historia, la economía y la cultura.

Los objetos que se venden en un mercadillo pueden adquirir un nuevo significado con su nuevo propietario.

Valor y alienación

Appadurai se basó en la teoría de la mercantilización de Karl Marx, quien afirmaba que un objeto se convierte en una «mercancía» cuando se vende, adquiriendo valor en función de lo que la gente está dispuesta a pagar por él, es decir, su «valor de cambio». Esto difiere de su «valor de uso», basado en cómo se utiliza en la vida cotidiana. Marx también creía que los trabajadores se desconectan o «alienan» de los objetos que fabrican. En lugar de ser definidos por sus creadores, los objetos son moldeados por las demandas del mercado.

Sin embargo, Appadurai argumentó que el valor y el significado de un objeto varían según las culturas. En un mercado global, donde productor y consumidor no solo están geográficamente distantes, sino que además viven en contextos culturales, políticos y sociales diferentes, asignar un

Véase también: Funcionalismo biopsicológico 50–55 ▪ El concepto de reciprocidad 58–61 ▪ Antropología de la alimentación 200–205

Creación de objetos
Los objetos surgen de la creatividad y el trabajo humanos.

Contexto cultural
Los objetos están impregnados de significados culturales del mundo exterior.

Fase de mercancía: cuando los objetos entran en los mercados, se convierten en mercancías.

Trayectorias de uso: los objetos viajan y adquieren nuevos significados en diferentes contextos.

Consumo y transformación: Los objetos se integran en nuestras vidas y adquieren un significado personal.

Circulación o redistribución: a menudo los objetos encuentran nuevas vidas, reiniciando el ciclo.

Biografía de las cosas

Igor Kopytoff, antropólogo cultural estadounidense, introdujo el concepto de «biografía de las cosas» para cuestionar tres supuestos de la antropología económica: que los objetos son intercambiables, pero las personas no; que los productos siguen siendo productos tras el intercambio; y que la economía del mercado y la del regalo son sistemas distintos. Kopytoff sostiene que estas distinciones son ideológicas más que reales, y señala cómo la esclavitud mercantilizó al ser humano dentro del capitalismo. Kopytoff afirma que los objetos pasan de la mercantilización –cuando son intercambiables– a la singularización –cuando se les atribuye un valor único o se les resta todo valor–. Esta dinámica refleja tensiones culturales y personales, ya que los individuos se enfrentan a la presión de la mercantilización al tiempo que atribuyen un significado personal y cultural a los objetos.

único significado a un objeto se vuelve problemático. Appadurai subrayó que el significado de un objeto depende de las perspectivas y experiencias de quienes interactúan con él.

Valores cambiantes

Según Appadurai, el valor de uso y el valor de cambio son inestables y están sujetos a muchas influencias en el mundo globalizado. Hizo hincapié en la singularidad cultural y el ingenio que las diferentes sociedades aportan a los procesos de intercambio. Y ofreció una nueva perspectiva sobre la globalización, que describió como un proceso que crea nuevas conexiones, pero que también introduce desconexiones y fragmentación.

Appadurai señaló que el análisis de la vida social de las cosas proporciona una vía eficaz para rastrear conexiones históricas e identificar significados culturales. Al analizar cómo se usan los objetos y cómo se les da significado, los antropólogos pueden estudiar tanto las tendencias económicas a gran escala como las formas locales en que las comunidades responden a esas políticas.

Basándose en Appadurai, otros antropólogos han documentado la compleja creatividad que subyace a los procesos de intercambio. La antropóloga estadounidense Annette Weiner propuso un modelo de «guardar mientras se da» como práctica cultural de intercambio que desafía los supuestos occidentales de propiedad basados en vínculos exclusivos. En su estudio de 1988 sobre los isleños de Trobriand, en Papúa Nueva Guinea, Weiner utilizó el término «posesiones inalienables» para designar objetos –como vestidos, alimentos o tallas– que conservan vínculos con propietarios específicos, aun cuando se intercambian. Estos objetos trazan las relaciones sociales y encarnan identidades vinculadas a linajes o grupos concretos, desafiando las nociones occidentales de propiedad exclusiva. Weiner destacó que estos objetos pueden fomentar nuevas redes y a la vez mantener el poder y la influencia de los propietarios originales, más allá de su posesión directa. ■

LA POESÍA ES UN DISCURSO DE REBELDÍA

POESÍA ORAL

EN CONTEXTO

OBRA CLAVE
Lila Abu-Lughod, *Veiled Sentiments: Honor and Poetry in a Bedouin Society* (1986)

RAMA
Antropología social y cultural

ANTES
1977 Pierre Bourdieu acuña el término «habitus» para referirse a los hábitos, habilidades y disposiciones adquiridos a través de la socialización.

1978 Edward Said critica la forma en que Occidente suele representar a Oriente como exótico e inferior. Sostiene que estas representaciones perpetúan el dominio colonial a través de estereotipos culturales.

DESPUÉS
2024 Se prohíbe a las atletas francesas llevar hiyab en los Juegos Olímpicos de París. Esta medida es considerada por muchos como insultante y discriminatoria.

Tras explorar las dinámicas sociales de la comunidad beduina Awlad Ali en Egipto, Lila Abu-Lughod sostiene que las mujeres de esta cultura desafían los estereotipos occidentales a través de prácticas culturales expresivas, como la poesía emotiva. Observa que la sociedad beduina está muy estructurada, con roles de sexo muy definidos, y que los individuos están estrechamente vinculados a sus redes familiares. Estas conforman las filiaciones y el estatus sociales, y en la sociedad beduina se hace mucho hincapié en mantener el honor familiar.

Los poemas de Hissa Hilal, poeta beduina de Arabia Saudí, continúan la tradición de la autoexpresión, la narración y el debate político.

Expresión indirecta

En la tesis de Abu-Lughod es clave el concepto de «sentimientos velados», la práctica por la que las mujeres expresan sus verdaderas emociones de forma indirecta, a menudo a través de la poesía, y en particular en los poemas *ghinnawa*. Estos poemas breves, evocadores y líricos suelen reflejar temas como el amor, la pérdida y el anhelo. Permiten a las mujeres expresarse al tiempo que se ajustan a las expectativas externas de modestia, decoro y honor. En una sociedad en la que la expresión directa de las emociones, especialmente el amor y el deseo, se considera inapropiada y puede dar lugar a sanciones sociales, la poesía *ghinnawa* es una vía de escape importante y socialmente aceptable para que las mujeres expresen sus sentimientos más íntimos.

Abu-Lughod explora las múltiples funciones que cumple la poesía beduina, más allá de la expresión artística y emocional. También es un medio de crítica social, que permite a las mujeres hacer comentarios

Véase también: Cultura y personalidad 70–73 ▪ Antropología feminista 140–145 ▪ Género, sexualidad y poder 158–159 ▪ Intimidad cultural 230–233

La aceptación estoica del dolor emocional es otro aspecto del autocontrol.
Lila Abu-Lughod

sutiles sobre las normas sociales, lo que desempeña un papel en la negociación de las dinámicas de poder. Abu-Lughod analiza cómo, en una sociedad en la que tienen un papel público limitado, las mujeres utilizan la poesía para afirmar discretamente sus deseos y emociones, desafiando las suposiciones sobre su pasividad y subordinación.

Una cuestión de honor

Abu-Lughod también examina el papel de las emociones en la configuración de las relaciones sociales y las jerarquías dentro de la comunidad. Sostiene que las emociones, lejos de ser solo experiencias privadas, están entrelazadas con estructuras sociales. Así, por ejemplo, las expresiones socialmente inaceptables de emociones como el amor y el deseo pueden afectar negativamente a las alianzas familiares y a la reputación de una familia dentro de la comunidad.

También explora la importancia del honor en la regulación del comportamiento y el mantenimiento del orden social. Dado que el honor está estrechamente ligado a la percepción de la respetabilidad, las mujeres se sienten presionadas para controlar sus emociones y defender estos ideales. Abu-Lughod revela cómo manejan las personas la tensión entre deseos personales y expectativas de la sociedad, y cómo a menudo recurren a la poesía para navegar por estos complejos paisajes emocionales.

La obra de Abu-Lughod critica los estereotipos occidentales que a menudo describen a las mujeres de Oriente Próximo como oprimidas y sin voz, y, al hacerlo, demuestra su capacidad de acción y su resiliencia. ■

Las expresiones externas de emociones intensas no son **socialmente aceptables**.

↓

Sin embargo, las **emociones** deben ser **comprendidas** y **expresadas**.

↓

Las emociones pueden **expresarse** privada e indirectamente a través de la **poesía**.

↓

Un vibrante mundo interior puede existir en paralelo al mundo exterior.

Manifestantes, entre ellos muchas musulmanas, se manifestaron contra la prohibición de llevar ropa recatada en las playas de Francia en 2004.

¿Necesitan ser salvadas las mujeres musulmanas?

En su obra, Lila Abu-Lughod critica las narrativas occidentales que retratan a la mujer musulmana como universalmente oprimida y necesitada de rescate. Argumenta en contra de la simplista dicotomía entre la liberación occidental y la opresión oriental, y señala que la intervención occidental en la vida de las musulmanas suele perpetuar actitudes coloniales de superioridad e ignora la capacidad de acción que tienen en sus sociedades. Cuestiona la idea de que las musulmanas son víctimas pasivas de sus culturas y señala que el discurso occidental suele ignorar que participan activamente en la configuración de sus propias vidas y sociedades. Argumenta que las intervenciones etiquetadas como «salvadoras» no son liberadoras, sino más bien condescendientes, y que oprimen culturalmente a las musulmanas. En su lugar, Abu-Lughod aboga por la solidaridad y por un compromiso respetuoso que reconozca la capacidad de acción y la diversidad de las experiencias de las musulmanas.

ELEMENTOS CULTURALES COMUNES TRAÍDOS POR LOS PRIMEROS AGRICULTORES

LA TEORÍA AGRÍCOLA DE LA DIFUSIÓN DEL LENGUAJE

EN CONTEXTO

OBRA CLAVE
Colin Renfrew, *Arqueología y lenguaje* (1987)

RAMA
Arqueología

ANTES
1813 El británico Thomas Young acuña el término «indoeuropeo» para designar las lenguas relacionadas extendidas por Europa y Asia.

1956 La arqueóloga lituana Marija Gimbutas explora la hipótesis de los kurganes: la teoría de que las lenguas indoeuropeas provienen de un antepasado de la región esteparia de Europa oriental.

DESPUÉS
2012 Investigadores de la Universidad de Auckland (Nueva Zelanda) comprueban las hipótesis anatolia y kurgana con técnicas de rastreo usadas para los virus. Sus hallazgos respaldan la hipótesis anatolia.

Durante la década de 1980, el arqueólogo británico Colin Renfrew transformó la percepción sobre el desarrollo del lenguaje con su trabajo sobre los orígenes de las lenguas indoeuropeas, un conjunto de más de 400 lenguas usadas en Europa y el sur de Asia, entre las que se incluyen el latín, el griego y el sánscrito. Basándose en su análisis de datos arqueológicos y lingüísticos, Renfrew argumentó que la difusión pacífica de la agricultura explicaba la relación entre las diferentes lenguas. Su innovador trabajo suscitó un enorme interés, ya que representaba un enfoque multidisciplinar que utilizaba la lingüística, la antropología y la arqueología para investigar los orígenes del lenguaje.

La cerámica y materiales como el bronce, hallados en lugares donde se hablan lenguas indoeuropeas, ayudaron a fundamentar la teoría de Renfrew sobre la difusión del lenguaje a través de la expansión agrícola.

Nueva metodología

La correlación entre datos lingüísticos y hallazgos arqueológicos hacía único el trabajo de Renfrew. Su propuesta principal era que las lenguas indoeuropeas se extendieron a través de la migración pacífica de comunidades agrícolas, cuyas lenguas se dispersaron a medida que se difundían las prácticas agrícolas. La teoría fue controvertida y contradecía la hipótesis popular de que las lenguas se extendían a través de la invasión y la colonización. La tesis de Renfrew, conocida como hipótesis anatolia, afirmaba que las lenguas indoeuropeas habrían tenido sus primeros hablantes en Anatolia alrededor de 7000 a. C. y que luego se habrían extendido desde esta región a Europa. Las pruebas arqueológicas demostraron que durante este periodo, el Neolítico, la agricultura empezó a extenderse desde Asia central hacia Europa. Por tanto, la agricultura habría impulsado la migración de poblaciones durante el Neolítico, lo que condujo a la difu-

Véase también: Orígenes de la cultura 32–33 ▪ Lenguaje y cognición 88–89 ▪ Las reglas del lenguaje 109 ▪ La importancia del comercio primitivo 307

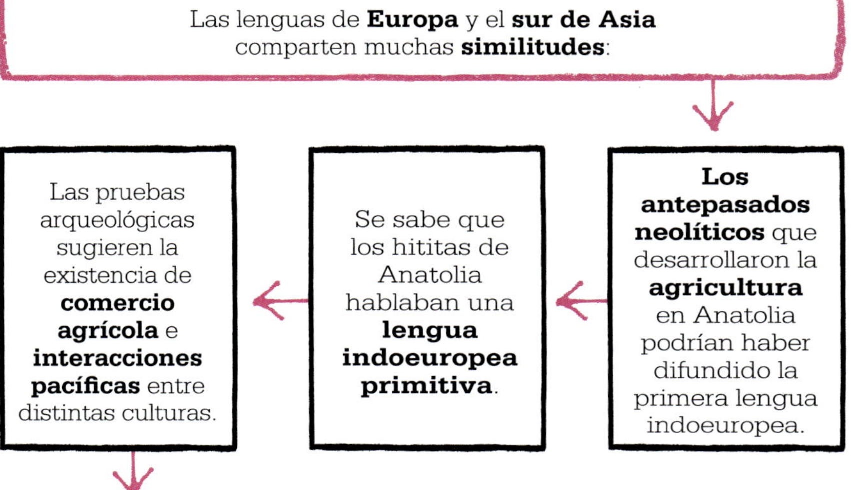

sión de una forma primitiva de lengua indoeuropea.

Enfoque simplificado

Renfrew propuso un modelo de transmisión del lenguaje relativamente sencillo y lineal. Sin embargo, algunos lingüistas argumentaron que la difusión del lenguaje era mucho más compleja e implicaba múltiples oleadas migratorias, interacciones culturales, redes comerciales y conquistas. Del mismo modo, los antropólogos del lenguaje hicieron hincapié en que los factores socioculturales y políticos influyeron drásticamente en la forma en que dialectos y lenguas se hicieron dominantes y se propagaron. Los colegas de Renfrew afirmaron que la hipótesis anatolia carecía de evidencias arqueológicas sustanciales que respaldaran las migraciones pacíficas a gran escala, y que no había pruebas que demostraran una correlación directa entre expansión agrícola y difusión lingüística. Los estudios genéticos también revelaron movimientos neolíticos más complejos que los sugeridos por el modelo de Renfrew.

Pensamiento innovador

Aunque el modelo fue criticado por su visión simplista de lo que probablemente fue un complejo proceso de transmisión y evolución del lenguaje, fue respetado por su innovación. Renfrew revisó posteriormente sus ideas y afirmó que en 7000 a. C. solo existía un precursor de la lengua indoeuropea. En cualquier caso, desde un punto de vista antropológico más amplio, el trabajo de Renfrew ha fomentado el uso de la antropología multidisciplinar y ha inspirado nuevos métodos de investigación. ■

Datación por radiocarbono y lingüística

La datación por radiocarbono consiste en medir los átomos de carbono en material orgánico muerto para conocer su edad. Cuando un organismo muere, sus átomos de carbono empiezan a transformarse en átomos distintos. Esta transformación avanza con el tiempo, y es posible determinar la antigüedad de los restos contando el número de átomos de carbono que quedan. Renfrew usó estos datos para correlacionar la expansión de la agricultura con la posible dispersión del lenguaje. Hoy día, el estudio de las lenguas antiguas recurre a yacimientos arqueológicos datados por radiocarbono, junto con la glotocronología –el uso de datos para establecer cuándo se separaron las lenguas de un antepasado común–, para establecer cuándo se realizaron inscripciones, tablillas y otros materiales escritos. Estos datos interdisciplinarios pueden utilizarse para precisar el momento probable de uso de determinadas lenguas.

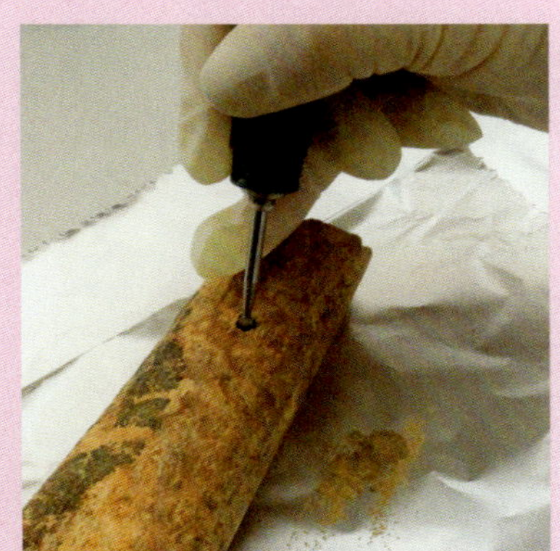

La edad del material orgánico de un hueso humano antiguo se puede determinar en hasta 50 000 años mediante datación por radiocarbono.

UNA BESTIA PODEROSA, INCLUSO DEVORADORA

EL PENSAMIENTO NACIONALISTA

EN CONTEXTO

OBRA CLAVE
Bruce Kapferer, *Legends of People, Myths of State* (1988)

RAMA
Antropología social y cultural

ANTES
1969 En *Homo hierarchicus*, Louis Dumont explora la idea de que el igualitarismo occidental es el sucesor natural de los sistemas jerárquicos.

1983 En *Comunidades imaginadas*, Benedict Anderson analiza cómo surgieron las identidades nacionalistas en el mundo a partir del siglo XVIII.

1983 Los pogromos antitamiles durante el «Julio Negro» conducen a la guerra civil en Sri Lanka.

DESPUÉS
2013 Ensayos de David Rampton, Roshan de Silva Wijeyeratne, Rohan Bastin y Barry Morris muestran que el nacionalismo sigue evolucionando.

Tras el estallido de disturbios en Sri Lanka en 1983, el antropólogo australiano Bruce Kapferer analizó por qué el nacionalismo puede conducir a la violencia. En *Legends of People, Myths of State*, yuxtapone el nacionalismo de Sri Lanka con el de Australia para arrojar luz sobre ambos.

Según Kapferer, «el nacionalismo convierte la cultura en un objeto y una cuestión de culto», a menudo representando un pasado primigenio. Las personas recurren a este pasado cuando construyen su sentido de la nación en el presente. Por lo tanto, examinar lo que significa la cultura es fundamental para comprender cómo las personas construyen las ideas nacionalistas. Kapferer sugiere que la cultura está dictada por la cosmología de un grupo concreto y su comprensión de unidades fundamentales, como la nación, el Estado y la persona.

En la cosmología de Sri Lanka, el Estado y la nación forman un todo, compuesto por individuos cuyas diferencias intrínsecas se expresan a

En un **modelo jerárquico** de nacionalismo, el **Estado** y su **nación** forman una **sola entidad**.

Las amenazas a la **nación** amenazan al **individuo**.

En los **modelos igualitarios** de nacionalismo, los **individuos** son los **componentes básicos** de la **nación**.

El Estado defiende la nación protegiendo los derechos del individuo.

El nacionalismo da forma al presente y al futuro.

Véase también: Sistema de castas 122–123 ▪ Estructura y agencia 196–197 ▪ Las secuelas de la violencia 272–277 ▪ Violencia política y conflicto 316

En el *Mahavamsa*, Sanghamitta, hija del emperador Ashoka, y su hermano Mahinda difunden las enseñanzas de Buda en Sri Lanka.

través de un sistema jerárquico de estatus. Dado que las personas son parte fundamental del todo, cualquier cosa que amenace a la nación también amenaza a cada persona.

En el igualitarismo australiano, el Estado y la nación no son equivalentes; en cambio, los individuos son los pilares de la nación. Los individuos tienen intrínsecamente el mismo estatus y expresan sus diferencias a través de su autonomía. El Estado defiende la nación protegiendo el derecho individual a la autonomía.

Kapferer sostiene que los mitos del pasado reifican estas cosmologías. En el *Mahavamsa* esrilanqués, el país de Sri Lanka es invadido por extranjeros que amenazan la unidad del conjunto. En contraste, en las historias australianas del Anzac, los actos heroicos individuales se utilizan para construir un sentido australiano de la nación. Kapferer muestra que ambas representaciones nacionalistas del pasado contribuyen a los imaginarios sociales actuales, y que tanto las cosmologías jerárquicas como las igualitarias pueden dar forma a la violencia. Por ejemplo, en Sri Lanka, las poblaciones afectadas por la violencia étnica huyeron a zonas dominadas por su propio grupo étnico, lo que reforzó la narrativa de que los grupos son «naturalmente opuestos». Según Kapferer, el nacionalismo perpetúa una «lógica que se ha convertido en la única verdad».

El nacionalismo cotidiano

Kapferer destaca que el nacionalismo no es externo, sino que está entretejido en la vida diaria. En los rituales cotidianos, las personas reflexionan sobre su cultura y, al hacerlo, reimaginan la nación y, por lo tanto, reconstituyen constantemente su mundo. Argumenta que el nacionalismo «condiciona lo que refleja»: esto significa que el nacionalismo está moldeado por el contexto, que a su vez moldea el futuro de maneras que trascienden este contexto.

Reacciones críticas

La comparación por parte de Kapferer del nacionalismo en países tan distintos como Sri Lanka y Australia provocó críticas. Sin embargo, más tarde argumentó que su objetivo al yuxtaponer dos Estados tan diferentes era iluminar diferentes aspectos del nacionalismo y desafiar el pensamiento nacionalista. Al situar el nacionalismo en el centro de la vida cotidiana, Kapferer buscaba disipar los arraigados presupuestos de los que a veces parten los investigadores al explicar la acción humana y demostrar el valor de un enfoque cultural para comprender las sociedades modernas. ▪

El nacionalismo […] pone de relieve algunas de las formas en que los seres humanos comprenden sus realidades.
Bruce Kapferer

La crisis de violencia en Sri Lanka

El antropólogo social Stanley Tambiah investigó las causas de los disturbios de Sri Lanka de 1983. Su investigación destapó una historia de nacionalismo antes y tras la independencia. Tambiah sugiere que, en el periodo precolonial anterior a 1600, las «políticas galácticas» de Sri Lanka se caracterizaban por gobiernos centralizados con satélites que incorporaban fácilmente a las minorías. Durante el periodo británico (1815–1948), tanto el censo como la representación electiva endurecieron las distinciones étnicas. La polarización étnica se aceleró tras la independencia, y la violencia exacerbó las divisiones entre los grupos. Convertir a las minorías en enemigas las hizo abstractas y más fáciles de deshumanizar. A medida que los grupos empezaron a definirse por oposición a los demás, se volvieron cada vez más homogéneos. La polarización entre tamiles y cingaleses dio lugar a la violencia y provocó resistencia al cambio.

EL MITO DE LA MERITOCRACIA

EL PRIVILEGIO BLANCO

EN CONTEXTO

OBRA CLAVE
Peggy McIntosh, «White Privilege and Male Privilege» (1988)

RAMA
Antropología social y cultural

ANTES
1910 W. E. B. Du Bois publica «Las almas del pueblo blanco», donde sostiene que la blancura proporciona a los estadounidenses blancos una autoestima y un sentido de derecho racializados. Postula que la supremacía blanca es la base del racismo, el capitalismo y el colonialismo, y que exacerba el sexismo.

DESPUÉS
1995 En «History and Black Consciousness: The Political Culture of Black America», Manning Marable sostiene que el privilegio blanco se crea y se mantiene intencionadamente a través de una detallada planificación política.

A finales de la década de 1980, Peggy McIntosh, feminista y académica antirracista estadounidense, exploró el concepto de privilegio y cómo este se entrecruza con diferentes identidades, como género, raza, clase y sexualidad. La desigualdad social se había estudiado a menudo desde la perspectiva de los desfavorecidos. Sin embargo, al examinar las formas en que se consideraba que ser blanco era la norma en la sociedad, McIntosh puso de manifiesto los efectos perniciosos del privilegio blanco, que normaliza las experiencias y perspectivas de los blancos.

McIntosh reconoció su propia resistencia a estudiar el privilegio: prefería centrarse en el género. Sin embargo, su trabajo sobre la desigualdad de género la llevó a reconocer que, al igual que los varones disfrutan de ventajas inmerecidas en la sociedad gracias al privilegio masculino, los blancos se benefician de actitudes sociales que a menudo pasan desapercibidas o no se cuestionan: el privilegio blanco. Usó la metáfora de una mochila invisible llena de privilegios que los blancos llevan consigo, a menudo de forma inconsciente, en contraste con las cargas y barreras a las que se enfrentan las personas que no son blancas ni varones.

McIntosh hacía hincapié en la importancia de reconocer que estos privilegios no son el resultado de logros personales, sino de un sistema de ventajas que contribuye a la desigualdad. Y animaba a los lectores a utilizar sus privilegios para desmantelar los sistemas de opresión en lugar de perpetuarlos. ■

A los blancos se les enseña [...] a no reconocer el privilegio blanco, al igual que a los hombres se les enseña a no reconocer el privilegio masculino.
Peggy McIntosh

Véase también: Lucha contra la segregación racial 30–31 ▪ Desarrollo y actitudes coloniales 226–229 ▪ El papel del inglés vernáculo afroamericano 254–255

UNA IDENTIDAD TENUEMENTE CONSTITUIDA A TRAVÉS DE UNA REPETICIÓN ESTILIZADA DE ACTOS

PERFORMATIVIDAD DE GÉNERO

EN CONTEXTO

OBRA CLAVE
Judith Butler, *El género en disputa* (1990)

RAMA
Antropología social y cultural

ANTES
1949 Simone de Beauvoir critica la opresión de la mujer en *El segundo sexo*, que se convierte en un texto esencial para las feministas e influye en las críticas al esencialismo de género: la idea de que los géneros tienen atributos intrínsecos y distintos.

1972 *Mother Camp*, de Esther Newton, explora la cultura *drag queen* en Chicago: examina cómo las artistas *drag* desafían las convenciones de identidad de género y sexualidad.

DESPUÉS
2010 Melissa Tyler y Laurie Cohen publican «Spaces that Matter», un estudio sobre el espacio organizativo y la performatividad de género.

Conocida por su trabajo en estudios de género y *queer*, y en especial por acuñar la expresión «performatividad de género», la académica estadounidense Judith Butler sostiene que el género no es un rasgo fijo e innato, sino algo que se construye a través de la repetición de comportamientos. Sugiere que el género es, por tanto, una identidad contingente que se manifiesta a través de comportamientos y acciones repetidos.

Según Butler, las normas sociales determinan cómo entienden y expresan su género los individuos. Estas normas se crean e imponen a través de las instituciones y el discurso. Esta forma de entender el género difiere de la visión binaria, en la que solo existen varones y mujeres. Butler afirma, en cambio, que apreciar la cualidad performativa del género representa mejor su diversidad y fluidez.

Identidades interseccionales

La teoría de la performatividad de género de Butler también reconoce que el género se cruza con otras identidades sociales, como sexualidad, raza y clase. Destaca que la experiencia de género de las personas varía enormemente debido a múltiples factores que se entrecruzan. Como resultado, su trabajo muestra que los individuos pueden negociar y negocian múltiples identidades y formas de expresión. ■

Los espectáculos de artistas *drag* que jugaban con las normas de género ayudaron a Butler a desarrollar su análisis de la performatividad de género.

Véase también: Género, sexualidad y poder 158–159 ■ Igualdad de género 266 ■ Desafiar la opresión sistémica 294–295

A LA EMOCIÓN SE LE HA ASIGNADO UN GÉNERO

CONTROL EMOCIONAL

EN CONTEXTO

OBRA CLAVE
Catherine E. Lutz, «Engendered Emotion» (1990)

RAMA
Antropología social y cultural

ANTES
1976 J. Condry y S. Condry publican «Sex Differences: A Study of the Eye of the Beholder», un estudio donde concluyen que la expresión de un bebé se percibe como una emoción diferente según se trate de un niño o una niña.

DESPUÉS
1998 La profesora Dana Cloud examina el discurso sobre la psicoterapia surgido tras la guerra de Vietnam, relacionándolo con las agendas política y económica.

2015 La psicóloga Tara M. Chaplin investiga en qué momento del desarrollo infantil se produce la diferencia de género en la expresión emocional.

Si se observa y se escucha, resulta relativamente fácil identificar las diferentes formas en que se tratan y se entienden las emociones de hombres y mujeres en la sociedad. Estas narrativas se pueden ver en casi todas partes, por ejemplo, en el marketing y el empaquetado de productos, o en los manuales para nuevos empleados en el lugar de trabajo. En la década de 1980, la antropóloga estadounidense Catherine Lutz empezó a explorar la intersección entre la expresión emocional y las dinámicas de poder de género en el contexto de la cultura y el discurso estadounidenses. Lutz argumentó que las emociones no son solo experiencias personales: son reacciones moldeadas por normas sociales y estructuras de poder, particularmente en la forma en que se perciben y controlan en el discurso de género.

La socialización de género comienza a una edad temprana; a las niñas se les suele animar a jugar con juguetes que desarrollan habilidades de cuidado.

Diferencias en la socialización

Un elemento central del análisis de Lutz es el concepto de control emocional como una forma de regulación social que varía significativamente entre los géneros. Explica cómo los roles de género tradicionales en la sociedad estadounidense prescriben diferentes normas emocionales para hombres y mujeres. A los varones se les suele socializar para controlar la mayoría de sus emociones, excepto la ira y la asertividad, que se asocian con el poder, el control y la racionalidad. A las mujeres se les suele animar a expresar emociones como la calidez y la empatía, lo que refuerza los roles estereotipados de crianza y cuidado.

Lutz examina cómo estas normas emocionales de género se perpetúan y refuerzan a través del lenguaje y el discurso. Señala cómo las narrativas culturales y las expectativas sociales moldean las expresiones emocionales y las respuestas de los individuos. Por

Véase también: Etnografía comparativa 84–85 ▪ Antropología feminista 140–145 ▪ Género, sexualidad y poder 158–159

ejemplo, las mujeres que muestran asertividad o ira pueden ser tildadas de agresivas, emocionales o irracionales, mientras que los varones que muestran vulnerabilidad o tristeza pueden ser considerados menos masculinos, débiles o faltos de control.

Doble moral

Lutz también observa el discurso del control emocional en diversos ámbitos sociales, como la política, el lugar de trabajo y las relaciones interpersonales. Analiza cómo las manifestaciones y respuestas emocionales se utilizan estratégicamente para afirmar la autoridad, mantener el dominio o desafiar estructuras de poder. Critica los dobles raseros que a menudo penalizan a las mujeres y a las minorías por expresar sus emociones, mientras que validan comportamientos similares en los varones. Lutz sostiene que las expectativas emocionales restrictivas basadas en el género limitan la expresión auténtica y perpetúan las desigualdades al reforzar los estereotipos de género y marginar a quienes se desvían de las normas tradicionales.

Reconsiderar la expresión

El trabajo de Lutz ofrece un examen crítico de cómo influye el género en la expresión y el control de las emociones en la sociedad estadounidense. Su análisis subraya la compleja interacción entre género, dinámicas de poder y expectativas culturales en la configuración de las normas y los comportamientos emocionales. Al desentrañar estas dinámicas, Lutz anima al lector a reconsiderar las formas en que se entiende, valora y regula la expresión emocional en función del género. En última instancia, aboga por un enfoque más inclusivo y equitativo de la diversidad y la expresión emocional en la sociedad. ■

Diferencias en la comunicación

La lingüista estadounidense Deborah Tannen exploró las diferencias en los estilos de comunicación entre varones y mujeres, y cómo estas pueden dar lugar a conflictos y afectar a las relaciones en el trabajo. Tannen sostiene que varones y mujeres suelen tener prioridades distintas en la comunicación, determinadas por las normas culturales. Identificó que los varones usan un «lenguaje informativo», centrado en transmitir información, afirmar el estatus y resolver problemas. En cambio, las mujeres usan un «lenguaje relacional», para establecer conexiones, expresar sentimientos y buscar empatía. Estas diferencias pueden dar lugar a malentendidos. Así, una mujer puede sentirse rechazada cuando el varón responde a sus problemas con soluciones en vez de con apoyo emocional. Y el varón puede percibir como indirecto o poco claro el estilo conversacional de la mujer, lo que le puede causar frustración o confusión.

Por asociación con lo femenino, [la emoción] reivindica la distinción y la jerarquía entre varones y mujeres.
Catherine E. Lutz

NUESTRO TIPO DE FAMILIA

IDEOLOGÍAS DE PARENTESCO

EN CONTEXTO

OBRA CLAVE
Kath Weston, *Las familias que elegimos* (1991)

RAMA
Antropología social y cultural

ANTES
1968 David Schneider publica el estudio clásico *American Kinship: A Cultural Account*.

1987 En «Toward a Unified Analysis of Gender and Kinship», Sylvia Yanagisako y Jane Collier afirman que las familias no tienen por qué definirse genealógicamente.

DESPUÉS
1993 Ellen Lewin publica *Lesbian Mothers*, donde ilustra un tipo diferente de dinámica del parentesco.

2022 El artículo «From the Families We Choose to the Families We Find Online», de Rikke Andreassen, muestra el duradero impacto de *Las familias que elegimos*.

A fines de la década de 1980, la antropóloga estadounidense Kath Weston se centró en «descubrir la vida cotidiana». Weston, lesbiana y residente en San Francisco, realizó un trabajo de campo etnográfico entre la comunidad gay y lesbiana de su localidad. El estudio resultante, *Las familias que elegimos: Lesbianas, gays y parentesco*, se basó en su condición de «nativa» de manera innovadora, y su metodología sigue siendo relevante hoy en día.

En lugar de buscar participantes en organizaciones y espacios comunitarios gais, Weston se basó en sus propias conexiones personales y en el muestreo en cadena (método en el que los propios sujetos reclutan y sugieren a otros participantes) para obtener una muestra diversa que incluía a personas de color y de clase trabajadora.

Weston siguió la tradición antropológica de utilizar seudónimos para los participantes, pero también optó por asignar un apellido a cada persona para darles más dignidad y como muestra de respeto.

Las familias homosexuales (o elegidas) [...] pueden incluir amantes, coprogenitores, hijos adoptados...
Kath Weston

Elegir el parentesco

Weston utilizó las historias de salida del armario de los participantes como punto de partida para explorar cuestiones de identidad y relaciones con familiares tanto consanguíneos como adoptivos. Descubrió que, cuando gais y lesbianas revelaban su sexualidad, descubrían la verdad y la durabilidad de sus relaciones de parentesco. Si su historia de salida del armario recibía una respuesta positiva, ello podía reafirmar el parentesco, pero una respuesta negativa amenazaba con romper esos lazos. Sin embargo, también señaló que reivindicar una «familia gay» no requería necesariamente romper con la familia de origen. En otras palabras, las familias elegidas no son meros susti-

Véase también: Género, sexualidad y poder 158–159 ▪ Antropología en casa 170–171 ▪ Estudios sobre el parentesco 192 ▪ Adaptación de tradiciones culturales 193

Las personas LGBTQIA+ pueden elegir su propia comunidad como familia para contrarrestar experiencias compartidas de aislamiento y rechazo, y para asegurarse un sentido de aceptación sin juicios.

tutos o reemplazos del parentesco perdido.

A principios de la década de 1990, cuando muchos gais y lesbianas temían que salir del armario significara renunciar a sus familias, Weston demostró que en realidad podían construir familias de su propia elección. Según ella, las «familias que elegimos» deben entenderse junto con las familias biológicas o, como las designan algunos gais y lesbianas, las «familias de sangre» o «familias heterosexuales».

Implicaciones legales

Las familias que elegimos se crean sobre la base del amor para proporcionarnos sustento y seguridad mutuos. Pueden integrar relaciones entre hogares y abarcar el intercambio económico, la ayuda emocional, las responsabilidades del cuidado y los acuerdos de crianza compartida.

El concepto de familias elegidas de Weston tiene importantes implicaciones. Por ejemplo, la legislación sobre parejas de hecho en EE. UU. exige la cohabitación. Sin embargo, si se sigue la lógica de las familias elegidas, debería ser posible que una persona eligiera como pareja a un buen amigo que no vive con ella para ser beneficiario de sus prestaciones laborales, como el seguro médico.

Las ideas de Weston sobre el parentesco gay desafiaron la suposición de que «la procreación por sí sola instituye el parentesco». Afirmó que el acto de elegir a la propia familia «presenta una especie de historia de salida colectiva del armario: un cuento que narra el desplazamiento de los homosexuales del aislamiento al parentesco». ■

Kath Weston

Nacida en Illinois (EE. UU.) en 1958, Weston creció en una familia de clase trabajadora. Obtuvo una licenciatura y un máster en la Universidad de Chicago y un máster y un doctorado en Stanford. Autora de seis libros, ha realizado trabajo de campo en Norteamérica, India, Japón, Reino Unido y las islas Andamán y Nicobar sobre temas como género y sexualidad, parentesco y economía política.

Ha impartido clases en varias universidades de EE. UU. y del resto del mundo, como en Cambridge (RU) y Tokio (Japón). Además, ha sido profesora en las universidades de Virginia y Edimburgo, y ha obtenido becas de la Fundación Nacional para la Ciencia, la Fundación Guggenheim y la Fundación Rockefeller.

En 2022, la Asociación de Antropología Queer otorgó a Weston el premio al Logro Distinguido por su trabajo pionero.

Otras obras clave

1996 *Render Me, Gender Me.*
2002 *Gender in Real Time.*

VENTANAS A LAS CULTURAS

ANTROPOLOGÍA MUSEÍSTICA

EN CONTEXTO

OBRA CLAVE
Michael Ames, *Cannibal Tours and Glass Boxes* (1992)

RAMA
Antropología social y cultural

ANTES
1894 Franz Boas desempeña un papel clave en la creación del Museo Field de Chicago (EE. UU.).

1982 Se inaugura el ala Michael Rockefeller del Museo Metropolitano de Arte de Nueva York, donde se exponen obras que el museo presenta como «arte primitivo».

DESPUÉS
2006 En un acto de reconciliación, el gobierno sueco devuelve un tótem sustraído en 1929 a la nación haisla de Canadá.

2022 Cynthia Chavez Lamar se convierte en la primera mujer nativa estadounidense en dirigir un museo de la Smithsonian Institution.

Los museos son una especie de canibalismo seguro para la sociedad educada.

Jane Tompkins
«En el Museo Buffalo Bill», *South Atlantic Quarterly* (junio de 1988)

El Museo Pitt Rivers de Oxford (Reino Unido) alberga colecciones de la época colonial que fueron moldeadas por la historia imperial y que hoy son objeto de debate.

Los museos de antropología no son solo lugares donde se exhiben objetos, sino que además moldean la comprensión de culturas, historias e identidades. En las últimas décadas, cuestiones relativas a la propiedad, la representación y la responsabilidad ética han desafiado las prácticas tradicionales de los museos.

Un académico que se enfrentó activamente a estas cuestiones fue el antropólogo canadiense Michael Ames. Como director del Museo de Antropología de la Universidad de Columbia Británica, en Vancouver, supervisó entre 1974 y 1997 una de las colecciones más ricas de arte indígena del Noreste del Pacífico americano. Ames no solo fue testigo de los debates éticos en torno a las colecciones de los museos, sino que desempeñó un papel fundamental en la discusión sobre la relación entre los objetos y sus comunidades de origen.

En *Cannibal Tours and Glass Boxes*, publicado en 1986 y ampliado en 1992, Ames reflexionó sobre estas cuestiones, como las crecientes demandas de repatriación de artefactos y las controvertidas celebraciones de 1992, en América y en España, con motivo del 500 aniversario de la llegada de Colón al Nuevo Mundo.

Curiosidad y control

Por su naturaleza, los museos son lugares que recogen y clasifican la cultura material de otros. Si bien la práctica de coleccionar arte u objetos de interés se remonta a la antigüedad, a partir del siglo XV la expansión europea popularizó el «gabinete de curiosidades»: una colección de objetos raros o exóticos que se exhibían en cámaras privadas o cortes reales. En el siglo XVIII, más allá de la curiosidad y el asombro, surgió un interés por organizar los objetos en clasificaciones estables. Se trazaron límites claros entre lo «salvaje» y lo «civilizado» que supuestamente mostraban las etapas del progreso tecnológico y moral de la humanidad. El museo an-

Véase también: Etnografía reflexiva 162–165 ▪ El valor de los objetos 206–207 ▪ La ética de la antropología 248–249 ▪ La política del ADN 282–283

tropológico tal y como lo conocemos hoy, con objetos ordenados por áreas culturales, fue desarrollado en Chicago por Franz Boas durante la década de 1890. Sin embargo, a mediados del siglo XX, muchas colecciones se fueron redefiniendo gradualmente como arte, lo que tuvo importantes consecuencias para su valor monetario, simbólico y político.

Aunque las colecciones de los museos han evolucionado con el tiempo, algunas de las premisas que guían su formación y exposición se han mantenido inalteradas. La antropología surgió en pleno apogeo del imperialismo europeo, y las administraciones coloniales la usaron como herramienta para demostrar el control que ejercían sobre las personas, la naturaleza y los recursos. En las décadas de 1980 y 1990, cuando Ames escribía, muchos especialistas en museos habían empezado a cuestionar el legado racista de las colecciones antropológicas y de la disciplina en su conjunto. Pero las colecciones siguieron basándose en divisiones estrictas: entre los científicos y los pueblos cuyos objetos se exhibían tras el cristal, y entre los conservadores expertos y los espectadores legos. Por lo general, los especialistas en museos decidían qué merecía la pena coleccionar y conservar, y cómo se exhibían los objetos al público.

Ideología del museo

Ames argumentaba que las colecciones de los museos, lejos de ser neutrales, son creaciones ideológicamente activas. Más que representar a personas de otras culturas, una colección antropológica es una institución situada históricamente que refleja las expectativas, los deseos y las ambiciones de la sociedad en la que se encuentra. Con el fin de descubrir los sistemas sociales, políticos y económicos que daban forma al museo antropológico, Ames convirtió el propio museo en objeto de estudio etnográfico.

> Los museos ponen la naturaleza y la cultura bajo un cristal, en vitrinas y, por lo tanto, bajo control.
> **Michael Ames**

Ames planteó una serie de preguntas que dieron pie a muchos debates sobre las colecciones antropológicas en la década de 1980. ¿Quién tiene voz y voto sobre lo que se colecciona y se exhibe en el museo? ¿Quién puede reclamar el acceso al conocimiento indígena? ¿Quién tiene derecho a controlar la narrativa de la representación? ¿Deben los forasteros no indígenas seguir interpretando la creatividad indígena? ¿Deberían los miembros de las comunidades indígenas y los descendientes de las comunidades de origen tener voz en las respuestas a estas preguntas, y debería tenerla el público en general? En última instancia, Ames se preguntó si merecía la pena preservar el museo antropológico y si los museos podían convertirse en espacios para fomentar el diálogo entre personas con perspectivas muy diferentes.

En una conferencia sobre patrimonio celebrada en 1988 en »

Repatriación de bienes

El Museo Nacional de Arte Africano de la Smithsonian, en Washington D. C., transfirió a Nigeria la propiedad de sus bronces de Benín en 2022. Estos objetos, saqueados por los británicos en 1897, fueron durante mucho tiempo objeto de reclamaciones para su repatriación. Otros objetos controvertidos son la corona del emperador azteca Moctezuma II, del siglo XVI, en el Weltmuseum de Viena, y las esculturas del Partenón que se conservan en el Museo Británico de Londres.

Las instituciones justifican la retención de estos objetos argumentando que fueron adquiridos mediante venta o donación, o que los países que los reclaman no cuentan con especialistas para cuidarlos. También afirman que los objetos pertenecen a la humanidad y que los museos occidentales pueden ofrecer el mejor acceso a ellos. Quienes reclaman su repatriación sostienen que esos objetos tienen un significado cultural, espiritual o práctico, y que los museos occidentales son inaccesibles para las comunidades de origen.

La plumas verdes de quetzal de la corona de Moctezuma se hallan en un estado frágil debido a la edad y a la infestación por insectos.

El Museo de la Acrópolis de Atenas exhibe réplicas de las esculturas del Partenón. Las originales, en Londres, son objeto de un intenso debate, ya que Grecia reclama su devolución.

Ottawa (Canadá), Georges Erasmus, jefe nacional de la Asamblea de las Primeras Naciones, reconoció los esfuerzos de quienes habían dedicado su carrera a mostrar lo que creían que era una representación fiel de los pueblos indígenas. Sin embargo, insistió en que era «hora de pasar página». Erasmus exigió que los miembros de las Primeras Naciones controlaran la narrativa de la representación. Para Ames, esto constituía una nueva etapa en el desarrollo de los museos de antropología: una que incorporaba la visión desde dentro.

El precio del patrimonio

Una defensa habitual de las colecciones antropológicas era que preservan objetos que, de otro modo, se habrían perdido para la historia. Sus defensores argumentaban que los museos salvaguardan, documentan y conservan estos artefactos. Pero esto tenía un coste: la conquista, el desplazamiento y el saqueo, así como la rígida codificación de las culturas y tradiciones materiales indígenas. Los pueblos indígenas a menudo quedaban reducidos a estereotipos, alejados de su propia herencia.

Pese a los cambios en los estilos de exposición, los museos siguieron imponiendo clasificaciones, «congelando» a los pueblos indígenas en categorías antropológicas fijas. Como le dijo a Ames un artista haida del norte de Vancouver: «No habéis hecho nada por los indios. No nos sentimos en casa en vuestros museos porque no cuentan nuestra historia».

De manera muy similar, los artistas indígenas contemporáneos han sido excluidos de las galerías cuando su arte no se consideraba lo bastante «indígena» o «auténtico», lo que refuerza la idea de que la evolución artística y la libertad de ir más allá de la tradición son privilegios reservados a los artistas blancos.

La línea entre tradición y modernidad no es natural, sino que está determinada por la política. La decisión de colocar los objetos indígenas en museos de antropología en lugar de hacerlo en galerías refleja normas estéticas y factores económicos impuestos desde fuera. De hecho, Ames insistió en que esa elección no tenía mucho sentido para la cultura material indígena. En lugar de debatir su lugar adecuado, habría que centrarse en el impacto de esas decisiones.

Ames sugirió que los antropólogos se preguntaran cómo expresan los objetos las relaciones de poder. ¿Cuáles son las consecuencias de los estereotipos sobre las personas retratadas como «otros»? ¿Se trivializa el arte de los «otros» al exponerlo en museos? ¿Qué ocurre cuando los museos «museomifican» tradiciones vivas? La mayor participación de curadores indígenas en las exposiciones ha proporcionado nuevas posibilidades para romper con las rígidas clasificaciones y permitir a los pueblos indígenas recuperar el control de su historia.

Sin embargo, incorporar perspectivas nativas a las exposiciones no garantiza el consenso, ya que los propios miembros de la comunidad tienen opiniones diversas. En su trabajo como director, Ames observó que algunos indígenas se enorgullecían de exhibir su patrimonio, mientras que otros se oponían a ello. Algunos creían que los tótems debían dejarse pudrir en sus aldeas,

Dado que quienes controlan la historia son quienes se benefician de ella, la gente debería tener derecho a conocer los hechos de su propia vida.
Michael Ames

mientras que otros sentían una conexión espiritual con los conservados en los museos. Del mismo modo, mientras que algunos aprobaban los métodos de conservación de los museos, otros los rechazaban por ignorar las formas tradicionales de cuidar los objetos.

Museos para todos

Desde finales del siglo XX han surgido preguntas sobre la relación entre los museos, en especial los públicos, y la ciudadanía en general. Tradicionalmente, los museos se consideraban herramientas educativas, y funcionaban según un modelo que separaba a los especialistas del público no especializado. Cuando Ames publicó *Cannibal Tours and Glass Boxes*, el hecho de que los museos recibieran fondos públicos suscitó debates sobre su responsabilidad de rendir cuentas a todas las partes interesadas. Los museos, se decía, debían servir a todo el mundo y trabajar para atraer a personas de todas las clases sociales.

Ames comparó el modelo moderno de las instituciones públicas en una sociedad de consumo con un restaurante de comida rápida, donde el éxito se define por las cifras, la capacidad de mejora, por la rentabilidad, y la felicidad, por el consumo de productos fabricados en serie. Este enfoque puso de relieve la tensión entre el objetivo de entretener a la mayoría y la necesidad de satisfacer los derechos, demandas y gustos de los grupos minoritarios. Ames pidió a los antropólogos que reflexionaran sobre el potencial de su disciplina para servir de espacio de diálogo entre personas muy diferentes entre sí en cuanto a intereses, perspectivas, riqueza y poder. ■

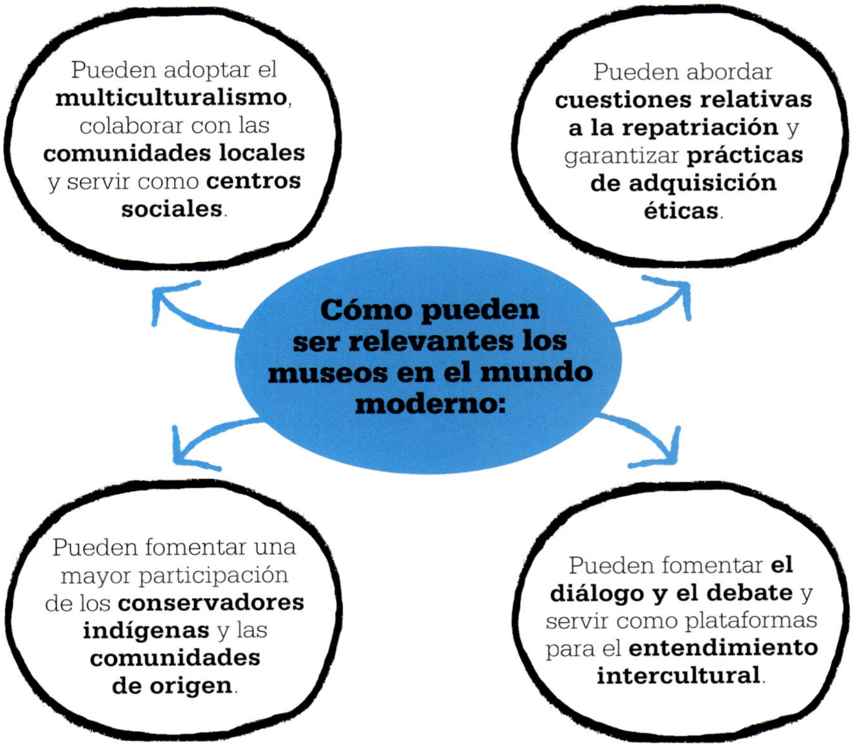

Cómo pueden ser relevantes los museos en el mundo moderno:

Pueden adoptar el **multiculturalismo**, colaborar con las **comunidades locales** y servir como **centros sociales**.

Pueden abordar **cuestiones relativas a la repatriación** y garantizar **prácticas de adquisición éticas**.

Pueden fomentar una mayor participación de los **conservadores indígenas** y las **comunidades de origen**.

Pueden fomentar **el diálogo y el debate** y servir como plataformas para el **entendimiento intercultural**.

Protección del patrimonio indígena

Promulgada en EE. UU. en 1990, la Ley de Protección y Repatriación de Tumbas Nativas Americanas (NAGPRA) apoya la protección y devolución de los restos humanos, objetos funerarios y del patrimonio cultural de nativos estadounidenses a sus descendientes directos.

Los objetivos de la ley son claros, pero su interpretación y aplicación han resultado complicadas. Puede ser difícil demostrar la relación entre los pueblos indígenas y los objetos cuando no se puede identificar a los descendientes directos. Las decisiones sobre la exhibición de la cultura material indígena americana también continúan siendo controvertidas. En 2024, el Museo Americano de Historia Natural de Nueva York cerró dos salas alegando la preocupación por la exhibición de restos humanos y objetos sagrados, y reconoció que muchos de los objetos habían sido adquiridos de forma poco ética.

La NAGPRA también ha desatado intensos debates entre activistas por los derechos de los nativos y científicos. Un caso notable fue el del esqueleto de 9000 años de antigüedad conocido como Hombre de Kennewick, descubierto en 1996. Los científicos argumentaron que los restos no estaban vinculados a tribus modernas, pero tras años de disputas, fueron devueltos a las Tribus Confederadas de la Reserva Indígena de Umatilla para su entierro.

UN APARATO PARA EL EJERCICIO DEL PODER

DESARROLLO Y ACTITUDES COLONIALES

EN CONTEXTO

OBRA CLAVE
Arturo Escobar,
***La invención del Tercer Mundo* (1995)**

RAMA
Antropología social y cultural

ANTES
1949 Un artículo del economista argentino Raúl Prebisch clasifica al mundo en un núcleo de naciones ricas e industrializadas y una periferia de países menos desarrollados.

1973 Según el saudí Talal Asad, la antropología «tiene sus raíces en un encuentro desigual de poder entre Occidente y el "Tercer Mundo"».

DESPUÉS
2010 La filósofa argentina María Lugones sugiere que las construcciones coloniales de género facilitan la subyugación de los pueblos indígenas y sus tierras.

En la década de 1960, a medida que se desintegraba el orden colonial previo a la guerra, el «Primer Mundo» –las potencias capitalistas de Occidente– se vio envuelto en una competición con el «Segundo Mundo» –los Estados comunistas– por influir en las políticas del «Tercer Mundo»: los países más pobres, incluidas las antiguas colonias no alineadas.

En *La invención del Tercer Mundo*, el antropólogo colombiano-estadounidense Arturo Escobar sugiere que los discursos sobre el desarrollo se hacen eco del colonialismo al subordinar a los países del «Tercer Mundo» a las potencias capitalistas del «Primer Mundo». En su opinión, el

Véase también: Sistema de creencias locales 78–79 ▪ Género, sexualidad y poder 158–159 ▪ Religión y poder secular 188–189 ▪ Estructura y agencia 196–199

El discurso y la estrategia del desarrollo produjeron [...] miseria y subdesarrollo masivos, explotación y opresión sin nombre.
Arturo Escobar

desarrollo sustituyó el dominio colonial directo y la ocupación militar de Occidente sobre el «Tercer Mundo» por un sistema de creación de significados que promovió el crecimiento de los mercados de capital, facilitó la inversión internacional, endeudó a las naciones del «Tercer Mundo» y siguió los valores patriarcales de la Europa moderna.

El discurso del desarrollo

Escobar sostiene que los debates sobre el desarrollo suelen presentar al «Tercer Mundo» como un espacio lleno de problemas que solo se pueden resolver con la ayuda de profesionales, como economistas y planificadores. Los profesionales «expertos» aportan valores culturales, normas e ideales que consideran basados en un análisis racional y universalmente válidos, más que específicos de la cultura de la modernidad europea. Sus opiniones expertas no son necesariamente compartidas por los «beneficiarios» de un proyecto, pero, al estar respaldadas por instituciones y sistemas de producción de conocimiento que sí comparten los mismos valores, alimentan las agendas de desarrollo e importan ideas europeas a los países del «Tercer Mundo» en procesos que a menudo quedan ocultos a la vista. Según Escobar, este discurso sobre el desarrollo refuerza las relaciones coloniales entre Occidente y el resto del mundo.

Escobar se basa en el método de análisis del discurso del filósofo francés Michel Foucault para trazar la relación entre el conocimiento producido sobre el «Tercer Mundo» y el poder sobre las personas y políticas dentro de él. Afirma que el análisis del discurso permite ver «cómo ciertas representaciones se vuelven »

El Grupo Modernidad/ Colonialidad

Creado a fines de la década de 1990 por el filósofo argentino Walter Mignolo, el Grupo Modernidad/Colonialidad (MC) analiza cómo la modernidad europea se ha basado siempre en la subyugación de los pueblos no occidentales. El panel incluye a eminentes académicos como Arturo Escobar.

El Grupo MC investiga el papel que tienen los sistemas de producción y difusión del conocimiento en el mantenimiento de las relaciones coloniales de poder. Para ello, se basa en el análisis de las sociedades poscoloniales realizado por el Grupo de Estudios Subalternos del sur de Asia. También analiza la relación entre los flujos de capital y conocimiento entre Europa y el resto del mundo. El Grupo MC vincula la capacidad de producir conocimiento con el poder político y económico. En última instancia, aboga por la descolonización de la producción de conocimiento y el reconocimiento del valor del conocimiento producido por pueblos no occidentales, indígenas y otros.

Las teorías económicas culturalmente europeas informan el discurso sobre el desarrollo.

El discurso del desarrollo representa a sus beneficiarios según **valores capitalistas**.

Las instituciones desarrollan planes basados en estas representaciones.

La implementación de estos **planes** obliga a los **beneficiarios** a comportarse según las **normas capitalistas**.

Esto empobrece a los beneficiarios, enriquece a las instituciones y naciones que promueven el desarrollo y mantiene las relaciones de poder coloniales.

dominantes y dan forma indeleble a los modos de imaginar la realidad e interactuar con ella». En otras palabras, lo que somos capaces de reconocer, expresar e incluso pensar es posible gracias al lenguaje y las imágenes de que disponemos. En concreto, la creación de categorías de clientes –como campesinos, mujeres o medio ambiente– sienta las bases para programas que gestionan estas categorías de maneras que sirvan a los intereses del capital global.

Establecer la «verdad»

Los discursos que se enmarcan como universalmente válidos y respaldados por instituciones poderosas –como universidades, el Banco Mundial y la Agencia de EE. UU. para el Desarrollo Internacional (USAID)– se reconocen como «verdaderos». En palabras de Escobar, «gran parte de la efectividad institucional para producir relaciones de poder proviene de prácticas [...] consideradas racionales» y, por tanto, nunca se cuestionan ni examinan. Al rastrear las raíces históricas de un discurso, es posible descubrir el pro-

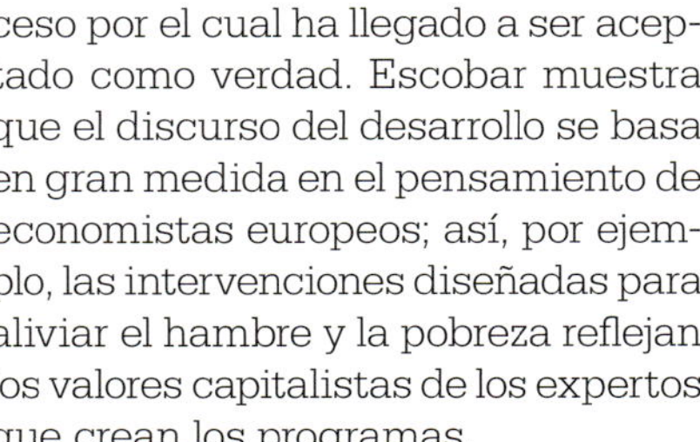

ceso por el cual ha llegado a ser aceptado como verdad. Escobar muestra que el discurso del desarrollo se basa en gran medida en el pensamiento de economistas europeos; así, por ejemplo, las intervenciones diseñadas para aliviar el hambre y la pobreza reflejan los valores capitalistas de los expertos que crean los programas.

Escobar critica duramente la economía del desarrollo eurocéntrica por su enfoque inquebrantable en el crecimiento, su ceguera ante otras formas de pensamiento económico y su incapacidad para reconocer los sesgos de los académicos que producen ese conocimiento. Afirma que, al tratar las formas no capitalistas de economía como «atrasadas», los economistas del desarrollo presentan a los pueblos del «Tercer Mundo» como pertenecientes a una época pasada, lo que les permite evitar tomarse en serio a sus «beneficiarios».

Definición del campesinado

Entre 1975 y 1990, el Banco Mundial patrocinó una serie de programas destinados a aliviar el hambre en

La resistencia campesina refleja algo más que la lucha por la tierra y las condiciones de vida; se trata, sobre todo, [...] de una lucha cultural.
Arturo Escobar

Colombia, el país natal de Escobar; el más importante fue el Programa de Desarrollo Rural Integrado. Escobar sostiene que, si bien estos programas fracasaron en gran medida en el cumplimiento de sus objetivos declarados, tuvieron –y siguen teniendo– otros efectos que «contribuyen a producir y formalizar relaciones sociales, divisiones del trabajo y formas culturales». Según Escobar, estos «efectos instrumentales» reorganizaron significativamente la sociedad colombiana de formas que contribuyeron poco a aliviar la pobreza o el hambre; en cambio, facilitaron la expansión del mercado y la acumulación de capital.

Escobar afirma que los planes definían a los «campesinos» en términos puramente económicos, como personas que trabajaban la tierra, en lugar de como personas que intentaban llevar una vida plena y satisfactoria. Su «modernización» implicaba proporcionarles las tecnologías, el crédito y los mercados necesarios para aumentar el valor económico de su producción. Todo lo que quedaba fuera de esta

Agricultores cosechan hojas de coca, el principal cultivo ilegal de Colombia. Un programa del gobierno destinado a sustituir este cultivo ha suscitado reacciones encontradas.

agenda modernizadora se consideraba una tradición retrógrada que impedía el crecimiento y el desarrollo.

Un campesinado totalmente modernizado estaría formado por empresarios orientados al mercado, es decir, agentes económicos racionales libres de relaciones sociales. La aplicación de esta visión impulsó el cambio hacia cultivos comerciales, es decir, destinados a la venta, y el abandono de los cultivos alimenticios tradicionales, lo que redujo la cantidad de alimentos disponibles para sustentar a las personas más pobres.

Mujeres y sostenibilidad

Escobar también acusa al discurso del desarrollo de ignorar u ocultar la contribución de las mujeres a la comunidad rural y a su economía. En cambio, se considera que solo tienen un papel en el trabajo reproductivo no remunerado del hogar. Dado que la mayoría de las intervenciones de desarrollo rural integrado tienen por objeto mejorar el rendimiento económico de las actividades agrícolas, que se consideran un ámbito masculino, las mujeres quedan en gran medida fuera de la agenda.

Las intervenciones que sí se dirigen a las mujeres se enmarcan en la «economía doméstica». Sin embargo, según Escobar, los esfuerzos por incluir a la población femenina se dirigen más a «hacer que las mujeres produzcan y se reproduzcan eficientemente, que a apoyarlas para que vivan como seres humanos autónomos», e ignoran las formas en que las mujeres entienden y dan sentido a sus propias vidas.

Por último, Escobar critica el discurso del desarrollo por considerar el medio ambiente como un conjunto de recursos naturales que se deben gestionar para la expansión capitalista a través del «desarrollo sostenible». Sin embargo, las ideas sobre desarrollo sostenible presuponen el crecimiento económico como un resultado deseable. Escobar sostiene que esto convierte a los campesinos pobres en abusadores de valiosos recursos naturales, ignorando las desigualdades producidas por el capitalismo global.

Reformular el presente

El trabajo de Escobar contribuye a la comprensión de la teoría de la dependencia, que considera que la relación entre un núcleo de naciones ricas y una periferia de naciones menos desarrolladas –y, en concreto, la forma en que conocimiento, recursos, capital y poder fluyen entre ellos– es la principal causa de la desigualdad global. En este contexto, sostiene que la «modernidad» europea está y siempre ha estado ligada al colonialismo: la riqueza europea depende del empobrecimiento del mundo colonial; las ideas europeas de modernidad se basan en la idea de que el mundo colonizado es atrasado; y las ideas europeas de desarrollo enmarcan al resto del mundo como parte del pasado.

Según Escobar, el poder económico y político de Europa y Occidente sigue dependiendo de la explotación y la subyugación de las naciones periféricas, y el discurso del desarrollo es una herramienta eficaz para normalizar esa subyugación. ■

Antropología del desarrollo

Los antropólogos tienen una relación compleja con la industria del desarrollo. En las décadas de 1950 y 1960, trabajaron con profesionales del desarrollo para comprender las necesidades y perspectivas de los beneficiarios de los proyectos de desarrollo. Los antropólogos esperaban que el desarrollo introdujera a los pueblos «atrasados» o «tradicionales» en la era moderna. Cuando empezaron a comprender que los beneficiarios no siempre consideraban los proyectos beneficiosos para sus comunidades, comenzaron a criticar el desarrollo y a ver a los pueblos no occidentales, indígenas y «otros» como sujetos activos en el mundo actual. Hoy, la mayoría de los antropólogos consideran que las «otras» formas de entender el mundo no son algo atrasado o destinado a desaparecer, sino alternativas viables frente al cambio climático y el impacto humano en el planeta.

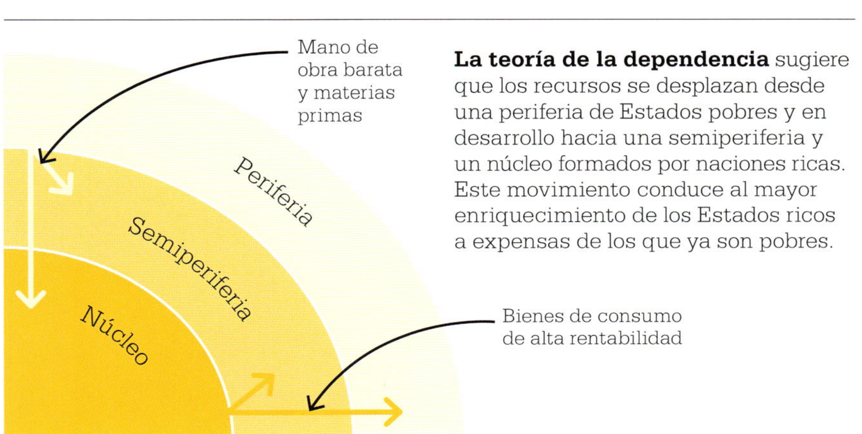

La teoría de la dependencia sugiere que los recursos se desplazan desde una periferia de Estados pobres y en desarrollo hacia una semiperiferia y un núcleo formados por naciones ricas. Este movimiento conduce al mayor enriquecimiento de los Estados ricos a expensas de los que ya son pobres.

RASGOS QUE PROPORCIONAN UNA IDENTIDAD SOCIAL COMÚN

INTIMIDAD CULTURAL

EN CONTEXTO

OBRA CLAVE
Michael Herzfeld, *Cultural Intimacy* (1996)

RAMA
Antropología social y cultural

ANTES
1964 Los escritos de John Campbell sobre los pastores nómadas de las montañas griegas inspiran a una nueva generación a estudiar grupos sociales en Europa.

1983 Benedict Anderson sostiene que la aparición de la cultura de la imprenta dio forma a las identidades nacionales modernas.

DESPUÉS
2020 Herzfeld amplía su concepto de intimidad cultural a las comunidades profesionales, incluidos los antropólogos. Destaca la responsabilidad que estos tienen hacia aquellos a quienes estudian.

El concepto de «intimidad cultural», propuesto por el antropólogo Michael Herzfeld en 1996, se basa en el reconocimiento de que en una nación existen costumbres y comportamientos cotidianos que pueden ser motivo de vergüenza o burla para los forasteros, al tiempo que proporcionan a los miembros de la comunidad un sentimiento de pertenencia social, comodidad y orgullo. Como ilustra Herzfeld, en Italia, la práctica de la evasión fiscal es a menudo criticada por los extranjeros como un signo de un Estado disfuncional, pero muchos italianos la consideran una forma de resistencia a una burocracia impersonal o incluso una forma inteligente de «burlar al sistema».

Véase también: Pureza y sociedad 120 ▪ Definir la etnicidad 130–131 ▪ Descripción densa 146–153 ▪ Capitalismo global 186–187

Estado: la entidad gobernante utiliza estereotipos para crear un sentido de unidad.

Pueblo: los ciudadanos reinterpretan los estereotipos nacionales para afirmar su identidad, autenticidad o resistencia.

La intimidad cultural es un terreno compartido que abarca rasgos potencialmente embarazosos pero unificadores.

Estereotipos reconocibles: generalizaciones ampliamente aceptadas sobre la nación.

Nostalgia estructural: un anhelo compartido por un pasado idealizado.

Poética social: el uso creativo de los rasgos culturales compartidos para negociar la identidad.

Antes de la década de 1990, pocos antropólogos optaban por estudiar comunidades en Europa, y la mayoría ignoraba el Estado nación, considerándolo una fuerza disruptiva que podía obviarse en sus estudios sobre la vida cotidiana. Al cuestionar este enfoque, Herzfeld identificó un problema más amplio: la lógica occidental que retrata a Estados y naciones como entidades estables e impenetrables, categóricamente diferentes de sus constituyentes.

Según Herzfeld, esta forma de pensar deriva de la tendencia a ver el mundo en términos binarios. Esto se vio reforzado por la «esencialización» –la reducción de la diversidad a unos rasgos fundamentales– y la «reificación» –la conversión de conceptos fluidos en realidades fijas y permanentes–. La repetición constante de esta combinación de lógica y retórica en formas como la arquitectura, las leyes, la literatura, el entretenimiento popular y las conversaciones cotidianas creó la percepción de un pueblo unificado y atemporal, unido por las costumbres, el idioma y las tradiciones que definen el Estado nación.

El Estado y el pueblo

Herzfeld se propuso estudiar los Estados nación y el nacionalismo como aspectos integrales de la vida social. Estudió las expresiones usadas para referirse al «Estado» y al «pueblo», dos tipos de entidades que a menudo »

Michael Herzfeld

Nacido en Londres en 1947, Herzfeld estudió idiomas e historia antigua en la escuela secundaria y aprendió italiano y griego moderno de forma autodidacta. Tras graduarse en Cambridge, pasó un año en Grecia investigando el folclore griego. Completó su doctorado en antropología social en Oxford basándose en su trabajo etnográfico en la Grecia rural.

Se trasladó a EE. UU. en 1978. Impartió clases en el Vassar College, la Universidad de Indiana y, entre los años 1991 y 2018, en Harvard. Ha sido profesor honorario y visitante en universidades de todo el mundo.

La prolífica investigación de campo de Herzfeld en Grecia, Italia y Tailandia ha dado lugar a numerosas publicaciones que han contribuido a la teoría antropológica y la metodología etnográfica, así como a la antropología de Europa, los estudios de la masculinidad, los estudios sobre el patrimonio y la antropología del Estado nación contemporáneo.

Otras obras clave

1985 *The Poetics of Manhood.*
1987 *Anthropology Through the Looking-Glass.*

Miembros de una comunidad grecoestadounidense de California rompen platos durante una celebración: una tradición que refuerza la identidad cultural a través de un acto familiar de exceso simbólico.

se contraponen. Sorprendentemente, descubrió que los representantes de cada grupo utilizan la misma retórica esencializadora y la misma cosmovisión reificadora para describir quiénes son y distinguirse de los demás.

Herzfeld halló que, aunque los ciudadanos y los Estados afirman que son dos tipos de entidades diferentes, se comunican, se cruzan y se superponen fácilmente entre sí. Estas interacciones son posibles porque comparten un terreno común. Es este terreno común de costumbres y comportamientos establecidos, pero potencialmente embarazosos, lo que Herzfeld denomina «intimidad cultural».

Identidad en movimiento

Herzfeld argumentó que la intimidad cultural nunca es rígida. Las personas suelen utilizar los mismos estereotipos familiares en contextos diferentes para decir cosas distintas. A través de la «poética social» –la visión de la vida social como un proceso continuo en el que el reconocimiento de unos pocos rasgos compartidos puede funcionar de diversas maneras–, la intimidad cultural puede expresarse para burlarse de la pretenciosidad o afirmar la autenticidad, para demostrar la unidad social o señalar distinción y resistencia.

Según Herzfeld, las élites, los políticos y los burócratas suelen usar estereotipos poco halagadores para promover los intereses del Estado, aun cuando se burlan o desprecian a los ciudadanos a los que representan. Sin embargo, la gente común puede dar la vuelta a ese estereotipo en su poética social, por ejemplo, para demostrar que los funcionarios de un Estado supuestamente justo socavan la unidad nacional al aceptar sobornos y favorecer a ciertos grupos sobre otros.

Los estereotipos nacionales, aunque a menudo embarazosos, son poderosos porque resuenan en todos los niveles sociales. El concepto de inti-

Las capillas rurales, donde se invoca a los santos como testigos de acuerdos vinculantes, son lugares típicos para los rituales de juramento.

Ceremonias de juramento

Los rasgos destacados como esencia del «carácter nacional» suelen proceder de comunidades de zonas remotas. El trabajo de campo de Herzfeld entre pastores de las regiones montañosas de Creta reveló la dinámica social que se esconde tras el robo de animales. A menudo impulsado por un deseo de reconocimiento o de venganza, el proceso implica muchos actos de poética social, que pueden o no involucrar al Estado.

Los pastores resuelven sus disputas con otros pastores y con el Estado mediante la toma de juramento, una forma de poética social en la que juran su inocencia ante un sacerdote, un icono religioso o incluso en tribunales seculares. Estos rituales públicos no solo sirven como declaración moral y legal: también reafirman los lazos de parentesco y fe.

Estas prácticas reflejan ideales griegos de masculinidad al tiempo que afirman el honor, la autoridad divina y la libertad comunitaria.

Las ideologías de los Estados nación tienden a dividir el mundo en pares maniqueos [...] Pero el uso real que la gente hace de esa retórica puede ser subversivo.
Michael Herzfeld

midad cultural de Herzfeld proporciona a los antropólogos un marco para comprender cómo se construyen, disputan y refuerzan las identidades sociales dentro del Estado nación.

Nostalgia estructural

El concepto de «nostalgia estructural» de Herzfeld se refiere al uso de mitos y recuerdos colectivos para contrastar el presente con un pasado idealizado, y a menudo expresa el deseo de restaurar ciertos aspectos de ese pasado. Al igual que los estereotipos nacionales, la nostalgia estructural es una herramienta retórica versátil. Puede afirmar la unidad, agudizar las divisiones o crear una compleja mezcla de ambas cosas.

Herzfeld remonta las raíces de este concepto a la historia bíblica de la caída, relatada en el Génesis, donde la expulsión de Adán y Eva del Jardín del Edén explica por qué la humanidad está condenada a trabajar en un mundo imperfecto. Con todo, la Biblia ofrece un mensaje de esperanza a través de la posibilidad de redención.

Los Estados suelen usar la nostalgia estructural para justificar su autoridad, alegando que evitan el caos y crean orden. Sin embargo, los ciudadanos, sobre todo los de comunidades marginadas, pueden reinterpretar este discurso. Pueden idealizar una época anterior a las restricciones, los tributos y la burocracia impuestos por el Estado, presentando sus acciones como resistencia a exigencias injustas.

La retórica compartida de la nostalgia estructural crea la intimidad cultural que permite a funcionarios del gobierno y a ciudadanos participar en un intercambio dinámico. Como observa Herzfeld, todo el mundo reconoce que los funcionarios codiciosos aceptan sobornos para favorecer a los poderosos, al igual que resuenan las historias de virtuosos evasores fiscales que afirman que sus actos ilegales son respuestas a exigencias injustas del Estado. A través de estos argumentos, tanto el Estado como sus ciudadanos se revelan como entidades fluidas y controvertidas.

El término medio

Según Herzfeld, un estudio eficaz del nacionalismo y del Estado nación requiere que los antropólogos eviten las «verdades estáticas» y examinen cómo funciona el Estado desde todos los ángulos. Esto significa trazar una etnografía amplia que no sea estrictamente vertical ni horizontal. Se debe profundizar en el uso y la manipulación de estereotipos por parte de todos los segmentos de la población, desde las declaraciones, políticas y rituales de las élites estatales hasta las acciones cotidianas de ciudadanos comunes y grupos marginales. Se debe explorar el ambiguo término medio que se halla en medio de estas interacciones y retóricas.

El concepto de intimidad cultural reconoce que «el esencialismo y la agencia son dos caras de la misma moneda, al igual que el Estado y el pueblo». Al identificar el terreno común de la intimidad cultural, examinar las complejas relaciones entre un gobierno y su pueblo, y demostrar cómo las autoridades y los ciudadanos interpretan la poética social que representan y presencian, el concepto de intimidad cultural ofrece tanto una teoría como un método. Estas herramientas permiten a los antropólogos comprometerse y romper con ideas sobre Estados nación aparentemente opacos que en otro tiempo mantuvieron a los antropólogos al margen. ■

Esta vidriera representa la expulsión de Adán y Eva del Edén, un mito fundacional de pérdida y redención. Herzfeld sugiere que el mito sustenta la nostalgia estructural en el imaginario occidental.

TODO LO QUE CONOCEMOS ESTÁ EN EL AIRE

TRANSITOLOGÍA

EN CONTEXTO

OBRA CLAVE
Katherine Verdery, *¿Qué era el socialismo y por qué se desplomó?* (1996)

RAMA
Antropología social y cultural

ANTES
1980 János Kornai concluye que las economías socialistas son inherentemente propensas a la escasez crónica.

1989 La caída del Muro de Berlín marca el comienzo del fin del socialismo en Europa del Este.

DESPUÉS
2004 La Unión Europea se expande hacia el este, incorporando a muchos antiguos países socialistas.

2006 Alexei Yurchak publica *Todo era para siempre hasta que dejó de existir*, donde explora la naturaleza del socialismo soviético y su hundimiento.

Cuando utilizo la palabra «transición», la pongo entre comillas para burlarme de la ingenuidad de tanta transitología de moda.
Katherine Verdery

La caída del Muro de Berlín en 1989 se convirtió en un símbolo del fin del socialismo. El periodo posterior ofreció oportunidades a algunos, pero tuvo consecuencias sociales devastadoras para otros.

El hundimiento del socialismo en Europa Central y Oriental y en la Unión Soviética fue un proceso dramático que transformó el panorama político y económico de la región y, de hecho, del mundo. Para muchos observadores de la época, la caída del Muro de Berlín (1989) y el fin de la URSS (1991) significaron no solo la desintegración de un imperio y su ideología, sino también el reordenamiento global de la geopolítica de la Guerra Fría. El politólogo estadounidense Francis Fukuyama llamó a este periodo «el fin de la historia»; sugirió que, con la desaparición de su principal competidor, el liberalismo había emergido como única ideología viable y el capitalismo como única estructura económica posible.

A inicios de la década de 1990 se generalizó el término «transición» para designar los cambios políticos, económicos y culturales que se estaban produciendo en toda la región. La «transitología» fue un concepto desarrollado por los responsables políticos, con la guía de economistas y politólogos, que sugería que los países no tenían más remedio que adoptar la democracia y el capitalismo al estilo occidental. Las principales políticas defendidas por la transitología eran la democratización, la mercantilización y la privatización, todas supuestamente conducentes al mismo «capitalismo de manual», con independencia de los contextos e historias locales. En su forma más dramática, la transición adoptó la forma de una «terapia de choque», un desmantelamiento agresivo de las instituciones socialistas, en especial las económicas, que tuvo un alto coste social.

Crítica a la transición

Los antropólogos criticaron duramente el concepto de transitología. Durante la Guerra Fría, sus investigaciones se centraban en las culturas y sociedades de las regiones poscoloniales. Pero, con el fin del socialismo, académicos como la antropóloga

Véase también: Descripción densa 146–153 ▪ Género, sexualidad y poder 158–159 ▪ Capitalismo global 186–187 ▪ El valor de los objetos 206–207 ▪ Intimidad cultural 230–233 ▪ Ciudadanía y pertenencia 278–279

¿Cuál es la definición de socialismo? El camino más largo y doloroso del capitalismo al capitalismo.
Katherine Verdery

estadounidense Katherine Verdery y el ruso-estadounidense Alexei Yurchak, especialista en la URSS, empezaron a estudiar los antiguos países socialistas. Descubrieron que las narrativas dominantes en torno a las transiciones de estas naciones estaban fuertemente influidas por economistas y politólogos que promovían una rápida occidentalización. Para seguir siendo relevantes, los antropólogos tenían que demostrar la importancia de su disciplina –con su énfasis en la cultura y la sociedad– para comprender cómo estaban cambiando estas sociedades.

Desde el principio, cuestionaron los supuestos de los modelos de transición, argumentando que presentaban una visión simplista de la historia. Según ellos, estos modelos asumían un camino predeterminado con un comienzo claro (el socialismo), un final definitivo (el capitalismo) y una brusca ruptura entre ambos. Que el socialismo debiera dar paso inevitablemente al capitalismo no era en absoluto una certeza. Para la antropología, el fin de la historia aún no estaba escrito.

Además, los antropólogos argumentaban que la representación simplificada del socialismo en los modelos de transición también era errónea: el socialismo tenía muchas formas y variaciones locales. Insistían en que no debía descartarse sumariamente como «comunismo» o «totalitarismo» insalvable.

La idea de que el socialismo podía erradicarse mediante una «terapia de choque» les parecía, en el mejor de los casos, excesivamente simplista e ingenua. Creían que este enfoque ignoraba las complejidades del cambio histórico, que siempre es moldeado por el legado del pasado.

Comprender el pasado

Una de las críticas más elocuentes del modelo de transición fue Katherine Verdery, quien, a principios de la década de 1990, influyó en el debate académico al argumentar que la mejor manera de entender los cambios que se estaban produciendo en los antiguos países socialistas era la «transformación» y no la «transición». Verdery sostenía que la transformación era un proceso abierto que abarcaba la incertidumbre y se centraba en los contextos locales y la vida cotidiana, en lugar de en grandes teorías generales. Su enfoque reconocía el potencial para la emergencia de sistemas diversos e híbridos, en lugar de una versión uniforme y «de manual» del capitalismo.

El concepto de transformación de Verdery se vio reforzado por su ambiciosa teoría del socialismo, inspirada tanto en el pensamiento marxista occidental como en la obra de intelectuales de Europa del Este como el economista János Kornai y el sociólogo Iván Szelényi, ambos húngaros, y el sociólogo rumano Pavel Câmpeanu. En *¿Qué era el socialismo y por qué se desplomó?*, Verdery ofreció un relato matizado y detallado del pasado reciente de la región a través de su análisis del socialismo y su desaparición.

El trabajo de Verdery se centró en el «socialismo real», el sistema socialista implantado en Europa del Este y la Unión Soviética durante la Guerra Fría. En lugar de analizar la época a través de los ideales marxistas, Verdery examinó las realidades vividas »

Hipernormalización

Alexei Yurchak, antropólogo ruso-estadounidense, introdujo el término «hipernormalización» a inicios de la década de 2000 para designar una paradoja clave del socialismo tardío. Aunque el sistema soviético era considerado disfuncional, sus rituales y su lenguaje oficial continuaban observándose estrictamente. La gente participaba en la vida oficial no porque creyera en ella, sino porque parecía no haber otra opción. De este modo, el sistema era tan normal que se había vuelto «hipernormal». La idea de Yurchak ayuda a explicar por qué la caída del socialismo se percibió como algo repentino e inevitable.

Como Verdery, Yurchak rechazaba los modelos de transición simplistas. Demostró que, incluso cuando los regímenes se desmoronaron, la gente siguió viviendo su vida con continuidad, improvisación y formas silenciosas de adaptación que se prolongaron hasta el periodo poscomunista. Ambos estudiosos subrayaron el caos de la experiencia vivida y la persistencia de los hábitos en tiempos de agitación.

en estos sistemas socialistas. Destacó el énfasis en la producción frente al consumo, el papel de la redistribución y los programas de bienestar social, y la influencia omnipresente de la planificación centralizada y la burocracia. Identificó la escasez crónica como una característica definitoria de estas economías, que moldeó esencialmente la vida cotidiana y obligó a los ciudadanos a desarrollar estrategias informales de supervivencia. Aunque reconoció la influencia de la ideología socialista, Verdery hizo hincapié en la brecha entre la retórica oficial y la experiencia vivida, destacando las diversas y a menudo contradictorias formas en que los individuos se movían dentro de estos sistemas.

El enfoque postsocialista

La crítica de Verdery al modelo de «transición» allanó el camino para una nueva comprensión de la era poscomunista, a menudo denominada «postsocialismo». Aunque el término se usó ampliamente para designar un periodo histórico específico, Verdery consideraba que el postsocialismo era más que una simple etiqueta cronológica, y lo empleó como «punto de vista crítico» desde el que evaluar el pasado, el presente y el futuro de la región, pero también para deconstruir los supuestos occidentales que dominaban el pensamiento de la Guerra Fría. El postsocialismo, por tanto, brindó a los antropólogos la oportunidad de cuestionar el significado y la validez de términos clave como «mercado» o «propiedad privada» y, en última instancia, «capitalismo» y «democracia». Para Verdery, representaba un fenómeno global relevante no solo para Europa del Este, sino también para los experimentos socialistas en África y Asia, e incluso para el potencial de políticas socialistas en Occidente.

Un rasgo definitorio de la antropología postsocialista fue su atención tanto al detalle etnográfico como al contexto más amplio de las transformaciones regionales y globales. Al principio, la investigación se centró en cómo las normas y estructuras del socialismo se manifestaban en la vida cotidiana. Así, por ejemplo, estudiar lo que se compraba y consumía se convirtió en una forma de comprender los efectos a largo plazo de las economías socialistas, caracterizadas por la escasez. A principios del siglo XXI, el estudio del consumo devino también una forma de comprender los recuerdos de la gente sobre el socialismo, e incluso su nostalgia por él.

Una multitud se reúne en Moscú para la inauguración del primer McDonald's de la URSS en 1990. El capitalismo ofrecía opciones y abundancia, pero solo para aquellos que podían permitírselo.

Este cartel rinde honor a la cosmonauta Valentina Tereshkova, la primera mujer en el espacio. Tres décadas después, a las mujeres, antes reconocidas por su papel como trabajadoras, se les decía que su lugar estaba en el hogar.

Costes sociales

A inicios de la década de 1990, la privatización y la descolectivización –el desmantelamiento de las granjas estatales y la redistribución de la tierra– transformaron los modelos de trabajo y propiedad en Europa del Este. Estas políticas de transición tuvieron graves consecuencias sociales: pobreza, hambre y erosión de las redes sociales. Tales privaciones transformaron la conciencia política, haciendo a la gente cada vez más receptiva a soluciones autoritarias. Las divisiones de clase resurgieron con intensidad. Por un lado estaban los que perseguían el sueño de la estabilidad de la clase media. Por otro, la clase trabajadora desposeída, que encontró su expresión en movimientos populistas y en la retórica nacionalista que prefiguró el auge de la extrema derecha en las décadas de 2010 y 2020.

Las mujeres soportaron algunos de los costes más altos. Bajo el socialismo, habían logrado la igualdad en el trabajo y habían ascendido a puestos públicos destacados, pese a enfrentarse a un sexismo persistente. Tras 1989, la eliminación de las protecciones sociales, como la guardería gratuita y el empleo garantizado, empujó a muchas mujeres al trabajo informal o a la vida doméstica. Como dijo Verdery, la «reprivatización» del trabajo femenino –presentada como un retorno a los roles de género «naturales»– devino una herramienta para legitimar la transición capitalista.

La agitación social obligó a la gente a reutilizar viejas estrategias de supervivencia para hacer frente a nuevas crisis, como habían hecho bajo el socialismo, pero ahora sin sus garantías. Como demostró la investigación de la antropóloga estadounidense Melissa Caldwell en el Moscú de la década de 1990, las mismas redes informales que en su día sortearon la escasez ahora tapaban los agujeros del Estado del bienestar en caída. Lo que empezó como adaptación temporal se convirtió en algo permanente de la vida después del socialismo, revelando que la transición no era un puente hacia la prosperidad, sino una larga pugna con la pérdida. ■

La migración postsocialista

La caída del socialismo de Estado desencadenó una ola migratoria en Europa y Eurasia. El desempleo y la inestabilidad económica llevaron a millones de personas a buscar trabajo en el extranjero: obreros polacos en Reino Unido, cuidadores rumanos en Italia y trabajadores uzbekos en los mercados de Moscú. Académicos como la antropóloga británica Caroline Humphrey estudiaron cómo se enfrentaban los migrantes al desarraigo cultural, al chocar el colectivismo de la era soviética con el individualismo capitalista. El sociólogo británico Michael Burawoy analizó su papel en el capitalismo global, señalando cómo la mal pagada mano de obra postsocialista sostenía el sector servicios de Europa occidental.

Estos flujos transformaron las sociedades. La migración sigue siendo un legado definitorio de la caída del socialismo: una historia de supervivencia en medio de una ruptura sistémica.

Vendimiadores rumanos en Reino Unido. Desde la caída del socialismo estatal, el movimiento de mano de obra de la Europa Oriental a la Occidental ha transformado las economías.

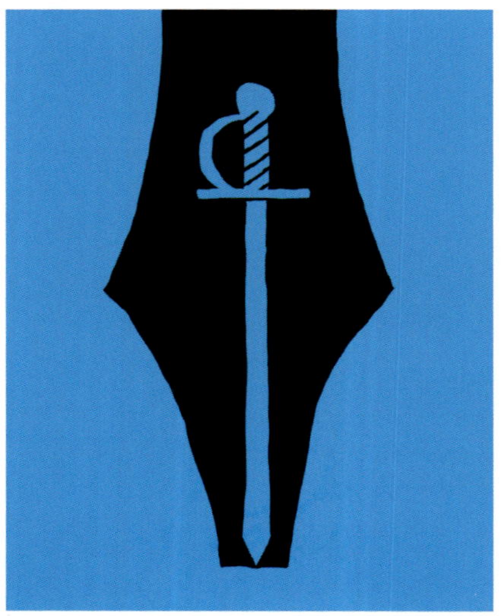

LA PLUMA ES UNA ESPADA DE DOS FILOS

DESIDENTIFICACIÓN ACADÉMICA

EN CONTEXTO

OBRA CLAVE
Signithia Fordham, *Blacked Out* (1996)

RAMA
Antropología social y cultural

ANTES
1924 W. E. B. Du Bois recopila las contribuciones del pueblo negro a EE. UU. Sostiene que los negros son tan capaces como cualquier otro pueblo, pero que la sociedad les pone obstáculos.

1974 El nigeriano-estadounidense John Ogbu publica *The Next Generation*, donde explora las razones por las que algunos niños de grupos étnicos minoritarios tienen dificultades para triunfar en los sistemas académicos.

DESPUÉS
2000 En «Why Can't Sonya (and Kwame) Fail Math?», Signithia Fordham analiza cómo pueden afectar al rendimiento académico la raza y el género.

Partiendo de su interés en la investigación sobre raza, género y política de identidad, la antropóloga estadounidense Signithia Fordham llevó a cabo una innovadora etnografía en la que exploró las dinámicas sociales de raza, rendimiento e identidad entre estudiantes afroamericanos de secundaria, prestando atención a cómo afectaba la raza al rendimiento académico.

Fordham sitúa las luchas identitarias de los estudiantes negros en el contexto del movimiento por los derechos civiles en EE. UU., que puso fin a la segregación racial en las escuelas.

A partir de una investigación etnográfica en un instituto urbano de Washington D. C. con una población mayoritariamente negra –llamado Capital High en la investigación–, Fordham ofreció un análisis de cómo la raza, la identidad y el éxito académico se entrecruzan de forma compleja. Su concepto de «desidentificación académica» –la separación de la identidad respecto al valor académico o el éxito– surgió de la observación de estudiantes afroamericanos que deliberadamente rendían por debajo de sus capacidades o se resistían a su propio éxito académico para evitar ser vistos como «actuando como blancos».

Proteger la identidad racial

Fordham observó que dicha desidentificación servía como estrategia de supervivencia para que los estudiantes mantuvieran la autenticidad racial y la solidaridad del grupo, sorteando así las presiones entre el rendimiento académico y el mantenimiento de un sentido de identidad propia.

Fordham sostenía que detrás de la ideología operativa de las escuelas había un racismo estructural. Señaló que los planes de estudios y los programas escolares se establecían

Véase también: Lucha contra la segregación racial 30–31 ▪ Intimidad cultural 230–233 ▪ Acentos, dialectos y cambio de código 244–245 ▪ Etnografía crítica 270–271

sin tener en cuenta la cultura de los estudiantes afroamericanos u otros grupos marginados. Como resultado, el sistema educativo de Capital High se organizaba de una manera que muchos estudiantes negros consideraban alienante y hostil.

En sus entrevistas con los estudiantes, Fordham descubrió que algunos mostraban resistencia a los logros académicos, lo que racionalizó como «su miedo a ser consumidos tanto por las normas y los valores de (un) Otro como por (un) Otro que históricamente se apropió de la humanidad negra». Argumentó que, al resistirse a las normas del sistema educativo y al éxito académico, los estudiantes mostraban su capacidad de acción y se rebelaban contra la cultura dominante de un sistema educativo creado para servir a los estudiantes blancos. De este modo, el logro académico podría considerarse una forma de traición cultural. Fordham sugirió que, debido a este sentimiento de deslealtad, las dinámicas entre compañeros y las expectativas sociales existentes dentro de la comunidad estudiantil negra podrían haber desalentado el rendimiento académico y afectado a la forma en que estos estudiantes formaban su identidad académica.

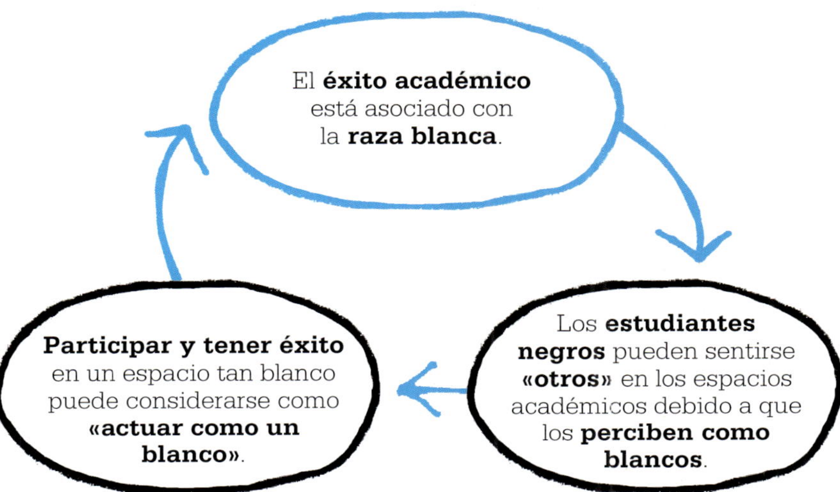

Identidad multifacética

Aunque el trabajo de Fordham es anterior al uso generalizado del término «interseccionalidad», examinó cómo las identidades de raza, género y clase interactuaban e influían entre sí en el ámbito educativo. Su trabajo etnográfico proporcionó pruebas de las barreras sistémicas que impiden el éxito académico de los estudiantes afroamericanos y de minorías étnicas en EE. UU., y ofreció una explicación de por qué persiste la desidentificación académica. También abogó por que los investigadores se centraran en las complejas estrategias que desarrollan los estudiantes para hacer frente a las presiones institucionales y comunitarias. ■

Interseccionalidad

El concepto de interseccionalidad –diferentes identidades se unen para producir una experiencia de vida individual– ha llamado la atención sobre los matices de las identidades personales y ha animado a los antropólogos a superar descripciones reduccionistas de las dinámicas sociales. Al reconocer la interseccionalidad, se obtiene una comprensión dinámica de identidades complejas que revela cómo operan poder, privilegios y marginación en diferentes contextos sociales. La interseccionalidad también ofrece un marco teórico para comprender la experiencia humana, lo que requiere que la investigación etnográfica sea holística y exhaustiva. Asumir que las identidades tienen cualidades interseccionales facilita la comprensión de cómo se construyen y se experimentan, y de cómo las estructuras de poder dan forma a las experiencias. De este modo, los antropólogos pueden evitar una simplificación excesiva de las prácticas culturales y las interacciones sociales.

La bandera del Orgullo se actualizó en 2018 para reconocer identidades interseccionales como la raza y el género.

LA MENTE COMO CATEDRAL

FLUIDEZ COGNITIVA

EN CONTEXTO

OBRA CLAVE
Steven Mithen, *Arqueología de la mente* (1996)

RAMA
Antropología biológica

ANTES
1970 El neurobiólogo austro-estadounidense Eric Kandel establece que las funciones cerebrales superiores, como la memoria y el aprendizaje, están asociadas a procesos físicos en el cerebro.

1983 En *La modularidad de la mente*, el filósofo estadounidense Jerry Fodor sugiere que el cerebro está compuesto por estructuras neurales distintivas.

DESPUÉS
2023 Una iniciativa europea conocida como Proyecto Cerebro Humano publica un atlas completo del cerebro que define la forma y la ubicación de las regiones cerebrales.

En la década de 1970 se sabía mucho sobre la fisiología del cerebro humano, pero seguían sin respuesta algunas preguntas sobre cómo había evolucionado hasta alcanzar un nivel tan avanzado. Se aceptaba que el cerebro estaba formado por distintas estructuras neuronales, cada una con una función. Estas habían evolucionado por selección natural para guiar una variedad de comportamientos, como competir, cooperar o recordar una ruta para buscar comida. En 1983, el psicólogo cognitivo estadounidense Howard Gardner usó la analogía de una navaja suiza para describir el cerebro como una unidad única que contiene varias herramientas distintas para realizar diferentes funciones. Para el arqueólogo británico Steven Mithen, el paso crítico en la evolución del cerebro humano moderno fue el cambio de una mente «diseñada como una navaja suiza a una con fluidez cognitiva».

Una catedral con muchas partes

En *Arqueología de la mente* (1996), Mithen utiliza la analogía de una catedral para explicar el desarrollo

Mithen sostiene que las mentes humanas primitivas no habrían sido capaces de combinar la inteligencia natural y la social para hacer una broma sobre un animal que va a un bar a pedir una bebida.

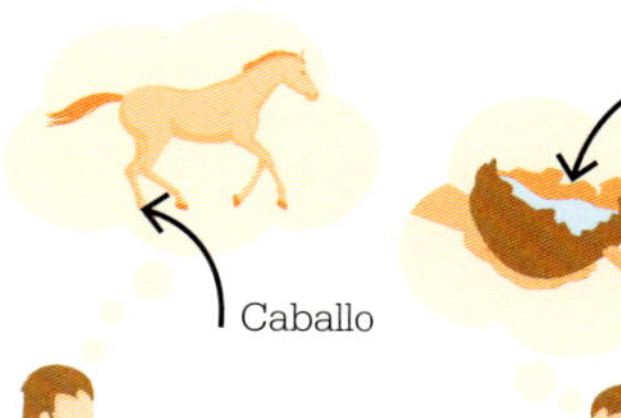

La inteligencia de la historia natural permitió a los primeros humanos pensar en un animal.

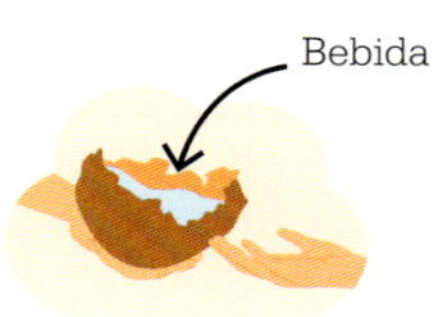

La inteligencia social permitió a los primeros humanos comprender las transacciones sociales.

Fluidez cognitiva significa que los humanos modernos pueden combinar ideas con un propósito, como hacer una broma.

Véase también: Las reglas del lenguaje 109 ▪ La nueva arqueología 110–115 ▪ La teoría agrícola de la difusión del lenguaje 210–211

Colaboración creativa

En *La chispa creativa* (2017), el antropólogo estadounidense Agustín Fuentes presenta la colaboración y la creatividad como elementos clave para la evolución de la cultura humana; y hay muchas pruebas que respaldan esa opinión. Un equipo de arqueólogos españoles investigó el arte rupestre del Paleozoico Superior en Europa y descubrió que 56 cuevas contenían 769 motivos de manos. Al comparar los motivos de manos de cinco de las cuevas con una población de referencia moderna, pudieron asignar los motivos paleolíticos a grupos de edad y descubrieron que estaban representados todos los rangos de edad. En Fuente del Salín (Cantabria), el 27 por ciento de los motivos pertenecían a niños menores de 7 años, y otro 9 por ciento a niños de entre 7 y 12 años. Estos hallazgos, junto con la gran variedad de huellas que cubren el suelo de la cueva, indican que el arte era una actividad colaborativa hace entre 35 000 y 40 000 años.

El arte rupestre de la Cueva de las Manos (Argentina) muestra claras expresiones culturales: escenas de caza, así como motivos de manos y abstractos.

del cerebro humano. Los cimientos son la inteligencia general, algo que todos los simios tienen en alto grado, con la capacidad de aprender y resolver problemas. Sobre estos cimientos se construyen las especializaciones cognitivas, con diferentes ámbitos responsables de la inteligencia social, natural, técnica y, más tarde, lingüística. En la mente humana primitiva, cada ámbito actuaba de forma independiente y podía compararse con las capillas construidas alrededor de la catedral. Mithen explica la evolución de la mente como un aumento del nivel de interacción entre estos ámbitos. Sostiene que el lenguaje se limitaba inicialmente al ámbito social y se utilizaba para regular las interacciones sociales. Sin embargo, poco a poco, fragmentos de lenguaje comenzaron a fluir hacia otros ámbitos, lo que permitió a los seres humanos hablar de otras cosas. Los individuos que aprendían de esta nueva información tenían una ventaja, ya que mejoraban su capacidad para tomar decisiones informadas sobre la fabricación de herramientas, la caza y el cuidado de los hijos, por ejemplo.

El estudio de la evolución de las herramientas líticas producidas por los humanos prehistóricos ayuda a antropólogos y arqueólogos a comprender el desarrollo de la inteligencia técnica.

Explosión cultural

La selección natural aceleró los cambios neurológicos en el cerebro, y la creciente interacción entre los distintos ámbitos hizo que las personas comenzaran a reunir diferentes tipos de información en una sola idea. Según Mithen, fue esta fluidez cognitiva la que, hace entre 60 000 y 30 000 años, produjo una explosión creativa y cultural que permitió a las personas construir barcos que cruzaron el Pacífico, crear arte rupestre, diseñar herramientas complejas y creer en ideas religiosas.

Aunque esta idea –que la comprensión de los avances culturales puede proporcionar información sobre la evolución del cerebro– obtuvo mucha publicidad, los críticos argumentaron que es difícil sacar conclusiones neurológicas a partir de las pruebas arqueológicas disponibles: los arqueólogos han demostrado, por ejemplo, que los neandertales también crearon arte rupestre. ▪

Hubo una explosión cultural en el cuarto y último acto de nuestro pasado.
Steven Mithen

CONSTRUCTOS QUE CLASIFICAN A LAS PERSONAS

ACENTOS, DIALECTOS Y CAMBIO DE CÓDIGO

EN CONTEXTO

OBRA CLAVE
Bonnie Urciuoli, *Exposing Prejudice* (1997)

RAMA
Antropología lingüística

ANTES
1956 El lingüista Einar Haugen acuña la expresión «cambio de código» para designar el proceso de «alternancia lingüística».

1980 La lingüista Shana Poplack escribe sobre el cambio de código en «Sometimes I'll start a sentence in Spanish y termino en español».

DESPUÉS
2015 Los comediantes Keegan-Michael Key y Jordan Peele crean el personaje de Luther, el traductor de la ira del presidente Obama, que reinterpreta las sosegadas declaraciones del presidente.

2019 El psicólogo Myles Durkee explora los costes del cambio de código para las minorías culturales.

La forma en que las personas hablan puede influir en la comunicación y el estatus social tanto como lo que realmente dicen. En su libro *Exposing Prejudice*, la antropóloga lingüística estadounidense Bonnie Urciuoli explora este tema y el concepto de cambio de código en el contexto de las comunidades puertorriqueñas de Nueva York.

El cambio de código se refiere a la práctica de alternar entre distintas variedades lingüísticas o dialectos, a menudo dentro de la misma conversación o interacción. Urciuoli se centra en cómo las variedades lingüísticas utilizadas por los participantes en su investigación se entrecruzan con identidades sociales más amplias, como la raza y la clase social.

Lenguaje culto y coloquial

La mayoría de los idiomas están sujetos a un fenómeno conocido como diglosia, que significa que existen variedades «altas» y «bajas». La va-

Los manifestantes que participan en el desfile anual del Día de Puerto Rico en Nueva York llevan pancartas con mensajes en inglés y español.

Véase también: La estructura del lenguaje 44–45 ▪ Lenguaje y cognición 88–89 ▪ Inglés vernáculo 116–119 ▪ Ritual y lenguaje 166 ▪ El papel del inglés vernáculo afroamericano 254–255

El cambio de código es como bailar entre estilos y ritmos vocales. Este baile es en parte una celebración de la riqueza, las complejidades y las difusas fronteras entre nuestras culturas.
Bonnie Urciuoli

riedad alta se refiere al registro que se habla en entornos formales, como un tribunal o un aula, o que se escribe en los libros. Las bajas incluyen la lengua vernácula que se usa en los modelos de habla cotidianos y para comunicarse de manera informal con familia y amigos. Las personas eligen la variedad alta o baja dependiendo de con quién estén hablando y de lo que quieran transmitir sobre sí mismas.

Además, idiomas completos se valoran de manera diferente en distintos contextos culturales. Aunque la mayoría de los puertorriqueños hablan algo de inglés, muchos califican sus habilidades en este idioma como «pobres» o «malas». Cuando se mudan a Nueva York, con frecuencia sufren segregación lingüística y económica, y descubren que las oportunidades de empleo disponibles para ellos son escasas y mal remuneradas.

Urciuoli señala que, en este contexto, los puertorriqueños de Nueva York utilizan estratégicamente tanto el inglés como el español. Su investigación indica que el cambio de código no es un simple fenómeno lingüístico, sino que refleja las complejas prácticas sociales y culturales que conforman la identidad de las personas. Un aspecto central de su análisis es la idea de que el lenguaje sirve como recurso simbólico que los puertorriqueños usan para negociar su posicionamiento social y afirmar su identidad cultural. Sugiere que el cambio de código no es un comportamiento lingüístico aleatorio o arbitrario, sino algo que se elige para navegar entre jerarquías sociales, expresar identidad o afiliación, o afirmar la pertenencia a un grupo social.

Identidades dinámicas

Urciuoli explica cómo, dependiendo del contexto, la audiencia o la situación, las personas pueden cambiar de código entre el español y el inglés. En el ámbito interno de la comunidad puertorriqueña de Nueva York, el uso del español por parte de un individuo a menudo expresa solidaridad con sus raíces étnicas y culturales, y refuerza el sentido de pertenencia e identidad dentro de su propia comunidad. Por el contrario, fuera de esta, los puertorriqueños pueden optar por cambiar al inglés para gestionar lo que de otro modo podría ser una relación desequilibrada entre los interlocutores.

Esta alternancia entre idiomas permite a las personas expresar dinámicamente su identidad y afirmar su herencia puertorriqueña, al tiempo que se adaptan a las exigencias lingüísticas de distintos contextos sociales. ■

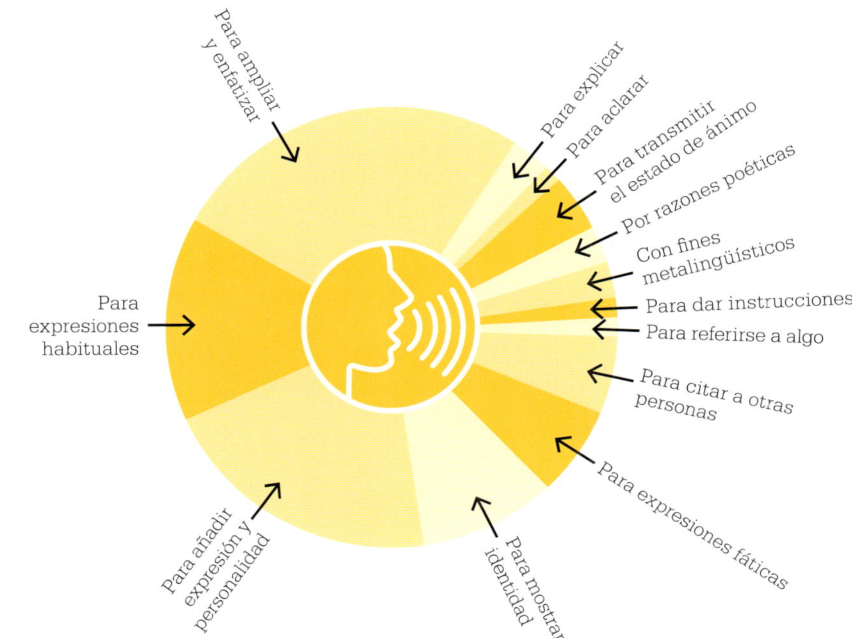

Hay muchas razones para cambiar de código, desde el deseo de mostrar solidaridad con un interlocutor hasta la necesidad de cultivar las relaciones sociales a través de interacciones sencillas (expresiones fáticas), como los saludos de cortesía y la charla trivial.

TU MUNDO TIENE UN CENTRO QUE LLEVAS CONTIGO

DILEMAS TRANSCULTURALES

EN CONTEXTO

OBRA CLAVE
James Clifford, *Itinerarios transculturales* (1997)

RAMA
Antropología social y cultural

ANTES
1922 Bronisław Malinowski y A.R. Radcliffe-Brown publican obras clave que sientan las bases del análisis antropológico social y la escritura etnográfica.

1988 James Clifford examina en *Dilemas de la cultura* las dinámicas de poder y los retos interpretativos a los que se enfrentan los antropólogos y críticos culturales en un mundo poscolonial.

DESPUÉS
2004 *La política cultural de las emociones*, de Sara Ahmed, examina cómo las emociones dan forma a la política cultural. Se basa en las ideas de Clifford sobre la interacción entre traducción, viajes y experiencia cultural.

A medida que las culturas del mundo se interconectaban cada vez más a finales del siglo xx, el antropólogo sociocultural estadounidense James Clifford examinó la relación entre la etnografía y la representación cultural explorando los conceptos de viaje y traducción, especialmente en el contexto de la exhibición de culturas en museos. Su obra pretende animar tanto a etnógrafos como a viajeros a apreciar cómo los movimientos de personas, ideas y mercancías contribuyen a la hibridación cultural y a las identidades fluidas.

Raíces móviles

La idea central de *Itinerarios transculturales* es la metáfora de las rutas frente a las raíces. Clifford analiza cómo, en la etnografía tradicional, el antropólogo está arraigado en el lugar: llega a una comunidad remota y relativamente aislada y se integra en la vida cotidiana para comprender cómo ven su mundo los «nativos».

Los mercados son espacios dinámicos donde se encuentran e interactúan diferentes culturas. Espacios como estos convierten al visitante en viajero y traductor.

Véase también: Antropología en casa 170–171 ▪ Antropología museística 220–225 ▪ La ética de la antropología 248–249 ▪ Ciudadanía y pertenencia 278–279

El significado de las señales y los gestos manuales puede variar mucho entre culturas. A menudo se advierte a los viajeros de que algunos gestos aparentemente inocuos pueden tener un significado negativo y resultar ofensivos en otros países, o aun cuando no sean ofensivos, pueden no transmitir la información deseada.

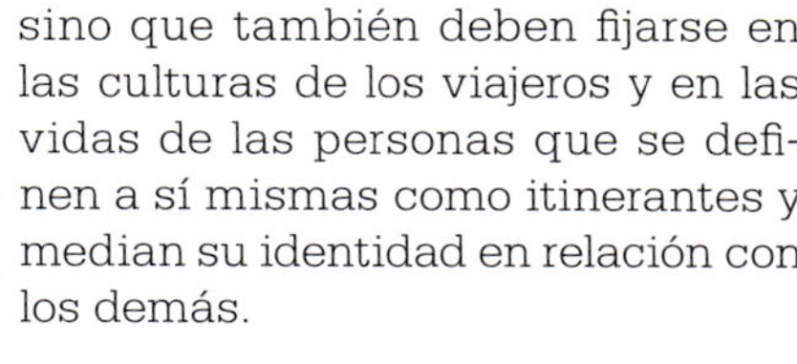

Sin embargo, Clifford sugiere que los antropólogos también deben considerar las «rutas» como lugares de contacto cultural. Anima a los antropólogos a considerar el contacto cultural en espacios dinámicos donde se cruzan lo local y lo global, y a ver a los miembros de la cultura como «viajeros y traductores» de diferencias culturales. También afirma que los antropólogos deben fijarse tanto en las culturas itinerantes como en las sedentarias, por ejemplo, en contextos como el turismo, la guerra y el comercio. Argumenta que no deben limitarse a tratar de comprender a las personas pertenecientes a culturas itinerantes, sino que también deben fijarse en las culturas de los viajeros y en las vidas de las personas que se definen a sí mismas como itinerantes y median su identidad en relación con los demás.

Cuando las fronteras adquieren una centralidad paradójica, los márgenes, los límites y las líneas de comunicación emergen como mapas e historias complejos.
James Clifford

Importancia de la traducción

Clifford examina asimismo la forma en que los museos representan y traducen –o interpretan– las diferentes culturas. Critica el modelo occidental tradicional que presenta a los grupos culturales como estáticos o en su supuesta forma prístina en el pasado. Estas exposiciones suelen ser problemáticas: suelen contemplar las culturas desde una perspectiva única, normalmente colonial, que tiende a destacar los cambios irrevocables sufridos en ellas como resultado del contacto colonial. Clifford contrasta esto con los modelos de museos que logran retratar el cambio en sí mismo como cultura «auténtica», así como con aquellos que otorgan cierto grado de agencia a los pueblos representados en la exposición.

El uso que hace Clifford del concepto de traducción va más allá de la definición lingüística y abarca la traducción cultural, definida como el proceso por el cual los significados y prácticas se interpretan y adaptan a través de las fronteras culturales.

Es importante destacar que el análisis de Clifford demuestra cómo el viaje y la traducción están entrelazados con la globalización y la diáspora. Esto, a su vez, desafía las nociones convencionales de las fronteras culturales fijas y las identidades de la modernidad. ■

Ciudadanía flexible

El concepto de ciudadanía suele evocar la idea de pertenencia legal a un país geográficamente delimitado. Sin embargo, en *Flexible Citizenship: The Cultural Logics of Transnationality* (1999), Aihwa Ong explora la ciudadanía en el contexto de la globalización. Ong sostiene que las concepciones tradicionales de ciudadanía son inadecuadas cuando personas, bienes y capital cruzan fronteras con frecuencia y facilidad.

La idea central de Ong es la «ciudadanía flexible», que se refiere a las formas distintivas en que los individuos navegan por un mundo cada vez más globalizado y aprovechan las oportunidades económicas que ofrece manteniendo vínculos con múltiples países. Sostiene que «en la era de la globalización, tanto individuos como gobiernos desarrollan nociones flexibles de ciudadanía y soberanía como estrategias para acumular capital y poder». De este modo, Ong explica cómo los individuos tienen capacidad de acción para dirigir su vida y desempeñan un papel directo en la remodelación de los significados y prácticas de la ciudadanía.

NO CAUSAR DAÑO

LA ÉTICA DE LA ANTROPOLOGÍA

EN CONTEXTO

OBRA CLAVE
Asociación Estadounidense de Antropología (AAA), «Principios de Responsabilidad Profesional» (1998)

RAMA
Antropología aplicada

ANTES
1851 Lewis Henry Morgan realiza una investigación entre la Confederación Iroquesa; su trabajo es posteriormente criticado por usar un marco evolutivo eurocéntrico.

1911 Alfred Kroeber se hace cargo de un superviviente del genocidio indígena, que sirve como exhibición viviente en el museo de antropología de la Universidad de California, en Berkeley, hasta su muerte en 1916.

DESPUÉS
2012 Las actualizaciones del código ético de la AAA se centran en proporcionar directrices y recursos más que una lista de normas específicas.

Franz Boas, padre de la antropología estadounidense, se propuso establecer una escuela que se alejara de las tradiciones europeas. Junto con alumnos destacados como Margaret Mead, Ruth Benedict, Zora Neale Hurston, Alfred Kroeber y Edward Sapir, Boas priorizó el relativismo cultural –entender las creencias y prácticas de los otros dentro de su contexto cultural sin juzgarlas– y las metodologías de investigación rigurosas. Su propia investigación buscó contrarrestar el racismo científico que prevalecía a principios del siglo xx y rechazar la categorización jerárquica de las sociedades basada en etapas evolutivas. Sin embargo, el trabajo de los primeros antropólogos no fue inmune a problemas éticos y morales.

Historia temprana

En sus primeras etapas, la antropología estuvo entrelazada con el colonialismo y el imperialismo. A menudo la investigación se hacía sin la colaboración significativa ni el consentimiento de los pueblos indígenas. Algunos de los primeros estudios antropológicos contribuyeron

Sesgo cultural y parentesco

En la segunda mitad del siglo xx, los antropólogos empezaron a criticar la manera en que estudiaban e interpretaban las ideas sobre familia y parentesco. Les preocupaba que los antropólogos occidentales proyectaran sus propios prejuicios culturales en las sociedades que estudiaban y utilizaran marcos derivados de Occidente para categorizar a grupos no occidentales en su intento por comprenderlos. El trabajo de David Schneider fue especialmente convincente en su argumentación contra el uso de las normas y categorías culturales occidentales como estándares universales para comprender las sociedades. Su *American Kinship: A Cultural Account* (1968) examinó hasta qué punto las teorías antropológicas habían sido moldeadas por las ideologías occidentales. Al acuñar el concepto de «parentesco como sistema cultural», subrayó que las prácticas y los significados del parentesco son construcciones sociales y varían mucho entre las distintas culturas.

Véase también: El «buen salvaje» 23 ▪ Orígenes de la cultura 32–33 ▪ Relativismo cultural 34–41 ▪ Autoetnografía 76–77

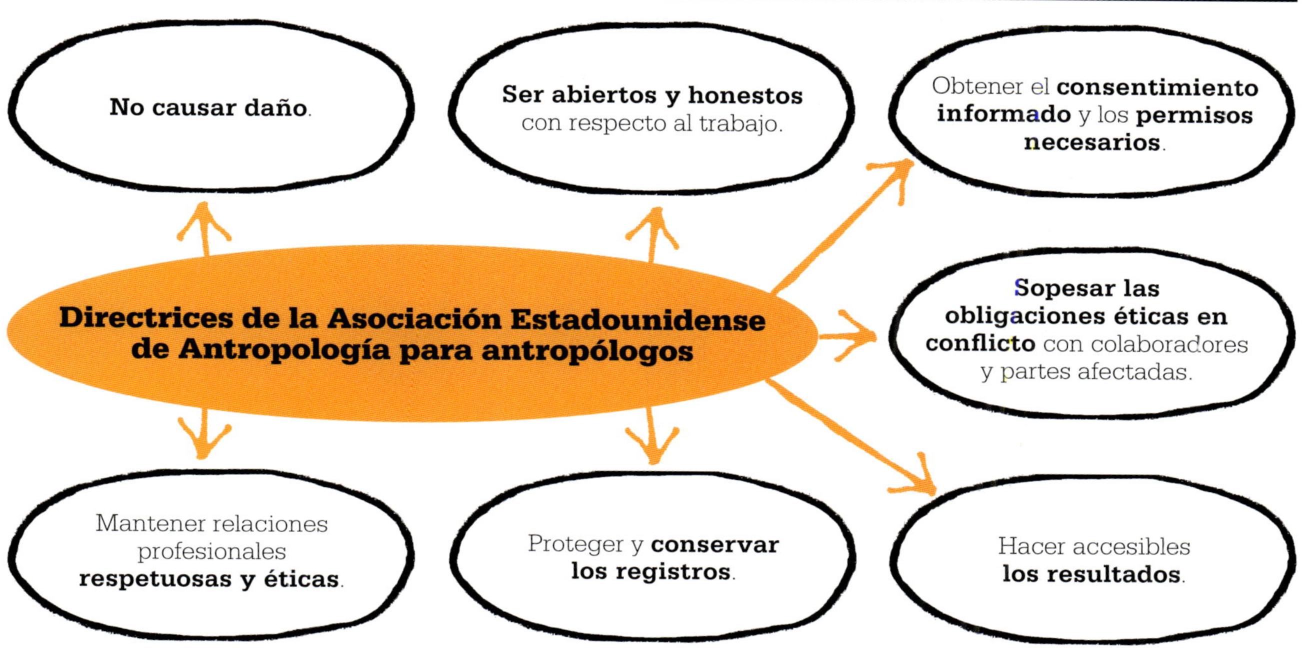

a la estigmatización y explotación de las comunidades estudiadas y, en algunos casos, sus resultados se utilizaron para justificar políticas discriminatorias, perpetuar estereotipos e incluso para informar operaciones militares.

A medida que la antropología evolucionaba, la naturaleza de los problemas éticos también se transformó, pero no desapareció. En torno a finales del siglo XX, una serie de escándalos éticos sacudieron la antropología estadounidense. El más conocido fue el del antropólogo Napoleon Chagnon y su trabajo entre los yanomamos (o yanomami) en Sudamérica entre 1960 y 1980. El trabajo de Chagnon describía a los yanomamos como una sociedad violenta y agresiva. Sus críticos argumentaron que había manipulado y exagerado sus descubrimientos para sensacionalizar sus resultados. El escándalo se reavivó en 2000 con la publicación de *El saqueo de El Dorado*, del periodista Patrick Tierney, en el que acusaba a Chagnon y a su equipo de varias violaciones éticas y de los derechos humanos, entre ellas exacerbamiento de la violencia, explotación sexual y propagación de enfermedades entre los yanomamos.

Código de conducta

La presión generada por el caso de Chagnon y otros escándalos éticos llevó a la Asociación Estadounidense de Antropología (AAA), la asociación más importante de antropólogos profesionales de EE. UU., a elaborar un conjunto de normas éticas; publicadas como «Principios de Responsabilidad Profesional» (1971–2012), eran normas exigibles a todos los antropólogos en ejercicio en EE. UU. Al adherirse a estos principios, los antropólogos se esfuerzan por contribuir a la práctica ética de la antropología y por desarrollar relaciones positivas con los participantes en sus investigaciones, las comunidades que estudian y el público en general. ■

El comportamiento de un individuo no está determinado por su filiación racial, sino por el carácter de su ascendencia y su entorno cultural.

Franz Boas

Race and Democratic Society **(1945)**

ANTROPO
CONTEMP
DE 2000 EN ADE

OGÍA
ORÁNEA
ANTE

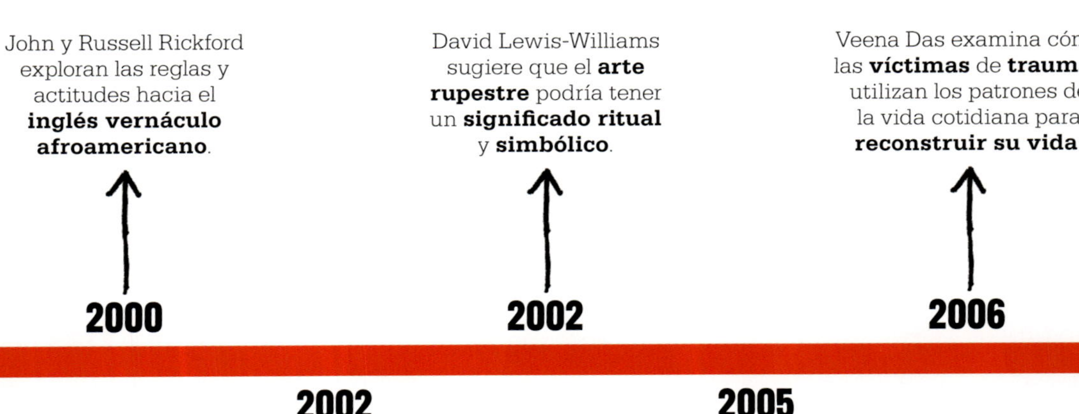

2000

John y Russell Rickford exploran las reglas y actitudes hacia el **inglés vernáculo afroamericano**.

2002

Faye Ginsburg muestra cómo las **comunidades marginadas «responden»** usando distintas formas de **comunicación**.

2002

David Lewis-Williams sugiere que el **arte rupestre** podría tener un **significado ritual** y **simbólico**.

2005

Soyini Maddison promueve el uso de la etnografía crítica para abordar la **desigualdad** y la **injusticia**.

2006

Veena Das examina cómo las **víctimas** de **traumas** utilizan los patrones de la vida cotidiana para **reconstruir su vida**.

2008

Ruth Mandel debate si **la ciudadanía por sí sola** proporciona a los **migrantes** un sentido de **pertenencia**.

El siglo XXI ha traído consigo retos globales sin precedentes, de los costes sociales del cambio climático y la creciente desigualdad a la política de la identidad y la revolución digital. Como resultado, la antropología se ha vuelto más interdisciplinaria, experimental y comprometida que nunca, y explora nuevos métodos para hacer frente a algunos de los problemas más urgentes de nuestro tiempo. Paralelamente, los hallazgos arqueológicos y las nuevas tecnologías han modificado la comprensión de las primeras sociedades humanas y la forma en que el pasado sigue influyendo en el presente.

Nuevas fronteras

Los avances científicos han transformado la forma de investigar los orígenes y la identidad humanos. La secuenciación del ADN ha revelado los movimientos, la dieta y las relaciones de poblaciones desaparecidas hace mucho tiempo. La del ADN neandertal realizada por el genetista Svante Pääbo reveló un mestizaje inesperado con los humanos modernos, reescribiendo así la historia de la evolución.

Antropólogos como Kim TallBear han respondido críticamente al uso del ADN para revelar la ascendencia, llamando la atención sobre cómo este trabajo se cruza con las historias coloniales, la soberanía indígena y la política de la identidad. Jason De León combina la medicina forense y la etnografía para documentar los viajes de los migrantes a través de los desiertos, exponiendo la violencia implícita en las políticas fronterizas.

La antropología ha seguido centrándose en marginados y desposeídos. Veena Das examina cómo las comunidades marginadas soportan traumas, desde la guerra a la pobreza, mientras que la etnografía crítica de Soyini Madison da voz a activistas que luchan contra la opresión. El género sigue siendo una cuestión fundamental, ya sea en el análisis de Saba Mahmood sobre la piedad de las mujeres musulmanas o en el trabajo de Shanshan Du sobre las sociedades matrilineales que desafían los supuestos feministas occidentales.

Cambio de métodos

La antropología también ha experimentado innovaciones metodológicas. Las entrevistas a largo plazo se han convertido en una herramienta para captar la experiencia personal a lo largo del tiempo, mientras que la etnografía de los medios de comunicación abre nuevas perspectivas sobre la configuración de la identi-

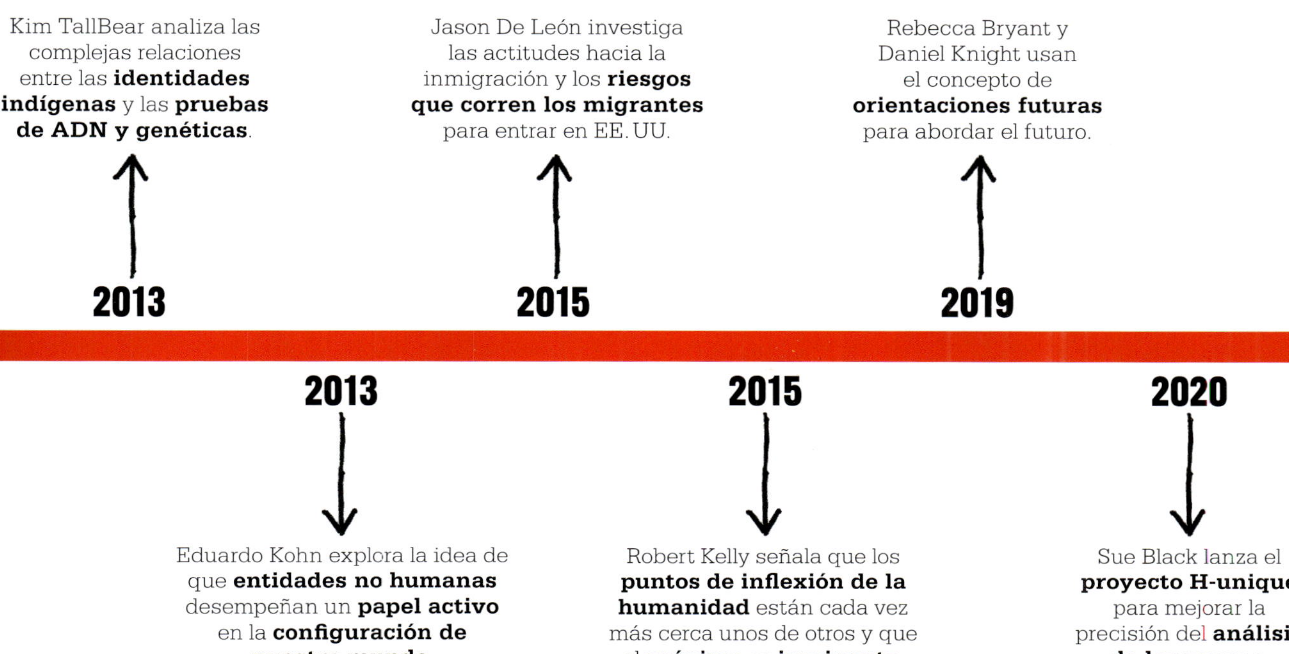

dad, el poder y la pertenencia a través del cine, la televisión y la comunicación digital. Investigadores como Faye Ginsburg, Lila Abu-Lughod y Brian Larkin han examinado cómo los medios de comunicación reflejan y remodelan los mundos culturales. La antropología visual y material sigue siendo importante. Antropólogos como Jane Lydon exploran cómo la fotografía puede documentar e influir en las relaciones sociales.

Reimaginar el pasado

Los arqueólogos siguen aumentando el conocimiento de las primeras sociedades humanas. El trabajo de David Lewis-Williams sobre el arte rupestre simbólico apunta a la importancia de rituales, memoria y representación en la vida de los primeros humanos. Robert L. Kelly ha examinado las transformaciones tecnológicas que moldearon las primeras sociedades humanas, desde las herramientas líticas hasta los patrones de movilidad y asentamiento.

El trabajo de Mary Stiner sobre los primeros enterramientos destaca las dimensiones emocional y simbólica de la vida prehistórica. Rick Potts ha explorado cómo influyó en la evolución humana la inestabilidad medioambiental, destacando la adaptabilidad como rasgo clave de nuestra especie. Junto con los hallazgos de herramientas de madera y las primeras pruebas de redes de intercambio a larga distancia, estas investigaciones cuestionan la imagen de la prehistoria como simple o estática.

Un futuro incierto

Hoy, la antropología se enfrenta a cómo las personas imaginan y responden a la incertidumbre del futuro. Los efectos del cambio climático, las pandemias y la inestabilidad política han puesto de manifiesto las formas en que las crisis se soportan de manera desigual en el mundo. Los antropólogos estudian la soledad, el desplazamiento y la pertenencia: lo que significa formar parte de una comunidad en un mundo en rápido cambio. Investigadores como Ruth Mandel y Yael Navaro exploran cómo migración y conflictos transforman las identidades y reconfiguran la ciudadanía.

En todas sus ramas, la antropología contemporánea sigue cuestionando supuestos, amplificando voces diversas y buscando conexiones entre el pasado y el presente, el yo y el otro, lo humano y lo no humano. Sigue siendo una disciplina clave para comprender cómo viven, sufren, se adaptan y esperan las personas en una época de profunda transformación global. ■

UN MARCADOR DE IDENTIDAD

EL PAPEL DEL INGLÉS VERNÁCULO AFROAMERICANO

EN CONTEXTO

OBRA CLAVE
John y Russell Rickford, *Spoken Soul* (2000)

RAMA
Antropología lingüística; antropología social y cultural

ANTES
1938 El cantante de jazz Cab Calloway publica *Hepster's Dictionary*, donde explica el léxico del «jive talk».

1972 William Labov, lingüista estadounidense, contribuye a establecer el AAVE como dialecto aceptable en *Language in the Inner City*.

1975 El psicólogo social Robert Williams define en *Ebonics* los dialectos sociales de la población negra de EE. UU.

DESPUÉS
2015 Un informe de la Universidad de Stanford revela que los jóvenes afroamericanos hablan menos AAVE y más inglés estándar cuando se mudan a barrios más ricos.

El inglés vernáculo afroamericano (AAVE), también conocido como inglés negro o ebonics –acrónimo de *ebony* (ébano) y *phonics* (fonética)–, es el dialecto que habla la mayoría de los afroamericanos en casa, en la calle, en la escuela y en la iglesia. Se caracteriza por muchas palabras que no están en el léxico del inglés estándar, como «chillin», «dis», «hood» o «peeps», y construcciones como «ain't» por «hasn't», «isn't» o «didn't», y «Kendrick very cool» por «Kendrick's very cool». Los lingüistas aún debaten los orígenes del AAVE, pero la mayoría cree que tiene tres raíces: el inglés estándar; las lenguas criollas del inglés surgidas en los siglos XVII y XVIII entre esclavos que hablaban lenguas mutuamente ininteligibles, en su mayoría de África occidental; y elementos de las propias lenguas africanas.

El AAVE aparece en las letras de muchos artistas de rap, como Kendrick Lamar, que ganó el premio Pulitzer de Música 2018 por su álbum *Damn*.

Lo amas o lo odias

En su libro *Spoken Soul: The Story of Black English* (2000), el lingüista estadounidense John Rickford y su hijo Russell, periodista, exploran la relación de amor-odio entre la sociedad estadounidense y el AAVE. Presentan la importancia de la lengua vernácula no solo como un dialecto variante, sino como «el alma de la identidad negra a través de las generaciones», y lamentan que a menudo sea despreciado por la sociedad blanca. Citan una encuesta realizada en 1999 a estudiantes universitarios afroamericanos de la Universidad de Stanford, en California, que se describían a sí mismos como bidialectales: cam-

Véase también: Lenguaje y cognición 88–89 ▪ Inglés vernáculo 116–119 ▪ Acentos, dialectos y cambio de código 244–245

Reglas del inglés vernáculo afroamericano		
AAVE		**Inglés estándar**
She be dancing.	**Variación de tiempo verbal**	She is always dancing.
Can't nobody tell me nothing.	**Negación**	Nobody can tell me anything.
He alright.	**Ausencia de cópula**	He is alright.
Look at the **po**-lice.	**Acentuación de la primera sílaba**	Look at the po-**lice**.
She hear you.	**Pérdida de letra**	She hears you.

biaban entre el «spoken soul» y el inglés estándar según lo exigieran el público y la situación. Los Rickford sostienen que las actitudes negativas hacia el lenguaje negro nacen del racismo.

Calificado por la lingüista estadounidense Geneva Smitherman como «truly da bomb» (genial de verdad), *Spoken Soul* fue revolucionario porque exploraba y analizaba todos los aspectos del dialecto afroamericano. Además de cubrir el vocabulario, la gramática, la pronunciación y el uso del AAVE en la educación y la historia, el libro contrastaba la negatividad dirigida hacia el dialecto con la aclamación recibida por escritores que lo usan como James Baldwin, June Jordan y Claude Brown.

Cultura popular

El AAVE es aceptado desde hace tiempo como parte de la cultura popular en EE. UU. Así, por ejemplo, a finales de la década de 1930, las letras de jazz, incluido el «jive talk», usaban ampliamente el AAVE, y también se hicieron populares entre el público blanco en la década siguiente. En su novela *Sus ojos miraban a Dios* (1937), Zora Neale Hurston creó personajes que expresan la riqueza del lenguaje negro, a pesar de la feroz resistencia de los críticos que lo ridiculizaron como un inglés deficiente. La ganadora del Nobel Toni Morrison, muy influenciada por Hurston, dijo en una entrevista en 1981 que el lenguaje que utilizaba era el ingrediente más distintivo de su escritura: «Lo peor que podría pasar sería perder ese lenguaje». El AAVE se utiliza habitualmente en la redacción de guiones cinematográficos y teatrales, y es omnipresente en las letras del funk, el hip-hop y el rap. Debido a la popularidad de la cultura estadounidense, este dialecto se ha extendido por todo el mundo. ■

El ebonics en las escuelas

El psicólogo estadounidense Robert Williams introdujo en 1973 el término «ebonics» en una conferencia sobre el lenguaje de los niños negros. Su objetivo al nombrar este dialecto era contrarrestar las críticas que lo tachaban de simple jerga. El nombre pasó desapercibido hasta 1996, cuando se desató una polémica sobre la política curricular de la junta escolar de Oakland (California). A la luz de los problemas educativos a los que se enfrentaban los alumnos afroamericanos, la junta concluyó que tener en cuenta su lengua vernácula podría ayudar en su educación. Pero la política fue tergiversada por los medios de comunicación, dando a entender que se había abandonado el inglés estándar en favor del ebonics. Esto desató una oleada de racismo y la junta escolar eliminó la palabra «ebonics» de su declaración sobre el plan de estudios. Más tarde, la Sociedad Estadounidense de Lingüística respaldó una resolución que apoyaba la política de la junta por considerarla «lingüística y pedagógicamente sólida».

UN PROCESO DINÁMICO Y COLABORATIVO

ENTREVISTAS PROFUNDAS A LARGO PLAZO

EN CONTEXTO

OBRA CLAVE
Mimi Nichter, *Fat Talk* (2000)

RAMA
Antropología social y cultural

ANTES
Década de 1990 Los antropólogos cuestionan las raíces coloniales de la antropología tradicional y empiezan a estudiar grupos dentro de sus propias sociedades de una forma más ética y reflexiva, y surgen áreas de investigación como la del género, la cultura juvenil o la imagen corporal.

1997 La historiadora Joan Jacobs Brumberg publica *The Body Project*, que explora cómo ha evolucionado la relación de las chicas estadounidenses con su cuerpo a lo largo de los dos últimos siglos.

DESPUÉS
2004 Los estudios sobre la gordura, un campo en auge, cuestionan las normas sociales sobre tamaño corporal y belleza.

En las últimas décadas, muchos antropólogos han cambiado el enfoque de sus investigaciones para estudiar la vida cotidiana en entornos familiares. La práctica de la «antropología en casa» les permite realizar investigaciones cualitativas a largo plazo en comunidades de su propio país y dar prioridad a las voces de los participantes.

Desde la década de 1990, la antropóloga estadounidense Mimi Nichter ha investigado las etapas de la vida de las mujeres, revelando la complejidad de las historias individuales. Sus estudios se cruzan con campos como los estudios sobre las chicas y sobre la gordura, pues examina cómo la presión social, las representaciones de los medios y la dinámica familiar moldean la visión de las chicas sobre sí mismas y su cuerpo.

En *Fat Talk: What Girls and Their Parents Say about Dieting*, Nichter demuestra cómo la investigación cualitativa puede amplificar las voces de los participantes y proporcionar una visión profunda de fenómenos sociales. Basado en un estudio de tres años sobre adolescentes estadounidenses, el libro explora los matices de la adolescencia femenina como una etapa de la vida moldeada por influencias personales, familiares, grupales, sociales y globales.

Una comprensión más profunda

Nichter basó su libro en varios encuentros en profundidad con sus participantes. Dedicó tiempo a comprender tanto las historias individuales como las experiencias compartidas, en un seguimiento a largo plazo. Su trabajo formó parte de un proyecto más amplio, el «Teen Lifestyle Pro-

Las mujeres jóvenes perciben la imagen corporal de diferentes maneras, según factores como la dinámica familiar, las amistades, la cultura y las percepciones personales.

Véase también: La cultura moldea el comportamiento 62–67 ▪ Dimensiones sociales y culturales de la nutrición 80–83 ▪ Antropología feminista 140–145 ▪ Descripción densa 146–153 ▪ Performatividad de género 215 ▪ Comida y modernidad 267

ject», realizado por un equipo de antropólogos culturales y nutricionales. La etnografía se llevó a cabo en cuatro escuelas urbanas de Tucson (Arizona) y contó con la participación de 240 chicas de entre 13 y 15 años. Las participantes reflejaban la diversidad étnica local y nacional: el 70 por ciento eran blancas, el 10 por ciento latinas y el 5 por ciento afroamericanas.

El libro desafía la representación a menudo negativa de la adolescencia femenina al abordarla como un periodo de desarrollo social, emocional y fisiológico. *Fat Talk* destaca las voces individuales y capta la resiliencia y la inteligencia crítica de las chicas. Revela que la adolescencia femenina está moldeada por el contexto cultural: no es una experiencia universal, sino una experiencia influenciada por diferentes expectativas, normas y valores en las distintas comunidades.

Solidaridad

Nichter usa la expresión *«fat talk»* (charla sobre la gordura) para describir cómo suelen expresar las adolescentes su preocupación por su peso. Es un ritual social entre amigas que crea solidaridad, pero Nichter señala que «charlar sobre ello no refleja necesariamente el comportamiento real; es un indicador de preocupaciones personales y culturales importantes». En su análisis, las chicas blancas hablaban más de hacer dieta que de seguirla, mientras que las negras expresaban mayor satisfacción con su cuerpo y daban más importancia a la «actitud». También investigó la influencia de la dinámica familiar en la imagen corporal de las chicas, y señaló que las madres tienden a participar en la *«fat talk»*, mientras que los padres bromean sobre la figura de sus hijas.

A través de entrevistas semiestructuradas y grupos focales, el estudio de Nichter pone de relieve las voces de las adolescentes, ampliando la comprensión de cómo las chicas experimentan su propio cuerpo. Revela el proceso interactivo de socialización femenina, así como las luchas a las que se enfrentan las chicas para alcanzar un ideal cultural de belleza dentro de un marco de *«fat talk»*, retórica dietética, presiones sociales, influencia mediática, identidades de género y cosificación de la mujer. ■

El poder de la voz

La voz es un aspecto clave de la expresión humana, asociado con la individualidad, el poder y la autoridad. Reconocer la voz como una forma de autorrepresentación es un principio esencial de una disciplina con conciencia ética, en especial cuando se trata de abordar la política de la representación. Escuchar al otro y garantizar que su voz dé forma a la investigación es clave para la etnografía.

La comprensión de que las personas pueden hablar por ellas mismas ha animado a los antropólogos a estudiar luchas de poder, injusticias y aspiraciones en distintas culturas. La fuerte conexión existente entre voz, autoridad y narrativa recuerda al estudioso que las perspectivas y expresiones compartidas por sus colaboradores en la investigación también están moldeadas por influencias históricas y culturales.

LA IDENTIDAD DE GÉNERO EMPIEZA ANTES DEL NACIMIENTO

SOCIALIZACIÓN DE LOS ROLES DE GÉNERO

EN CONTEXTO

OBRA CLAVE
Leela Dube, *Anthropological Explorations in Gender: Intersecting Fields* (2001)

RAMA
Antropología social y cultural

ANTES
1953 La socióloga india Irawati Karve señala un vínculo entre el estatus de una mujer y la estructura de su familia.

1955 La británica Kathleen Gough escribe sobre los ritos de iniciación femeninos y cómo refuerzan los roles de género.

Década de 1980 Leela Dube llama la atención sobre el tema del aborto selectivo por razón de sexo y su impacto en la desigualdad de género en India.

1997 La socióloga india Kamala Ganesh se basa en el trabajo de Dube para explorar el cambio de las estructuras familiares tradicionales en la India moderna.

Las costumbres cotidianas, el lenguaje y las historias desempeñan un papel crucial en la configuración de la vida de niñas y mujeres. Con su trabajo sobre el género y el parentesco en el sur de Asia, la antropóloga india Leela Dube examinó cómo influyen estos elementos en los roles de género.

El trabajo de Dube revela cómo la mujer es socializada en roles de género desde el nacimiento a través de prácticas y relaciones cotidianas. Basándose en su propia experiencia, destacó la conexión entre género y parentesco –las formas en que las personas se relacionan a través de la sangre, el matrimonio y la adopción– y mostró cómo estos sistemas producen y refuerzan las normas de género.

Parentesco y roles de género

El trabajo de Dube abarcó diferentes tipos de parentesco, tanto los sistemas patrilineales, en los que la herencia sigue la línea masculina, como

La práctica histórica del *sati*, en la que una viuda se sacrificaba en la pira funeraria de su marido, es un ejemplo extremo de sacrificio y devoción femeninos.

Véase también: La cultura moldea el comportamiento 62–67 ▪ Parentesco y orden social 68–69 ▪ Antropología feminista 140–145 ▪ Descripción densa 146–153 ▪ Religión y poder secular 188–189 ▪ Adaptación de tradiciones culturales 193

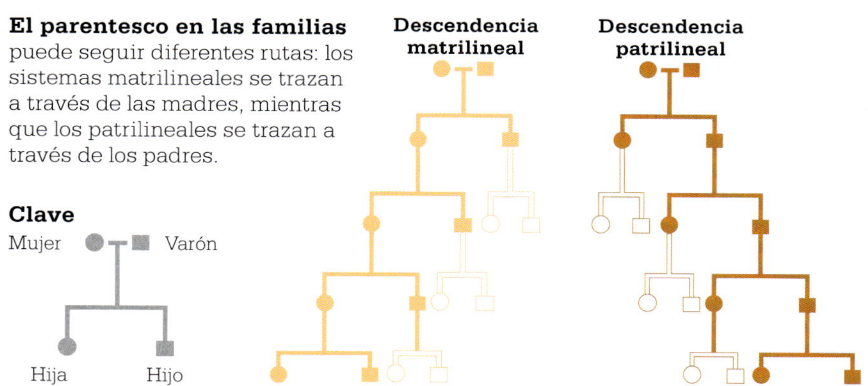

El parentesco en las familias puede seguir diferentes rutas: los sistemas matrilineales se trazan a través de las madres, mientras que los patrilineales se trazan a través de los padres.

los matrilineales, en los que sigue la línea femenina. Sus conclusiones revelaron que, si bien las mujeres se enfrentaban a la desigualdad en ambos sistemas, su posición en las sociedades patrilineales era peor. Observó que estos sistemas socializan a las niñas para que consideren su estancia en el hogar natal como temporal, utilizando historias y rituales para reforzar esta idea. Estas prácticas culturales hacen que las niñas se sientan menos autorizadas y las preparan para desempeñar roles subordinados en su hogar matrimonial.

Relatos de desigualdad

En las sociedades patrilineales, argumentaba Dube, proverbios, mitos y cuentos moldean las identidades de género. Refranes, como uno del noreste de India que compara a las hijas con la mantequilla clarificada *(ghee)* que se estropea si no se «usa» a tiempo, estigmatizan a las mujeres solteras o viudas y alientan el matrimonio precoz. Los hijos, por el contrario, se presentan como miembros permanentes de la familia, y las prácticas culturales enfatizan su posición estable y privilegiada en ella. Los estudios de Dube mostraron cómo estas diferencias simbólicas de género se traducían en desigualdades materiales, sobre todo en relación con los derechos de propiedad.

Usando ejemplos de su propia vida y de sus informantes, Dube destacó los temas recurrentes en proverbios, mitos y prácticas de toda India que reforzaban el papel secundario de las mujeres con respecto a los hombres. Los cuentos míticos promovían el sacrificio personal, mientras que los ritos y otras prácticas religiosas enseñaban a las niñas a aspirar a un buen marido y a prepararse para la subordinación en el hogar conyugal.

El trabajo de Leela Dube puso de relieve la naturaleza de género del trabajo de campo, y examinó críticamente su propia posición como mujer hindú de casta alta que trabajaba en diversos contextos. Esta conciencia de sí misma la ayudó a trabajar con comunidades diversas, desde las mujeres de las tribus kamar y gond del centro de India hasta las comunidades musulmanas del sur del país. Basándose en su propia educación y experiencia personal, profundizó en el lenguaje, las metáforas y las historias de las comunidades que estudiaba. ■

Con el paso de los años, tomé conciencia de la naturaleza derivada del estatus de la mujer en los rituales, las normas de parentesco y la vida cotidiana.

Leela Dube

La historia de la semilla y la tierra

El ensayo de Leela Dube sobre la metáfora de «la semilla y la tierra» examina cómo esta, muy usada en las tradiciones orales y escritas de India, refleja las percepciones sobre la reproducción. La metáfora representa al varón como el dador de la semilla y a la mujer como la tierra que la nutre, y el hijo es el producto de la semilla. Esto asigna a la mujer un papel secundario en el proceso, enfatizando la asimetría de la relación entre varón y mujer en la reproducción. Dube argumenta que esta metáfora se usa para justificar la propiedad y la desigualdad material. La semilla (varón) es dueña del producto (hijo) y del campo (mujer), dejando a la mujer sin derechos sobre sus hijos o su trabajo. Los hijos varones son valorados porque llevan el nombre y el linaje del padre, mientras que las hijas se consideran transitorias y se entregan ritualmente a otras familias. Dube vincula estas creencias con sistemas más amplios basados en el género en las sociedades patrilineales.

LA TELEVISIÓN NOS HA LLEVADO A VER NUESTRA VIDA COTIDIANA COMO UN DRAMA

ETNOGRAFÍA DE LOS MEDIOS DE COMUNICACIÓN

EN CONTEXTO

OBRA CLAVE
Faye Ginsburg, Lila Abu Lughod y Brian Larkin, *Media Worlds* (2002)

RAMA
Antropología social y cultural

ANTES
1975 John Culkin establece el primer máster en estudios de los medios de comunicación en EE. UU., en el Antioch College.

DESPUÉS
2004 El estadounidense Mark Allen Peterson publica *Anthropology and Mass Communication*, donde examina cómo el estudio antropológico de los medios y la comunicación de masas está moldeado por la sociología.

2005 Eric W. Rothenbuhler y Mihai Coman publican *Media Anthropology*, que reúne ensayos sobre algunas cuestiones en torno al uso de los medios de comunicación en la antropología.

En las décadas de 1980 y 1990 se introdujeron nuevas tecnologías –ordenadores personales, Internet y teléfonos móviles– que reforzaron la influencia de medios como el cine, la televisión, la radio y los artículos en línea en todo el mundo. En los años siguientes, estos medios y su tecnología en constante evolución se infiltraron en comunidades antes aisladas. Esto llevó a los antropólogos a estudiar cómo las personas de toda condición social se veían afectadas por los cambios tecnológicos y las formas en que los medios y la tecnología se habían aprovechado para promover necesidades y aspiraciones culturales.

Los **avances tecnológicos** y la **accesibilidad de los nuevos medios** pueden influir en los estudios antropológicos:

Los grupos pueden documentar su **propia cultura**, lo que genera más **material de referencia** para el estudio.

La globalización de los medios de comunicación **facilita el acceso** a las **culturas e ideas** de otros.

El uso de nuevas tecnologías como **herramientas de investigación** puede influir en la forma en que los no antropólogos usan los **medios**.

Las innovaciones tecnológicas en los medios de comunicación permiten a los antropólogos ampliar los límites de la etnografía.

Véase también: La antropología del sonido 184–185 ▪ El poder de la fotografía 292–293

Los *influencers* de las redes sociales usan este nuevo medio para compartir información, formar opinión, crear comunidades y comercializar productos.

El poder de las redes sociales

En el siglo XXI, el mayor acceso público a Internet, el auge de los teléfonos móviles y el avance de las redes sociales han tenido un enorme impacto en la vida de casi todas las culturas del mundo. Las redes sociales, en particular, amplían una parte fundamental de la existencia humana: la vida social. Han moldeado la forma en que los usuarios comparten y reciben información y opiniones, han influido en la forma en que las personas se perciben y construyen su identidad, y afectan a la forma en que los usuarios entienden el mundo en general. La omnipresencia de las redes sociales ha llevado a los antropólogos a considerar las consecuencias que pueden tener en diferentes comunidades y las implicaciones para las prácticas sociales en todo el mundo. A medida que la primera generación «conectada» alcanza la edad adulta, los antropólogos debaten cómo afecta esto a la cultura, el parentesco y la relación entre las personas.

Poder global

En *Media Worlds*, los antropólogos Faye Ginsburg, Lila Abu Lughod y Brian Larkin exploraron la producción, la circulación y el consumo de los medios de comunicación en diferentes culturas. Observaron sus dimensiones políticas y mostraron cómo muchas culturas usaban esos medios de forma creativa para contar su historia y resistir a los poderes dominantes. Basándose en estudios de caso de pueblos indígenas de Australia, Brasil y Norteamérica, Ginsburg y sus colegas demostraron que los medios de comunicación y la tecnología eran fenómenos globales que permitían expresiones únicas.

Uno de sus debates giró en torno a lo que Ginsburg llamó «memorias proyectadas»: las historias y los relatos contados por los pueblos indígenas a través de los nuevos medios de comunicación. Estas memorias proyectadas se usaban para difundir ideas y experiencias más allá de la comunidad y habían influido en la reivindicación de los derechos territoriales y culturales. La capacidad de los pueblos indígenas para acceder a los medios de comunicación y controlarlos contribuyó a su empoderamiento.

Respuesta

Al examinar el uso de los medios de comunicación y la tecnología por parte de comunidades marginadas, Ginsburg y sus colegas demostraron cómo la tecnología que tradicionalmente se había asociado con los países capitalistas occidentales fue adoptada y adaptada para satisfacer las necesidades de distintas culturas. Así, los medios y la tecnología permitieron a las comunidades indígenas, antes aisladas, «responder» a las estructuras de poder que históricamente habían controlado sus intereses. ■

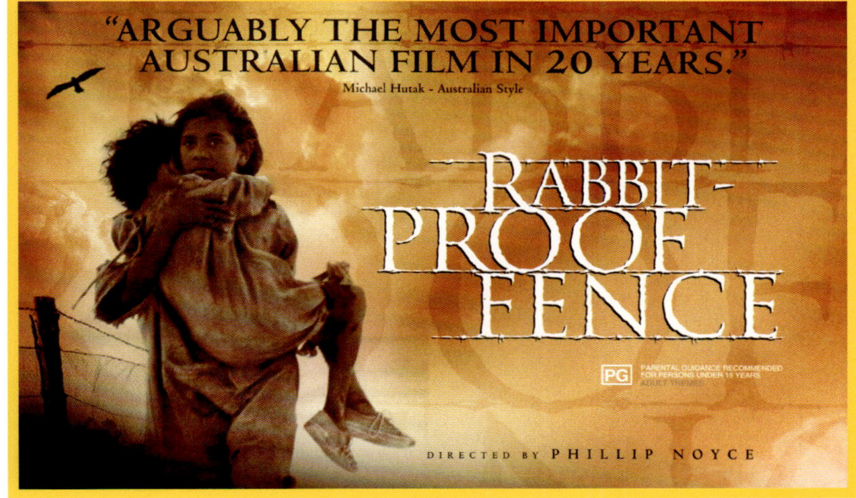

La galardonada película *Generación robada* (2002) tuvo un gran impacto al compartir las experiencias de los pueblos originarios de Australia a manos del gobierno australiano.

UN IDIOMA DE LA MENTE

SIMBOLISMO EN EL ARTE RUPESTRE

EN CONTEXTO

OBRA CLAVE
David Lewis-Williams, *La mente en la caverna* (2002)

RAMA
Arqueología

ANTES
1879 Marcelino Sanz de Sautuola descubre arte rupestre en la cueva de Altamira (Cantabria, España).

1984 En *Los primeros artistas de Europa*, André Leroi-Gourhan analiza las diversas técnicas, formas y significados del arte rupestre.

DESPUÉS
2018 Un estudio realizado mediante datación con uranio-torio concluye que el arte rupestre de La Pasiega (Cantabria, España) fue obra de neandertales.

2023 Se descubren pinturas paleolíticas de caballos y ciervos en Cova de les Dones (Valencia, España).

En 1880, Marcelino Sanz de Sautuola sugirió que el complejo mural de bisontes encontrado en las cuevas de Altamira, en España, databa de la prehistoria. Los expertos lo desacreditaron enseguida, considerando a los humanos del Paleolítico como «demasiado salvajes» para crear un arte tan sofisticado. Descubrimientos posteriores hicieron innegable la autenticidad del arte rupestre y obligaron a los científicos a reexaminar sus prejuicios sobre la mente humana primitiva.

El arqueólogo sudafricano David Lewis-Williams cuestionó la interpretación simplista del arte rupestre como obra narrativa y sugirió que podría tener un propósito ritual

Véase también: La nueva arqueología 110–115 ▪ Arqueología procesual 136–137 ▪ Fluidez cognitiva 242–243 ▪ Entierros humanos 306

El bisonte de Altamira es una colorida representación de una especie ahora extinta creada hace unos 14 000 años. El animal también aparece en pinturas rupestres indonesias datadas hace 44 000 años.

y simbólico. Su libro *La mente en la caverna* es una recopilación de artículos que analizan el arte rupestre y las controversias académicas que lo rodean, así como su conexión con la conciencia humana.

¿Decoración o simbolismo?

El arte rupestre paleolítico se caracteriza por una impresionante diversidad de ubicaciones, temas y métodos. Las cuevas en las que se ha encontrado varían enormemente en tamaño y forma, desde pasadizos oscuros y estrechos hasta cavernas enormes. Sin embargo, las obras de arte –representaciones de animales, seres humanos, seres antropomórficos y motivos geométricos– interactúan siempre con los contornos de la roca. Esto hace que las cuevas mismas sean parte integral de las obras, ya estén pintadas, grabadas o talladas en la roca, o creadas por las impresiones dejadas por las manos de aquellos primeros humanos al arrastrarse por el barro y la arcilla.

Al principio, los antropólogos interpretaron las escenas rupestres como simples observaciones del mundo exterior. En la década de 1860, el arqueólogo francés Édouard Piette sugirió que la abundancia de recursos ambientales durante el Paleolítico proporcionó a los humanos el ocio necesario para crear arte por el arte. Sin embargo, la naturaleza aislada y a menudo inaccesible de muchos yacimientos rupestres llevó a otros a cuestionar esta teoría.

Una forma de totemismo

Algunos investigadores creían que los humanos creaban estas imágenes para invocar una magia que animara a los animales a reproducirse o hiciera más vulnerables a sus presas de caza. Sin embargo, en su artículo «Pinturas de las cuevas prehistóricas» (1945), el historiador del arte germano-estadounidense Max Raphael argumentó que esas representaciones no tenían que ver »

Un enfoque feminista

La arqueóloga estadounidense Margaret Conkey, especializada en el Paleolítico, cuestiona las perspectivas de dominio masculino que han moldeado históricamente su campo de estudio. Ha demostrado que, al adoptar un enfoque feminista, los investigadores pueden llegar a conclusiones más matizadas y precisas sobre el pasado.

Conkey critica la suposición de que los hombres fueron los principales creadores de las pinturas rupestres, señalando que es imposible saber con certeza quién las realizó. También cuestiona la creencia generalizada de que la actividad cinegética masculina fue el motor de la evolución humana, argumentando que esta visión pasa por alto las importantes contribuciones de las mujeres al desarrollo y la supervivencia de *Homo sapiens*.

El trabajo de Conkey destaca el papel esencial que desempeñaron las mujeres en las sociedades prehistóricas y aboga por una comprensión más equilibrada e inclusiva de la historia de la humanidad.

La mera idea de un arte paleolítico era profundamente perturbadora. ¿No era el arte uno de los grandes logros de la alta civilización?
David Lewis-Williams

con la invocación de lo oculto, sino que probablemente fueran ejemplos metafóricos de totemismo paleolítico y expresaran el vínculo entre un grupo social y un ser espiritual, como un animal.

Raphael señaló que cada clan se representaba a sí mismo como un animal o una figura, y que la forma en que estos símbolos interactuaban en las paredes de las cuevas reflejaba las relaciones sociales del grupo. Por ejemplo, dos imágenes de animales parcialmente superpuestas con la cabeza girada podrían indicar comunidades en guerra. Por el contrario, una figura contenida dentro de otra representaría una alianza. Esta hipótesis fomentó una visión más sofisticada de la obra de los artistas rupestres paleolíticos, ya que sugería que cada cueva contenía una única composición compleja más que una serie de «conjuros» inconexos.

Comprender el arte rupestre

Las marcas de manos son la forma más simple de autoexpresión.

Las figuras humanas son una representación del yo, pero también de la familia, la compañía y la comunidad.

Los animales no tienen necesariamente un significado literal. Un bisonte, por ejemplo, puede expresar abundancia.

Las imágenes de caza pueden representar el deseo de éxito en la caza.

Ideas en evolución

En la década de 1960, el arqueólogo francés André Leroi-Gourhan amplió la interpretación metafórica de Raphael aplicando el marco de la oposición binaria a los símbolos y animales más frecuentes en el arte rupestre. Leroi-Gourhan teorizó que los pequeños herbívoros, como los caballos, y los signos estrechos, como los trazos, representaban la masculinidad, mientras que los grandes herbívoros, como los bisontes, y los signos amplios, como los óvalos, aludían a la feminidad.

Las teorías de Raphael y Leroi-Gourhan estuvieron a la vanguardia del movimiento para redefinir a los «salvajes» del Paleolítico como seres humanos con conciencia, creatividad y dinámicas sociales complejas, una perspectiva que se ajusta perfectamente a la interpretación de Lewis-Williams del arte rupestre como prueba de la evolución humana.

Lewis-Williams sugirió que las figuras representadas en el arte rupestre son ejemplos tempranos de simbolismo. Argumentó que la imagen de un animal no puede existir sin asociaciones intrínsecas. Por ejemplo, el bisonte era esencial para la supervivencia de los primeros humanos: utilizaban su carne como alimento, su piel para abrigarse y protegerse, y sus huesos para crear herramientas. Por

Arte rupestre aborigen

Se estima que hay más de 100 000 yacimientos relevantes de arte rupestre antiguo en Australia, muchos sagrados para los pueblos aborígenes. El arte aborigen australiano representa la tradición artística más antigua del mundo. Algunas de estas pinturas rupestres datan de hace unos 30 000 años, pero el hallazgo de herramientas artísticas datadas hace unos 50 000 años sugiere que se trata de una costumbre aún más antigua. El arte rupestre aborigen antiguo suele representar formas geométricas o siluetas animales o humanas. Las formas más comunes que se encuentran en Australia son los petroglifos (grabados) y los pictogramas (pinturas). Los petroglifos implican retirar roca para dejar una impresión negativa; los pictogramas se realizan aplicando a la roca pigmentos húmedos como carbón, arcilla, tiza y ocre, con la mano o con pinceles hechos con palitos masticados o pelo. A veces, el artista utilizaba un objeto, como una mano, como plantilla y soplaba el pigmento sobre él.

Las representaciones de los espíritus de la lluvia wondjina en un yacimiento de Australia Occidental podrían expresar un vínculo con la tierra y sus recursos.

Las manos humanas de la Cueva de las Manos, en Argentina, fueron creadas hace al menos 9500 años soplando pigmento sobre manos. Cada huella podría señalar la presencia de una persona.

tanto, según Lewis-Williams, era lógico pensar que los humanos asociarían la imagen del bisonte con ideas de prosperidad y abundancia.

Niveles de conciencia

Gran parte de la investigación de Lewis-Williams se centró en el cerebro, en particular en las diferencias evolutivas entre neandertales y *Homo sapiens*. Se basó en el espectro de conciencia que experimentan los humanos modernos.

En un extremo del espectro se encuentra el estado de alerta, durante el cual interactuamos con el entorno. Este estado evoluciona hacia la ensoñación, en la que estamos despiertos pero perdidos en nuestros pensamientos. Durante la hipnagogia, estado en el que estamos semidormidos, pueden producirse pequeñas alucinaciones; esta da paso al sueño de movimientos oculares rápidos (REM), durante el cual se producen la mayoría de los sueños.

Las alucinaciones hipnagógicas pueden ser mucho más intensas que los sueños de la fase REM, con sensaciones visuales y auditivas muy vívidas. Cuando una persona experimenta estas alucinaciones extremas, puede sentir ingravidez u opresión, como si estuviera volando por el aire o asfixiándose bajo tierra. Lewis-Williams creía que la naturaleza de las visiones experimentadas en esta etapa hipnagógica pudo desempeñar un papel crucial en el desarrollo de la religión, ya que proporciona una explicación plausible para la dualidad del cielo y el infierno presente en muchas creencias.

Los primeros humanos se sintieron impulsados a registrar sus visiones en las paredes, el techo y el suelo de las cuevas. Lewis-Williams argumentaba que la conciencia necesaria para crear estas imágenes complejas y simbólicas no existía en los neandertales. En su opinión, solo *Homo sapiens* desarrolló tanto el sentido del yo como la memoria a largo plazo necesarios para comunicar sus sueños y crear un sistema de creencias. También sugirió que *Homo sapiens* debía de tener «imágenes mentales zoomórficas» claramente definidas para poder reproducirlas en las paredes de las cuevas.

Una vez que los seres humanos desarrollaron una conciencia de orden superior, adquirieron la capacidad de ver imágenes mentales proyectadas en superficies y experimentar imágenes residuales.

David Lewis-Williams

Espiritualidad y religión

La transición de la imagen mental a la representación física, a su vez, condujo al desarrollo de una jerarquía religiosa. Los artistas eran estimados por su conexión con el reino espiritual, lo que elevaba su estatus social. Los videntes pudieron haber reforzado esta división restringiendo el acceso a las cuevas. En algunas partes de la cueva, grandes grupos realizaban rituales para crear obras de arte colectivas, pero en otras partes, solo determinados individuos podían experimentar una inmersión alucinatoria completa y comunicarse con los animales espirituales, que les otorgaban poder religioso.

La investigación de Lewis-Williams redefinió el arte rupestre paleolítico como un reflejo de la conciencia primitiva y el pensamiento simbólico. Argumentó que este arte fue fundamental para el desarrollo de la religión, la jerarquía social y la identidad humana, y separó a *Homo sapiens* de otras especies. Al explorar la conexión entre los estados alterados de conciencia y la creación de imágenes simbólicas, señaló el arte rupestre como una prueba crucial de nuestra evolución cognitiva y cultural. ■

TODO VIENE EN PAREJA
IGUALDAD DE GÉNERO

EN CONTEXTO

OBRA CLAVE
Shanshan Du, *Chopsticks Only Work in Pairs* (2002)

RAMA
Antropología social y cultural

ANTES
1928 Margaret Mead estudia los rasgos culturales de hombres y mujeres en Papúa Nueva Guinea. Sostiene que la cultura condiciona la expresión de género.

1982 La investigación de Karen Sacks sobre producción y poder analiza el papel de la mujer a lo largo de la historia, y cuestiona estudios previos que consideraban los roles de la mujer como intrínsecamente ligados a su género.

DESPUÉS
2015 Mark Dyble demuestra que las sociedades cazadoras-recolectoras modernas son igualitarias. Esto sugiere que las sociedades prehistóricas también pudieron tener igualdad de género.

Las antropólogas feministas llevan mucho tiempo buscando sociedades que muestren una auténtica igualdad de género. Aunque este trabajo ha proporcionado gran cantidad de información sobre la dinámica de género a nivel mundial, no ha dado los resultados que esperaban. Según la antropóloga Shanshan Du, la búsqueda ha sido en gran medida infructuosa porque estos estudios buscan sociedades utópicas.

Rechazar ideales utópicos

Basándose en su trabajo de campo etnográfico sobre la cultura lahu del suroeste de China, Du sugiere que las sociedades igualitarias en materia de género sí existen si dejamos de lado los ideales utópicos arraigados en el feminismo occidental dominante. Afirma que un aspecto particularmente problemático es el énfasis en la mujer como actor individual en la sociedad. Du sostiene que, en el contexto de la sociedad lahu, la igualdad de género existe bajo la forma de marido y esposa como unidad. Una vez que una mujer y un hombre se casan, forman una pareja que asciende en la jerarquía social. Juntos, ostentan un estatus social en el que sus responsabilidades, autoridad y prestigio están entrelazados. A la hora de criar una familia, la pareja trabaja en conjunto, con muy poca división del trabajo por género. La provocativa exploración de Du de ideas alternativas sobre la igualdad ofrece nuevas vías para explorar la igualdad de género. ■

> Por lo general, los niños de dos a seis años se socializan sin distinción de género para desempeñar tanto roles domésticos como al aire libre a través del juego.
> **Shanshan Du**

Véase también: El concepto de reciprocidad 58–61 ▪ Arqueología procesual 136–137 ▪ Las mujeres y la economía política 156–157

SU COCINA TRANSMITÍA SU IDENTIDAD

COMIDA Y MODERNIDAD

EN CONTEXTO

OBRA CLAVE
Carole Counihan, *Around the Tuscan Table* (2004)

RAMA
Antropología social y cultural

ANTES
1932 Audrey Richards establece la rama de la antropología nutricional al investigar las dietas de los bantúes del sur de África.

1986 Sidney Mintz explora cómo afecta el azúcar a la migración laboral y las relaciones de poder, y sus significados simbólicos.

DESPUÉS
2005 William Roseberry analiza cómo los cambios en los hábitos de consumo de café reflejan la clase y las aspiraciones sociales en EE. UU.

2021 Nir Avieli estudia las complejas razones personales y políticas que hay tras el rápido aumento del vegetarianismo en un pueblo de Vietnam.

Hasta mediados del siglo xx, Italia sufrió siglos de inseguridad alimentaria y, como resultado, los trabajadores desarrollaron una dieta distintiva. Sin embargo, en la década de 1980, al estudiar los hábitos alimentarios en Florencia, la antropóloga estadounidense Carole Counihan descubrió que se había producido una rápida transformación en la producción, distribución y consumo de alimentos. La comida se había convertido en una parte integral de un sistema de valores cambiante y de unas relaciones sociales en evolución.

Nuevos hábitos

Aunque las raíces de la comida tradicional campesina eran aún evidentes, Counihan descubrió que se habían producido cambios importantes en la dieta y en la forma de comer. Comer solo, que antes era un signo de aislamiento social, se había convertido en algo normal, y las rutinas laborales habían alterado la costumbre familiar de compartir dos comidas al día. Más mujeres trabajaban fuera de casa, lo que limitaba su tiempo para preparar la comida tradicional. Las actitudes hacia la comida se volvieron contradictorias: aunque los alimentos tradicionales eran muy apreciados, su preparación estaba infravalorada. La nostalgia por las costumbres antiguas iba acompañada de la preocupación por el exceso, los alimentos procesados y la nutrición. ■

Las obras de arte que representan la comida campesina y el placer de comer, como este fresco de Giandomenico Tiepolo, han contribuido a la idealización de los platos tradicionales sencillos.

Véase también: Dimensiones sociales y culturales de la nutrición 80–83 ▪ Antropología de la alimentación 200–205 ▪ Nutrición y evolución humana 280

EL VELO COMO FORMA DE AGENCIA

LA POLÍTICA DE GÉNERO DE LA PIEDAD

EN CONTEXTO

OBRA CLAVE
Saba Mahmood, *Politics of Piety* (2005)

RAMA
Antropología social y cultural

ANTES
1967 E. E. Evans-Pritchard publica *Las teorías de la religión primitiva*, donde señala que, al estudiar la observancia religiosa, los antropólogos a menudo no logran comprender la mentalidad de sus sujetos.

1993 Talal Asad sostiene en *Genealogies of Religion* que la politización de la religión es una construcción europea.

DESPUÉS
2015 En *Pious Practices and Secular Constraints*, Jeanette S. Jouili sostiene que las mujeres de los grupos islámicos conservadores se enfrentan a una lucha ética entre su deseo piadoso y la voluntad de contrarrestar las representaciones negativas del islam.

Al estudiar la observancia religiosa de las mujeres musulmanas en Egipto en la década de 1990, la antropóloga paquistaní Saba Mahmood desarrolló una compleja crítica de los supuestos de la teoría feminista sobre autonomía y agencia. Mahmood consideraba que la participación de las musulmanas en las normas islámicas no era una obediencia al patriarcado, sino un proyecto para cultivarse a sí mismas como sujetos piadosos. Argumentó que esta práctica de autoconstrucción en la tradición islámica requería una nueva definición de lo que constituye la agencia humana.

Mujeres cubiertas con nicab en El Cairo en 1999: una expresión de piedad tras una sentencia del Tribunal Supremo egipcio que prohibió su uso en las escuelas.

Autocultivo ético

Para comprender prácticas como el uso del velo y la oración, Mahmood utilizó la idea de la ética positiva, según la cual las acciones externas crean disposiciones internas correspondientes. Así, un individuo adquiere virtudes morales al realizar repetidamente las acciones asociadas a esas virtudes.

Mahmood argumentó que prácticas religiosas como rezar y llevar velo son necesarias para alcanzar disposiciones internas como el pudor y la fe. Las mujeres que estudió, por ejemplo, no daban por sentado que el deseo de rezar fuera natural: más bien era «creado a través de un conjunto de prácticas disciplinarias» que hacían que el individuo acabara queriendo rezar. Del mismo modo, llevar velo no expresaba un yo piadoso previo, sino que, a través de esta práctica corporal, el individuo llegaba a interiorizar la piedad. La práctica repetida de llevar velo creaba una disposición interior hacia el pudor porque el deseo era producto de la acción.

La teoría de Mahmood sobre el autocultivo transformó el pensamiento sobre la práctica ritual. A diferencia de muchos estudiosos que interpretaban el uso del velo como parte de una identidad ya formada,

Véase también: Naturaleza universal de la religión 28–29 ▪ Religión y poder secular 188–189 ▪ Poesía oral 208–209 ▪ La experiencia evangélica 281

Los códigos de vestimenta conservadores **asociados a la religión** pueden **interpretarse** de diferentes maneras:

La doctrina religiosa puede utilizarse como forma de **control social**.

La religión enseña que las mujeres son **valoradas** por su piedad.

Las mujeres deben **actuar** o **vestirse** de cierta manera para ser consideradas **piadosas**.

Las mujeres pueden ser controladas y, en ocasiones, oprimidas por la religión.

Las **creencias religiosas** pueden interiorizarse mediante la **observancia** de prácticas como la oración.

La piedad se construye mediante la **observancia disciplinada** de las prácticas religiosas.

Llevar **cierta ropa** ayuda a las mujeres a **interiorizar** formas de ser piadosas.

Las mujeres son participantes activas en su religión y en su piedad.

Mahmood insistía en que el velo y otras prácticas creaban un yo.

Repensar la agencia

La teoría de Mahmood desafió las suposiciones existentes sobre la agencia como la capacidad de realizar los propios intereses contra el peso de las costumbres y tradiciones. Al utilizar su agencia para defender las normas de su religión, las mujeres contradecían las expectativas liberales de que la agencia solo puede lograrse cuestionando las normas sociales.

Mahmood descubrió que esta investigación desestabilizaba sus propias certezas e ideas políticas como feminista progresista, pero luego reconoció la importancia de descentrar y repensar los marcos normativos sobre la agencia individual. Según subrayó, esto era de particular importancia en el contexto de la «guerra contra el terrorismo» global que tuvo lugar a principios del siglo XXI, cuando estos marcos liberales se estaban utilizando para justificar la violencia a gran escala contra los musulmanes. ■

Saba Mahmood

Nacida en Lahore (Pakistán) en 1962, Mahmood se centró como antropóloga en el islam y el secularismo. En 1981 se trasladó a EE. UU. para estudiar en la Universidad de Washington y más tarde en la de Stanford, donde obtuvo su doctorado en 1998. Enseñó en la Universidad de Chicago antes de impartir antropología en la Universidad de California en Berkeley, donde trabajó entre 2004 y 2017. Es conocida sobre todo por su innovadora etnografía del movimiento de las mezquitas femeninas en Egipto en la década de 1990, por la que recibió un premio de la Asociación Estadounidense de Ciencias Políticas. Fue miembro del Centro de Estudios Avanzados en Ciencias del Comportamiento de la Universidad de Stanford y del Instituto de Investigación en Humanidades de la Universidad de California. Falleció en 2018.

Otras obras clave

2012 *Religious Freedom, Minority Rights, and Geopolitics.*
2015 *Religious Difference in a Secular Age.*
2015 *Politics of Religious Freedom.*

OBJETIVO: ILUMINAR Y CONSTRUIR LA COMPRENSIÓN O CUESTIONAR LOS SUPUESTOS

ETNOGRAFÍA CRÍTICA

EN CONTEXTO

OBRA CLAVE
D. Soyini Madison, *Critical Ethnography: Method, Ethics, and Performance* (2005)

RAMA
Antropología social y cultural

ANTES
Década de 1970 Ideas feministas como las de Sherry Ortner animan a los antropólogos a explorar los prejuicios personales y los contextos históricos.

1986 *Retóricas de la antropología*, de James Clifford y George Marcus, subraya cómo la etnografía está moldeada por el contexto político del investigador.

DESPUÉS
2019 Anand Pandian explora en *A Possible Anthropology* cómo la antropología puede abordar de forma creativa cuestiones morales y políticas.

La etnografía ha sido una herramienta indispensable para la antropología durante generaciones. Permite a los estudiosos aprender sobre culturas y comunidades viviendo junto a las personas que estudian. Su participación en la vida cotidiana proporciona a los antropólogos una visión de cómo las sociedades resuelven los problemas humanos comunes y les permite implicarse directamente en la imprevisibilidad de la vida cotidiana.

La antropóloga estadounidense Soyini Madison ha tenido un papel clave en el desarrollo de la etnografía crítica, un enfoque que insta a los antropólogos a examinar las dinámicas emocionales, prácticas y estructurales de su trabajo de campo. Este método anima a los investigadores a abordar cuestiones de desigualdad e injusticia. Madison los exhorta a abordar su trabajo centrándose en las relaciones, la responsabilidad ética y los aspectos performativos de la cultura. Según ella, estos elementos son cruciales para dar forma y legitimar la antropología en el mundo moderno.

El estadounidense E. Patrick Johnson convierte su trabajo de campo con hombres negros homosexuales del sur de EE. UU. en lecturas dramatizadas que difuminan las fronteras entre investigación y activismo.

Véase también: Estudiar hacia arriba 138–39 ▪ Antropología feminista 140–145 ▪ Descripción densa 146–153 ▪ Las mujeres y la economía política 156–157 ▪ Antropología en casa 170–171 ▪ Entrevistas profundas a largo plazo 256–257

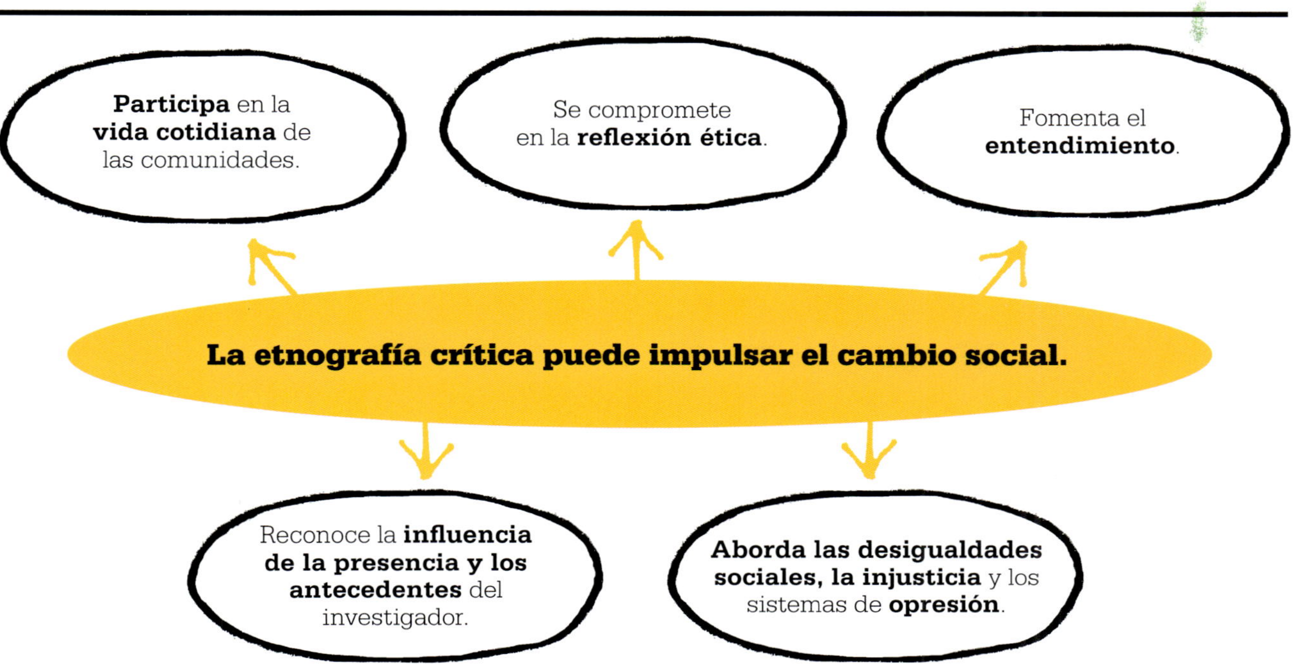

La etnografía crítica usa métodos diversos y genera confianza al involucrarse profundamente en la vida cotidiana de los miembros de la comunidad. Se centra en cómo las acciones humanas moldean y son moldeadas por el mundo social, y requiere que el etnógrafo sea consciente de su propio papel y de las dinámicas de poder que influyen en su investigación.

El núcleo ético

Madison reconoce que incluso el trabajo de campo mejor planificado plantea retos y, en ocasiones, malentendidos. Sin embargo, también ofrece oportunidades para la alegría y la amistad. Aboga por un diseño y una preparación meticulosos de la investigación, rechazando los estereotipos que descartan la etnografía como una «habilidad blanda». Contrasta la supuesta objetividad que suelen reivindicar otras disciplinas con los matices que ofrece la etnología. Para ella, ética y moralidad transforman la etnología en un modo de investigación riguroso y respetuoso.

La etnografía se construye en torno a la intersección de las vidas y los aspectos performativos del trabajo de campo y la escritura. Relatar estas relaciones implica explorar formas creativas. La escritura es una *performance* en la que el antropólogo asume el papel de reportero, narrador, amigo o forastero, y elabora un drama que define la narrativa antropológica. Madison se interesa especialmente por cómo estas historias pueden transformarse en eventos públicos y teatro, examinando cuestiones de perspectiva, propiedad y recepción del público.

La etnografía crítica pone de relieve las limitaciones de la disciplina, pero también aboga por un compromiso con los fines éticos. Proporciona una herramienta que ayuda a que la antropología sea relevante hoy. ■

Antropología pública

Algunos antropólogos optan por dirigirse a un público amplio y abordan cuestiones sociales de forma accesible. Involucrar al público puede llamar la atención sobre temas como el cambio climático o la desigualdad social, y fomentar el diálogo y la acción. El trabajo de Soyini Madison ofrece ejemplos de tal divulgación, entre ellos *performances* basadas en su trabajo de campo, como *Is it a Human Being or a Girl?* (2000), que exploraba la intersección de las prácticas religiosas tradicionales, los derechos de las mujeres y la pobreza. Este enfoque de la antropología pone de relieve su potencial para impulsar el cambio social.

LOS SUPERVIVIENTES REHACEN SUS MUNDOS

LAS SECUELAS DE LA VIOLENCIA

EN CONTEXTO

OBRA CLAVE
Veena Das, *Life and Words: Violence and the Descent into the Ordinary* (2006)

RAMA
Antropología social y cultural

ANTES
1953 En *Investigaciones filosóficas*, el filósofo austriaco Ludwig Wittgenstein sostiene que el lenguaje transmite significado y da forma a la realidad, pero que a veces se requieren acciones para expresar lo inexpresable.

DESPUÉS
2010 El francés Didier Fassin publica «Una ética de la supervivencia», donde estudia la ética de la reflexión y la acción en el mantenimiento de la vida.

2015 En *Spectral Wound*, Nayanika Mookherjee estudia los recuerdos públicos de la violencia y las prácticas de reparación tras la guerra de Bangladés de 1971.

La violencia [...] pone en tela de juicio la idea misma de la vida: no llegamos al final de un acuerdo intelectual, sino al final de los criterios.
Veena Das

Explorando cómo los actos extraordinarios de violencia trascienden las fronteras del tiempo y el lenguaje, la antropóloga india Veena Das sostiene que la violencia es procesada por las víctimas en las tareas cotidianas. En particular, demuestra cómo los actos más extremos de violencia suelen estar marcados por un profundo silencio, y que el horror de los acontecimientos rara vez se expresa con palabras. Das muestra cómo los incidentes violentos y el sufrimiento que causan siguen afectando a las víctimas cuando regresan a una vida «normal».

En *Life and Words*, Das se centra en las vidas de los supervivientes de la violencia que tuvo lugar durante la partición de India en 1947 y los disturbios antisijistas que siguieron al asesinato de Indira Gandhi en 1984. Utilizando una extensa investigación etnográfica en asentamientos llamados bastis en Delhi y técnicas de investigación de archivos para respaldar su argumento, Das adopta un enfoque etnográfico distintivo. Atiende al detalle de las vidas individuales, trazando cómo se desarrollan las relaciones y experiencias de sus sujetos en el contexto de sus redes familiares y comunitarias a lo largo de meses y años. Das explora cómo se puede entender mejor la violencia que destroza las normas de la vida cotidiana, no a través de la naturaleza excepcional del evento, sino a través del trabajo de reconstrucción necesario a medida que las personas regresan a la rutina de la vida cotidiana.

Creación de normas sociales

Das sostiene que los actos de violencia pueden alterar la dinámica

Cientos de musulmanes esperan en India transporte protegido hacia un campo de refugiados en Pakistán durante el periodo de violencia que envolvió a la partición de India y Pakistán en 1947.

Véase también: Lenguaje y cognición 88–89 ▪ La fluidez de los sistemas sociales 102–203 ▪ Poesía oral 208–209 ▪ Antropologías del futuro 308–309 ▪ Violencia política y conflicto 316

habitual que refuerza los vínculos entre familia, comunidad y Estado. Tras la partición, las nuevas naciones de India y Pakistán impusieron la repatriación de las mujeres que se consideraban establecidas en el «lado equivocado» de las nuevas fronteras. Das observa que esta política se aplicó porque la narrativa de que las mujeres se casaban voluntariamente con una familia de un grupo diferente era incompatible con la justificación que subyacía a la partición –que las comunidades musulmana e hindú debían estar separadas– o con la idea de las nuevas naciones como guardianas de sus ciudadanos. En su lugar, las naciones reescribieron el relato individual de estas mujeres como secuestros o matrimonios forzados.

La lógica del Estado y la familia suelen reforzarse mutuamente, pero como los matrimonios anteriores a la partición fueron considerados ilegítimos por las naciones recién formadas, los hijos nacidos de ellos se convirtieron en víctimas colaterales en las repatriaciones, pues se consideraba que no pertenecían ni a su madre repatriada ni a la familia de su padre. Generalmente eran enviados con sus madres, dejando a los padres y a las familias paternas para llorar la ausencia de los niños. A pesar de la crueldad de la separación de las familias y a pesar de la resistencia de muchas mujeres a la repatriación, Das considera que la aplicación de la partición a nivel familiar era necesaria para mantener la legitimidad de las instituciones estatales y las fronteras entre las comunidades hindú y musulmana.

Según Das, a pesar de los discursos públicos que afirmaban que las repatriaciones se realizaban por el bien de las mujeres y los niños, lo que realmente estaba en juego era la legitimidad de las nuevas naciones. Sin embargo, esto alteró el orden de prioridades habitual de familia, comunidad y Estado. Las firmes fronteras que se exigían entre las comunidades y naciones divididas no podían integrarse fácilmente en la institución de la familia. Esto dificultó aún más la articulación de sus experiencias a las mujeres repatriadas que intentaban reconstruir sus vidas. Las narrativas sobre la repatriación proporcionadas por las nuevas naciones dieron lugar a lo que Das describe como una «zona de silencio» en torno a la partición para estas mujeres.

Daño tácito

Das observa que las secuelas de la violencia extraordinaria rara vez se articulan verbalmente. Y se basa en gran medida en las ideas sociolingüísticas del filósofo austriaco Ludwig Wittgenstein: en primer lugar, que hablar se considera una actividad y una forma de vida; en segundo lugar, que el significado se deriva del contexto en el que se habla el lenguaje; y, por último, que todas las formas de comunicación se consideran dentro de su marco cultural. Das utiliza estas ideas para interpretar las relaciones sociales y las formas de vida que eligen las supervivientes de la violencia, y las considera formas de comunicación cultural cargadas de significado. Por ejemplo, una joven viuda puede aceptar de buen grado las tareas más tediosas en la casa de su suegro en lugar de llevar una vida más tranquila en el hogar de sus padres, para mostrarse honorable según las normas sociales que dictan que el lugar de la mujer después del matrimonio está con la familia de su marido, y para evitar »

> Cuando nos enfrentamos al tipo de trauma que nos inflige la violencia, tenemos que tomar decisiones que determinan la forma en que llegamos a entender nuestro lugar en el mundo.
> **Veena Das**

convertirse en una carga para su familia natal.

En un proceso que Das describe como un descenso a lo ordinario, los supervivientes se sostienen participando de nuevo en la producción de la vida cotidiana. Pero esto solo pueden lograrlo evitando lamentarse por la violencia que han sufrido. Los intentos de articular el incidente o sus implicaciones en las formas que ofrecen el lenguaje y las normas sociales son demasiado exagerados para ser auténticos o totalmente inadecuados para expresar los acontecimientos y los sentimientos asociados a ellos. Reina el silencio porque, cuando se recuerda la violencia y se comunica, seguir con las banalidades de la vida cotidiana sería insoportable para el superviviente.

Volver a la normalidad

Uno de los casos estudiados por Das es el de Asha, una mujer de 55 años que enviudó en 1941, a los 20 años, cuando su marido contrajo fiebre tifoidea. Tras la muerte de su marido, Asha vivió en la casa del hermano mayor de este en Lahore (Pakistán), donde cuidó con esmero de un sobrino y acabó adoptándolo de manera informal. Durante la partición, la acomodada familia conyugal de Asha lo perdió todo y huyó a India en medio de la violencia. La familia se dispersó entre otros parientes en distintos lugares de la nueva nación. Asha se quedó inicialmente en casa de su padre, pero comprendió que su presencia acabaría convirtiéndose en una carga para la familia. Fue capaz de percibirlo, no a través de la comunicación directa de los miembros de su familia, sino a través de lo que Das denomina una «estética de los gestos», que incluye palabras implícitas, gestos performativos y el contexto social que Das describe como un «repertorio de nociones culturalmente densas». Finalmente, Asha decidió abandonar la casa de su padre y volver a casarse.

Para explicar este nuevo matrimonio, Das utiliza las expresiones cargadas de significado cultural de Asha, que reflejan la idea punyabí de que el destino de una mujer está en la casa de su marido. Como viuda, Asha se convirtió en una carga tanto para su familia conyugal como para la natal después de que sus fortunas declinaran tras la partición. Al volver a casarse, su relación con la familia de su primer marido se volvió tensa, pero ella siguió cultivando su vínculo con ellos durante varios años mediante cartas y servicios que les prestaba. Su objetivo era mantener la relación con su sobrino y conservar una sensación de normalidad a través de ese vínculo. Das contempla las decisiones de Asha con respecto a dónde vivir y a volver a casarse y el esfuerzo por mantener la relación con la familia de su primer marido como un descenso a la normalidad que debe sortear retos culturales y sociales para lograr una vida «normal» y digna.

Las familias y comunidades sijs en India empiezan a reagruparse y reconstruir sus vidas tras tres días de disturbios y violencia contra la comunidad en noviembre de 1984.

Rechazar lo cotidiano

La trayectoria vital de Asha puede compararse con otro estudio de caso que Das dedica a Shanti, una mujer sij punyabí que vive en Delhi. Su marido y sus cuatro hijos murieron quemados en los actos violentos contra los sijs que siguieron al asesinato de la primera ministra india Indira Gandhi por sus guardaespaldas sijs en 1984. Shanti, que también tenía dos hijas, nunca se recuperó de la muerte de su marido y sus hijos, y pasó sus días desconsolada en su habitación, negándose o siendo incapaz de interactuar con sus hijas supervivientes. Era cuidada por mujeres de su familia y nunca se la dejaba sola, ya que a menudo expresaba su deseo de acabar con su vida. En opinión de Das, la negativa o incapacidad de Shanti para participar en la vida cotidiana suspendió el horror de la violencia y la pérdida que había sufrido. Sin

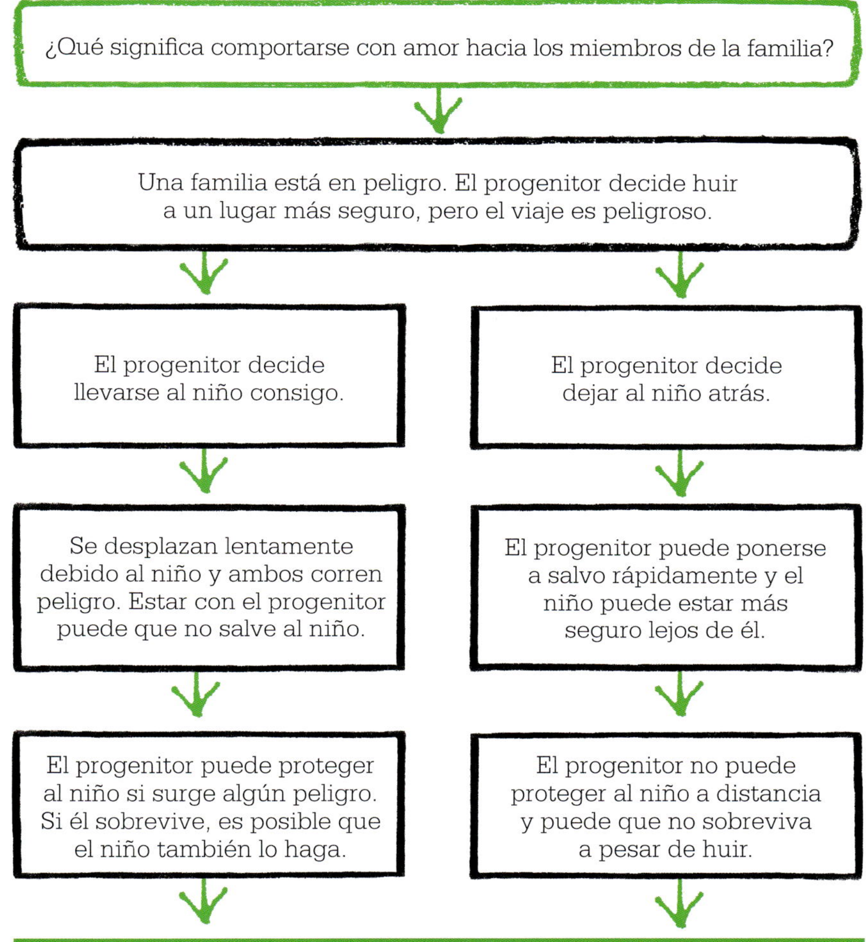

embargo, también implicaba que esa violencia se extendía a todos los aspectos de su existencia y continuaba en las vidas de quienes la rodeaban. Das considera, sin embargo, que habiendo perdido a su marido y a sus hijos, el descenso a la normalidad habría sido difícil para Shanti, en una sociedad en la que el papel de la mujer en la familia y en la comunidad en general se estructura principalmente en torno a su interacción con sus parientes varones.

Construir lo cotidiano

Al explorar las secuelas de la violencia tal y como se experimenta en la vida cotidiana, y la notable ausencia de debate al respecto, Das ofrece una antropología distintiva de la violencia, la intimidad y la creación de lo cotidiano. A partir de su detallado estudio sobre mujeres que gestionan los efectos de la pérdida y el desplazamiento, observa que, después de actos de violencia extraordinaria, la expresión más notable en las supervivientes es un llamativo silencio. ■

Veena Das

Nacida en India en 1945, Das estudió en el Indraprastha College for Women y más tarde en la Escuela de Economía de Delhi, donde impartió clases de antropología y sociología desde 1967, y donde obtuvo su doctorado en 1970. En 1995 recibió una medalla de oro de la Sociedad Sueca de Antropología y Geografía por su trabajo. Desde 1997, además de su labor docente en la Escuela de Economía de Delhi, fue profesora de antropología en la New School for Social Research de Nueva York. En 2000 se incorporó a la Universidad Johns Hopkins (EE. UU.) como profesora investigadora. En 2014 recibió el Premio Nessim Habif de la Universidad de Ginebra y en 2019 fue nombrada miembro de la Academia Británica. En 2021 fue nombrada directora del Departamento de Antropología de la Universidad Johns Hopkins.

Otras obras clave

1990 *Mirrors of Violence.*
1996 *Critical Events.*
2020 *Textures of the Ordinary.*
2022 *Slum Acts.*

HOGAR Y NO HOGAR

CIUDADANÍA Y PERTENENCIA

EN CONTEXTO

OBRA CLAVE
Ruth Mandel, *Cosmopolitan Anxieties* (2008)

RAMA
Antropología social y cultural

ANTES
1986 La canadiense Caroline Brettell examina las estrategias de supervivencia de los inmigrantes y de los que quedan atrás en *Men Who Migrate, Women Who Wait.*

1994 En *Nations Unbound*, Linda Basch y sus colegas analizan la construcción de redes sociales entre inmigrantes a través de las fronteras nacionales, desafiando el concepto de ciudadanía.

DESPUÉS
2024 En *Foreign in Two Homelands*, la estadounidense Michelle Lynn Kahn analiza el doble extrañamiento que sienten los migrantes turcos, tanto en su país de origen como en el de acogida.

Para las comunidades de inmigrantes turcos en Alemania, la ciudadanía y la pertenencia no van necesariamente de la mano. Tras sufrir enormes pérdidas de población en la II Guerra Mundial, en las décadas de 1950 y 1960 Alemania empezó a invitar a trabajadores inmigrantes. La pérdida de la mano de obra de Alemania Oriental tras la construcción del Muro de Berlín provocó un aumento de la contratación, sobre todo de Turquía, y en 1968 ya vivían en Alemania un millón de «trabajadores invitados». En las décadas de 1980 y 1990, la antropóloga estadounidense Ruth Mandel realizó trabajo de campo en Berlín y descubrió que muchos alemanes se consideraban cosmopolitas, distanciándose del régimen nazi. En realidad, les costaba aceptar a los «cosmopolitas de al lado»: los inmigrantes turco-alemanes.

Kreuzberg

En las décadas de 1970 y 1980, el barrio de Kreuzberg fue estigmatizado como el mayor gueto turco de Euro-

Los **migrantes** que llegan a un país de acogida para **cubrir la escasez de mano de obra** son considerados **«invitados»**.

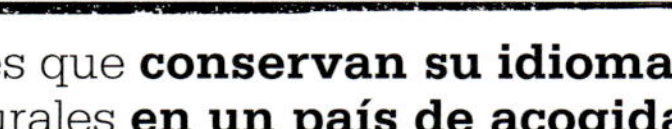

Las familias migrantes que **conservan su idioma** y sus tradiciones culturales **en un país de acogida** son consideradas **«forasteras»**.

Los descendientes de migrantes que nacen en un país de acogida se consideran **«nacionales con herencia extranjera»** y puede costarles sentirse aceptados.

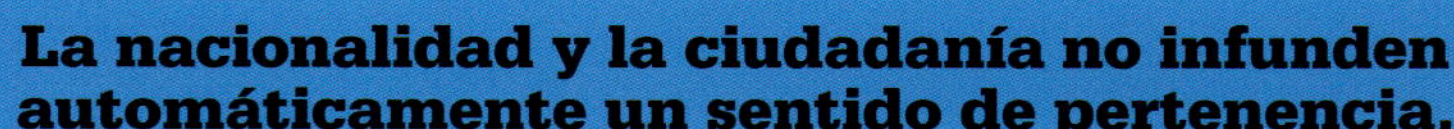

La nacionalidad y la ciudadanía no infunden automáticamente un sentido de pertenencia.

Véase también: Adaptación de tradiciones culturales 193 ▪ El valor de los objetos 206–207 ▪ Dilemas transculturales 246–247

Jóvenes manifestantes turcos marchan en 1981 contra las leyes de migración infantil y juvenil dirigidas a la comunidad turca de Alemania, con una pancarta en la que se lee: «No queremos ser los judíos del mañana».

pa. Aunque los turcos solo representaban el 19 por ciento de la población, los alemanes percibían la zona como peligrosa. Consideraban que el estilo de vida turco –en particular, el uso del velo por las mujeres– entraba en conflicto con sus propias creencias morales, y les preocupaban los alimentos no alemanes, las mezquitas y el turco que se hablaba en las calles. Los inmigrantes turcos se sentían bastante cómodos en Kreuzberg, ya que podían hablar su idioma a diario en las tiendas y escuelas locales. Sin embargo, seguía existiendo un temor subyacente hacia los alemanes. También les preocupaba lo que consideraban un comportamiento inmoral entre los alemanes, como comer cerdo y vestir de forma impúdica.

Ecos de la historia

En *Cosmopolitan Anxieties* (2008), Mandel analiza cómo las suposiciones sobre lo que significa ser un «verdadero» alemán perpetúan las nociones de «nosotros y ellos». Explica cómo la ley de ciudadanía de la época nazi influyó en las creencias sobre la auténtica «germanidad» heredada. Incluso tras la reforma de la ley en 2000, tener un pasaporte otorgaba la nacionalidad alemana, pero no la germanidad social o cultural.

Mandel compara las experiencias de los inmigrantes turcos, los alemanes étnicos y los judíos para comprender por qué un ciudadano alemán de origen turco puede no ser considerado «auténtico» alemán por la población general. En la década de 1990, se invitó a ir Alemania a dos millones de alemanes étnicos de antiguas repúblicas soviéticas. La mayoría no hablaba alemán, pero su herencia racial les daba automáticamente derecho al pasaporte. Esta distinción les otorgaba un estatus superior al de los turcos alemanes que llevaban décadas en Alemania. Del mismo modo, la comunidad judía de posguerra solía escuchar que eran «cociudadanos judíos»; nunca simplemente alemanes.

Sin embargo, el contexto de la diáspora europea ha presentado nuevas oportunidades para encontrar nuevas formas de expresión a grupos que se enfrentaban a una discriminación continuada en Turquía. Alemania ha sido testigo de un florecimiento de la cultura expresiva entre músicos, poetas, dramaturgos y cineastas migrantes. Su producción cultural se percibe a menudo como «arte étnico» –sin el mismo estatus que la obra de sus colegas alemanes– pero con el tiempo, con los matrimonios mixtos y la evolución de las actitudes globales, ha empezado a haber cambios. ▪

El debate sobre el velo

Muchos alemanes creen que las mujeres turcas no pueden integrarse plenamente en la sociedad alemana mientras usen el velo. Dan por sentado que los hombres obligan a sus esposas e hijas a llevarlo, pero el análisis de Mandel muestra que la situación es mucho más compleja. Sus investigaciones revelan que mujeres y niñas tienen sus propias ideas sobre por qué llevan velo. Algunas lo consideran una cuestión moral; otras lo ven como una cuestión de identidad.

El trabajo de Mandel muestra que gran parte de la población turca se opone al uso del velo, entre ella personas que se identifican como laicas o antirreligiosas. Por otra parte, las alevís, miembros de la minoría religiosa más grande de Turquía, no están obligadas a llevar velo. Como «turcos sin velo», los alevís han sido considerados por los alemanes en ocasiones como los inmigrantes «mejor integrados».

NECESITAMOS ALIMENTOS COCINADOS

NUTRICIÓN Y EVOLUCIÓN HUMANA

EN CONTEXTO

OBRA CLAVE
Richard Wrangham, *En llamas: Cómo la cocina nos hizo humanos* (2009)

RAMA
Antropología biológica

ANTES
2002 La «paleodieta», basada en alimentos crudos, se populariza tras la publicación de *La dieta paleolítica*, de Loren Cordain.

DESPUÉS
2019 Investigadores que estudian los efectos de una dieta basada en alimentos crudos descubren que esta altera la fisiología bacteriana intestinal y cambia los procesos digestivos.

2022 En un yacimiento de Gesher Benot Ya'aqov (Israel) se hallan pruebas de cocción de pescado datadas hace unos 780 000 años, lo que sugiere que especies humanas tempranas cocinaron alimentos antes de la aparición de *Homo sapiens*.

El antropólogo Richard Wrangham despertó el interés público y académico con su exploración del papel desempeñado por la cocina en la evolución humana. Argumentó que la cocción facilitaba la digestión de los alimentos y liberaba más nutrientes. Según Wrangham, esto implicó que los primeros humanos que consumían alimentos cocinados empezaron a obtener más energía de su dieta con menos esfuerzo, lo que provocó cambios en el físico humano. Los dientes grandes y con esmalte grueso se volvieron más pequeños, y la mandíbula perdió fuerza, pues los alimentos eran más fáciles de masticar. Wrangham también señaló que, comparado con el de otros primates, el intestino humano es un 60 por ciento más pequeño de lo que cabría esperar; ello podría deberse a que los alimentos cocinados requieren un sistema digestivo menos complejo, pues el proceso de cocción los descompone parcialmente.

El momento transformativo que dio origen al género *Homo* [...] surgió del control del fuego y del advenimiento de los alimentos cocinados.
Richard Wrangham

Un cerebro más grande

La transición a la comida cocinada también pudo provocar un aumento del tamaño del cerebro. Desde el punto de vista calórico, el cerebro es un órgano muy costoso; Wrangham sugirió que la energía metabólica ahorrada en el proceso digestivo se reasignó al desarrollo del cerebro. Esto provocó varios cambios cognitivos y conductuales. Wrangham también razonó que los actos comunitarios de cocinar y compartir la comida facilitaron los vínculos sociales y la cooperación, y pudieron contribuir al desarrollo de las sociedades humanas. ■

Véase también: Dimensiones sociales y culturales de la nutrición 80–83 ▪ Antropología de la alimentación 200–205 ▪ Comida y modernidad 267

DIOS HABLA A LA MENTE HUMANA

LA EXPERIENCIA EVANGÉLICA

EN CONTEXTO

OBRA CLAVE
T. M. Luhrmann, *When God Talks Back* (2012)

RAMA
Antropología social y cultural

ANTES
1937 E. E. Evans-Pritchard publica *Brujería, magia y oráculos entre los azande*, donde sostiene que la magia es lógica en su contexto cultural.

1966 Clifford Geertz publica «La religión como sistema cultural», donde habla de la religión como un sistema de símbolos que dan forma a las creencias.

DESPUÉS
2020 Luhrmann publica *How God Becomes Real*. Afirma que el esfuerzo por hacer real a Dios para los creyentes explica el poder de su fe.

2022 Un estudio del Pew Research Center en EE. UU. revela un aumento de las personas que no profesan ninguna religión.

En medio del aumento del secularismo en EE. UU., han surgido nuevas formas de cristianismo que fomentan relaciones profundas con Dios. En particular, las iglesias evangélicas han sustituido la vestimenta formal y los sermones sombríos por una ropa informal, música rock y una fe interactiva. Cabe destacar que estas iglesias no son grupos marginales, ya que atraen a gran variedad de personas.

Cerca de Dios

Para conocer mejor el evangelismo estadounidense, Tanya Luhrmann se unió a la Comunidad Cristiana Vineyard, donde le dijeron que para comprender realmente su fe, debía tomarse un café con Dios. Para estos evangélicos, Dios es «un Dios profundamente humano, incluso vulnerable, que nos ama incondicionalmente y no desea más que ser nuestro amigo». En este contexto, Dios no es un espíritu distante, sino un compañero constante que se interesa por todo, desde las preocupaciones cotidianas hasta las dudas existenciales.

Luhrmann observó cómo los fieles que participaban en la oración acompañada de música en las iglesias Vineyard de EE. UU. sentían la cercanía de Dios.

Luhrmann examina cómo los creyentes se implican en un proceso de aprendizaje para experimentar a Dios de esta forma. Entrenan su mente para atender a los pensamientos, sensaciones y emociones que sugieren la evidencia de Dios, reinterpretando las cosas cotidianas como señales divinas. Así, usan su mente para experimentar a un Dios real que responde a la necesidad humana de sentirse escuchados y amados. ■

Véase también: Naturaleza universal de la religión 28–29 ■ Raíces sociales de la religión 42–43 ■ La fluidez de los sistemas sociales 102–103

ORÍGENES MOLECULARES

LA POLÍTICA DEL ADN

EN CONTEXTO

OBRA CLAVE
Kim TallBear, *Native American DNA* (2013)

RAMA
Antropología social y cultural

ANTES
1996 El hallazgo de restos humanos de hace 9000 años en el estado de Washington (EE. UU.) desata una batalla entre científicos e indígenas locales por la custodia de los huesos. Los tribunales fallan a favor de los científicos.

2005 Se lanza en EE. UU. el primer kit de pruebas genéticas de venta directa al consumidor.

DESPUÉS
2017 Siete millones de personas se someten a una prueba de ADN de consumo en un año.

2019 En EE. UU., la senadora Elizabeth Warren se disculpa ante la nación cheroqui por afirmar que tiene ascendencia indígena según una prueba de ADN.

La cuestión de quién es nativo americano y quién tiene el poder de decidirlo se ha convertido en un tema recurrente en los debates sobre identidad indígena. En *Native American DNA*, la antropóloga estadounidense Kim TallBear examina cómo la ciencia genética se entrecruza con las identidades, la soberanía y la pertenencia cultural. Miembro de la tribu sisseton-wahpeton oyate, TallBear cuestiona las narrativas simplistas sobre ascendencia e identidad que a menudo se derivan

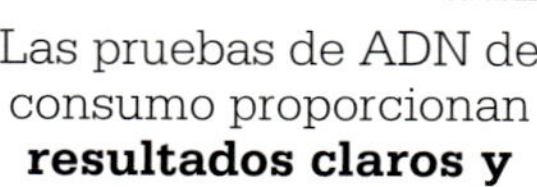
La identidad puede basarse en la ascendencia biológica.

Las pruebas de ADN de consumo proporcionan **resultados claros y sencillos**.

Los **laboratorios** determinan la **pertenencia** a un grupo basándose en la **genética**.

Este enfoque **simplista** pasa por alto los efectos del parentesco y las **prácticas culturales**.

La identidad puede basarse en el parentesco y la pertenencia cultural.

La **historia oral** y el conocimiento cultural sustentan la **herencia compartida** y los **lazos sociales**.

Los **líderes y comunidades indígenas** defienden la pertenencia **mediante la cultura**.

Este enfoque **valora** la continuidad cultural y las **identidades complejas**.

Véase también: Definir la etnicidad 130–131 ▪ Etnografía reflexiva 162–165 ▪ Estructura y agencia 196–199 ▪ Secuenciación de ADN antiguo 290–291

de la investigación genética. Su trabajo aborda las pruebas de ADN en el contexto de la explotación histórica y actual de las comunidades indígenas. Cuestiona la visión determinista de la ciencia genética, que intenta definir las identidades indígenas a través de marcadores genéticos e ignora las complejidades de las afiliaciones, los sistemas de parentesco y las prácticas culturales que definen a los pueblos indígenas.

Ciencia e identidad

TallBear señala que la pertenencia a una nación nativa americana es una categoría jurídica desarrollada en un contexto histórico. El uso de pruebas de ADN para determinar la pertenencia a una nación es problemático porque los «marcadores» genéticos seleccionados por los investigadores no están definidos por las comunidades indígenas, sino por lo que se supone que es un proceso científico neutral. Pero, como cualquier otra actividad humana, la ciencia está determinada por procesos sociales, económicos, históricos y políticos particulares.

Las desigualdades de poder son reales en este mundo en el que la narrativa del ADN ocupa un lugar cada vez más central en la narración de la historia humana y en la construcción de las identidades humanas.
Kim TallBear

La ropa tradicional, como la que lleva este miembro de la nación cree de Onion Lake que baila la danza del pollo, permite a los pueblos indígenas reconocer y expresar su identidad cultural.

Un elemento central de su crítica es el concepto de «ciencia colonialista». Sostiene que gran parte de la ciencia occidental se desarrolló para justificar el despojo y la marginación de los pueblos indígenas. Aún hoy influye en las perspectivas occidentales que dan prioridad a la genética sobre las formas indígenas de conocer y ser. Aunque TallBear reconoce que la genética puede resultar atractiva, y que algunos indígenas la han adoptado como medio para articular su identidad, en última instancia rechaza la idea de que los datos genéticos por sí solos puedan determinar la ascendencia indígena.

TallBear cuestiona las narrativas que pueden surgir del análisis genético, argumentando que reviven elementos de ideas coloniales racistas. Afirma que, en el contexto de la determinación de la herencia, las perspectivas indígenas deben situarse en el centro de los debates sobre el uso de la investigación genética. ■

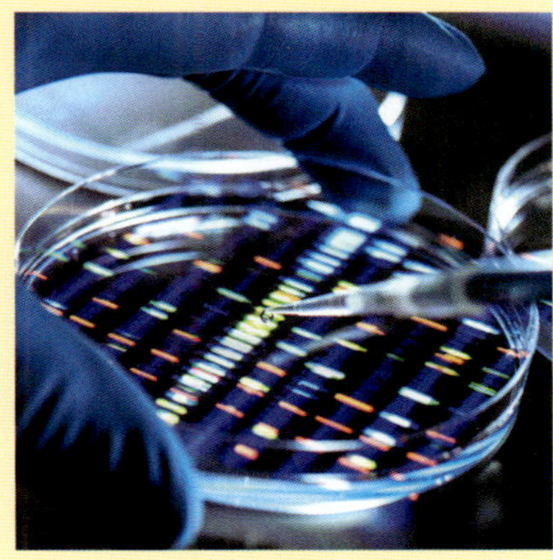

Pruebas de ADN

Los antropólogos sostienen que las pruebas de ADN simplifican en exceso complejas identidades sociales y afiliaciones culturales al reducir la identidad a marcadores genéticos o porcentajes de ascendencia. Este enfoque ignora la naturaleza fluida y contextual de la identidad humana: refuerza los estereotipos y pasa por alto las experiencias y prácticas culturales que moldean el sentido de identidad de una persona.

Las pruebas de ADN también plantean problemas éticos sobre consentimiento y privacidad. Muchas empresas recopilan y almacenan grandes cantidades de datos genéticos, lo que plantea interrogantes sobre la propiedad de la información genética y el posible uso indebido de los datos con fines lucrativos o discriminatorios. Además, la forma en que las pruebas de ascendencia usan marcadores genéticos para clasificar a las personas en grupos raciales puede perpetuar la idea errónea de que la raza es un hecho biológico en vez de una construcción social, lo que puede servir para reforzar estereotipos y desigualdades.

EL BOSQUE TIENE SU PROPIA VIDA

RELACIÓN CON SERES NO HUMANOS

EN CONTEXTO

OBRA CLAVE
Eduardo Kohn, *Cómo piensan los bosques* (2013)

RAMA
Antropología social y cultural

ANTES
1972 Gregory Bateson propone que el concepto de «mente» no surge solo en los seres humanos; también en las relaciones entre los seres vivos y su entorno.

1991 Bruno Latour critica la ciencia occidental por dividir artificialmente «naturaleza» y «sociedad» e ignorar su interconexión.

DESPUÉS
2015 Anna Tsing publica *La seta del fin del mundo*, donde ilustra cómo las especies no humanas sobreviven en los paisajes contemporáneos.

2017 Nueva Zelanda otorga personalidad jurídica al río Whanganui, reconociendo las creencias maoríes que lo consideran un antepasado sagrado.

La manera como nos ven otros tipos de seres importa. El hecho de que nos vean cambia las cosas.
Eduardo Kohn

La selva amazónica es clave en el trabajo de Kohn sobre la comunicación entre especies. Kohn sostiene que humanos, animales y plantas participan en la creación compartida de significado.

Los antropólogos llevan mucho tiempo teorizando sobre el papel de los seres no humanos –como animales, plantas, paisajes y objetos– en la configuración de las sociedades humanas. También han luchado por incluir en los estudios etnográficos a los seres no humanos como participantes activos en la conformación del mundo. A mediados del siglo xx, la antropología social y cultural había aceptado en gran medida la distinción entre cultura y naturaleza, considerando la cultura como un sistema construido socialmente que los antropólogos podían interpretar. Este enfoque, ejemplificado en la obra de Clifford Geertz, trataba la cultura como algo que podía ser leído como un texto.

Sin embargo, los retos globales han impulsado una revaluación de estas categorías. El cambio climático, la explotación de la vida no humana en industrias como la ganadería intensiva y la agricultura industrial, y las preocupaciones éticas en torno a cómo los antropólogos representan otras culturas han contribuido a este cambio. Estas cuestiones han animado a los estudiosos a replantearse los límites entre los mundos humano y no humano, reconsiderar el papel de los no humanos en la vida social y cuestionar qué constituye la sociedad misma.

El giro ontológico

Un enfoque para abordar esta crisis antropológica es el llamado giro ontológico, un movimiento que cuestiona la idea de que los seres humanos son los únicos que definen la realidad. La ontología, una rama de la filosofía, explora la naturaleza de la realidad, y el giro ontológico se pregunta: ¿cómo entienden y dan forma a la realidad las diferentes comunidades, humanas y no humanas?

Este enfoque está asociado a estudiosos como el filósofo y sociólogo francés Bruno Latour, el antropólogo francés Philippe Descola,

Véase también: La estructura del lenguaje 44–45 ▪ Lenguaje y cognición 88–89 ▪ Estructuralismo 108 ▪ Comportamientos de los chimpancés 132–135 ▪ La capacidad para la comunicación 182 ▪ Etnografía multiespecie 194–195

el antropólogo brasileño Eduardo Viveiros de Castro y la antropóloga estadounidense Anna Tsing. Aunque sus ideas difieren, comparten un argumento común: la realidad no se construye solo a través de la cultura o el lenguaje humanos: es moldeada por animales, plantas, paisajes e incluso objetos. Por ejemplo, la teoría del actor-red (TAR) de Latour sugiere que todo, desde los teléfonos inteligentes hasta los bosques, tiene «agencia», es decir, la capacidad de actuar e influir en los resultados. Al rechazar el antropocentrismo –la creencia de que los seres humanos son superiores a otras formas de vida–, estos pensadores destacan el entrelazamiento de la existencia humana con el resto del planeta.

La voz del bosque

El antropólogo canadiense Eduardo Kohn es uno de los académicos que se ocupa de estas ideas. En su libro *Cómo piensan los bosques*, basado en cuatro años de trabajo de campo con el pueblo runa en la cuenca alta del Amazonas, explora cómo la vida no humana, incluidos animales, plantas y espíritus, participa en la creación de significado. Su trabajo desafía las ideas convencionales sobre lo que significa pensar y sobre quién –o qué– es capaz de hacerlo.

Kohn amplía el enfoque del giro ontológico sobre la vida no humana basándose en el marco semiótico del científico estadounidense Charles Sanders Peirce y en el trabajo del neuroantropólogo estadounidense Terrence Deacon. La semiótica de Peirce analiza cómo los signos crean significado y proporciona una forma de entender cómo tanto humanos como no humanos los utilizan para comunicarse. En *Cómo piensan los bosques*, Kohn explora cómo el pueblo runa se comunica con los seres que habitan el bosque y cómo estos seres, a su vez, se comunican con ellos. En esencia, el libro de Kohn es una exploración de lo que significa realmente comunicarse.

Kohn eligió la selva amazónica de Ecuador como campo de trabajo porque su extraordinaria biodiversidad la convertía en un escenario ideal para examinar la comunicación entre especies. Como uno de los ecosistemas más densamente interconectados del planeta, ofrece un ejemplo vívido de cómo surge el significado no solo entre los seres humanos, sino también entre humanos, animales y el propio entorno.

El significado de pensar

La antropología tradicional afirmaba que solo los seres humanos tienen la capacidad de pensar, y consideraba el lenguaje como el sistema a través del cual damos sentido al mundo. Kohn cuestiona esta creencia. Argumenta que la forma en que pensamos, moldeada por la estructura de nuestro lenguaje, ha influido en nuestra forma de ver otras formas de vida. En concreto, sugiere que el pensamiento binario presente en el lenguaje, en el que todo se entiende en términos de opuestos como humano y animal, o naturaleza y cultura, nos lleva a proyectar esta misma forma de pensar en todos los seres vivos y a suponer que solo los seres humanos pueden «pensar» verdaderamente.

Kohn critica ese enfoque por relegar a los no humanos a la condición de objetos mudos sobre los »

Sobrevivir en las ruinas del capitalismo

Anna Tsing, antropóloga chino-estadounidense investiga cómo persiste la vida en paisajes marcados por el capitalismo en su libro *La seta del fin del mundo* (2015). Su estudio se centra en el hongo matsutake, que prospera en los entornos alterados y los bosques degradados de Oregón (EE.UU.), Yunnan (China) y la Laponia finlandesa. Tsing rastrea cómo grupos marginados, esto es, leñadores desplazados, refugiados y recolectores indígenas, los cosechan y venden a través de cadenas de suministro globales a mercados de lujo.

A diferencia de los cultivos que sucumben al control industrial, el matsutake se resiste al cultivo y solo florece en las «ruinas» capitalistas. Esta paradoja subraya el argumento de Tsing: la supervivencia depende de la colaboración entre humanos y no humanos. Así, recolectores, comerciantes y ecosistemas forman frágiles alianzas para sortear condiciones económicas precarias y mantener sus medios de vida.

La recolección de setas matsutake crea una conexión entre naturaleza, recolectores, comerciantes y mercados globales.

Un mono lanudo de la selva amazónica utiliza vocalizaciones para comunicarse con su grupo social a lo largo de varias hectáreas de bosque. En particular, las hembras usan chasquidos y rechinar de dientes para llamar a sus compañeros.

que los humanos proyectan significado. Sostiene, en cambio, que el significado está incrustado en el mundo, que existe fuera de la mente humana. Así, por ejemplo, cuando caminamos por un bosque y surge un pensamiento, Kohn sugiere que este puede no ser solo nuestra respuesta interna a estímulos externos, sino algo coproducido con el propio bosque, compuesto por la miríada de seres «pensantes» que lo habitan.

Incluir los pensamientos de seres no humanos en los estudios antropológicos plantea importantes cuestiones teóricas y consideraciones éticas. El trabajo de Kohn nos reta a replantearnos cómo categorizamos y entendemos el mundo, instando a los estudiosos a ampliar sus ideas para incluir las formas en que piensan y se comunican las criaturas no humanas.

La vida de los signos

La semiótica –el estudio de cómo los signos interactúan y crean significado– proporciona un marco para comprender la comunicación entre seres humanos y objetos inanimados. Kohn identifica tres tipos de signos interrelacionados: iconos, índices y símbolos. Juntos forman un sistema de comunicación dinámico que funciona en diferentes niveles.

Los iconos son el tipo más simple de signo: constituyen una imagen o representación general y amplia de algo, a menudo sin proporcionar muchos detalles. Funcionan resaltando ciertas características que se asemejan al objeto o evento que representan, mientras que ignoran otras. Por ejemplo, una fotografía, un mapa o incluso onomatopeyas como «bum» o «miau» son iconos.

Los índices dependen de los iconos para existir, pero son más específicos. Surgen de las relaciones entre iconos y provocan una acción al animar al intérprete a pensar en las consecuencias de sus actos. Por ejemplo, cuando un mono oye un estruendo en el bosque, anticipa el peligro basándose en experiencias anteriores. Del mismo modo, un perro aprende que la palabra «sit» indica que va a recibir una golosina.

Los símbolos dependen tanto de los iconos como de los índices, pero son más complejos que los dos signos de los que surgen. Son exclusivamente humanos y resultan de la capacidad de pensar a través del lenguaje. Una característica peculiar de la significación simbólica es su tendencia a romper la cadena habitual de significado. Esto puede crear una sensación de separación del resto de la vida, una división que los seres humanos deben superar.

Kohn sugiere que cuando una persona se absorbe en exceso dentro de su propia mente o se desconecta de su entorno, puede entrar en pánico. Este sentimiento representa una profunda desconexión de la red más amplia de creación de significado, o «semiosis», que existe en la vida.

El sistema de signos de Kohn forma un «sistema vivo» jerárquico en el que participan todas las formas

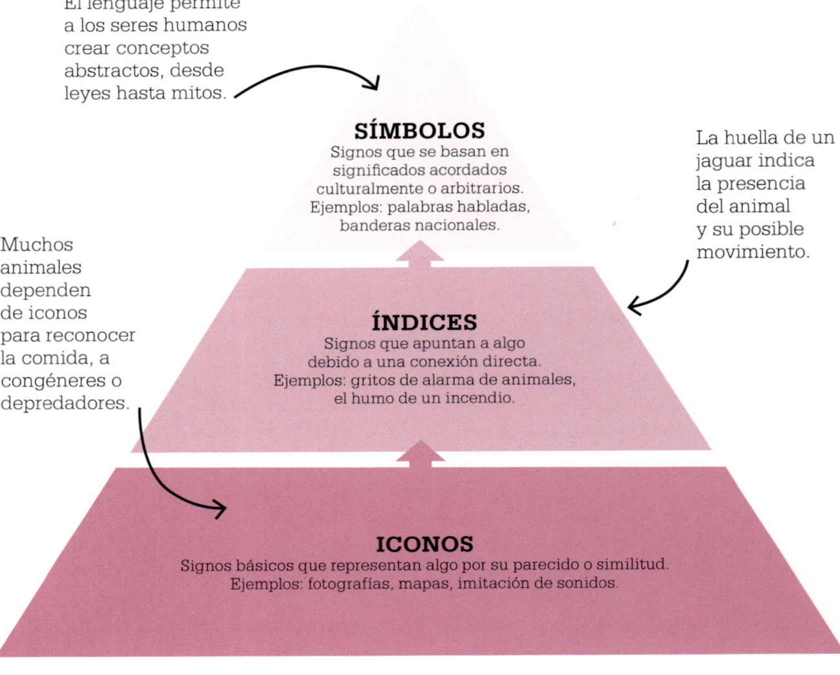

de vida, comunicándose y creando un intercambio dinámico de significado entre especies y entornos.

Patrones sin diseño

Kohn también adoptó el concepto de «forma» de Terrence Deacon para explicar cómo los patrones naturales de los bosques surgen de las interacciones dinámicas dentro de un ecosistema. A diferencia de los signos, que requieren una interpretación activa, la forma surge espontáneamente de las interacciones dentro de los ecosistemas, ya sea entre árboles, animales o elementos inanimados. Es una propiedad fundamental del mundo mismo, no algo impuesto al mundo por el pensamiento humano.

Para ilustrar este concepto, Kohn utiliza el ejemplo del auge del caucho en el Amazonas para mostrar cómo elementos distintos pueden unirse para constituir una forma. A finales del siglo XIX, las innovaciones en la industria del automóvil aumentaron la demanda europea de caucho, lo que condujo a la violencia colonial y a la explotación de los pueblos indígenas de la región. Kohn sostiene que este hecho no fue solo el resultado de presiones económicas, sino que surgió de la interacción de factores diversos. Por ejemplo, los árboles del caucho crecen de forma natural muy separados entre sí, una distancia que, si bien dificulta su cultivo, los hace resistentes a los parásitos. Este espaciamiento formaba parte de una configuración más amplia que incluía la intrincada red fluvial de la región, lo que permitía el transporte eficaz del caucho, pero también facilitaba a los colonizadores el acceso a regiones de otro modo inaccesibles. Según Kohn, el auge del caucho en el Amazonas no fue una coincidencia: fue el resultado de interacciones dentro de esta forma que involucró a seres humanos, animales y otros participantes.

Los bosques son buenos para pensar porque ellos mismos piensan. Los bosques piensan. Quiero tomar esto con seriedad.
Eduardo Kohn

El concepto de forma es importante en el trabajo de Kohn porque ayuda a los antropólogos a teorizar sobre grandes sucesos históricos de una manera no puramente antropocéntrica, al tiempo que reconoce la violencia utilizada para empujar a personas, animales y paisajes hacia esas formas. Reconceptualiza las categorías analíticas y proporciona herramientas para evitar repetir los errores pasados. En última instancia, también obliga a los estudiosos a reconocer que la acción humana no es el único factor que determina los acontecimientos.

Más allá de lo humano

El innovador marco de Kohn desafía muchas de las suposiciones de la antropología tradicional al revelar que los seres humanos no son los únicos seres pensantes. Otras criaturas, desde los monos hasta los árboles, interactúan con diferentes tipos de signos junto a nosotros, participando en la construcción del significado de modos que fueron pasados por alto por las estructuras antropológicas anteriores. Su marco ayuda a los antropólogos a desarrollar una comprensión más inclusiva de cómo el mundo es continuamente cocreado por todos sus participantes. ■

Teoría del actor-red

Desarrollada en la década de 1980 por el sociólogo francés Bruno Latour, la teoría del actor-red (TAR) examina cómo actores humanos y no humanos (tecnologías, objetos e instituciones) configuran las redes sociales. Rechazando la división entre sociedad y naturaleza, la TAR trata todas las entidades como «actantes» interconectados con capacidad de acción. Así, un hallazgo científico no depende solo de un investigador, sino también del instrumental de laboratorio o la financiación. La TAR allana las jerarquías y hace hincapié en que el poder surge de las relaciones, no de roles fijos. Este enfoque ayuda a los antropólogos a analizar cómo personas, animales y entornos cocrean significado. En los estudios de Kohn sobre los ecosistemas amazónicos, la TAR se alinea con su visión de los bosques como espacios dinámicos y «pensantes» moldeados por la interacción de múltiples especies.

La teoría de Bruno Latour reimagina el mundo como una red compleja en la que ciencia, sociedad y naturaleza están inextricablemente entrelazadas.

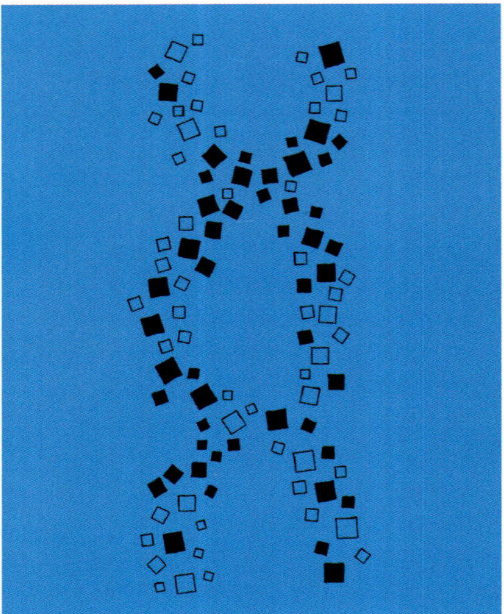

EL MOSAICO DE NUESTRO GENOMA

SECUENCIACIÓN DE ADN ANTIGUO

EN CONTEXTO

OBRA CLAVE
Svante Pääbo, *El hombre de Neandertal: En busca de genomas perdidos* (2014)

RAMA
Antropología biológica

ANTES
1984 Se extrae ADN de un espécimen de museo de cuaga, un pariente extinto de la cebra.

1985 Svante Pääbo extrae ADN de momias egipcias de unos 2400 años de antigüedad.

2013 Se secuencia el ADN de huesos de caballo de 700 000 años de antigüedad hallados en Canadá.

DESPUÉS
2022 El análisis del ADN de perros antiguos de Siberia ayuda a comprender los orígenes de las razas modernas.

2024 Un estudio revela que los genes que aumentan el riesgo de esclerosis múltiple pueden remontarse a los antiguos europeos.

El estudio del ADN antiguo ha revolucionado la comprensión de la evolución humana, ofreciendo una visión sin precedentes de la relación entre *Homo sapiens* y los homininos extintos. La extracción y secuenciación del ADN de restos antiguos, que antes se consideraba imposible por la degradación del material genético, devino posible gracias a los avances tecnológicos. El gran avance se produjo en 1997, cuando el genetista evolutivo sueco Svante Pääbo y su equipo secuenciaron con éxito una parte del genoma neandertal. Su trabajo demostró que *Homo sapiens* y neandertales son especies distintas y reveló que sus linajes se separaron hace unos 500 000 años.

Conexiones ancestrales

En 2010, Pääbo logró secuenciar el genoma neandertal completo. Su investigación, publicada en 2014, reveló que, en algún momento posterior a la salida de África de los primeros humanos modernos hace unos 70 000 años, estos se cruzaron con neandertales. Como resultado, entre el 2 y el 4 por ciento del genoma de la mayoría de los europeos y asiáticos actuales proviene de esos antepasados neandertales. El equipo de Pääbo también examinó ADN mitocondrial

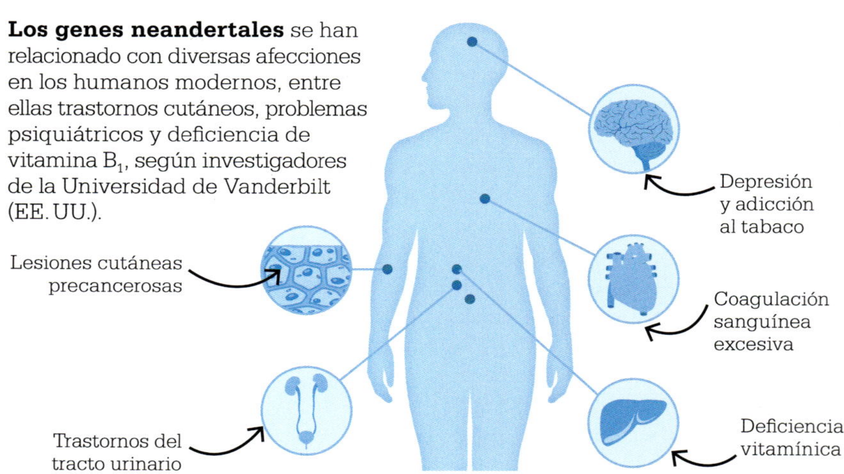

Los genes neandertales se han relacionado con diversas afecciones en los humanos modernos, entre ellas trastornos cutáneos, problemas psiquiátricos y deficiencia de vitamina B_1, según investigadores de la Universidad de Vanderbilt (EE. UU.).

Véase también: La teoría de la evolución 24–25 ▪ Evolución unilineal 26–27 ▪ La síntesis evolucionista 86–87 ▪ Orígenes de la humanidad 94–101 ▪ Evolución multilineal 104–107 ▪ Entierros humanos 306

antiguo (ADNmt), que se hereda de la madre y puede proporcionar información sobre la ascendencia humana. Pääbo hizo un segundo descubrimiento en 2010 al secuenciar el ADNmt del hueso de un dedo de 40 000 años de antigüedad hallado en la cueva de Denisova, en Siberia. Basándose en su forma, Pääbo pensó inicialmente que el hueso había pertenecido a un neandertal. Pero el ADN era tan distinto que Pääbo concluyó que procedía de una especie nueva de hominino, al que llamó denisovano. Es probable que esta nueva especie conviviera con neandertales y humanos en Eurasia durante decenas de miles de años. Investigaciones posteriores demostraron que, al igual que los neandertales, los denisovanos también se cruzaron con humanos tempranos. Como resultado, los pueblos del Sureste Asiático y Melanesia podrían compartir hasta un 6 por ciento de su ADN con sus antepasados denisovanos.

Legados genéticos

Muchos tibetanos también tienen rastros de ascendencia denisovana. En 2010, investigadores de la Universidad de California en Berkeley empezaron a investigar el EPAS1, una variante genética presente en las poblaciones tibetanas. Este gen mejora la capacidad de sobrevivir en entornos de gran altitud y bajo nivel de oxígeno, ya que regula la producción de glóbulos rojos y evita que la sangre se espese, algo peligroso a grandes altitudes. En 2014 concluyeron que la variante genética tenía casi con toda seguridad un origen denisovano y que esta adaptación heredada permitía a los tibetanos sobrevivir en condiciones hostiles.

Pääbo y su equipo también investigaron los efectos del ADN antiguo en las poblaciones humanas actuales. Los resultados de un estudio publicado en 2020 indicaron que los genes neandertales podrían influir en la respuesta del sistema inmunitario a las infecciones. Por ejemplo, las personas con un grupo específico de genes neandertales tenían un mayor riesgo de desarrollar una forma grave de COVID-19. El equipo descubrió que este material genético está presente en alrededor del 50 por ciento de la población del sur de Asia y en el 16 por ciento de la europea.

> El descubrimiento de la base de la variación genética ha abierto nuevas vías para comprender nuestra historia como especie.
>
> **Svante Pääbo**
> ***Nature* (2003)**

Reconocimiento Nobel

En 2022, Pääbo fue galardonado con el Nobel de Medicina por sus hallazgos relacionados con la evolución humana y los genomas de homininos extintos. Su investigación contribuyó al surgimiento de una nueva disciplina científica, la paleogenética. Al revelar las diferencias genéticas entre los seres humanos vivos y los homininos extintos, y al identificar cómo las contribuciones genéticas de homininos antiguos afectan a la salud humana actual, la paleogenética abre nuevas e importantes vías para conocer al ser humano. ■

Estudio de ADN antiguo

Evaluación de fósiles Los fósiles se seleccionan para el análisis de ADN según criterios como su edad o su estado de conservación.

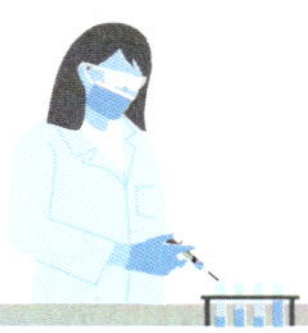

Control de la contaminación El fósil se manipula en una sala estéril y con ropa protectora para evitar la contaminación.

Extracción y secuenciación del ADN Mediante procesos químicos se extrae el ADN, que luego se secuencia para revelar la disposición precisa de su estructura.

Análisis y comparación de datos El ADN secuenciado se compara con el de genomas humanos modernos y otras especies antiguas.

Interpretación y publicación Los científicos identifican genes derivados de humanos antiguos en poblaciones modernas y evalúan sus efectos.

FOTOGRAFIAR ES APROPIARSE DE LO FOTOGRAFIADO

EL PODER DE LA FOTOGRAFÍA

EN CONTEXTO

OBRA CLAVE
Jane Lydon, *Calling the Shots* (2014)

RAMA
Antropología social y cultural

ANTES
1977 En los ensayos recogidos en *Sobre la fotografía*, la estadounidense Susan Sontag enmarca la fotografía como acto ideológico y político.

DESPUÉS
2018 La estadounidense Tanya Sheehan publica *Photography and Migration,* donde explora la política y la ética de la fotografía en relación con los migrantes.

2020 *National Geographic* informa de que las restricciones de viaje impuestas por la COVID-19 obligaron a contratar a más fotoperiodistas locales, que pudieron acceder a las personas en su propio entorno y ganarse su confianza, lo que dio lugar a narraciones más ricas y matizadas.

Hoy día, la fotografía es algo común, pero al principio la capacidad de fotografiar personas, lugares y objetos estaba reservada a los ricos y poderosos. Imperialistas y científicos usaban la fotografía como un arma, una herramienta al servicio de la colonización. Durante el siglo XIX y principios del XX, se consideraba que los grupos indígenas y las personas de color en general necesitaban la intervención colonial o científica y la asimilación al mundo occidental. Las fotografías que los mostraban en diversos estados de «evolución» (pues los blancos representaban la cima del desarrollo social) parecían respaldar esta idea y se difundieron ampliamente. Estas imágenes tuvieron un impacto duradero e incluso hoy se pueden utilizar para perpetuar ideas racistas.

Los objetos colocados con cuidado en el centro de esta imagen de la década de 1880 sugieren que las dos mujeres potawatomi de la Banda de la Pradera influyeron en la composición del fotógrafo.

Archivo global

Desde la década de 1970, los investigadores han escrito sobre este archivo fotográfico global, examinando cómo los imperialistas buscaban representar a grupos indígenas y personas de color como menos avanzados o evolucionados que los que ostentaban el poder. Estos relatos asumen que las personas fotografiadas no tenían poder para contrarrestar o responder a los colonizadores. Sin embargo, investigaciones recientes sobre la historia de la fotografía en las comunidades indígenas –y la forma en que estos pueblos han utilizado las imágenes históricas en la época moderna– sugieren que no siempre fue así.

En *Calling the Shots*, la arqueóloga e historiadora australiana Jane

Véase también: Sistema de creencias locales 78–79 ▪ Fetichismo de la mercancía 180–181 ▪ La ética de la antropología 248–249

Trabajar con fotovoz

El **antropólogo** entrega una **cámara** a cada participante en la investigación para **documentar un tema o experiencia particular**.

Los participantes **toman fotografías** relacionadas con el tema de investigación y **las comparten** con el antropólogo.

El antropólogo **entrevista a los participantes** sobre sus imágenes para **conocer mejor** sus **experiencias**.

La investigación con fotovoz informa los hallazgos del antropólogo visual.

Lydon y sus colegas explican que los indígenas no siempre fueron víctimas pasivas de los fotógrafos coloniales. Cuando se introdujeron las cámaras asequibles en el siglo XX, grupos indígenas de Australia empezaron a crear sus propios archivos fotográficos para desafiar los estereotipos racistas. En lugar de centrarse en la interpretación de un fotógrafo blanco sobre lo que veía, Lydon se fija en los significados vivos que tienen las fotografías hoy en día; por ejemplo, sugiere que la imagen de un aborigen trepando a un árbol puede ser una demostración de agilidad.

Agencia fotográfica

En algunas partes del mundo, las fotografías coloniales han sido devueltas –o repatriadas– a las familias y comunidades. A partir de estas imágenes han surgido narrativas que documentan la cultura, restablecen los vínculos familiares y con la tierra, y desafían los relatos establecidos. En la actualidad, muchos grupos indígenas protegen sus fotografías históricas. Así, por ejemplo, en 2015 se creó Plateau Peoples' Web Portal para garantizar que los pueblos indígenas del Noroeste del Pacífico americano tengan control sobre su archivo digital. Está diseñado para permitir que cada grupo determine quién puede leer y ver sus fotografías históricas y otros materiales.

Los pueblos indígenas también han podido usar la fotografía para respaldar sus reivindicaciones territoriales y aportar pruebas de su ocupación a largo plazo. El pueblo wurundjeri de Australia, por ejemplo, ha recurrido a archivos visuales para demostrar su conexión histórica con las tierras que rodean Melbourne frente a los intentos de los colonizadores por negar su presencia. Casos como este demuestran una forma en que los pueblos indígenas pueden convertir la fotografía, de instrumento de discriminación, en recurso para corregir errores del pasado. ▪

Antropología visual

Abarcando cualquier elemento visual –películas, fotografías y otros medios–, la rama de la antropología visual investiga el material creado por estudiosos y antropólogos, así como el producido por las personas que ellos estudian. En los primeros tiempos de la antropología, los etnógrafos realizaban fotografías, dibujos y películas para documentar las personas y lugares que encontraban. Hoy, los antropólogos visuales analizan estos materiales para comprender cómo ha cambiado un lugar o una cultura a lo largo del tiempo.

Sabrina Jones, antropóloga visual británica, fotografía lo que ha sido olvidado, como las tumbas irlandesas sin nombre conocidas como *cillíní*. Estas tumbas acogen los restos de personas cuyo enterramiento no fue permitido en cementerios católicos. Jones recurre a la fotografía para dar «algún tipo de permanencia» a esos difuntos que en su momento fueron abandonados.

Los *cillíni* irlandeses suelen contener objetos sagrados, llevados por los seres queridos que mantienen la tumba y cuidan de los muertos.

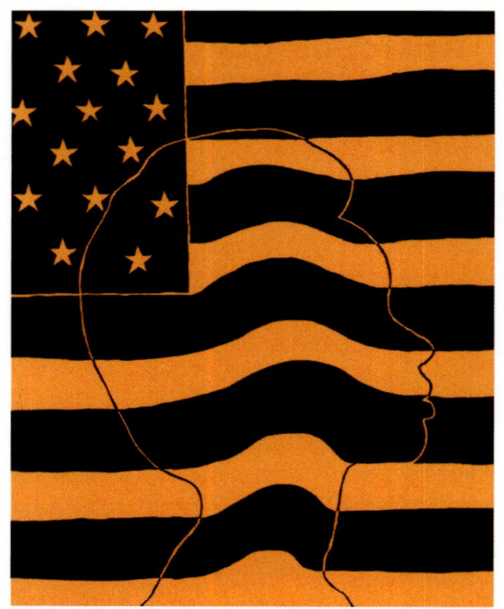

LAS CHICAS NEGRAS CAMBIAN LA FORMA DE LOS ESPACIOS

DESAFIAR LA OPRESIÓN SISTÉMICA

EN CONTEXTO

OBRA CLAVE
Aimee Meredith Cox, *Shapeshifters* (2015)

RAMA
Antropología social y cultural

ANTES
1972 La estadounidense Joyce Ladner publica *Tomorrow's Tomorrow: The Black Woman*, fruto de una investigación sobre las jóvenes de los proyectos de viviendas sociales de San Luis.

2004 En *Future Girl: Young Women in the Twenty-First Century*, la socióloga Anita Harris plantea su idea de la chica «capaz» y la chica «en riesgo».

DESPUÉS
2019 La estadounidense Savannah Shange publica *Progressive Dystopia: Abolition, Antiblackness, and Schooling in San Francisco*, influida por el concepto de Cox de coreografía y construcción de la identidad de las chicas negras.

Tras ocho años de trabajo de campo en un refugio para niñas sin hogar en Detroit (Míchigan, EE. UU.), Aimee Meredith Cox usó la perspectiva crítica de las niñas negras para analizar las contradicciones de la ciudadanía estadounidense en el siglo XXI. Cox empezó a trabajar en 2000 como voluntaria en Give Girls a Chance (GGC), una ONG de servicios sociales comunitarios, donde desempeñó varias funciones, entre ellas la de profesora de baile y directora del refugio. En su libro *Shapeshifters*, traza un retrato convincente de una ciudad muy afectada por el desplazamiento y la desindustrialización urbana, y presenta la «detroicidad» *(Detroitness)* como su identidad única.

«Shapeshifting»

En una sociedad que a menudo ignora o difama a las mujeres negras jóvenes, Cox sitúa a las niñas negras en

La danza y la coreografía proporcionan una interpretación visual del concepto de Cox de cambiaformas, mostrando cómo las jóvenes negras deben contorsionarse a sí mismas y al mundo que las rodea.

Véase también: Lucha contra la segregación racial 30–31 ▪ Desidentificación académica 240–241 ▪ El papel del inglés vernáculo afroamericano 254–255 ▪ Entrevistas profundas a largo plazo 256–257 ▪ Desigualdad reproductiva 310–311

el centro de su investigación, pero no como problema u objeto de preocupación. Más bien afirma su agencia, autonomía y capacidad para construir y crear lo que necesitan. *Shapeshifters* ofrece varias teorías que suponen un avance en los estudios antropológicos sobre la niñez negra y, de manera más amplia, en los estudios negros.

Cox define el cambio de forma *(shapeshifting)* como algo que revela nuestras vulnerabilidades colectivas. Argumenta que las mujeres negras son «cambiaformas por naturaleza» porque las circunstancias las obligan a serlo; cambian la forma de los espacios y las instituciones que intentan restringirlas y castigarlas.

Terminología nueva

Basándose en su experiencia como bailarina, Cox presenta una teoría de la «coreografía» para describir cómo las jóvenes negras interactúan con las instituciones y prácticas estatales. La coreografía, una interpretación física del cambio de forma, puede romper el discurso dominante que considera a las jóvenes negras indeseables, peligrosas y fuera de lugar. Además, su teoría del «derecho crítico» da un giro positivo a una palabra que suele considerarse negativa al afirmar que las jóvenes negras tienen derecho a protección y cuidado. Tienen derecho a vivir libres de daños, ya sean físicos, emocionales o mentales. Por ejemplo, algunas jóvenes del albergue para personas sin hogar acabaron allí porque vivían en hogares multigeneracionales y superpoblados donde las mujeres realizaban la mayor parte de los cuidados, mientras que los hombres no contribuían económicamente ni de ninguna otra forma. Las jóvenes negras pueden decidir huir de ese tipo de situación porque sienten que tienen derecho a algo más que la mera supervivencia.

> Nuestra incapacidad para articular y dar testimonio de la infancia de las niñas negras como un espacio dinámico y creativo que se recrea continuamente en tiempo futuro tiene graves consecuencias.
>
> **Aimee Meredith Cox**

Reformular los prejuicios

Cox analiza cómo se suele describir a las jóvenes negras en narrativas de redención que implican un cambio de la tragedia a la superación. Estas historias se consideran a menudo necesarias para que las mujeres sean vistas como dignas de atención. De igual modo, se usan narrativas de excepción para describir a las niñas negras que alcanzan un notable éxito normativo. Cox se pregunta por qué las jóvenes negras deben «superar las adversidades» para ser consideradas dignas. Las jóvenes negras que protagonizan el trabajo de Cox no permiten que se las considere meras estadísticas; exigen el derecho a ser vistas como seres humanos plenos con derecho a todos los beneficios de la ciudadanía. ■

Aimee Meredith Cox

Nacida en 1971, Cox creció en Cincinnati (Ohio, EE. UU.). Es etnógrafa, escritora y artista del movimiento, licenciada en antropología por el Vassar College de Nueva York y doctora en antropología cultural por la Universidad de Míchigan. Hoy en día es profesora asociada de antropología en la Universidad de Nueva York.

Durante gran parte de su juventud estudió ballet y danza contemporánea, y realizó giras con la compañía Ailey II de Alvin Ailey y el Dance Theatre of Harlem. También es profesora de yoga. Esta formación influye en sus otros intereses de investigación, que incluyen la etnografía de la *performance*, la producción cultural juvenil, la teoría crítica de la raza y los estudios de danza.

Otras obras clave

2009 «Thugs, Black Divas, and Gendered Aspirations».
2014 «The Body and the City Project: Young Black Women Making Space, Community, and Love in Newark, New Jersey».

HISTORIAS CONTADAS POR OBJETOS

DOCUMENTAR LO INDOCUMENTADO

EN CONTEXTO

OBRA CLAVE
Jason De León, *The Land of Open Graves* (2015)

RAMA
Antropología social y cultural

ANTES
1976 El filósofo francés Michel Foucault acuña el término «biopoder» para designar la capacidad de un gobierno para controlar la vida de la población.

2003 *Necropolítica*, del historiador camerunés Achille Mbembe, analiza el poder de los gobiernos para imponer la muerte a determinados grupos sociales a través de la esclavitud, el *apartheid*, la limpieza étnica y otras formas de violencia política.

DESPUÉS
2016 En *Dejan sus riñones en las ramas*, la estadounidense Sarah Horton analiza la salud de los trabajadores agrícolas migrantes vulnerables y revela cómo sus cuerpos son infravalorados y convertidos en desechables.

El desierto es una herramienta de control fronterizo y un asesino estratégico de los que cruzan la frontera.
Jason De León

El aumento de la **vigilancia fronteriza** con el fin de disuadir la migración a EE. UU. **empuja a los migrantes** hacia **puntos de entrada** menos controlados y más peligrosos.

La política de inmigración de EE. UU. usa el desierto como **arma política**, causando intencionadamente la muerte de migrantes.

Los migrantes están tan desesperados por llegar a EE. UU. que cruzar el desierto **no es un elemento disuasorio eficaz**.

Se insta a los responsables políticos a reconsiderar las implicaciones de la vigilancia fronteriza en las vidas humanas.

El interés del antropólogo estadounidense Jason De León por la vida de los migrantes que cruzan los desiertos a lo largo de la frontera entre EE. UU. y México ha dado lugar a una influyente obra que muestra la dimensión holística de la antropología y su poder potencial.

En su libro *The Land of Open Graves: Living and Dying on the Migrant Trail*, De León utiliza métodos de investigación de la arqueología y la antropología forense para comprender las vidas de los migrantes latinos indocumentados que intentan llegar a EE. UU. Esto implica un análisis de los objetos que los migrantes dejan atrás durante su travesía por el desierto, desde mochilas hasta preciados recuerdos y los cuerpos de sus compañeros de viaje. También recurre a la investigación etnográfica para explorar los costes reales de las políticas gubernamentales en las vidas de los migrantes y sus familias. El trabajo de De León cuestiona el «debate antropológico, a menudo estéril, sobre la migración latina» en favor de un enfoque más informal. Relata his-

La retórica antiinmigración retrata a quienes huyen de la persecución o la guerra en sus países de origen como una horda sin rostro, pero De León busca la humanidad detrás de sus peligrosos viajes.

Véase también: Lucha contra la segregación racial 30–31 ▪ Funcionalismo biopsicológico 50–55 ▪ Estudiar hacia arriba 138–139 ▪ Género, sexualidad y poder 158–159 ▪ La ética de la antropología 248–249 ▪ Etnografía crítica 270–271

torias, utiliza el humor y ofrece detalles de sus interacciones con migrantes indocumentados y sus familias, así como con las autoridades mexicanas y estadounidenses.

Políticas necroviolentas

The Land of the Open Graves se centra en los efectos de la política de «prevención a través de la disuasión» aplicada por el gobierno estadounidense desde 1994. Esta tiene por objeto reducir el número de inmigrantes latinoamericanos indocumentados que entran sin control en EE. UU. a través de México, aumentando la seguridad fronteriza en las zonas donde cruzar es más fácil y seguro. Los creadores de la política supusieron que canalizar a los migrantes hacia lugares más peligrosos para cruzar la frontera los disuadiría de intentarlo. Sin embargo, en la práctica, las motivaciones para migrar son tan fuertes y apremiantes que las personas siguen realizando este viaje a pesar del aumento del riesgo.

La prevención mediante la disuasión ha provocado miles de muertes desde su implementación, principalmente porque los migrantes cruzan parajes desérticos desolados y abrasadores que el gobierno de EE. UU. sabe que son traicioneros y mortales.

De León cree que el uso del desierto como arma política por parte del gobierno es un ejemplo de «necroviolencia», una forma de control gubernamental sobre la vida y la muerte de ciertos grupos. A continuación, ilustra el concepto de necropolítica, es decir, las formas en que los gobiernos politizan la necroviolencia. El gobierno estadounidense utiliza dispositivos necropolíticos, como el implacable desierto de Sonora, como mecanismo para distanciarse del acto de matar. Si el gobierno no es directamente responsable de la muerte de un migrante, «aumenta hábilmente el grado de separación entre la víctima y el perpetrador».

Según De León, la Patrulla Fronteriza de EE. UU. disfraza sus verdaderas intenciones utilizando una terminología neutral que desvía la culpa de la política en sí misma hacia el desierto. Al identificar el entorno natural como la principal amenaza para los migrantes que »

Motivaciones comunes para la migración
Crimen organizado y violencia
Violencia y persecución política
Desastres relacionados con el clima, como inundaciones, sequías, falta de agua potable, deslizamientos de tierras e incendios forestales
Maltrato doméstico y ausencia de apoyo social
Violencia y discriminación por motivos de género y sexualidad
Estados frágiles o fallidos y colapso social

La política de inmigración de EE. UU.

Inicialmente, la migración a EE. UU. no estaba regulada, lo que atrajo a muchos colonos. El aumento de la inmigración dio lugar a la Ley de Exclusión China de 1882. La Ley de Inmigración de 1924 introdujo cuotas que redujeron la procedente del sur de Europa, Asia y África. En 1965, la Ley de Inmigración y Nacionalidad dio prioridad a la reunificación familiar y a la mano de obra cualificada, lo que provocó un aumento de la inmigración de Sudamérica y Asia. La Ley de Reforma y Control de la Inmigración de 1986 concedió amnistías a los inmigrantes indocumentados residentes en EE. UU. desde antes de 1982, pero impuso sanciones a los empleadores que contrataran a extranjeros ilegales. La seguridad fronteriza es un tema crítico en el siglo XXI. Tras el 11-S de 2001, la Ley de Seguridad Nacional (2002) otorgó la aplicación de las leyes de inmigración al Departamento de Seguridad Nacional.

Inmigrantes esperan a ser procesados en Ellis Island (Nueva York) en 1907. La migración ya era entonces un tema polémico.

deciden cruzar por allí, el gobierno espera quedar exonerado ante la opinión pública.

Sin embargo, la violencia que sufren los migrantes en la frontera no es aleatoria ni inesperada, sino un elemento intencionado de un plan federal estadounidense que rara vez se ve como lo que es: una máquina de matar que «utiliza y se esconde al mismo tiempo tras la crueldad del desierto de Sonora».

La brutal realidad

El trabajo de De León sobre migración y política gubernamental destaca la importancia de adoptar un enfoque holístico y multidisciplinar. Tradicionalmente, los antropólogos realizan investigaciones utilizando métodos específicos diseñados para su rama. Los arqueólogos desentierran artefactos de una manera prescrita; los antropólogos forenses examinan marcadores óseos específicos; y los antropólogos culturales emplean enfoques etnográficos para revelar el marco cultural que guía la vida de las personas. Al reunir estas diferentes disciplinas, De León es capaz de ofrecer una crítica exhaustiva de las consecuencias de la política de inmigración de EE. UU.

La necropolítica, o asesinato en nombre de la soberanía, no se basa en nociones abstractas de razón, verdad o libertad. Se trata de cuestiones tangibles de vida o muerte.
Jason De León

La inmigración es un tema político muy sensible, pero la dimensión adicional que supone el estudio de los restos humanos introduce otra capa de complejidad ética. De León fotografía a personas fallecidas, lo que le ayuda a identificarlas y a conectar con sus familias. Sostiene que el carácter perturbador de las fotos de cadáveres le ayuda a dejar claro que no hay nada digno ni reconfortante en las muertes que sufren los migrantes en el desierto. Esas muertes deberían alarmar a la gente. Son un crudo recordatorio visual de lo que supone en la realidad la política de «prevención mediante la disuasión».

Dado que muchos de estos migrantes mueren solos y lejos de centros poblados, es poco probable que sean encontrados. Los testigos de estas muertes se muestran reacios a informar de ellas por temor a las repercusiones legales, y los cuerpos abandonados son devastados por las temperaturas extremas y los animales carroñeros. De León señala que esta invisibilidad y este desolado sufrimiento forman parte de la necroviolencia, y anima a sus lectores a reconocer la importancia de arrojar luz sobre esta situación brutal.

Muertes deshumanizantes

Las travesías del desierto son experiencias crueles y brutales durante las cuales muchas personas mueren de forma lenta y dolorosa como consecuencia de la hipertermia, la deshidratación y la insolación. De León afirma que describir estas muertes de otro modo que no sea horrible es un flaco favor para quienes las han sufrido, además de negar la dura realidad del desierto.

Una turbadora sección del libro amplía las técnicas de investigación que De León adoptó en el desierto, incluyendo experimentos con cadáveres de cerdos –vestidos con la ropa que podría llevar un migrante– para estudiar cómo se descomponen los cuerpos en condiciones tan extremas.

De León señala que el entorno desértico deshumaniza gravemente los restos. En un experimento, coloca una nota con un nombre en un bolsillo de la ropa puesta a un cerdo, imitando una práctica que muchos

Una cruz puesta por activistas marca el lugar donde murió un migrante mientras intentaba cruzar a EE. UU. En 2020 se registraron más de 220 muertes en esta parte del desierto de Sonora.

migrantes utilizan con la esperanza de ser identificados si no logran sobrevivir, y descubre que la nota se pierde o se destruye por completo durante el proceso de descomposición. Además, describe cómo los buitres, los insectos y otros animales contribuyen a la rápida y violenta descomposición de los restos.

Estas observaciones respaldan el argumento de De León de dos maneras fundamentales: ponen de relieve los efectos brutales de la necroviolencia en las vidas humanas y demuestran la inutilidad de las estrategias de disuasión, al mostrar que las personas arriesgan su vida para migrar, a menudo sintiendo que no tienen otra opción.

Las muertes de migrantes se deben sobre todo a la deshidratación: es imposible llevar consigo la cantidad de agua necesaria para sobrevivir a la travesía del desierto. Organizaciones benéficas están instalando puestos de agua para salvar a las personas de la deshidratación.

Clave
- Lugares donde han muerto migrantes
- Puestos de agua

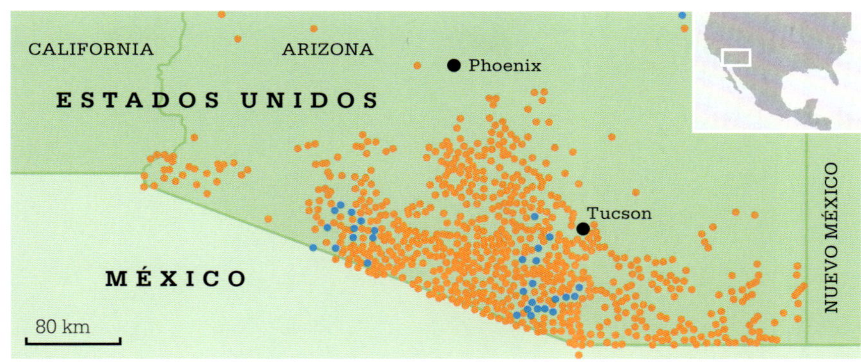

Historias personales

Durante uno de estos experimentos en el desierto, De León y su equipo se toparon con el cadáver de una mujer. Lo describe con gran detalle, señalando que su rostro era «irreconocible como humano». De León se puso en contacto con las autoridades y, con la ayuda de una organización especializada, identificó a la fallecida como Maricela, una joven ecuatoriana que esperaba reunirse con la familia de su marido en Nueva York.

Tras descubrir su identidad, se puso en contacto con sus familiares tanto en Ecuador como en Nueva York. Descubrió que Maricela había crecido en la pobreza extrema y buscaba una vida mejor en EE. UU., pero tenía la intención de regresar a Ecuador con los ahorros necesarios para mejorar las condiciones de vida de su familia. Plenamente consciente de los riesgos, Maricela se sintió obligada a arriesgarse y emprender el viaje, convencida de que no tenía otra opción para encontrar un futuro mejor.

Maricela, como muchos otros que intentan cruzar la frontera, tuvo que pagar a alguien para que la guiara en su viaje. Su historia refuerza la retórica de que la prevención mediante la disuasión ha profesionalizado la migración. El viaje es ahora mucho más difícil y peligroso que antes, por lo que los migrantes buscan la ayuda de ciertas organizaciones; esto da a esos grupos –cárteles incluidos– un peligroso poder político sobre migrantes ya marginados. Estos grupos son conocidos por no cumplir sus »

Un guardia israelí vigila el muro que separa un pueblo de Cisjordania de Jerusalén. La valla es un impedimento para la solución de los dos Estados.

Poder sobre la vida y la muerte

En su ensayo *Necropolítica* (2003), el historiador camerunés Achille Mbembe explora varias formas en que los Estados-nación crean y ejercen su soberanía a través del poder de dictar quién vive y quién debe morir.

En un ejemplo impactante, Mbembe analiza la difícil situación de los palestinos y la ocupación colonial de Gaza y Cisjordania. Sostiene que el Estado de Israel emplea el «necropoder» para establecer y hacer valer su soberanía. Lo consigue fragmentando el territorio y las tierras palestinas, y sellando y ampliando los asentamientos israelíes. Su objetivo es imposibilitar la circulación de palestinos y mercancías y «llevar a cabo la segregación según el modelo de Estado del *apartheid*».

Las investigaciones han revelado casos en todo el mundo en los que los gobiernos han ideado formas de causar la máxima destrucción a ciertos grupos y someterlos a la condición de muertos vivientes.

Un osito de peluche abandonado por migrantes que planeaban cruzar el río Grande hacia Texas indica que personas de todas las edades intentan el viaje transfronterizo.

promesas, además de cometer otras atrocidades, como dañar físicamente y agredir sexualmente a sus clientes.

Métodos arqueológicos

De León cataloga y examina los objetos físicos que los migrantes desechan en el desierto para obtener información sobre sus condiciones sociales. Él cree que estos objetos revelan detalles significativos sobre la vida de los migrantes.

Por ejemplo, ha descubierto que las botellas de plástico pintadas de negro son muy utilizadas en las rutas migratorias. Desde un punto de vista científico, esta elección parece poco lógica, ya que las botellas negras absorben más calor, lo que hace que el agua, un recurso muy valioso durante la travesía, se evapore más rápidamente a temperaturas extremas. Sin embargo, a través de entrevistas con migrantes, De León descubrió que las botellas negras son la opción preferida porque las blancas o transparentes reflejan la luz solar y hacen que los viajeros sean más visibles para los agentes de la patrulla fronteriza estadounidense.

Este hallazgo llevó a De León a trazar la evolución de la botella de agua para cruzar el desierto, desde un recipiente de plástico normal envuelto de forma rudimentaria en una bolsa de basura negra o pintado con betún, hasta una botella de plástico negro fabricada industrialmente. Esta evolución apunta a una industria emergente que atiende a las necesidades específicas de los migrantes.

La economía relacionada con la migración también ha alterado la estructura comercial de las ciudades fronterizas, donde se han montado puestos para vender mochilas, ropa de camuflaje, botas de montaña y botiquines de primeros auxilios.

La ubicación geográfica de estos objetos desechados está relacionada en gran medida con etapas específicas del viaje de los migrantes. Al principio, los viajeros tienden a desechar solo envoltorios de comida y botellas de agua; a medida que se acercan a la frontera con EE. UU., pueden abandonar sus mochilas. Esto puede deberse, en parte, a que se hacen insoportablemente pesadas después de días de caminata por el desierto; otro factor posible es que los migrantes necesitan viajar sin cargas y moverse con rapidez para eludir a los agentes de la patrulla fronteriza o para que los recoja un camión en el tramo final. Para pasar desapercibidos al cruzar la frontera, se cambian de ropa y se deshacen de la polvorienta que han llevado en el desierto.

Perspectiva compasiva

El análisis arqueológico de los objetos materiales permite comprender mejor las condiciones sociales que soportan los migrantes. De León añade una nueva dimensión a su trabajo al cambiar la narrativa de la migración de lo estadístico a lo personal.

El debate típico sobre inmigración en EE. UU., al igual que en Europa, trata el tema como un problema político, basándose en gran medida en datos económicos y estadísticos para reforzar sus argumentos. Pero las estadísticas por sí solas no pueden transmitir plenamente la brutal realidad de la experiencia de los migrantes. El trabajo etnográfico de De León se basa en historias personales: al humanizar a los migrantes, sus diversos motivos y experiencias, obtiene una perspectiva más profunda y matizada.

Los muertos [...] son el sustento humano para la máquina de la soberanía.
Jason De León

De León cree que comprender las diversas circunstancias de los migrantes indocumentados y el impacto de las políticas de control fronterizo en las vidas humanas cambiará el tono del debate sobre la migración clandestina y dará lugar a conclusiones diferentes y más compasivas.

Otras teorías

El trabajo de De León complementa y amplía las teorías tradicionales sobre las fronteras como lugares de control y resistencia. Por ejemplo, el filósofo Michel Foucault veía las fronteras principalmente como lugares de control y vigilancia, donde el poder del Estado regula el flujo de personas y mercancías. Esta perspectiva enfatizaba el papel del gobierno en la construcción y el control de las fronteras para mantener el orden y la soberanía. La política de «prevención mediante la disuasión», que De León sugiere que es «una estrategia basada en gran medida en terrenos accidentados y desolados para impedir el flujo de personas procedentes del sur», es un ejemplo de ello.

Igual que Foucault, el antropólogo estadounidense James C. Scott se centró en las fronteras como espacios de resistencia donde grupos marginados desafían el poder gubernamental a través de diversas formas de subversión y evasión. Este enfoque destaca la agencia de individuos y comunidades para negociar y cuestionar las restricciones impuestas por las fronteras.

Al analizar la cuestión desde la perspectiva de la necroviolencia, De León ofrece una nueva forma de entender las implicaciones de estas formas de vigilancia y control. Su trabajo refuerza los conceptos de Scott al demostrar cómo, a pesar de la falta de agencia que se les concede, los migrantes insisten y se adaptan para superar grandes obstáculos, como las duras condiciones del desierto a lo largo de la frontera sur de EE. UU.

Presionando por el cambio

The Land of Open Graves destaca cómo las condiciones socioculturales, los factores ambientales y las políticas gubernamentales han creado una frontera que se ha cobrado de forma injusta e innecesaria la vida de muchos migrantes que buscaban refugio en EE. UU. Al centrarse en las dimensiones materiales y ambientales de la migración, la investigación holística de De León ofrece una visión profunda de una cuestión sumamente compleja. Arroja luz sobre la realidad a la que se enfrentan los migrantes, cuestiona el distante discurso dictado por la política de control de fronteras y expone el coste devastador de la política fronteriza de EE. UU.

De León replantea la frontera entre EE. UU. y México como un lugar de violencia sancionada por el Estado, donde el medio ambiente se utiliza como arma contra los más vulnerables. Insta a los responsables políticos y a la opinión pública a afrontar las consecuencias de la seguridad fronteriza y presenta argumentos irrefutables para reconsiderar estas políticas. ■

El Proyecto de Migración Indocumentada

Dirigido por Jason De León desde su creación en 2009, el Proyecto de Migración Indocumentada (UMP) es un programa antropológico a largo plazo que usa una combinación de enfoques arqueológicos, etnográficos, forenses y visuales para ilustrar la migración clandestina. Las impactantes exposiciones creadas conjuntamente con migrantes –desde fotos de sus seres queridos y prendas de vestir hasta botellas de agua y envoltorios de comida– tienen como objetivo ayudar al visitante a comprender los retos a los que se enfrentan los migrantes indocumentados al cruzar la frontera entre EE. UU. y México.

El proyecto también intenta ayudar a las familias a localizar y reunirse con seres queridos desaparecidos mientras intentaban cruzar. El examen de la cultura material de los migrantes supone una importante contribución a un nuevo tipo de antropología holística.

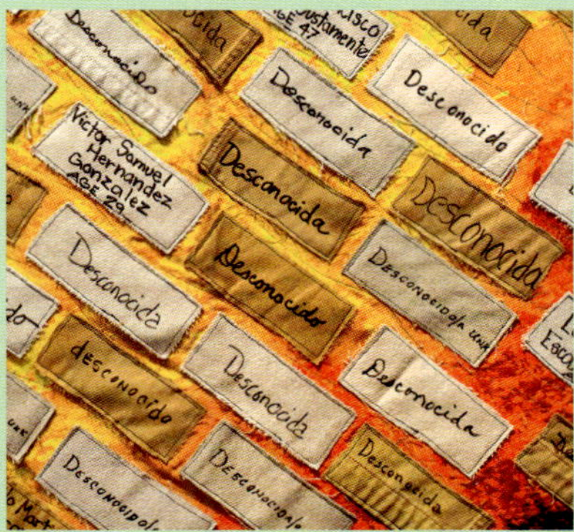

Esta colcha hecha con ropa dejada en el desierto muestra los nombres (o la palabra «desconocido/a») de muertos al intentar cruzar la frontera.

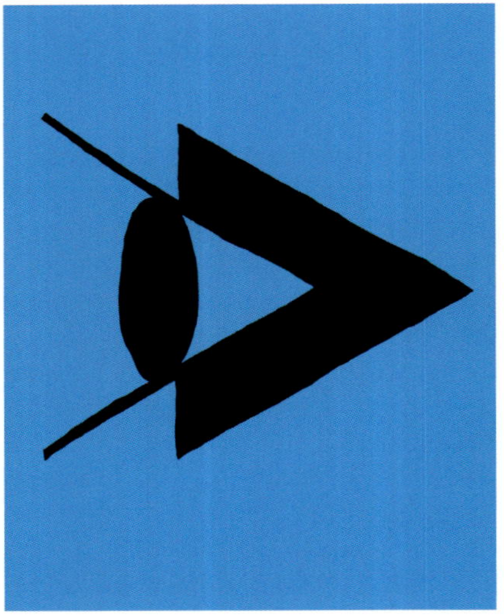

CUANTO MÁS ATRÁS PUEDAS MIRAR, MÁS LEJOS PODRÁS MIRAR HACIA DELANTE

UN NUEVO ORDEN SOCIAL

EN CONTEXTO

OBRA CLAVE
Robert L. Kelly, *The Fifth Beginning: What Six Million Years of Human History Can Tell Us about Our Future* (2015)

RAMA
Arqueología

ANTES
1962 Lewis Binford contribuye a establecer la arqueología procesual como enfoque dominante en su campo. Según él, el objetivo de la arqueología debe ser explicar por qué se producen los cambios.

2005 Jared Diamond utiliza datos arqueológicos para explicar por qué las sociedades prosperan o fracasan.

DESPUÉS
2018 Andrew Roddick utiliza la arqueología para explorar la historia del cambio climático y muestra cómo puede ayudar a comprender el presente y el futuro.

La arqueología es el estudio del pasado humano a través de los restos materiales. Sin embargo, a veces se cuestiona su verdadero propósito. Si bien se propone reconstruir la historia y explicar el cambio, el arqueólogo estadounidense Robert Kelly sugiere que su objetivo último es la comprensión del futuro. Según él, la humanidad se acerca a un «quinto comienzo», marcado por el fin de las guerras y de los Estados-nación y el surgimiento de nuevas formas de cooperación.

Kelly se basa en el concepto de «equilibrio puntuado» de la biología evolutiva, que se refiere a cómo las especies evolucionan a través de largos periodos de estabilidad interrumpidos por breves episodios de cambios rápidos. Utiliza este marco para explicar los «comienzos» de la humanidad: momentos en los que convergen innovaciones –como el aumento de la cooperación– y presiones –como el crecimiento demográfico– dando lugar a cambios transformadores. Según Kelly, nos encontramos al borde de uno de esos puntos de inflexión. En solo 50 años, predice, los cambios remodelarán la sociedad hasta convertirla en algo totalmente inédito.

Los primeros humanos dominaron el fuego durante el primer comienzo. Los alimentos cocinados proporcionaban más nutrientes y energía, lo que les permitió adaptarse a entornos difíciles.

Cuatro puntos de inflexión

Según Kelly, el primer comienzo es la aparición de la tecnología. Comenzó hace más de tres millones de años con la creación de herramientas de piedra y luego incluyó el uso controlado del fuego. Las primeras herramientas eran simples pero vitales para la supervivencia, ya que ayudaron a los primeros humanos a superar limitaciones biológicas como el pequeño tamaño de los dientes. Estos avances los transformaron de primates arborícolas en seres humanos bípedos que usaban herramientas.

El segundo comienzo está marcado por la aparición de la cultura, hace entre 200000 y 50000 años. En este periodo, los seres humanos desarrollaron el pensamiento simbólico, el

Véase también: Revoluciones en la prehistoria 74–75 ▪ Evolución multilineal 104–107 ▪ La nueva arqueología 110–115 ▪ Arqueología posprocesual 190–191

Los comienzos de la humanidad

Hoy

Hace *c.* 5000 años

hace *c.* 12 000 años

Hace *c.* 200 000 años

Hace *c.* 3 millones de años

Quinto comienzo: ¿? En la cúspide de una nueva era, la próxima gran transformación aún está por definirse.

Cuarto comienzo: Estado El desarrollo de los Estados organizados transforma la sociedad.

Tercer comienzo: Agricultura La domesticación de plantas y animales conduce a comunidades sedentarias.

Segundo comienzo: Cultura Los humanos tempranos desarrollan el arte y la cultura, marcando una nueva era del pensamiento simbólico.

Primer comienzo: Tecnología Los humanos tempranos desarrollan herramientas y aprenden a controlar el fuego.

arte y prácticas sofisticadas como el entierro de los muertos. Kelly destaca la importancia del pensamiento simbólico como fundamento de la cultura y sostiene que los «supersimbólogos» –individuos que usaban los símbolos de forma innovadora– tenían una ventaja crucial en sus comunidades.

El tercer comienzo, la aparición de la agricultura, arrancó hace unos 12 000 años, y se vio impulsado por la presión demográfica de las sociedades cazadoras-recolectoras exitosas, más que por una elección deliberada. Los cambios medioambientales también favorecieron la agricultura y dieron lugar a poblaciones más numerosas, a la formación de aldeas y a transformaciones sociales.

El cuarto comienzo, que dio forma a nuestra era actual, se caracterizó por el auge del Estado, definido por una estructura política jerárquica con gobernantes, burócratas y trabajadores. Kelly describe esta como una época de «ciudades, espadas, templos, carreteras, joyas, carros, dinero y hombres y mujeres encadenados».

¿Un nuevo comienzo?

Kelly visualiza un quinto comienzo. A diferencia de los comienzos anteriores, desarrollados gradualmente después de importantes puntos de inflexión, el quinto seguirá de cerca al cuarto y se producirá en solo unos cientos de años. Kelly dice que este cambio es inevitable e insta a la humanidad a aceptar el reto: «la evolución humana podría, debería y tiene que ser cosa nuestra». El punto de inflexión que da lugar al quinto comienzo puede sentar las bases para un sexto, que podría desarrollarse en apenas unas décadas. Los arqueólogos del futuro (y el tiempo) lo dirán. ▪

Robert Kelly

Nacido en 1955, el arqueólogo estadounidense Robert Kelly es conocido por sus estudios sobre las sociedades cazadoras-recolectoras. Se doctoró en la Universidad de Míchigan en 1985, y en 1997 se incorporó a la Universidad de Wyoming como profesor de antropología.

Su investigación abarca la tecnología de las herramientas de piedra, la colonización de América y los efectos del cambio climático pasado y presente en el comportamiento humano. Ha realizado extensos trabajos de campo arqueológico en Norteamérica, Sudamérica y Micronesia, centrándose en la adaptación humana a diferentes entornos a lo largo del tiempo y en cómo las primeras sociedades sentaron las bases para el desarrollo de civilizaciones complejas. Ha realizado también trabajos de campo con pueblos cazadores-recolectores actuales en Madagascar.

Otras obras clave

1995 *The Foraging Spectrum.*
2001 *Prehistory of the Carson Desert and Stillwater Mountains, Nevada.*
2007 *Mustang Shelter.*
2011 *Doing Archaeology.*

EL PUENTE ENTRE LOS VIVOS Y LOS MUERTOS

ENTIERROS HUMANOS

EN CONTEXTO

OBRA CLAVE
Mary L. Stiner, «Love and Death in the Stone Age» (2017)

RAMA
Arqueología

ANTES
1960 El galés Glyn Daniel publica el primer estudio y análisis exhaustivo de las tumbas de cámara prehistóricas en Francia.

2013 En Sudáfrica, Lee Berger y John Hawks descubren esqueletos fosilizados de una especie humana nueva, *Homo naledi*, que vivió junto a los primeros humanos y cuyos enterramientos parecen deliberados.

DESPUÉS
2023 Berger y Hawks publican *La cueva de los huesos*, sobre sus hallazgos en el complejo de cuevas sudafricano donde se halló *Homo naledi*. Afirman que las marcas encontradas en las paredes de las cuevas son grabados.

Pueblos de todo el mundo tienen prácticas culturales, rituales y creencias relacionadas con la muerte y la sepultura. Es algo universal, y la humana es la única especie viva que tiene prácticas funerarias sofisticadas. Sin embargo, se desconoce cuándo y por qué comenzó la práctica del enterramiento humano. Para responder a esta pregunta, la antropóloga Mary Stiner exploró restos óseos y sus contextos funerarios.

El estudio de los primeros lugares de enterramiento humanos puede ayudar a reconstruir los rituales asociados con la muerte, como se ve en esta pintura.

Conectar a los vivos y a los muertos

La investigación de Stiner indica que la inmortalidad fue una preocupación ya para los primeros seres humanos. Según ella, los humanos procesamos la muerte de dos maneras principales: el duelo y la conmemoración. Estos comportamientos van más allá del dolor inmediato, ya que implican formas de mantener la conexión con los difuntos, como enterrarlos en lugares donde se les puede visitar.

Las pruebas de enterramiento de especies humanas como neandertales y *Homo sapiens* tienen al menos 120 000 años de antigüedad, lo que sugiere que el entierro pudo ser una práctica del último antepasado común de los humanos modernos y los neandertales. Además, como afirma Stiner, «implica que tanto los neandertales como los primeros humanos anatómicamente modernos ya habían empezado a concebir al individuo como único e irremplazable». El trabajo de Stiner muestra el entierro y el tratamiento de los muertos como un rasgo relevante de la humanidad. ■

Véase también: Orígenes de la humanidad 94–101 ▪ Rituales funerarios 183

UN NUEVO COMPORTAMIENTO EN EL REPERTORIO HUMANO

LA IMPORTANCIA DEL COMERCIO PRIMITIVO

EN CONTEXTO

OBRA CLAVE
Rick Potts, «Long-distance Stone Transport and Pigment Use in the Earliest Middle Stone Age» (2018)

RAMA
Antropología biológica

ANTES
1989 Mientras realiza una investigación en el sur de Kenia, el paleoantropólogo Rick Potts identifica pruebas de un aumento de la variación ambiental durante la evolución humana antigua.

2012 La geocientífica Katherine Freeman identifica una serie de rápidos cambios medioambientales en África Oriental hace unos dos millones de años que podrían ser responsables de impulsar la evolución de los homininos.

DESPUÉS
2020 Rick Potts estudia cómo los cambios en los recursos ecológicos del sur de Kenia afectaron a la adaptación de los homininos.

Los paleoantropólogos saben desde hace tiempo que *Homo sapiens* tenía comportamientos que lo distinguían de especies anteriores. Sin embargo, ha sido más difícil determinar cuándo surgieron los distintos rasgos conductuales. En 2018, un equipo dirigido por el estadounidense Rick Potts identificó evidencias de comportamientos complejos conservadas en los registros fósiles y arqueológicos. Entre ellas, muestras de comercio a larga distancia, el uso de pigmentos y la capacidad de fabricar herramientas sofisticadas. Es significativo que estas pruebas se remonten a hace unos 320 000 años, hacia el inicio de la evolución de nuestra especie, lo que descarta la idea de que estos comportamientos surgieran en una etapa posterior de la evolución humana.

Se pueden ver capas y capas de cambios [...] en este entorno tremendamente dinámico de la Tierra en el que vivimos.

Rick Potts
Entrevista en el pódcast «Language of God» (2019)

Desencadenantes ambientales

Estos comportamientos surgieron durante un periodo de enorme variabilidad medioambiental, y los investigadores plantearon la hipótesis de que el propio cambio ambiental pudo ser una presión selectiva en la evolución humana. Es posible que los nuevos retos y oportunidades producidos por el cambio climático dieran lugar al desarrollo de comportamientos nuevos y que la ventaja evolutiva que estos proporcionaban se mantuviera a lo largo del tiempo. La compleja relación entre los antiguos cambios medioambientales y la innovación conductual en la evolución humana temprana sigue siendo un campo de investigación activo. ■

Véase también: Orígenes de la humanidad 94–101 ▪ Nutrición y evolución humana 280 ▪ Tecnología temprana de la madera 317

SIN UN CONCEPTO DEL FUTURO, EL PRESENTE DEJA DE EXISTIR

ANTROPOLOGÍAS DEL FUTURO

EN CONTEXTO

OBRA CLAVE
Rebecca Bryant y Daniel M. Knight, *The Anthropology of the Future* (2019)

RAMA
Antropología social y cultural

ANTES
1983 El alemán Johannes Fabian critica la forma en que los antropólogos separan su propio «aquí y ahora» del «allí y entonces» de las sociedades que estudian, y tratan esas culturas como si existieran en un pasado lejano y estático.

2001 El británico Alfred Gell publica *Antropología del tiempo*, una visión general de las teorías más significativas sobre el tiempo.

DESPUÉS
2021 En *Vertiginous Life*, Daniel Knight examina cómo se orientan y perciben el futuro las personas tras la crisis económica de 2008.

Los etnólogos suelen evitar incluir «el futuro» en sus etnografías, aunque reconocen su importancia para comprender la vida en el presente. En su esfuerzo por comprender mejor cómo imagina y se prepara la gente para el futuro, los antropólogos culturales Rebecca Bryant y Daniel Knight han desarrollado un enfoque que explora cómo los sentimientos y las ideas sobre el tiempo se superponen y se combinan con perspectivas orientadas al futuro para dar forma a la vida contemporánea.

En *The Anthropology of the Future* (2019), Bryant y Knight presentan sus ideas invitando a los lectores a unirse a ellos mientras elaboran un manuscrito. Mientras se centran en ese proceso orientado al futuro, el zumbido cercano de una lavadora indica que pronto llegará el momento de pasar su contenido a la secadora. En el exterior, el canto de los pájaros se mezcla con los ruidos de una obra en construcción. Bryant y Knight describen estos sonidos ambientales como las cosas que «nos sumergen en temporalidades superpuestas y entrelazadas, pero separadas», y añaden que «nos involucran en orientaciones temporales de profundidad y urgencia dispares». En resumen, el acto de escribir está rodeado de procesos simultáneos que insinúan el tipo de futuro que podría surgir.

Históricamente, como se suele decir, el futuro ha recibido un trato injusto en la antropología.
Rebecca Bryant y Daniel Knight

Orientaciones futuras

El adagio «Para saber adónde vas, necesitas saber de dónde vienes» apunta al pasado como base del autoconocimiento. Bryant y Knight añaden que es necesario tener alguna noción de lo que depara el futuro para conocer el presente. Para resolver la imposibilidad de estudiar empíricamente un tiempo aún no ocurrido, proponen el concepto de «orientaciones futuras» para referirse a las distintas formas en que las personas piensan y se comprometen con el futuro. La combinación de enfoques de diver-

Véase también: Descripción densa 146–153 ▪ Género, sexualidad y poder 158–159 ▪ Salud mental y sociedad 172–175 ▪ Estructura y agencia 196–199 ▪ El valor de los objetos 206–207 ▪ Las secuelas de la violencia 272–277

sas ramas académicas con los sentimientos y comportamientos expresados en cada orientación proporciona al antropólogo la capacidad de incluir «el futuro» como un aspecto viable de su investigación.

Perspectivas de futuro

Basándose en su trabajo de campo en Chipre, Grecia y Turquía, y en casos históricos y etnográficos de Reino Unido y EE.UU., Bryant y Knight esbozan seis orientaciones futuras que representan las emociones, actitudes, estrategias de afrontamiento y explicaciones de las personas sobre los futuros imaginados: anticipación, expectativa, especulación, potencialidad, esperanza y destino.

Las orientaciones futuras pueden cambiar y solaparse durante el trabajo de campo a medida que las personas responden a acontecimientos del mundo exterior, que van desde desastres naturales y sucesos políticos hasta obras de arte provocadoras o películas controvertidas. También se ven afectadas por la forma en que las personas reaccionan ante un cambio inmediato en sus circunstancias que sugiera que el resultado previsto puede diferir de lo esperado. Por ello, el estudio del futuro en el «presente cambiante» implica integrar estas influencias con la observación participante tradicional. Las orientaciones de Bryant y Knight ofrecen al etnógrafo un medio convincente para proyectar su trabajo hacia el futuro, ampliando y profundizando la comprensión de la vida cotidiana en momentos concretos del presente, ya sea en tiempos de guerra, crisis o paz. Al proporcionar una puerta de acceso a la forma en que las personas imaginan y se preparan para «otros tiempos» –futuros posibles y desconocidos–, *The Anthropology of the Future* añade una nueva dinámica al estudio del aquí y ahora. ■

Las seis orientaciones futuras representan formas en que las personas perciben y reaccionan ante los futuros posibles. Ilustran cómo influyen las posibilidades futuras en el comportamiento y las actitudes actuales.

Enfoques interdisciplinares

El tiempo es un tema que puede examinarse desde perspectivas científicas, filosóficas y artísticas. Desde la antigüedad, se ha intentado medirlo, estandarizarlo e incluso revertirlo. Filósofos, artistas y antropólogos han explorado sus dimensiones emocionales y morales.

Para estudiar el futuro, Bryant y Knight han desarrollado un enfoque que entronca con ciertos filósofos, historiadores y sociólogos. Se basan en conceptos como el de «ser en el mundo», del filósofo alemán Martin Heidegger, que enfatiza cómo el ser humano existe dentro del tiempo y el espacio, y en el estudio del filósofo estadounidense Theodore Schatzki sobre cómo el tiempo y el espacio se fusionan con emociones y acciones. La integración de estas perspectivas ayuda a explorar cómo los pensamientos y acciones actuales de las personas revelan su orientación hacia el futuro.

Las clepsidras del antiguo Egipto medían el tiempo mediante el goteo del agua en un cuenco. Las marcas en este indicaban las horas.

HISTORIA DE UN PARTO QUE SOPORTA LA CARGA DEL RACISMO

DESIGUALDAD REPRODUCTIVA

EN CONTEXTO

OBRA CLAVE
Dána-Ain Davis, *Reproductive Injustice* (2019)

RAMA
Antropología médica

ANTES
1991 En «The Politics of Reproduction», Faye Ginsburg y Rayna Rapp investigan la interrelación de la política local y global con la reproducción.

2013 Las sociólogas Zakiya Luna y Kristin Luker analizan la relación entre los movimientos sociales y el desarrollo de leyes sobre justicia y derechos reproductivos.

DESPUÉS
2023 Audrey Lyndon y Dána-Ain Davis publican «Seguridad emocional es seguridad del paciente», en el que analizan las formas en que se conceptualiza la seguridad del paciente y por qué se aborda por separado de la experiencia del paciente.

Mientras estudiaba la atención a bebés prematuros en unidades de cuidados intensivos en EE. UU., la antropóloga Dána-Ain Davis descubrió que el parto prematuro era más probable entre las mujeres negras, con independencia de su situación económica o clase social. Para comprender tal disparidad, Davis recopiló experiencias de mujeres negras sobre la atención prenatal y el parto.

A partir de esta investigación, Davis afirma que ideas y prácticas arraigadas en el racismo afectan a la forma en que se atiende a las mujeres negras embarazadas en EE. UU. Argumenta que las ideas sobre la raza biológica que circulaban en la medicina y la ciencia mientras prevalecía la esclavitud se han abierto camino en la percepción actual de las mujeres negras en el contexto de la reproducción, y que esto afecta a la atención que reciben. Según Davis, esto «subraya la historia de explotación reproductiva de las mujeres negras y nos recuerda que estas han tenido que soportar una estructura médica que, históricamente, no las ha considerado dignas de recibir atención».

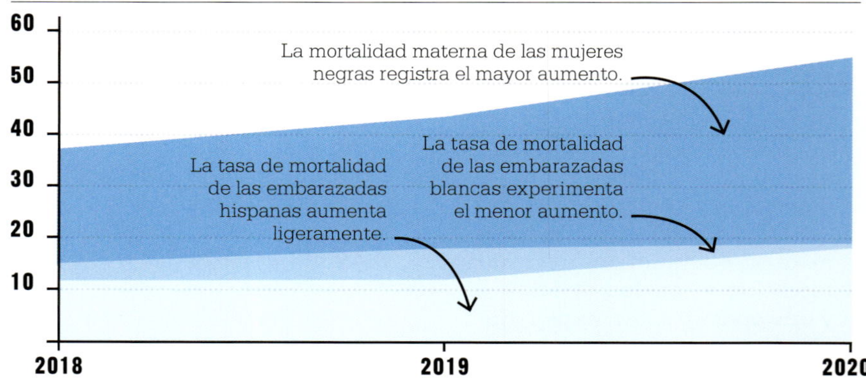

Los datos sobre mortalidad materna en EE. UU. muestran que las mujeres negras tienen tres veces más probabilidades de morir que otras. En 2020 murieron 55,3 mujeres negras por cada 100 000 nacidos vivos, frente a 19,1 mujeres blancas y 18,2 hispanas.

Véase también: El papel del inglés vernáculo afroamericano 254–255 ▪ Etnografía crítica 270–271 ▪ Desafiar la opresión sistémica 294–295

Repercusión en la política

El trabajo de Davis sobre el racismo en la atención obstétrica contribuye al debate actual sobre la mayor probabilidad de mortalidad materna de las mujeres negras. La expresión «racismo obstétrico», acuñada por Davis en 2018 para designar el trato negativo que reciben las embarazadas por su origen étnico, ha pasado de las ciencias sociales al ámbito clínico. Los profesionales médicos han consultado a Davis para diseñar un método que permita recopilar datos sobre los tipos de racismo obstétrico posible en los entornos hospitalarios. Así, la labor académica de Davis, dirigida al público en general, influye en responsables políticos y profesionales de la salud –incluidos médicos, enfermeras, comadronas y doulas– en un esfuerzo por mejorar las experiencias y resultados de muchas embarazadas, y en especial de las mujeres negras.

Etnografía accesible

Uno de los medios más convincentes hallados por Davis para hacer accesible su investigación a un público amplio son las imágenes. En colaboración con el investigador LeConté Dill y la diseñadora Cheyenne Varner, ha usado la etnografía gráfica para subrayar los lastres del racismo durante el parto. En *Historia de un parto*, Davis, Dill y Varner explican algunas de las barreras a las que se enfrentan las mujeres negras embarazadas para recibir una atención adecuada. Al contextualizar su trabajo a través de relatos y en relación con otras pensadoras feministas negras, Davis se asegura de que las injusticias reproductivas sigan siendo un tema central para médicos, responsables políticos y antropólogos por igual. ▪

El **racismo sistémico** dificulta que las mujeres negras puedan **abogar** por su atención.

Hay poca **investigación** sobre el **apoyo** a las embarazadas y madres negras.

Los prejuicios raciales conducen a injusticias reproductivas.

El menor número de **médicos negros** puede implicar que las mujeres negras sean **incomprendidas** o ignoradas.

Los **estereotipos raciales** conllevan la **desconfianza** hacia las experiencias y necesidades de las mujeres negras.

La novela gráfica *Bhimayana*, ilustrada por el artista de la tribu gond Durgabi Vyam, explica las experiencias de discriminación social en India.

Etnografía gráfica

El auge de la popularidad de las novelas gráficas en la década de 2000 ha hecho de la etnografía gráfica –el uso de imágenes para explicar estudios etnográficos– un medio popular para difundir el conocimiento antropológico más allá del espacio académico. Inspirándose en los cómics y las viñetas políticas, los relatos gráficos de investigaciones antropológicas han abarcado una amplia gama de temas, desde la creación de una guía accesible sobre la Ley de Protección y Repatriación de Tumbas de Nativos Americanos (NAGPRA) hasta el análisis del trabajo sexual y el turismo en Brasil o la exploración de la política de intocabilidad en India. Ya sea como relato independiente o como complemento de análisis textuales más extensos, esta innovación en la presentación de los resultados de los estudios ha hecho que la antropología y la etnografía sean más accesibles a un público más amplio, llevando el discurso académico al dominio público.

EVIDENCIAS PARA IDENTIFICAR A INDIVIDUOS

ANATOMÍA BIOMÉTRICA DE LA MANO

EN CONTEXTO

OBRA CLAVE
Sue Black, *Todo lo que queda* (2018)

RAMA
Antropología aplicada; antropología biológica

ANTES
1892 El científico británico Francis Galton, autor de *Hereditary Genius* (1892), funda el movimiento eugenésico. Los defensores de la «pureza racial» intentan clasificar a las personas según la morfología de su esqueleto para justificar la supremacía blanca.

1940 Wilton M. Krogman es el primer antropólogo biológico estadounidense en ofrecer sus servicios a las fuerzas del orden, llamando la atención sobre cómo el análisis de huesos humanos puede ayudar en investigaciones legales.

1997 Mary W. Marzke publica una investigación sobre las características únicas de las manos humanas y la fabricación de herramientas.

El abuso sexual infantil es un problema que preocupa a las fuerzas del orden en todo el mundo. Con frecuencia, los abusadores comparten imágenes de sus delitos en Internet, lo que perpetúa el abuso y prolonga la victimización de las víctimas. En un intento de abordar este problema, la antropóloga forense Sue Black y su equipo de investigadores de las universidades de Lancaster y Dundee pusieron en marcha H-Unique, un programa de investigación ciudadana de varios años de duración, con el objetivo de comprender mejor la anatomía de la mano. El proyecto surgió de la innovadora investigación de Black sobre identificación forense de imágenes de manos. Las fuerzas del orden utilizan sus hallazgos para la identificación de depredadores sexuales de niños mediante el análisis de imágenes que incluyen las manos de los sospechosos.

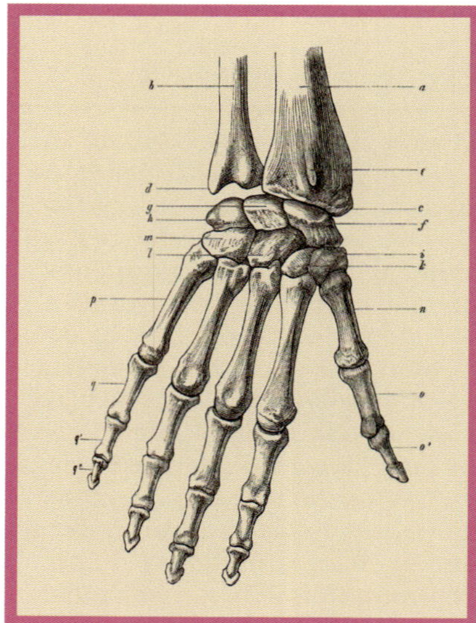

La estructura esquelética básica de la mano humana se muestra en esta ilustración, pero las variaciones de forma y las marcas de la piel hacen únicas las manos de cada individuo.

Características distintivas

El equipo reconoce el problema de los individuos que comparten imágenes de abusos. Aunque evitan fotografiar su propio rostro para ocultar su identidad, sus manos suelen aparecer en las imágenes. Durante más de una década, Black y su equipo han usado sus conocimientos sobre anatomía de la mano para ayudar a identificar y condenar a abusadores. Sin embargo, solo unos pocos especialistas en todo el mundo poseen el mismo nivel de conocimientos, por lo que el trabajo de Black tiene una gran demanda. Además, su proceso puede llevar mucho tiempo. Investigadores de la

Véase también: Bioarqueología 167 ▪ Secuenciación de ADN antiguo 290–291

> Lo creas o no, nuestra altura varía según la hora del día.
>
> **Sue Black**

Universidad de Lancaster lanzaron H-Unique en 2020 con el fin de hallar una forma de mejorar el proceso y la precisión del análisis fotográfico de la anatomía de las manos, y permitir que personas no especializadas se beneficien del mismo. El objetivo del proyecto es entrenar un *software* para que escanee imágenes de manos y extraiga los datos necesarios. La información identificativa única que se puede usar incluye variaciones tanto inherentes como adquiridas, como patrones de las venas, pliegues de los nudillos, pecas, lunares y cicatrices. El proyecto acelerará el análisis de las manos y reducirá la exposición de los investigadores a las perturbadoras imágenes de abusos.

Para lograr este objetivo, el proyecto ha lanzado una aplicación para teléfonos móviles que permite a voluntarios enviar fotografías de sus manos. Los investigadores utilizan los datos recopilados para entrenar al *software* para identificar el grado de singularidad de una mano. Black ha logrado un alto grado de precisión con esta técnica y afirma que incluso pueden distinguir entre las manos de gemelos idénticos. El equipo sugiere que el análisis de la anatomía de las manos podría llegar a ser más útil que el ADN para identificar a personas.

Se necesitan voluntarios

H-Unique es un proyecto interdisciplinario, respaldado por anatomistas, antropólogos, genetistas, bioinformáticos, analistas de imágenes e informáticos. Para lograr su objetivo, también requiere la participación de 5000 «científicos ciudadanos» que aporten imágenes para crear la primera base de datos consultable del mundo sobre anatomía y variaciones de la mano humana. Proyectos de antropología aplicada como este son vías importantes para que los investigadores utilicen los conocimientos y métodos de los antropólogos para resolver problemas del mundo real. ■

Los usuarios de H-Unique suben **fotos** de sus **manos** a través de una **aplicación móvil**.

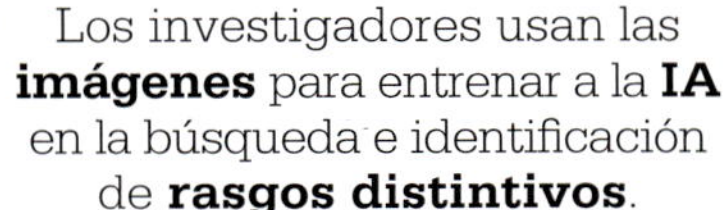

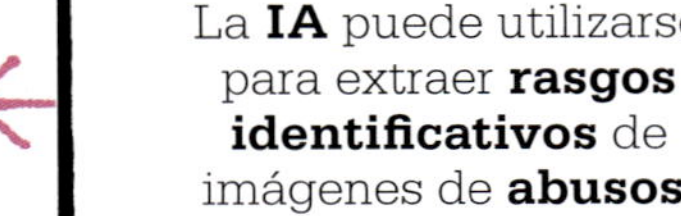

Los investigadores evitan la exposición a imágenes perturbadoras.

Antropología forense

Dentro de la antropología biológica hay una rama llamada antropología forense que analiza los restos óseos humanos para ayudar a resolver cuestiones legales relacionadas con las circunstancias que rodean la muerte de una persona. Su objetivo principal es tratar de identificar al difunto con el fin de ayudar en investigaciones criminales y procedimientos legales.

Los antropólogos forenses son especialistas en osteología (el estudio de los huesos humanos) capacitados para estimar información clave sobre los fallecidos. Esto suele incluir la edad de la persona en el momento de la muerte, el sexo, la estatura y también su posible ascendencia. Buscan signos de traumatismos o enfermedades, así como características únicas, como implantes quirúrgicos o tratamientos dentales. A menudo trabajan en estrecha colaboración con otros especialistas, como científicos y patólogos forenses y fuerzas del orden, para aportar información adicional sobre la muerte de una persona.

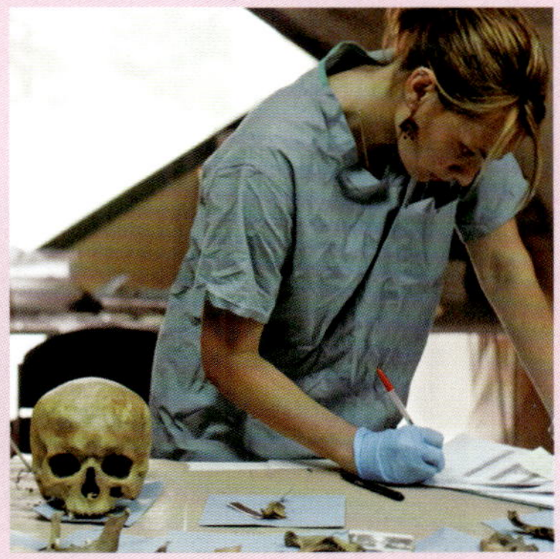

Los antropólogos forenses se encargan a menudo de recuperar y examinar restos humanos hallados en fosas clandestinas o comunes.

LA SOLEDAD ES ASUNTO DE TODOS

LA EPIDEMIA DE LA SOLEDAD

EN CONTEXTO

OBRA CLAVE
Chikako Ozawa-de Silva, *The Anatomy of Loneliness* (2021)

RAMA
Antropología médica

ANTES
1897 Émile Durkheim, considerado a menudo el fundador de la sociología moderna, publica *El suicidio*.

1979 La antropóloga médica Nancy Scheper-Hughes explora la relación entre el aislamiento social y el aumento del número de jóvenes diagnosticados con esquizofrenia en zonas rurales de Irlanda.

DESPUÉS
2022 El Center for Countering Digital Hate informa de que los algoritmos de TikTok animan a los jóvenes a ver contenidos sobre temas como trastornos alimentarios y suicidio, a veces a los pocos minutos de iniciar sesión en la aplicación.

La soledad es la sensación de estar separado de los semejantes, la familia y la sociedad en general; la soledad grave y crónica puede tener consecuencias negativas para la salud, incluido el suicidio. Suele suponerse que la experiencia de sentirse solos es relativamente nueva, pensando en ejemplos como la epidemia de soledad surgida en EE. UU. y Japón en la década de 1980. Pero la soledad ha estado presente en todas las generaciones, y las prácticas que implican aislamiento social y expulsión de individuos de las comunidades son quizás tan antiguas como el ser humano mismo. A pesar de ello, las investigaciones han demostrado que la conexión y el sentimiento de pertenencia han sido esenciales para la evolución humana. En *The Anatomy of Loneliness* (2001), la antropóloga japonesa Chikako Ozawa-de Silva busca un remedio para lo que ella denomina «sociedades solitarias».

En *La bebedora de absenta* (1876), Edgar Degas representó a una pareja que parece distante y triste: es una exploración artística sobre la soledad y el aislamiento.

Causas de la soledad

Según Ozawa-de Silva, las causas de la soledad son múltiples. A veces se piensa que una persona solitaria está deprimida y que una persona deprimida debe de sentirse sola, pero son dos condiciones distintas. La depresión es un sentimiento de tristeza; la soledad es un estado de desconexión. La soledad puede estar causada por muchos factores, como cambios culturales, dificultades económicas, conflictos o catástrofes naturales.

En Japón, el gobierno y los medios de comunicación han presentado la soledad y el suicidio como un problema que afecta sobre todo a varones jóvenes, causado por el estancamiento económico y las altas tasas de desempleo. Sin embargo, la investigación de Ozawa sugiere que

Véase también: Raíces sociales de la religión 42–43 ▪ Salud mental y sociedad 172–175 ▪ Adaptación de tradiciones culturales 193

Factores sociales estresantes pueden hacer que una persona **se sienta alejada** del mundo.

La **falta de apoyo** de la sociedad puede exacerbar los **sentimientos de soledad** o causar otros problemas de salud.

Puede ser útil **reconocer** que la soledad es una experiencia humana compartida y que **su naturaleza es transitoria**.

La soledad puede abordarse **ayudando** a la persona a encontrar su vocación o a **lograr un objetivo concreto** en la vida.

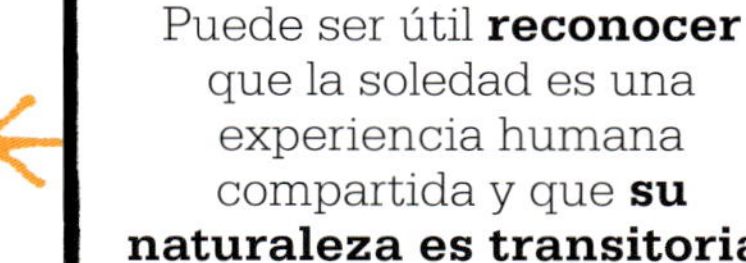

Es importante expresar empatía, cuidado y compasión hacia cualquier persona que se sienta sola.

tanto la soledad como el suicidio son un problema más amplio en Japón, que afecta a personas de cualquier edad y sexo. Señala cómo la propia sociedad puede exacerbar los sentimientos de soledad. Muchos jóvenes japoneses experimentan hikikomori, un aislamiento social que puede durar poco o mucho tiempo; estos jóvenes suelen vivir con su familia, que les proporciona cuidados indefinidos. No se considera que la soledad sea la causa principal del *hikikomori*, aunque puede ser una consecuencia.

«Sociedades solitarias»

La soledad es un problema mundial, y se puede abordar no como un problema que deban afrontar los individuos, sino como una cuestión de salud pública. Algunos gobiernos y estudiosos trabajan para ayudar a las personas solitarias a hallar un sentido de pertenencia. En Zimbabue, el psiquiatra Dixon Chibanda ha diseñado el programa Friendship Bench (Banco de la Amistad) para combatir el aislamiento social, y miembros de la comunidad debidamente formados ofrecen apoyo gratuito a las personas necesitadas. El programa ha llegado a EE. UU., donde las escuelas han instalado bancos de la amistad para los alumnos que buscan conexión y alguien que los escuche. ▪

Las sociedades no tienen por qué ser solitarias. Las personas no tienen por qué languidecer en soledad.
Chikako Ozawa-de Silva

Socialización y evolución humana

El mundo experimentó cierto grado de aislamiento durante la pandemia de COVID-19, pues para contener el virus los gobiernos impusieron restricciones como el confinamiento domiciliario. Según el artículo «Why Social Distancing Feels so Strange» (2020), del arqueólogo estadounidense George M. Leader, las personas siempre han necesitado la cohesión social y la comunicación para evolucionar. El bipedismo permitió caminar, lo que a su vez dio a nuestros ancestros la capacidad de transportar objetos con las manos para compartirlos e intercambiarlos. La fabricación de herramientas también requirió nuevas habilidades sociales, como la colaboración y la cooperación, ya que los conocimientos necesarios para fabricarlas debían ser compartidos y transmitidos. Por lo tanto, la socialización es crucial para nuestra supervivencia como especie, ya que forma parte de nuestro acervo genético desde hace más de un millón de años.

Un centro comercial de Singapur en 2020: los marcadores de distancia de seguridad pretendían frenar la propagación de la COVID-19.

EFECTOS MÁS ALLÁ DE LO HUMANO

VIOLENCIA POLÍTICA Y CONFLICTO

EN CONTEXTO

OBRA CLAVE
Yael Navaro *et al.*, *Reverberations: Violence Across Time and Space* (2021)

RAMA
Antropología social y cultural

ANTES
1990 Las estadounidenses Denise Lawrence y Setha Low publican «The Built Environment and Spatial Form», que recopila teorías antropológicas sobre espacio y lugar.

2010 Robert S. Emmett y David E. Nye conciben una nueva rama de la antropología, las humanidades ambientales, en la obra *The Environmental Humanities: A Critical Introduction*. Esta rama adopta un enfoque interdisciplinario para examinar la relación entre los seres humanos y el medio ambiente a través del espacio y el tiempo.

Identificando la violencia como una crisis de nuestro tiempo, la antropóloga Yael Navaro y sus colegas abogan por un enfoque holístico para estudiar su efecto en los entornos de posguerra. Argumentan que analizar la relación entre personas y entidades no humanas explica cómo persiste la violencia.

Legado de violencia

Navaro y sus colegas sugieren que la violencia puede entenderse a través de sus secuelas. Analizan los efectos de la violencia en entidades no humanas, como los objetos, la tierra y los espíritus, y señalan que los problemas surgen con la separación de la vida humana de las ecologías, las geografías y los ámbitos en los que se desarrolla la vida. Las personas están vinculadas a estas entidades no humanas y el impacto de la violencia en la vida humana también afecta a estas entidades, que conservan el legado de la violencia. Esta idea se explora en Turquía, Siria, Líbano y Sudáfrica, lugares donde, según los autores, la violencia está arraigada en los paisajes, los hogares y el mundo espiritual. Señalan que la violencia crea un sufrimiento duradero –que se transmite de las personas a los lugares y a las entidades no humanas– y es absorbida en el tejido de la vida.

La violencia [...] impregna la relación de las personas con los seres sobrenaturales, con sus objetos, sus casas, sus tierras, sus campos y sus árboles, su entorno construido y sus infraestructuras.
Yael Navaro

Al esclarecer los caminos que toma la violencia, construimos una comprensión de su resonancia a través del espacio, el tiempo y los materiales. La violencia no es algo externo a la sociedad y la cultura, sino algo omnipresente en ellas. ■

Véase también:: El pensamiento nacionalista 212–213 ▪ Las secuelas de la violencia 272–277

LA CAPACIDAD DE CREAR UN ENTORNO CONSTRUIDO

TECNOLOGÍA TEMPRANA DE LA MADERA

EN CONTEXTO

OBRA CLAVE
L. Barham *et al.*, «Evidence for the Earliest Structural Use of Wood at Least 476,000 Years Ago» (2023)

RAMA
Arqueología

ANTES
2002 Arqueólogos descubren pruebas de carpintería en Gesher Benot Ya'aqov (Israel). Algunas piezas de madera de hace 780 000 años muestran signos de modificación por homininos.

2020 Se halla un palo arrojadizo de madera de hace 300 000 años en Schöningen (Alemania), lo que demuestra que los homininos del Paleolítico del norte de Europa usaban armas de madera.

2022 En Gantangqing (China) se hallan 35 herramientas de madera, entre ellas palos para excavar e instrumentos puntiagudos datados en unos 250 000–361 000 años.

En los registros arqueológicos es difícil encontrar artefactos de madera porque su conservación requiere condiciones excepcionales. Los ciclos de congelación y descongelación, así como el contacto con el agua, descomponen las fibras de la madera. Así pues, hay pocas pruebas de cuándo y cómo usaron la madera los primeros humanos.

En 2023, Lawrence Barham y un equipo de arqueólogos descubrieron en el salto del Kalambo (Zambia) dos troncos entrelazados que parecían estar unidos por una muesca cortada intencionadamente. Dataron los depósitos de madera en unos 476 000 años, lo que es anterior a *Homo sapiens*. El análisis microscópico reveló un desgaste compatible con el tallado y el uso del artefacto, lo que les llevó a concluir que se trataba de una prueba temprana del uso estructural de madera. Este hallazgo desafía las hipótesis de que los primeros humanos usaban principalmente herramientas de piedra y tenían una capacidad limitada para manipular materiales. También sugiere que especies como *Homo erectus* eran capaces de planificar, prever y colaborar de forma avanzada, lo que amplía las ideas sobre la complejidad del comportamiento en la evolución humana. El estudio de Barham subraya las ventajas adaptativas de la tecnología de la madera en entornos prehistóricos y aporta información sobre los primeros estilos de vida humanos, el uso de herramientas y las interacciones con el entorno. ■

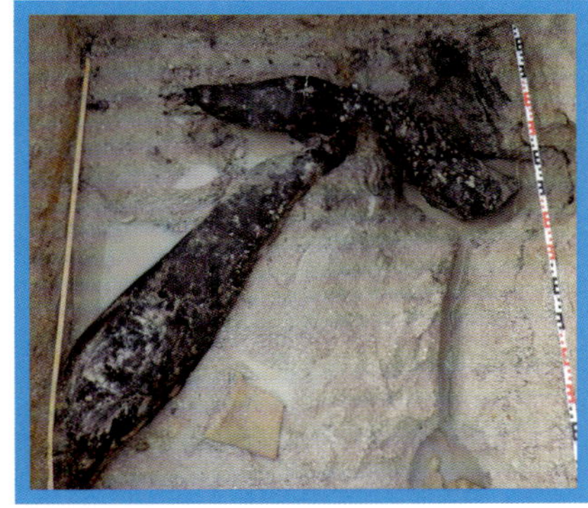

Las muescas en troncos excavados en el salto del Kalambo (Zambia) proporcionan pruebas físicas de la intención de crear herramientas de madera por parte de los humanos del Pleistoceno.

Véase también: Simbolismo en el arte rupestre 262–265 ■ La importancia del comercio primitivo 307

BIOGRAFI

AS

BIOGRAFÍAS

Además de los grandes investigadores, profesionales y pensadores cuyo trabajo se destaca a lo largo de este libro, muchos otros hombres y mujeres han realizado importantes contribuciones a la antropología. Algunos son conocidos por las perspectivas que su trabajo de campo ha aportado sobre la cultura, el parentesco, el trabajo y los sistemas de creencias de pueblos de todo el mundo. Otros se han centrado en el desarrollo teórico, y muchos han contribuido tanto a la teoría como a la práctica antropológica. Aunque estas personas han trabajado en diversas disciplinas, todas han ayudado a producir un conjunto de conocimientos que conforman nuestra comprensión de la evolución, la cultura, la religión y las relaciones sociales de la humanidad.

MAGNUS HUNDT
1449–1519

En 1501, el erudito alemán Magnus Hundt fue el primero en utilizar el término «antropología» en su obra *Antropologium de hominis dignitate*. Aunque su definición del término era mucho más amplia que el uso actual, el texto de Hundt se centraba en lo que significa ser humano. *Antropologium* estaba profusamente ilustrado con xilografías, y Hundt utilizó los conocimientos médicos de la época para describir la anatomía y la fisiología humanas. También abarcaba la filosofía y la religión, y sostenía que los seres humanos representan un microcosmos del mundo tal y como lo creó Dios.
Véase también: La teoría de la evolución 24–25

HEINRICH BARTH
1821–1865

El geógrafo, explorador y lingüista alemán Heinrich Barth fue uno de los primeros europeos en apreciar la importancia de las tradiciones orales de los pueblos indígenas, muchas de las cuales observó en sus viajes por el norte y centro de África. Entre 1850 y 1855, Barth viajó por la zona que hoy forma Libia, Chad, Camerún y Malí, utilizando el nombre de Abd al-Karim Barth al-Inglisi para no llamar la atención sobre su identidad extranjera. *Travels and discoveries in North and Central Africa* (1857) reúne sus diarios de estos viajes, en los que escribió las historias, tradiciones e idiomas de los diferentes pueblos con los que se encontró.
Véase también: La estructura del lenguaje 44–45

RYUZO TORII
1870–1953

El arqueólogo y antropólogo japonés Ryuzo Torii se centró en su país natal, donde fue pionero en el empleo de la grabación de sonido en el trabajo de campo y desarrolló el «estilo Torii»: sus investigaciones solían ir seguidas de exposiciones y conferencias sobre su trabajo. Convencido de que la investigación debía realizarse en el campo y no solo en el laboratorio, llevó a cabo un extenso trabajo de campo entre el pueblo ainu de las islas Kuriles. Su primera expedición fuera de Japón fue al noreste de China, donde fue pionero en el uso de la fotografía para registrar sus observaciones en 1895.
Véase también: El poder de la fotografía 292–293

KUNIO YANAGITA
1875–1962

A menudo considerado el padre del folclorismo japonés, Yanagita visitaba con frecuencia las comunidades rurales de Japón, lo que despertó su interés por la vida, las costumbres y las tradiciones de su población. Crítico con las narrativas históricas centradas principalmente en gobernantes y altos funcionarios, argumentó que se descuidaban las tradiciones de la gente común. Fundó el estudio del folclore japonés, conocido como «minzokugaku», y publicó *Tono Monogatari* (1910), donde recogió las tradiciones y leyendas de la pequeña ciudad de Tono. Su última obra, *Kaijo no Michi* (1961), fue un estudio de la cultura, la historia y las tradiciones popula-

res de los pueblos de las islas japonesas de Okinawa.
Véase también: Ritual y lenguaje 166

MAURICE LEENHARDT
1878–1954

El misionero cristiano francés Maurice Leenhardt, que trabajó con el pueblo kanak de Nueva Caledonia entre 1902 y 1926, luchó contra los abusos coloniales infligidos a los pueblos indígenas durante la evangelización. Su actividad representa uno de los primeros ejemplos de teología de la liberación. Afirmaba que el verdadero cristianismo debía trascender, en lugar de abolir, la creencia del pueblo kanak en el totemismo y los mitos. Su estrecha colaboración con las comunidades rurales lo llevó a interesarse por la etnología, en particular por el estudio de los mitos del pueblo kanak. Sostenía que, para ellos, el «lugar» no era un concepto puramente geográfico, sino el resultado de sus realidades culturales, sociales, ecológicas y cosmológicas.
Véase también: Naturaleza universal de la religión 28–29 ▪ Raíces sociales de la religión 42–43

JOSÉ CARLOS MARIÁTEGUI
1894–1930

Mariátegui fue un intelectual y activista peruano fuertemente influido por las ideas del marxismo italiano. Analizó la evolución de la economía peruana, la naturaleza de su clase capitalista y el papel de los pueblos indígenas en la sociedad. Afirmó que los trabajadores y los pueblos indígenas del Perú necesitaban forjar un frente unido para luchar contra el colonialismo, el racismo y la opresión, y crear una sociedad libre de explotación.
Véase también: Capitalismo global 186–187 ▪ Desarrollo y actitudes coloniales 226–229

HORTENSE POWDERMAKER
1896–1970

Pionera en muchos aspectos, la antropóloga estadounidense Hortense Powdermaker llevó a cabo investigaciones en varios continentes: Norteamérica, África y Oceanía. Fue la primera mujer occidental en hacer trabajo de campo antropológico en solitario en Papúa Nueva Guinea en la década de 1920. De 1932 a 1934 realizó un exhaustivo estudio etnográfico de una comunidad afroamericana de la zona rural de Misisipi, que publicó en *After Freedom* (1939), donde describía la dinámica de exclusión racial que había observado. Más tarde estudió la comunidad cinematográfica de Hollywood e investigó el impacto de las películas occidentales en las relaciones de género en comunidades de Zambia.
Véase también: Lucha contra la segregación racial 30–31 ▪ El privilegio blanco 214

JOMO KENYATTA
C. 1897–1978

El activista keniano Jomo Kenyatta es el autor de *Facing Mount Kenya: The Tribal Life of the Kikuyu* (1938), el primer estudio antropológico publicado por un africano sobre su propio pueblo. Este cuestionaba la visión eurocéntrica de que África necesitaba ser «civilizada» por los colonizadores europeos. En cambio, subrayaba el orden y la autosuficiencia de la sociedad kikuyu, el grupo étnico más numeroso de Kenia. Creía en la unidad y la solidaridad de los pueblos africanos, y lideró la campaña por la independencia de Kenia, pero fue encarcelado por las autoridades coloniales británicas en 1953. Liberado en 1961, fue nombrado primer ministro de Kenia en 1963 y fue el primer presidente del país recién independizado en 1964.
Véase también: El privilegio blanco 214 ▪ Desarrollo y actitudes coloniales 226–229

LESLIE WHITE
1900–1975

En la década de 1930, el antropólogo estadounidense Leslie White llevó a cabo un innovador trabajo de campo entre los indígenas pueblo del suroeste de EE.UU., revelando nuevos aspectos de su cultura. En *La ciencia de la cultura* (1949) argumentó que el estudio de la cultura, al que denominó «culturología», era una ciencia tan importante como la física o la biología. Dividió la cultura en tres componentes: técnico, sociológico e ideológico. White también es conocido por haber desarrollado la teoría de la evolución cultural, según la cual los rasgos culturales cambian con el tiempo. Esto lo enfrentó a los seguidores de Franz Boas, cuyas ideas eran dominantes en la antropología estadounidense de la época.
Véase también: Relativismo cultural 34–41

MEYER FORTES
1906–1983

El principal interés investigador del antropólogo sudafricano Meyer Fortes eran los sistemas de parentesco

de los pueblos indígenas de África occidental, en especial el pueblo tallensi del norte de Ghana, que tenía un sistema de descendencia fuertemente patrilineal: cada clan estaba formado por los descendientes de un antepasado masculino común de entre ocho y diez generaciones atrás. Hizo trabajo de campo entre los tallensi de 1934 a 1938 y publicó sus hallazgos en *The dynamics of clanship among the Tallensi* (1945) y en *The web of kinship among the Tallensi* (1949), textos que describían las costumbres, creencias y valores religiosos de ese pueblo. Su trabajo sentó las bases para los estudios sobre la organización social africana. También se opuso firmemente al apartheid en Sudáfrica y afirmó que era deber de los antropólogos investigar las «cualidades sociales de los grupos humanos sin tener en cuenta los privilegios raciales».
Véase también: Parentesco y orden social 68–69 ▪ Ideologías de parentesco 218–219

MAX GLUCKMAN
1911–1975

Activista político y renombrado antropólogo social, el sudafricano Max Gluckman realizó trabajo de campo entre los zulúes de Natal (Sudáfrica) y los lozi de Barotseland (Zambia), estudiando sus leyes y sistemas políticos. Una de sus mayores aportaciones fue la comprensión del derecho comparado y los principios jurídicos de diferentes sociedades. En 1949 fue nombrado profesor de antropología social en la Universidad de Manchester, donde fundó la llamada Escuela de Manchester de antropología.
Véase también: Etnografía comparativa 84–85

ÁNGEL PALERM
1917–1980

El antropólogo español Ángel Palerm se vio obligado a abandonar su país natal y marcharse a México en 1939 tras la derrota de las fuerzas republicanas con las que había luchado en la Guerra Civil española (1936-1939). Marcado por estas experiencias, sus principales intereses antropológicos se centraron en las causas del declive de España y el impacto del colonialismo de la nación en los pueblos indígenas de Norteamérica. Bajo la dirección de la antropóloga estadounidense Isabel Kelly, Palerm realizó estudios etnográficos exhaustivos sobre el pueblo totonaco de México y se interesó especialmente por el desarrollo pre- y posthispánico del riego agrícola.
Véase también: El movimiento indigenista 56–57 ▪ Desarrollo y actitudes coloniales 226–229

ERVING GOFFMAN
1922–1982

El sociólogo y antropólogo canadiense-estadounidense Erving Goffman estaba fascinado por la organización social y las interacciones humanas. En *La presentación de la persona en la vida cotidiana* (1956), propuso la teoría de la autopresentación, según la cual las personas adoptan un enfoque performativo o dramático a la hora de presentarse en situaciones sociales, y analizó formas de respeto en el comportamiento humano. También escribió sobre la relación entre las ideas de estigma y las personas que viven en instituciones de acogida en *Manicomios* (1961).
Véase también: Acentos, dialectos y cambio de código 244–245

JOHN J. GUMPERZ
1922–2013

Figura central de la antropología lingüística, el alemán John J. Gumperz investigó la correlación entre lenguaje y grupos sociales. Estudió el dialecto suabo hablado por una comunidad de agricultores de Míchigan y reveló que había evolucionado a partir de la convergencia de dos dialectos diferentes hablados por dos grupos de inmigrantes. Tras realizar trabajo de campo en Norteamérica, Europa y Asia, afirmó que la diversidad lingüística se correlaciona con la estratificación social: las sociedades muy divididas en clases, como el sistema de castas en India, tienen una gran diversidad de estilos de comunicación. Sin embargo, en las sociedades más igualitarias, esta diversidad lingüística es limitada. Gumperz también desarrolló teorías en torno a los conceptos de cambio de código y señales de contextualización en la comunicación.
Véase también: Acentos, dialectos y cambio de código 244–245

CHEIKH ANTA DIOP
1923–1986

Historiador y antropólogo senegalés, Diop es conocido por su teoría de que la civilización del antiguo Egipto, venerada durante mucho tiempo por los académicos occidentales, fue en realidad creada por pueblos africanos negros. Aunque algunos estudiosos criticaron su trabajo, este fue fundamental para el desarrollo del afrocentrismo, una teoría enfocada en la diáspora africana. En *Naciones negras y cultura* (1954) y *The African Origin of Ci-*

vilization (1974), Diop utilizó pruebas arqueológicas y antropológicas para respaldar su opinión de que los historiadores europeos habían subestimado el alcance de las civilizaciones negras, y abogó por un cambio de actitud sobre el lugar de los africanos en la historia.
Véase también: Orígenes de la humanidad 94–101 ▪ Desarrollo y actitudes coloniales 226–229

DAVID BROKENSHA
1923–2017

Los indígenas mbeere del este de Kenia poseen un amplio conocimiento de la flora local. La comprensión de esta relación dinámica entre pueblo y flora constituyó una parte importante del proyecto de investigación de 18 años del antropólogo sudafricano David Brokensha sobre el cambio social y ecológico en la zona de Siakago, en Kenia. Junto con su pareja Bernard Riley, creó una base de datos de las plantas leñosas de la zona y registró los cambios en la incidencia de estas plantas y su uso por parte de los mbeere. Los resultados de la investigación se publicaron en 1988 en *The Mbeere in Kenya*, una importante obra de antropología ecológica.
Véase también: Medicina y prácticas curativas 168–169 ▪ Antropología de la alimentación 200–205

CHIE NAKANE
1926–2021

La antropóloga japonesa Chie Nakane llevó a cabo un extenso trabajo de campo en India, China y Japón centrado en la comparación entre las estructuras sociales de estos países. Es conocida sobre todo por *La sociedad japonesa* (1970), un estudio intercultural del «principio vertical» –la idea de que una sociedad tiene una jerarquía vertical– en la sociedad japonesa y las relaciones sociales entre los individuos según su posición. El estatus de un individuo depende de si es *senpai* –una persona de un grupo que tiene más experiencia, sabiduría o edad– o *kohai* –una persona más joven o con menos experiencia–. Nakane afirmaba que, en el principio vertical, los *senpai* ofrecen ayuda y consejo a los *kohai* y, a cambio, la transacción social exige que los *kohai* demuestren gratitud, respeto y lealtad hacia los *senpai*.
Véase también: Sistema de castas 122–123

ROBERT CARNEIRO
1927–2020

La investigación de las economías de subsistencia de los pueblos kuikuru de Mato Grosso (Brasil) y amahuaca de la zona submontana de Perú llevó al antropólogo estadounidense Robert Carneiro a reflexionar sobre cómo las comunidades se unen y acaban formando pequeños estados. Carneiro teorizó que las limitaciones ambientales o sociales conducen a la superpoblación y ejercen presión sobre una aldea para que se expanda a través del conflicto a expensas de sus vecinos. Postuló la formación de unidades multi-aldeas sucesivamente más grandes hasta que una de ellas, con el tamaño y la complejidad suficientes, podía describirse como un estado. Sus ideas se articulan en «A theory of the origin of the State» (1970).
Véase también: Orígenes de la cultura 32–33 ▪ Etapas de la organización social 160–161 ▪ La importancia del comercio primitivo 307

OKOT P'BITEK
1931–1982

Antropólogo social y poeta ugandés, p'Bitek estudió las tradiciones y la cultura de su propio pueblo, los acholi, y del pueblo lango del norte de Uganda. En el poema épico *La canción de Lawino* (1966), exploró el conflicto cultural entre una mujer rural, Lawino, que defiende los valores tradicionales, y su marido, que tiene creencias occidentales. Otro poema, *Song of Ocol* (1970), recoge la respuesta del marido, que defiende la cultura occidental. En 1971, p'Bitek publicó *African Religions in Western Scholarship*, donde afirmaba que los estudios académicos solían centrarse en cuestiones occidentales, y en 1975 reunió una colección de ensayos antropológicos titulada *Africa's Cultural Revolution*. Más tarde publicó una recopilación de cuentos populares acholi en *Hare and Hornbill* (1978).
Véase también: Autoetnografía 76–77 ▪ Antropología en casa 170–171

JANE H. HILL
1939–2018

Entre 1972 y 1978, la antropóloga lingüística estadounidense Jane H. Hill investigó la evolución del lenguaje. A partir de las pruebas obtenidas al enseñar lenguaje de signos a chimpancés, argumentó que el lenguaje evolucionó de forma continuada desde los antepasados homínidos del ser humano. Más tarde centró su investigación en el impacto de los procesos políticos y económicos en la estructura del lengua-

je. En 1986 publicó con su marido, Kenneth Hill, *Hablando mexicano*, donde analizaban cómo el colonialismo español modificó radicalmente el náhuatl que hablaban los indígenas de la zona de La Malinche, en el México actual. Explicaban cómo la versión moderna de la lengua es una lengua sincrética –una lengua en la que una sola palabra puede tener más de una función gramatical– e incorpora elementos del español. Más tarde, en *The Everyday Language of White Racism* (2008), Hill reveló cómo el racismo histórico persiste en el lenguaje cotidiano hablado y escrito por los estadounidenses blancos.
Véase también: Lenguaje y cognición 88–89 ▪ Estructuralismo 108–109

MARILYN STRATHERN
n. 1941

La antropóloga británica Marilyn Strathern estudió la cultura en Papúa Nueva Guinea, examinando temas que iban desde las relaciones de género hasta las leyes y la educación de las mujeres en las sociedades indígenas. Su tesis doctoral, titulada *Women in Between* (1971), analizaba el papel de la mujer y cuestiones relacionadas con el matrimonio, el divorcio y los conflictos por la propiedad en la sociedad patriarcal de Mount Hagen. También escribió extensamente sobre la tecnología reproductiva en Reino Unido. En su obra *After Nature: English Kinship in the Late 20th Century* (1992), sostiene que la introducción de la fecundación *in vitro* ha transformado el orden natural, incluidas las relaciones entre los sexos.
Véase también: Género, sexualidad y poder 158–159

ADAM KUPER
n. 1941

En 2009, el antropólogo sudafricano-británico Adam Kuper publicó la obra *Incest and Influence*, donde examinaba la tendencia de la burguesía británica a casarse con primos hermanos y otros parientes cercanos. Citando ejemplos como el empresario Josiah Wedgwood y los miembros del grupo intelectual de Bloomsbury, Kuper argumentaba que este comportamiento creaba redes de influencia que consolidaban su posición social. Kuper también criticó el determinismo cultural, esto es, la teoría de que el comportamiento humano está determinado por la cultura. En su libro *Cultura: La versión de los antropólogos* (1999), argumentaba que fuerzas económicas y políticas, procesos biológicos e instituciones sociales también son factores importantes que determinan cómo piensan y se comportan las personas.
Véase también: Parentesco y orden social 68–69

ALFRED GELL
1945–1997

El académico británico Alfred Gell se propuso elaborar una teoría antropológica del arte visual, teniendo en cuenta las conexiones entre el propio arte y las relaciones sociales que intervienen en su producción, circulación y recepción. Gell argumentó que las obras de arte no deben considerarse una decoración pasiva, sino el equivalente de personas individuales, capaces de influir en pensamientos y acciones. Su obra se publicó póstumamente en *Arte y agencia* (1998).
Véase también: El valor de los objetos 206–207

PAUL RICHARDS
n. 1945

Interesado en la ciencia ciudadana, el antropólogo británico Paul Richards documentó las estrategias adoptadas frente al virus del ébola en Sierra Leona. Observó que, cuando el virus golpeó en 2013, los sistemas sanitarios del país no estaban preparados para hacerle frente, pero, a medida que la gente fue comprendiendo los patrones de infección, respondió con medidas de sentido común. Citó muchos ejemplos de ciencia ciudadana que guiaron rápidamente el comportamiento de la población, como el uso de bolsas de basura como ropa protectora ante la falta de equipos de protección individual y la suspensión de las prácticas funerarias tradicionales para minimizar los contagios. Argumentó que parte de la ayuda internacional debía destinarse a la formación de la comunidad, en lugar de centrarse exclusivamente en sistemas sanitarios de alta tecnología.
Véase también: Medicina y prácticas curativas 168–169 ▪ Desarrollo y actitudes coloniales 226–229

MICHEL-ROLPH TROUILLOT
1949–2012

Antropólogo social estadounidense nacido en Haití, Trouillot centró gran parte de su investigación en el Caribe. Su libro *Haiti, State against Nation* se publicó en 1986, poco después de la caída del régimen autocrático de Duvalier, que gobernó Haití entre los años 1957 y 1986. En él analizaba los orígenes del régimen, cómo mantuvo su brutal control y su legado. En 1988, después de estudiar una comunidad productora de plátanos en Dominica, Trouillot publicó *Peasants and Capital*, donde argumentaba que el capitalismo multinacional prospera gracias al exceso de producción de los trabajadores «campesinos» del Caribe, contrariamente a la idea de que el campesinado es una reliquia preindustrial.

Véase también: Capitalismo global 186–187

MICHAEL LAMBEK
n. 1950

A través de su trabajo de campo etnográfico en las islas del Índico occidental, el antropólogo canadiense Michael Lambek aportó nuevas perspectivas sobre los pueblos de la región. Al estudiar a los seminómadas sakalavas del oeste de Madagascar, examinó las complejas formas en que la historia de la isla ha moldeado la vida cotidiana, la religión, los rituales y la conciencia histórica de sus habitantes. En otro estudio, recogido en *Islands in the Stream* (2018), trazó los cambios a largo plazo en la vida de los habitantes de la isla de Mayotte. Analizando el periodo comprendido entre 1975 y 2015, observó la evolución de las comunidades, que pasaron de la agricultura de subsistencia a disfrutar de beneficios industriales como el acceso generalizado al transporte, la electricidad y el agua corriente.

Véase también: La cultura moldea el comportamiento 62–67

VOLKER SOMMER
n. 1954

El antropólogo evolutivo alemán Volker Sommer estudió el comportamiento social y sexual, los rituales y la cognición de los primates. Su trabajo de campo ha abarcado desde el estudio de los langures en India y de los gibones en Tailandia hasta el de los chimpancés en África. Observó que los grupos de algunas especies de monos y simios tienen dietas y usos de herramientas distintos, lo que les lleva a desarrollar actitudes de «nosotros y ellos» que dan lugar a conflictos violentos. En 1999 fundó el Proyecto Gashaka Primate en Nigeria, dedicado a la investigación de monos y chimpancés. En *Homosexual Behaviour in Animals* (2006), exploró la evolución y el papel de las interacciones sexuales entre animales del mismo sexo.

Véase también:
Comportamientos de los chimpancés 132–35

JAMES FERGUSON
1959–2025

El estadounidense James Ferguson se especializó en la antropología del desarrollo internacional, en particular en lo que respecta a los países del sur de África. Gran parte de su trabajo se centró en cómo el desarrollo y la modernidad afectaban a la vida de la gente común. En *The Anti-Politics Machine* (1990), Ferguson criticó las políticas de las agencias de desarrollo en la región, argumentando que no habían logrado generar ningún tipo de estabilidad económica y habían despolitizado la asignación de recursos, reforzado el poder burocrático y perpetuado los sistemas de mano de obra migrante. En su obra *Give a Man a Fish* (2015), contrastó el auge de los programas de bienestar social en Sudáfrica –sistemas que realizaban pagos directos en efectivo a gran número de personas con bajos ingresos– con los programas de desarrollo tradicionales, como el desarrollo de competencias. Defendió que era necesario reexaminar el capitalismo y la relación entre producción y distribución.

Véase también: Capitalismo global 186–187 ▪ Desarrollo y actitudes coloniales 226–229

ALPA SHAH
n. 1976

Centrada en las sociedades del sur de Asia, la antropóloga social británica Alpa Shah ha investigado el impacto del crecimiento económico en los trabajadores pobres y los migrantes en India. También llevó a cabo trabajo de campo entre los guerrilleros revolucionarios naxalitas en sus campamentos forestales de Jharkhand (India), donde vivió con ellos durante más de cuatro años. Con el objetivo de recoger sus experiencias vitales, aprendió su idioma y marchó con ellos para evitar a las fuerzas de seguridad del Estado, lo cual narró en la obra *Nightmarch* (2018). En *Ground Down by Growth* (2018), argumentaba que el crecimiento económico capitalista ha afianzado (en lugar de eliminar) las diferencias sociales en India, dejando a los miembros de la casta dalit y a los pueblos indígenas, conocidos como adivasis, en lo más bajo de las jerarquías social y económica.

Véase también: Sistema de castas 122–123 ▪ Capitalismo global 186–187

GLOSARIO

Aculturación Proceso por el cual una cultura adopta tradiciones de otra.

Autoetnografía Estudio etnográfico escrito por un miembro de la cultura estudiada.

Biológica, antropología Estudio en humanos de atributos no culturales (o físicos) como la herencia genética, la evolución biológica o las adaptaciones al entorno.

Capitalismo Sistema económico basado en la propiedad privada de los medios de producción y en la libertad de mercado.

Clase social Estatus dentro de un sistema social asociado a un determinado nivel de poder, riqueza, educación y prestigio. Aunque varían según las sociedades, los modelos occidentales reconocen generalmente tres grandes grupos: la clase alta es un pequeño grupo social que ocupa el estatus superior y posee una cantidad desproporcionada de la riqueza de la sociedad; la clase media comprende a personas con un alto nivel educativo que no realizan trabajos manuales; la clase trabajadora incluye a personas con trabajos manuales, como labores industriales o agrícolas.

Colonialismo Régimen por el cual un país ejerce control sobre otro, a menudo explotándolo económicamente. Generalmente, el término alude a la conquista, ocupación y explotación histórica de ciertas partes del mundo por las potencias europeas.

Comunismo Sistema económico basado en la propiedad colectiva de los medios de producción.

Constructo social Categoría creada y mantenida por una sociedad y sus relaciones de poder.

Cosmología Conjunto de creencias y suposiciones de un pueblo relativas al mundo, que incluyen cómo es gobernado por entidades y fuerzas, cómo está organizado el universo y cuál es el lugar de los seres humanos en él.

Cultura Conjunto de costumbres, conocimientos, creencias, valores y normas que se combinan para conformar el modo de vida de una sociedad.

Cultura material Historia y filosofía de los objetos; relación entre un pueblo y los objetos.

Difusión Adopción por una sociedad de un rasgo cultural perteneciente a otra como resultado del contacto entre ambas.

Discurso En antropología, marco o sistema de ideas que proporciona una perspectiva de la vida y gobierna la forma en que puede ser discutida. El discurso aporta significado a los acontecimientos y varía en función del tiempo, la zona geográfica y el grupo social.

Estado Autoridad organizada que tiene el control legítimo sobre un territorio y la exclusiva del uso de la fuerza dentro del mismo. País soberano.

Estatus Posición de prestigio o importancia de una persona a ojos del resto de los miembros de una sociedad o grupo social.

Estereotipo Imagen muy extendida pero simplificada de una persona o grupo social.

Estructura social Conjunto de instituciones y relaciones sociales que forman el entramado de una sociedad.

Estructuralismo Teoría que mantiene que las cosas –como textos, esquemas mentales o sociedades– deben entenderse examinando los elementos o el sistema de relaciones de su estructura.

Etnicidad Cultura compartida de un grupo social (como el idioma o las creencias religiosas) que da a sus miembros una identidad común y lo diferencia de otros.

Etnocentrismo Creencia de que una cultura es superior a otras.

Etnografía Estudio de los pueblos y culturas.

Etnología Estudio comparativo de las diferencias entre pueblos y culturas.

Familia nuclear Unidad familiar de dos generaciones de padres e hijos, y agente principal de socialización.

Feminismo Movimiento social que aboga por la igualdad social, política y económica entre sexos. Se han reconocido varias «olas», o épocas, cada una con distintas reivindicaciones.

Funcionalismo Idea de que la sociedad está estructurada como un organismo biológico, con funciones especializadas. Cada aspecto de esta sociedad es interdependiente y contribuye al funcionamiento y la estabilidad del conjunto.

Género Identidad de una persona basada en normas relativas al sexo, construida más social que biológicamente. La forma en que los individuos son vistos, por ellos mismos y por los demás, en función de sus roles de género y su sexo biológico, se considera su identidad de género.

Género, rol de Conductas sociales esperadas de una persona sobre la base de su identidad de género.

Identidad La forma en que los individuos se ven y definen a sí mismos y en que son definidos por otros.

Indígena Grupo o pueblo nativo de una región.

Linaje Secuencia que vincula a descendientes con un ascendiente común.

Lingüística, antropología Estudio de las funciones y estructuras del lenguaje.

Marxismo Teoría estructural de la sociedad desarrollada por Karl Marx y Friedrich Engels que afirma que la historia se compone de etapas y que el cambio social surge del conflicto entre clases sociales: los propietarios de los medios de producción y las masas trabajadoras explotadas.

Matriarcado Sociedad controlada por mujeres y figuras maternas.

Modernidad Condición de la sociedad a partir del siglo XVII, en especial por el cambio social producido por la revolución industrial y la urbanización.

Movilidad social Movimiento de personas o grupos, como familias, de una clase social a otra.

Nación Grupo de personas unido por cultura, historia o idioma y que normalmente comparte un área geográfica determinada.

Nacionalismo Sentimiento compartido de identificación ligado a una nación y surgido de un compromiso con una ideología y una cultura comunes.

Normas Reglas sociales que definen la conducta esperada («normal») de un individuo en una sociedad o situación particular.

Observación participante Método de investigación en el que el antropólogo o etnógrafo participa activamente en la sociedad que estudia con el fin de aprender más sobre ella y adquirir una perspectiva «nativa».

Parentesco Relación entre individuos dentro de un sistema familiar.

Patriarcado Sociedad controlada por los hombres o por figuras paternas.

Proletariado En la teoría marxista (*véase* marxismo), clase social que trabaja por un salario.

Racismo Prejuicio basado en asunciones negativas sobre una persona, normalmente sobre la base de características físicas o raciales.

Raza Constructo social de diferencia entre grupos o pueblos basada en su apariencia física, en especial por el color de la piel. Se ha demostrado que carece de base biológica.

Redes sociales Vínculos entre individuos, familias y grupos con intereses similares.

Relativismo cultural Interpretación de los valores y creencias de una cultura sin emitir juicios sujetos al sesgo de la propia cultura.

Ritos de paso Rituales que simbolizan y marcan momentos de transición en la vida de una persona.

Roles Patrones de conducta esperados de los individuos en una sociedad. *Véase también* género, rol de.

Socialismo Doctrina política que aspira a establecer la igualdad social y económica. Sus partidarios argumentan que si la economía estuviera bajo el control de la mayoría de la población, se crearía una estructura social más justa.

Subcultura Grupo que es visto como distinto y separado dentro de una sociedad mayor debido a que sus miembros, aunque acordes con muchos de los valores, creencias y costumbres de la misma, difieren en otros.

Valores Ideas sobre el valor de una cosa, proceso o conducta. Los valores de una persona gobiernan su comportamiento; los valores de una sociedad dictan lo que es importante o no, y lo que es aceptable o inaceptable.

ÍNDICE

Los números de página en **negrita** remiten a las entradas principales.

B

D

E

U

V

W X

AUTORÍA DE LAS CITAS

ANTROPOLOGÍA TEMPRANA

22 Ibn Battuta, *Al Rihla (A través del islam)* (1355)

23 Jean-Jacques Rousseau, *Discurso sobre el origen y fundamentos de la desigualdad entre los hombres* (1755)

24 Charles Darwin, *El origen de las especies* (1859)

26 Daniel Noah Moses, *The Promise of Progress* (2009)

28 James Frazer, *La rama dorada* (1890)

30 W. E. B. Du Bois, *Las almas del pueblo negro* (1903)

32 William Rivers, *The Todas* (1906)

34 Franz Boas, «Museums of Ethnology and their classification», en *Science*, 9 (1887)

42 Émile Durkheim, *Las formas elementales de la vida religiosa* (1912)

44 Ferdinand de Saussure, *Curso de lingüística general* (1916)

ANTROPOLOGÍA DE ENTREGUERRAS

50 Bronisław Malinowski, *Crimen y costumbre en la sociedad salvaje* (1926)

56 Manuel Gamio, *Forjando patria* (1916)

58 Marcel Mauss, *Ensayo sobre el don: Forma y función del intercambio en las sociedades arcaicas* (1925)

62 Margaret Mead, *Sexo y temperamento en tres sociedades primitivas* (1935)

68 A. R. Radcliffe-Brown, «Estructura social» (1940), en *Estructura y función en la sociedad primitiva*

70 Ruth Benedict, *El hombre y la cultura* (1934)

74 V. Gordon Childe, «The Urban Revolution», en *The Town Planning Review* v. 21, 1950

76 Zora Neale Hurston, *Dust Tracks on a Road* (1942)

78 E. E. Evans Pritchard, *Brujería, magia y oráculos entre los azande* (1937)

80 Audrey Richards, *Land, Labour and Diet in Northern Rhodesia* (1939)

84 Alfred Kroeber, «Elsie Clews Parsons», en *American Anthropologist*, 45 (1943)

86 Julian Huxley, *The New Divinity* (1961)

88 Benjamin Whorf, *Lenguaje, pensamiento y realidad* (1956)

ANTROPOLOGÍA DE POSGUERRA

94 Richard Leakey, citado por Beth Miller en «"Game-changer" Richard Leakey traces evidence of humanity's origins in Africa», *UDaily*, 2018

102 Edmund Leach, *Sistemas políticos de la Alta Birmania* (1954)

104 Julian Steward *Teoría del cambio cultural: La metodología de la evolución multilineal* (1955)

108 Claude Lévi-Strauss, *Mitológicas* (1964)

109 Noam Chomsky, *El lenguaje y el entendimiento* (1968)

110 Lewis Binford, «Arqueología como antropología», en *American Antiquity*, 28 (1962)

116 William Labov, *The Study of Nonstandard English*, (1969)

120 Mary Douglas, *Pureza y peligro* (1966)

121 Cavalli-Sforza, citado por P. Majumder en «The Man Who Knew Humanity», *Resonance* (2019)

122 Louis Dumont, *Homo hierarchicus* (1966)

124 Marvin Harris, *El desarrollo de la teoría antropológica* (1968)

125 Timothy A. Kohler, «Complex Systems and Archaeology», en *SFI Working Paper* (2011)

126 Víctor Turner, *El proceso ritual: Estructura y antiestructura* (1969)

130 Timothy Baumann, «Defining Ethnicity», en *The SAA Archaeological Record* (2004)

132 Jane Goodall; entrevista en *The Guardian*, 2004

136 Colin Renfrew, *El alba de la civilización* (1973)

138 Laura Nader, «"Los de arriba": Nuevos horizontes de la antropología», en *Reinventing Anthropology* (1972)

140 Sherry Ortner, «¿Es la mujer al hombre lo que la naturaleza a la cultura?» (1972)

146 Clifford Geertz, *La interpretación de las culturas* (1973)

154 Henry Glassie, *Folk Housing in Middle Virginia* (1975)

156 Karen Sacks, «Engels revisitado» (1974), en *Antropología y feminismo*

158 Michel Foucault, *Vigilar y castigar* (1975)

160 Elman Service, «The Prime-Mover of Cultural Evolution», en *Southwestern Journal of Anthropology*, v. 24, 4 (1968)

162 Paul Rabinow, *Reflexiones sobre un trabajo de campo en Marruecos* (1977)

166 Gary Witherspoon, *Language and Art in the Navajo Universe* (1977)

167 Jane Buikstra, «Twenty-first century bioarchaeology: Taking stock and moving forward», en *American Journal of Biological Anthropology*, v. 178 (2022)

168 Harriet Ngubane, *Body and Mind in Zulu Medicine* (1977)

170 Barbara Myerhoff, *Number Our Days* (1978)

172 Nancy Scheper-Hughes, *Saints, Scholars, and Schizophrenics: Mental Illness in Rural Ireland* (1979)

ANTROPOLOGÍA MODERNA

180 Michael Taussig, *El diablo y el fetichismo de la mercancía en Sudamérica* (1980)

182 Francine Patterson, citada por Roc Morin en «Una conversación con Koko la gorila», en *Atlantic*, 2015

183 Loring Danforth, *The Death Rituals of Rural Greece* (1982)

184 Steven Feld, *Sound and Sentiment: Birds, Weeping, Poetics, and Song in Kaluli Expression* (1982)

186 Eric Wolf, *Europa y la gente sin historia* (1982)

188 Talal Asad, «Anthropological Conceptions of Religion: Reflections on Geertz», en Man *v. 18, 2 (1983)*

190 Ian Hodder, *The Archaeological Process* (1999)

192 David M. Schneider, *A Critique of the Study of Kinship* (1984)

193 Sylvia Junko Yanagisako, *Transforming the Past: Tradition and Kinship Among Japanese Americans* (1985)

194 Donna Haraway, *Manifiesto cíborg* (1985)

196 Marshall Sahlins, *Islas de historia* (1985)

200 Sidney Mintz, *Dulzura y poder: El lugar del azúcar en la historia moderna* (1985)

206 Arjun Appadurai, *La vida social de las cosas: Perspectiva cultural de las mercancías* (1986)

208 Lila Abu-Lughod, *Veiled Sentiments: Honor and Poetry in a Bedouin Society* (1986)

210 Colin Renfrew, *Arqueología y lenguaje* (1988)

212 Bruce Kapferer, *Legends of People, Myths of State* (1988)

214 Peggy McIntosh, «White Privilege: Unpacking the Invisible Knapsack», en *Peace and Freedom Magazine* (1989)

215 Judith Butler, *El género en disputa: El feminismo y la subversión de la identidad* (1999)

216 Catherine E. Lutz, «Engendered emotion», en *Language and the Politics of Emotion* (1996)

218 Kath Weston, *Las familias que elegimos* (1991)

220 Michael Ames, *Museums, the Public, and Anthropology* (1986)

226 Arturo Escobar, *La invención del Tercer Mundo: Construcción y deconstrucción del desarrollo* (1995)

230 Michael Herzfeld, *Cultural Intimacy: Social Poetics and the Real Life of States, Societies, and Institutions* (1996)

234 Katherine Verdery, *¿Qué era el socialismo y por qué se desplomó?* (1996)

240 Signithia Fordham, *Blacked Out* (1996)

242 Larissa Mendoza Straffon, *Art in the Making: The evolutionary origins of visual art as a communication signal* (2014)

244 Bonnie Urciuoli, *Exposing Prejudice: Puerto Rican Experiences of Language, Race and Class* (1997)

246 James Clifford, «Notes on Travel and Theory», en *Inscriptions*, 5 (1989)

248 Código ético de la Asociación Estadounidense de Antropología, 2025

ANTROPOLOGÍA CONTEMPORÁNEA

254 Salikoko Sangol Mufwene, reseña de *Spoken Soul: The Story of Black English* (2001)

256 Nicole Taylor y Mimi Nichter, «Body Image: Supporting Healthy Behaviors on College Campuses», en *Further Wellness Issues for Higher Education: How to Promote Student Health During and After College* (2015)

258 Chhaya Datar, reseña de *Being and Identity* en *Economic and Political Weekly*, 37 (2002)

260 Lila Abu-Lughod, «Egyptian Melodrama – Technology of the Modern Subject?», en *Media Worlds: Anthropology on New Terrain* (2002)

262 David Lewis-Williams, *La mente en la cueva: La conciencia y los orígenes del arte* (2002)

266 Proverbio lahu citado por Shanshan Du en *Chopsticks Only Work in Pairs: Gender Unity and Gender Equality Among the Lahu of Southwest China* (2002)

267 Carole Counihan, *Around the Tuscan Table* (2004)

270 Patricia Leavy, citada por Soyini Madison en *Critical Ethnography: Methods, Ethics and Performance* (2020)

272 Vibha Arora, reseña de *Remaking a World: Violence, Social Suffering and Recovery* (2000), de Veena Das, Arthur Kleinman, Margaret Lock, Mamphela Ramphele y Pamela Reynolds, en *JASO*, v. 31, 1 (2000)

278 Melisa L. Caldwell, reseña de *Cosmopolitan Anxieties*, en *European Journal of Sociology* (2008)

280 Richard W. Wrangham, *En llamas: Cómo la cocina nos hizo humanos* (2009)

281 T. M. Luhrmann, en entrevista en el programa *Fresh Air* de NPR (2012)

282 Kim TallBear, *Native American DNA: Tribal Belonging and the False Promise of Genetic Science* (2013)

284 Manari Ushigua, citado por Eduardo Kohn en *Cómo piensan los bosques* (2020)

290 Svante Pääbo, «The mosaic that is our genome», en *Nature*, 421 (2003)

292 Susan Sontag, *Sobre la fotografía* (1977)

294 Aimee Meredith Cox, *Shapeshifters: Black Girls and the Choreography of Citizenship* (2015)

296 Jason de León, citado en «Anthropologist: Jason De Leon», su perfil web en National Geographic (2024)

304 Winston Churchill en un discurso ante el Real Colegio de Médicos, citado por Richard M. Langworth en *Churchill by Himself* (2008)

306 Mary Stiner, «Love and Death in the Stone Age», en *Biological Theory*, 12 (2017)

307 Alison S. Brooks, John E. Yellen, Rick Potts *et al.*, «Long-distance stone transport and pigment use in the earliest Middle Stone Age», en *Science*, v. 360, 6384 (2018)

308 Rebecca Bryant y Daniel M. Knight, *The Anthropology of the Future* (2019)

310 Dána-Ain Davis, Cheyenne Varner y LeConté J. Dill, «A Birth Story», en el sitio web *Anthropology News* (2021)

312 Sue Black, citada en el sitio web del proyecto H-Unique de la Universidad de Dundee 2022

314 Chikako Ozawa-de Silva, *The Anatomy of Loneliness: Suicide, Social Connection, and the Search for Relational Meaning in Contemporary Japan* (2021)

316 Yael Navaro *et al.*, *Reverberations: Violence Across Time and Space* (2021)

317 L. Barham *et al.*, «Evidence for the earliest structural use of wood at least 476,000 years ago», en *Nature*, 622 (2023)

AGRADECIMIENTOS

Dorling Kindersley desea dar las gracias a: Arshti Narang por la ayuda en el diseño; Manpreet Kaur por la búsqueda de imágenes; Nityanand Kumar, Manish Upreti y Raman Panwar por el apoyo técnico; Ann Baggaley por la revisión de los textos; y Helen Peters por la elaboración del índice.

CRÉDITOS FOTOGRÁFICOS

Los editores agradecen a las siguientes personas e instituciones el permiso para reproducir sus imágenes:

(Clave: a-arriba; b-abajo; c-centro; d-derecha; e-extremo; i-izquierda; s-superior)

23 Alamy Stock Photo: GL Archive (cd). **25 Getty Images:** Moment / mikroman6. **26 Alamy Stock Photo:** The Book Worm (b). **27 Alamy Stock Photo:** The Picture Art Collection (bi). **28 Alamy Stock Photo:** Vidimages (b). **29 Getty Images:** Bettmann. **31 Library of Congress, Washington, D.C.:** LC-DIG-ds-13014/Fax, Elton C., Artist. Finish the fight!--Join NAACP now/E. Fax '46. United States, 1946. Photograph. https://www.loc.gov/item/99471881/. (b). **National Portrait Gallery, Smithsonian Institution:** (s). **32 Alamy Stock Photo:** Historic Collection (b). **33 Alamy Stock Photo:** Historic Images (sd). **36 Alamy Stock Photo:** Photo Researchers / Science History Images (bi). **38 Alamy Stock Photo:** Photo Researchers / Science History Images (b). **The Metropolitan Museum of Art:** alph T. Coe Collection, Gift of Ralph T. Coe Foundation for the Arts, 2011 (si). **40 Alamy Stock Photo:** Historic Collection (si). **41 Boston Public Library:** Nichols, H. D., 1859-1939 (artista); L. Prang & Co. (editor) (bi). **42 Alamy Stock Photo:** Nikreates (cd). **43 Bridgeman Images:** Fototeca Gilardi (b). **44 Getty Images:** API / Gamma-Rapho (b). **45 Alamy Stock Photo:** Album (bi). **52 Alamy Stock Photo:** IanDagnall Computing. **53 London School of Economics & Political Science:** MALINOWSKY / 3 / 18 / 2 / Malinowski estate (b). **54 © The Trustees of the British Museum. All rights reserved:** (b). **London School of Economics & Political Science:** MALINOWSKI / 3 / 24 / 3 / Malinowski estate (s). **56 Alamy Stock Photo:** Robert Fried (b). **57 Library of Congress, Washington, D.C.:** LC-DIG-npcc-11047/Dr. Manuel Gamio, 4/17/24. , 1924. Photograph. https://www.loc.gov/item/2016837317/. (sd). **59 Alamy Stock Photo:** Classicstock / H. Armstrong Roberts (s). **Bridgeman Images:** © Giancarlo Costa (b). **60 Alamy Stock Photo:** Peter Horree. **61 Dreamstime.com:** Clare Jackson. **64 American Anthropological Association:** Reproduced by permission of the American Anthropological Association (cdb). **65 Getty Images:** Hulton Archive / Staff (b). **66 Getty Images / iStock:** Retrofile RF / FPG. **67 Getty Images:** Archive Photos / Morton Broffman (b). **68 Alamy Stock Photo:** amer ghazzal (b). **69 Alamy Stock Photo:** Ian Dagnall (bd). **71 Alamy Stock Photo:** GRANGER Historical Picture Archive (sd). **73 Library of Congress, Washington, D.C.:** LC-USZ62-49042 / Curtis, Edward S.. **74 Alamy Stock Photo:** Westend61 GmbH / Michael Runkel (b). **75 Alamy Stock Photo:** Associated Press (sd). **76 Alamy Stock Photo:** Photo Researchers / Science History Images (b). **77 Alamy Stock Photo:** Everett Collection Historical (sd). **79 Alamy Stock Photo:** Retro AdArchives (b). **Wellcome Collection:** A Binsa sorcerer or shaman, Congo. Halftone. (sd). **82 Getty Images:** Bristol Archives / Universal Images Group. **83 Alamy Stock Photo:** Mark Boulton (b); Shim Harno (s). **84 Alamy Stock Photo:** Karin Pezo (b). **85 Science Photo Library:** AMERICAN PHILOSOPHICAL SOCIETY (sd). **88 Alamy Stock Photo:** Michelle Gilders (cd). **96 Alamy Stock Photo:** Smith Archive (s). **97 Alamy Stock Photo:** Lanmas (bd). **99 Getty Images:** Bettmann (sd). **100 Smithsonian Institution:** (s). **101 Science Photo Library:** JOHN READER (si). **102 Getty Images / iStock:** wichianduangsri (b). **103 Getty Images:** Terence Spencer / Popperfoto (sd). **105 Alamy Stock Photo:** Shim Harno (s). **Special Collections, J. Willard Marriott Library, The University of Utah, Omer Call Stewart photograph collection, P0426 Box 2, folder 1:** (b). **107 Getty Images:** Bettman (s). **108 Getty Images:** Apic / Hulton Archive (b). **112 Photo courtesy of Southern Methodist University :** (bi). **113 Alamy Stock Photo:** Peter Noyce GEN (s). **114 Michelle Rae Bebber:** Kent State University Experimental Archaeology Lab (s). **117 Alamy Stock Photo:** Associated Press / Matt Rourk (sd). **118 Library of Congress, Washington, D.C.:** Collier, John, Jr. **123 Getty Images:** Ravi Choudhary / Hindustan Times. **124 Alamy Stock Photo:** Peter Horree (b). **127 Dreamstime.com:** Tjkphotograph. **128 Bridgeman Images**. **129 Getty Images:** Jeffrey Greenberg / Universal Images Group (b). **130 Alamy Stock Photo:** PJF Military Collection (b). **131 Vernon Doucette for Boston University :** (sd). **Dreamstime.com:** Sommersby (cia). **133 Alamy Stock Photo:** Michael Germana / Everett Collection (sd). **134 Alamy Stock Photo:** United Archives GmbH / IFTN. **135 Alamy Stock Photo:** Konrad Wothe / Minden Pictures (b). **136 Alamy Stock Photo:** Gennaro Giorgio / AGENZIA SINTESI / FIORANI FABIO (b). **137 Alamy Stock Photo:** Grace Ramey / Associated Press (bd). **138 Alamy Stock Photo:** Alastair Grant / PA Images (b). **142 Alamy Stock Photo:** Science History Images / Bettye Lane (s). **Courtesy of Bryn Mawr College :** (bi). **144 Shutterstock.com:** KiwiGraphy Studio. **145 Alamy Stock Photo:** Pictorial Press (b). **148 Alamy Stock Photo:** Dallas and John Heaton / Travel Pictures (s). **Getty Images:** Bettmann (bi). **150 Getty Images:** Paolo KOCH / Gamma-Rapho (b). **152 Getty Images / iStock:** Cheryl Ramalho (b). **153 Alamy Stock Photo:** Hackenberg-Photo-Cologne (s). **154 Alamy Stock Photo:** Peter Horree (b). **155 Pravina Shukla:** Henry Glassie (sd). **157 Alamy Stock Photo:** John Frost Newspapers (s); Pete Niesen (b). **159 Getty Images:** Underwood Archives / Archive Photos (bi). **160 Alamy Stock Photo:** robertharding / Louise Murray (b). **161 University of Michigan Library Digital Collections:** In the digital collection Bentley Historical Library: Bentley Image Bank (si). **163 Getty Images:** Moment / Thomas Pollin (b). **164 Alamy Stock Photo:** Jeffrey Isaac Greenberg 2+. **165 Alamy Stock Photo:** dbtravel (b). **167 Hanna Holborn Gray Special Collections Research Center, University of Chicago Library :** (b). **169 Alamy Stock Photo:** Pictures Colour Library. **171 Getty Images:** Denver Post (s). **173 Getty Images:** Hulton-Deutsch Collection / Corbis. **174 Alamy Stock Photo:** Friedrich Stark (b). **175 Depositphotos Inc:** dabldy. **181 Alamy Stock Photo:** Photo12 / Ann Ronan Picture Library (bd). **Shutterstock. com:** buteo (si). **182 Alamy Stock Photo:** Jerry Telfer / San Francisco Chronicle via AP (cd). **184 Alamy Stock Photo:** Dozier Marc / Hemis.fr (b). **185 Library of Congress, Washington, D.C.:** LC-DIG-ppmsca-51096/Piegan Indian, Mountain Chief, listening to recording with ethnologist Frances Densmore. , 1916. Photograph. https://www.loc.gov/item/93503097/.. **187 Alamy Stock Photo:** Album. **188 Alamy Stock Photo:** IanDagnall Computing (b). **190 Alamy Stock Photo:** Les Gibbon (b). **195 Depositphotos Inc:** atercorv.gmail.com (b). **Fabbula:** Storytelling for earthly survival, a film by Fabrizio Terranova. 2016 (sd). **197 Getty Images:** Bettmann (b). **Alan Thomas:** (sd). **199 Wellcome Collection. 202 Special Collections, Sheridan Libraries, Johns Hopkins University:** (bi). **203 Alamy Stock Photo:** Randy Duchaine (b). **205 Alamy Stock Photo:** Tim Gainey. **206 Getty Images:** Atlantide Phototravel (b). **208 Shutterstock.com:** Ali Haider / EPA (b). **209 Getty Images:** Pascal Le Segretain / Staff (b). **210 Depositphotos Inc:** Wirestock (b). **211 Alamy Stock Photo:** SciTech Image / James King-Holmes (bd). **213 Alamy Stock Photo:** CPA Media Pte Ltd / Pictures From History (s). **215 Alamy Stock Photo:** Stacy Walsh Rosenstock (cd). **216 Getty Images / iStock:** SolStock (b). **219 Getty Images / iStock:** Andrea Migliarini (s). **222 Alamy Stock Photo:** David Reed (s). **223 Alamy Stock Photo:** APA-PictureDesk (bd). **224 Dreamstime.com:** Isidoros Andronos (s). **228 Alamy Stock Photo:** Edinson Arroyo / dpa picture alliance (b). **231 Michael Herzfeld:** Cornelia Herzfeld (sd). **232 Alamy Stock Photo:** Ruaridh Stewart / ZUMA Press (s); Witold Skrypczak (b). **233 Dreamstime.com:** Jorisvo (b). **236 Alamy Stock Photo:** Kaiser / Agencja Fotograficzna Caro (s). **238 Alamy Stock Photo:** Ken Hawkins (b). **239 Alamy Stock Photo:** Roger Bamber (bd); Shawshots (s). **240 Alamy Stock Photo:** Everett Collection Historical (b). **241 Dreamstime.com:** Beataaldridge (bd). **243 Dreamstime.com:** Adwo (sd). © Didier Descouens, Museo de Historia Natural, Tolosa, Francia: (bi). **244 Alamy Stock Photo:** Sipa US / Erik McGregor (b). **246 Shutterstock.com:** Sony Herdiana (b). **254 Getty Images:** Christopher Polk (b). **256 Dreamstime.com:** Ammentorp (b). **258 Wellcome Collection. 261 Dreamstime.com:** Yuri Arcurs (s). **Getty Images:** John D. Kisch / Separate Cinema Archive / Moviepix (b). **263 Dreamstime.com:** Rechitan Sorin. **264 Alamy Stock Photo:** Bill Bachman (b). **Dreamstime.com:** Bohdan Skrypnyk (s/x4). **265 Alamy Stock Photo:** Javier Etcheverry. **267 Getty Images:** DEA / A. DAGLI ORTI (cd). **268 Getty Images:** AMR NABIL / AFP (b). **269 Photo courtesy of Center for Advanced Study in the Behavioral Sciences at Stanford University:** (sd). **270 E. Patrick Johnson:** (b). **274 Getty Images:** Popperfoto. **276 Getty Images:** Langevin Jacques / Sygma (b). **277 Veena Das:** (sd). **279 Mary Evans Picture Library:** picture alliance / zb | Paul Glaser (s). **281 Getty Images:** AFP / Evaristo Sa / Staff (cd). **283 Adobe Stock:** Westend61 (s). **Getty Images:** Artur Widak / NurPhoto (b). **286 Getty Images / iStock:** Kalistratova. **287 Alamy Stock Photo:** Cavan Images (b). **288 Alamy Stock Photo:** Nature Picture Library / Cyril Ruoso (si). **289 Getty Images:** AFP / JOEL SAGET (bd). **292 In the digital collection Richard Pohrt, Jr. Collection of Native American Photography. William L. Clements Library, University of Michigan Library Digital Collections :** (b). **293 Sabrina Jones:** (bd). **294 Getty Images:** Robbie Jack (b). **295 Getty Images:** Dominik Bindl (bd). **298 Getty Images:** John Moore (bd). **299 The New York Public Library:** https://digitalcollections.nypl.org/items/e4147850-eca5-013d-054d-0242ac110002 (bd). **300 Getty Images:** Andrew Lichtenstein / Corbis News (b). **301 Humane Borders:** (s). **Getty Images:** GALI TIBBON / AFP (bi). **302 Alamy Stock Photo:** Bob Daemmrich (s). **303 Alamy Stock Photo:** Jim West (bd). **304 Alamy Stock Photo:** Science History Images (b). **305 Robert L. Kelly:** Rachel Reckin (sd). **306 Alamy Stock Photo:** Natural History Museum, Londo (cd). **309 Getty Images:** Werner Forman / Universal Images Group (b). **310 Statista 2025:** https://www.statista.com/chart/27465/pregnancy-related-deaths-in-the-united-states-per-100000-live-births (b). **311 Getty Images:** The Washington Post (bi). **312 Alamy Stock Photo:** imageBROKER.com / Martin Schrampf (b). **313 Getty Images:** Marco Di Lauro (bd). **314 Alamy Stock Photo:** incamerastock / ICP (b). **315 Getty Images:** Ore Huiying (bd). **317 Springer Nature:** Barham, L., Duller, G.A.T., Candy, I. et al/http://creativecommons.org/licenses/by/4.0 (b)